Teaching Strategies
A Guide to Effective Instruction, 11e

有效教学策略

(第十一版)

唐纳德·C. 奥尔利奇(Donald C. Orlich)
罗伯特·J. 哈德(Robert J. Harder)
[美] 迈克尔·S. 特雷维桑(Michael S. Trevisan) 著
阿比·H. 布朗(Abbie H.Brown)
达西·E. 米勒(Darcy E.Miller)

牛志奎 郭敬维 等 **译**
郭敬维 高玲 牛志奎 **校**

中国人民大学出版社
·北京·

图书在版编目（CIP）数据

有效教学策略：第十一版/（美）奥尔利奇（Orlich）等著；牛志奎等译. --北京：中国人民大学出版社，2023.1
（教育新视野）
ISBN 978-7-300-31205-7

Ⅰ.①有… Ⅱ.①奥…②牛… Ⅲ.①课堂教学-教学研究 Ⅳ.①G424.21

中国版本图书馆 CIP 数据核字（2022）第 203393 号

教育新视野
有效教学策略（第十一版）
唐纳德·C. 奥尔利奇（Donald C. Orlich）
罗伯特·J. 哈德（Robert J. Harder）
[美] 迈克尔·S. 特雷维桑（Michael S. Trevisan） 著
阿比·H. 布朗（Abbie H. Brown）
达西·E. 米勒（Darcy E. Miller）
牛志奎 郭敬维 等 译
郭敬维 高 玲 牛志奎 校
Youxiao Jiaoxue Celüe

出版发行	中国人民大学出版社		
社　　址	北京中关村大街 31 号	邮政编码	100080
电　　话	010-62511242（总编室）	010-62511770（质管部）	
	010-82501766（邮购部）	010-62514148（门市部）	
	010-62515195（发行公司）	010-62515275（盗版举报）	
网　　址	http://www.crup.com.cn		
经　　销	新华书店		
印　　刷	涿州市星河印刷有限公司		
规　　格	185 mm×260 mm　16 开本	版　次	2023 年 1 月第 1 版
印　　张	25　插页 1	印　次	2023 年 1 月第 1 次印刷
字　　数	485 000	定　价	128.00 元

版权所有　侵权必究　　印装差错　负责调换

本书内容与美国州际新教师评价与支持联盟（INTASC）教师评价标准对照表

	教学评价标准	相关章节
学习者与学习	标准1：学习者发展 教师了解学习者成长和发展的规律，认识到学习和发展的模式在认知、语言、社会、情感和身体方面因人而异，并为学生设计和实施适合发展和具有挑战性的学习体验。	1，2，3，4，6，8
	标准2：学习差异 教师通过了解个体差异、多元文化和社区以确保孕育包容性的学习环境，使每个学习者达到较高标准。	1，2，3，4，9
	标准3：学习环境 教师与其他教育者一起营造支持自主、协作学习的环境，鼓励学生积极参与学习和社交活动，形成自我激励的氛围。	1，3，4，10，11
学科知识	标准4：内容知识 教师谙熟所教学科的核心概念、研究工具和学科结构，创建学习体验，使该学科的这些内容对学习者来说是容易理解的和有意义的，从而确保学习者对内容的掌握。	2，4，5，6，7，8，9，10，11
	标准5：知识的运用 教师了解如何使概念相互关联，如何使用不同的观点培养学习者的批判性思维和创造性，协作解决与本地和全球相关的实际问题。	2，4，8，9，10
教学实践	标准6：教学评价 教师能理解和运用多种方法评价学生的成长，引导学习者进步，指导教师和学习者作出决策。	3，6，7，10，11
	标准7：教学计划 教师借助于学科领域的知识、课程设置、跨学科的技能和教育学知识，以及有关学习者和社区环境的知识，制订教学计划来支持所有学生达到严格的学习目标。	2，3，4，5，6，11
	标准8：教学策略 教师理解并使用各种教学策略，促进学习者深刻理解知识内容及其联系，并通过富有意义的方式培养学习者应用知识的技能。	1，2，3，4，5，6，7，8，9，10，11
专业职责	标准9：专业学习和伦理实践 教师不断提高自身的专业知识和教育教学实践能力，注重教师自身行为对他人（学习者、家庭、其他专业人士和社区成员）的影响，通过自身实践，尽可能地满足每个学习者的要求。	2，3，4，5，6，10，11
	标准10：领导力与合作 教师候选人寻求适当的领导角色和机会，承担学生学习的职责，与学习者、家庭、同事、其他学校专业人士和社区成员合作，以确保学习者的成长，并促进专业的发展。	2，3，6，7，11

前　言

本书是为即将在一线从事教学工作的新教师而编写的，为他们提供了一整套基于课堂实践的最理想的教学策略、教学技术和促进教与学的方法。教育机构目前面临的挑战是要有能提供高质量教育的学校和外部资源。同时，教育领域也正面对日新月异的变化和不确定性，从而给我们的师生带来了严峻的挑战。所有教育工作者必须掌握信息化时代的工具，才能去教这些被称作"数字化原住民"的学生。教师一方面必须积极回应教师专业化和变革提出的要求，另一方面还要帮助那些多样化与日俱增的学生使其能在日益全球化、竞争愈演愈烈的社会中生存作好准备。

新修订的《有效教学策略（第十一版）》特别重视教师课堂教学的需要以及教学行为的改进。通览全书，我们相信教师有能力对学生的人生产生意义深远的影响。本书可以帮助教师获得促进我们国家的儿童学习所需要的最基础的专业知识。通过学习，教师在终身学习和成就事业的过程中，可以将技术能力与艺术感相结合，提高教学技能与教学策略。从图书的内容和新的设计中你会发现，我们的这一愿景定会实现。

成书的目的与目标读者

本书的用途非常广泛，是为那些即将成为各级各类中小学教师的人进行课堂教学而精心设计的，对每一个主题都有深入的论述和讨论，而且还有指导案例，以此可以帮助这些准教师和新教师掌握州或者国家教师资格要求的教学知识和技能。我们通过提供经过试验和证实的课堂教学理论和指导方法，以及讲授如何最好地将这些理论和方法应用到现实的课堂教学上，从而努力为教师专业成长作出我们的贡献。

作者解释和说明了当今复杂多变的课堂上使用的教学模式、教学策略、方法和技能。无论是新教师还是经验丰富的教师都认为本书提供了有价值、切实可行的资源，以及富有人情味的教学策略，能为教师选择合理、有效和系统化的教学策略提供可靠的指引。在职的教师反映，本书很有帮助，而且非常方便使用，特别是在他们以前忽略的或者需要技术更新的领域。

第十一版内容概览

第一章"教学的理论框架"关注：教师专业化、系统教学、教学主要内容、学校教育的影响因素、教学的激励机制以及教学的专业化和多样性。

第二章"课堂全景图：聚焦社会万花筒中的教学活动"提供了关于整体教学观的理论视角。本章还介绍了爱泼斯坦/皮亚杰的"5岁到成人个体的认知水平发展特征以及主动学习的行为和认知因素"。

第三章"在包容性的课堂教授多元学习者"关注多种多样的学习者。这一章包括："发现学生群体中的多样性""关注特殊学生""针对不同学习者的教学策略"。本章检视了课堂教学的公平与质量的基本要素。本次修订还增加了对英语语言学习者需求的探讨，提供了关于差异化教学的计划指导评估、无障碍学习设计、干预-反应教学法（RTI）、现有的技术辅助等方面的最新的研究和信息。

第四章"教学目标、分类和标准"包括"教学计划作为工具的原理""使用认知分类法作为教学指导""使用目标指导教学""把标准转换成目标"四个小节。在本章最后一小节，我们讨论了将州和国家的标准转化为具体学习目标的过程，同时也对现在发布的不分类型的标准发表了意见和批评。另外，我们还介绍了一个评价教学效应大小的工具"效应量"（effect size），也就是测量教学指导对学生学业成绩正向影响的计量单位。我们讨论了理解教学效果和效应量之间关系的重要性，本书呈现的所有参考文献中效应量的数据都是真实的，因此我们可以很自信地说这本《有效教学策略（第十一版）》是基于实证研究的著作。

第五章"掌握教学计划"强调了资深教师对于教学计划制订和实施的关键作用，同时也说明了这些资深教师是如何制订教学计划的。本版还增加了现代技术在课堂教学中的应用方法。

第六章"排序和组织教学"讨论了排序的基本概念、课程组织模式，以及多元教学法。

第七章"评估"主要讨论了对课堂教学的评价，增加了一个新型有趣的对学生主导的会议的评价。本章还讨论了形成性评估，以及评价系统在改进学生学习上的作用。

第八章"课堂提问过程"呈现了比任何其他教科书都具体的关于课堂提问

的细节和策略。

第九章"小组讨论与合作学习"包括如何分组及有关如何开展讨论与合作的方法和经验。

第十章"探究式教学和更高层次的思维"全面探讨了促进和鼓励学生深度思考的教学技巧和策略。

第十一章"管理课堂环境"强调了把课堂管理作为一个系统而不是事后设想。本版还增加了对违反课堂纪律的具体处理方法。

全面应对当今课堂的教学法

——新增"教师感言"专栏，本专栏由一线教师分享他们与本章内容相关的真实的教学体会。

——对每章的"技术之窗"专栏进行了增补，提供了基于技术事项的观点、案例和相关的网上资源。比如，社交媒体、将技术融入教学、维基百科、博客等。

全面增补最新的研究成果和数据资料

本版增补使用了最新的研究成果和数据资料，比如，我们使用了最新出版的联邦统计数据资料。

本版特意减少了关于教学策略和教学技巧的一些具体内容，取而代之的是取得教学成功的先决条件，有包罗万象的内容主题，如教室内的教育技术、应对不同需求的特殊人群的教学指导等。你可以从中挑选最适合你和你的学生的教学策略。

本书特色

为了使本书更加接近真实的课堂，又便于使用，我们根据教育学原理对每章内容进行了专栏化处理。每个专栏都需要读者认真研读、吸收消化并进一步拓展。具体专栏如下：

模块	内容
学习目标（Learning Objectives）	每章具体的学习目标
评价标准（Standards）	美国州际新教师评价与支持联盟（INTASC）教师评价标准
教室洞察（Classroom Insights）	每章提供一个和本章主题有关的真实场景供读者阅读思考
教学策略（Instructional Strategies）	提供最新的教学理念和技术
技术之窗（Technology Insight）	介绍相关的教育技术和资源
教师感言（Voices from the Classroom）	通过有实践经验的获奖教师分享的故事来验证本章的教学方法
主要观点（Key Ideas）	总结回顾本章的主要观点
回顾与反思（Reflect）	一般出现在每一部分的最后，让读者稍作停顿，回顾一下学习内容，结合自身的经验进行思考，以提升专业发展

续表

模块	内容
旁注（Marginal Notes）	全书对主要概念作了标记
核心术语（Key Terms）	使用粗体字以引起读者对专业词语的注意
章末问题与思考（Closing Reflections）	对本章内容的提问与思考
本章小结（Summary Points）	帮助读者把握本章的要点
纸质资源和网络资源（Print and Internet Resources）	提供与本章内容相关的更多信息和资源

目 录

第一章　教学的理论框架 ………………………………………… 1
  第一节　对教学专业化的简单描述 ………………………… 2
  第二节　反思性教学和决策制定的挑战 …………………… 11
  本章小结 ……………………………………………………… 18
  纸质资源 ……………………………………………………… 19
  网络资源 ……………………………………………………… 19

第二章　课堂全景图：聚焦社会万花筒中的教学活动 ………… 21
  第一节　整体教学观 ………………………………………… 23
  第二节　有关教学决策的三个观点 ………………………… 25
  本章小结 ……………………………………………………… 37
  纸质资源 ……………………………………………………… 37
  网络资源 ……………………………………………………… 38

第三章　在包容性的课堂教授多元学习者 ……………………… 39
  第一节　发现学生群体中的多样性 ………………………… 41
  第二节　关注特殊学生 ……………………………………… 48
  第三节　针对不同学习者的教学策略 ……………………… 56
  本章小结 ……………………………………………………… 74
  纸质资源 ……………………………………………………… 74
  网络资源 ……………………………………………………… 75

第四章　教学目标、分类和标准 ………………………………… 77
  第一节　教学计划作为工具的原理 ………………………… 79
  第二节　使用认知分类法作为教学指导 …………………… 82

第三节　使用目标指导教学 ·· 93
　　　第四节　把标准转换成目标 ·· 101
　　　本章小结 ·· 110
　　　纸质资源 ·· 110
　　　网络资源 ·· 111

第五章　掌握教学计划 ·· **113**
　　　第一节　全面考虑教学计划 ·· 114
　　　第二节　教学计划程序 ·· 118
　　　第三节　资深教师制订计划的方法 ······································ 137
　　　本章小结 ·· 141
　　　纸质资源 ·· 141
　　　网络资源 ·· 142

第六章　排序和组织教学 ·· **143**
　　　第一节　基本概念 ·· 145
　　　第二节　课程组织模式 ·· 153
　　　第三节　作为教学过程的多方法学 ······································ 166
　　　本章小结 ·· 174
　　　纸质资源 ·· 175
　　　网络资源 ·· 175

第七章　评　估 ·· **177**
　　　第一节　基本语境和概念 ·· 179
　　　第二节　形成性课堂评估 ·· 187
　　　第三节　认识评估工具 ·· 192
　　　第四节　建构课堂评估 ·· 197
　　　第五节　以评分促进学生学习 ·· 207
　　　本章小结 ·· 211
　　　纸质资源 ·· 212
　　　网络资源 ·· 213

第八章　课堂提问过程 ·· **214**
　　　第一节　提问的重要性 ·· 215
　　　第二节　提问策略 ·· 220
　　　第三节　适当的提问行为 ·· 227
　　　第四节　提问如何创造动态的学习环境 ······························ 232
　　　第五节　提问的常见挑战 ·· 240
　　　本章小结 ·· 243
　　　纸质资源 ·· 243

　　　　网络资源 ································· 244

第九章　小组讨论与合作学习 ················· **245**
　　第一节　组织和发起讨论小组 ················· 246
　　第二节　小组讨论的六种基本类型 ············· 256
　　第三节　合作学习 ··························· 263
　　本章小结 ··································· 272
　　纸质资源 ··································· 273
　　网络资源 ··································· 274

第十章　探究式教学和更高层次的思维 ········· **275**
　　第一节　帮助学生成为更善于思考的人 ········· 277
　　第二节　探究式教学 ························· 281
　　第三节　发展高层次思维的技巧 ··············· 292
　　本章小结 ··································· 303
　　纸质资源 ··································· 303
　　网络资源 ··································· 305

第十一章　管理课堂环境 ····················· **306**
　　第一节　课堂管理的目的 ····················· 308
　　第二节　社会对教学和课堂的影响 ············· 312
　　第三节　课堂管理模式 ······················· 318
　　第四节　课堂管理常规 ······················· 332
　　第五节　管理课堂环境 ······················· 335
　　本章小结 ··································· 344
　　纸质资源 ··································· 345
　　网络资源 ··································· 346

参考文献 ···································· 347
译后记 ······································ 388

第一章

教学的理论框架

学习目标

完成本章后，你应该能够：

1-1 了解作为一名教师应如何促进美国梦的实现
1-2 理解教学是一个系统的过程，并简要描述教师使用的不同的教学模式
1-3 认识到教学的各种策略、方法和技术
1-4 认识到教学的三大外部影响
1-5 描述学校教育的主要环境以及它们如何影响你作为一名教师的工作
1-6 讨论教学文化的激励作用
1-7 认识到专业性和多样性的重要性
1-8 理解教学既是一门艺术也是一门科学
1-9 认识到作出深思熟虑的课堂教学决策并对这些决策负责的重要性
1-10 确定选择适合发展的内容和过程所涉及的考虑因素
1-11 了解课堂学习的不同动机
1-12 认识到如何明智地选择教学技术
1-13 讨论反思和问题解决型教学

评价标准

本章涉及的标准：

标准1：

学习者发展。 教师了解学习者成长和发展的规律，认识到学习和发展的模式在认知、语言、社会、情感和身体方面因人而异，并为学生设计和实施适合

发展和具有挑战性的学习体验。

标准 2：

学习差异。教师通过了解个体差异、多元文化和社区以确保孕育包容性的学习环境，使每个学习者达到较高标准。

标准 3：

学习环境。教师与其他教育者一起营造支持自主、协作学习的环境，鼓励学生积极参与学习和社交活动，形成自我激励的氛围。

标准 8：

教学策略。教师理解并使用各种教学策略，促进学习者深刻理解知识内容及其联系，并通过富有意义的方式培养学习者应用知识的技能。

教室洞察

迪伊·阿姆斯特朗参加了一个需要上课的教师教育计划，在教学方法课上，有一项任务是与其他三位同学合作，准备一套与教学有关的讨论问题。这套问题的重点是"新聘教师将面临什么样的挑战？"

小组在随后的会议中列出了以下清单。

- 公共教育的规模有多大？
- 教师如何整合教学模式？
- 哪些社会因素会影响课堂？
- 哪些"非学校"因素会影响教师的工作？
- 什么因素会影响职业精神？
- 教师的反思性和艺术性是如何体现在课堂上的？
- 学习者该如何参与课堂？
- 迪伊的讲师安东尼教授在讨论之前，回顾了清单，并指定第 1 章作为课堂的背景阅读材料。

第一节　对教学专业化的简单描述

学校教育是美国最大的独立的社会服务产业。2018 年财政计划已经扩展到了所有的 K-12 学校教育，总额超过了 6 450 亿美元。此外，5 000 亿美元将会用于高等教育，但用于这一计划的投入仅仅占国民生产总值的 7.6%。教师们意识到，作为这一占总人口约四分之一的服务产业中的一员，他们必须充分地了解教学的含义。教师和管理者明白他们需要根据所教授的内容以及教授对象来分析如何进行教学。在本章，我们提出了一个基本原理，这个原理提供了一个集理论和实践于一身的组织架构，它能够引导一个为专业化努力且与教

教育是美国最大的社会服务产业

育有关的课堂教学行为。如果所有的教师需要做的仅仅是站在讲台前说话，那么教学就变得十分容易。当然，有效地教学还远不止这些。

1-1 促进梦想的实现

从整体上来讲，调查分析得出了这样一个结论：公众认为，公立学校所教授的知识、技术和所培养的能力是学生走向成功所必需的。对于大部分人来说，公立学校允许他们为实现自己的梦想而努力，并且为他们梦想的实现提供机会。很多人都相信，成功来自教育——从经济上来说，这是毫无疑义和完全正确的。

但是，这个梦想不能完全实现，因为并不是每一名学生都能在公共教育中平等地获益。原因是多种多样的，包括社会经济因素和语言的差异。我们能够期望学校做得最好的大概就是能够保证为每一个学生提供平等的机会。实现一个人的梦想在很大程度上是一个人努力的问题。因此，每一个教育者都有伦理上和道德上的义务激发所有学生的潜能。孕育学生的梦想是教师的职责。

> 教师应引导每个人在社会中获得成功

1-2 教学作为一个系统的过程

最好的老师往往会考虑他们提出话题的方式，并通过他们的教师教育项目，积累可供选择的各种各样的教学模式。

模式　什么是**教学模式**？可以把它看作一个由几个不同概念组成的宽泛的、总体的描述。就像在教天文学时，太阳系被描述成以太阳为中心，所有行星围绕太阳运行的模式，在这个模式中，与之相关的几个概念是重力、轨道、日心、卫星和日食。你可以在脑海中看到这张图片。

教师应采用哪种教学模式？

第一，学习心理学模式：行为认知、建构主义和发展。我们在第二章中将对此进行展开讲解。

第二，有组织模式，包括大团体、小团体、合作学习团体、学习团体和个性化教学。我们在第五章和第九章将对此进行展开讲解。

第三，课堂管理模式，至少包括两种主要模式：自律和强制自律。这些将在后面讨论。

为了鼓励探究，我们在后面的章节中还会介绍更多的模式。广泛的教学模式将帮助你掌握一套入门级的值得信赖的教学技能，这些技能是基于研究基础上的，能为你架起一座从职前教育到真正拥有教室经验的桥梁。

1-3 策略、方法和技术

嵌入任何模式中的都是一组用于该模式特定方面的附带程序。例如，第八章完全致力于提问的模式。顺便一提，我们将策略、技术、方法和程序视作同义词。每一个方面都来自一个更广泛和更包容的模式。

随着章节的深入，你将看到各种各样的策略作为一个整体模式的先行因素被使用或发挥作用。我们的目标是说明尽可能多的可行和可信的教学/指导方法，以便当你开始教学时，你将有一系列的模式和策略。此外，至关重要的是，你将知道如何使用每一个模式和策略，以及为什么你在课程中的任何特定时刻使用这种技术。课程是学校教育的精髓。教师使用课程结构就像木匠使用图纸建造房屋。简而言之，你会对学校教育有一个总体认识。

请记住，我们提供的是一个可管理的样本，即整个教学图谱。当你获得课程经验时，你会学到其他的模式和策略。关键是经验！有了经验，你就可以为特定的主题和学生群体制定出行之有效的策略。在你的职前工作中，你的经验框架是有限的。我们之所以了解这一点，是因为我们经历了同样的时刻。当然，最好的老师也是终身学习者。

1-4 对教学的外部影响

很明显，非学校的影响会影响你的教学方式，并在一定程度上影响你的教学内容。有很多书都在探讨这个问题，我们只是简单地抽象出三个方面：(1) 联邦政治；(2) 商业团体；(3) 倡导团体。总的来说，这三个方面将对课堂的许多方面产生非常直接的影响。

联邦政治 如果出现紧迫的国家社会问题，人们通常呼吁联邦政府进行干预。在过去的几个世纪里，美国通过了几项法案来帮助学校。2015 年，美国国会通过了《让每一个学生都成功法案》(HR5)，对每一间教室都产生了影响。这项法律在所有公立学校的教室中都留下了很深的联邦印迹。

教师感言

杰克·古斯克，华盛顿沃什塔克纳高中

教育中不断变化的标准是一个在遵循之时令人困惑和不确定的原因。害怕与某个被忽视的标准发生冲突是非常令人担忧和耗费精力的。虽然有时看起来无能为力，但也有一些策略可以用来渡过难关。

> 不要一个人面对这一切。在所有的学校或领域，你需要有人和你谈话，并且支持你做你想做的事。有时候，一个与此不相关的人比你自己更容易发现你疏忽的工作。
>
> 如果你真的致力于一个似乎得不到支持的想法或项目，就不要放弃。完善这个想法，使之适应教学计划。有时你似乎胜任不了这个工作。要知道这种感受是很自然的。有时，这只是个会带来不同结果的时机问题。对于提出一个问题而言，总有好的时机和糟糕的时机。最重要的是你的计划要与州立标准或国家标准相符，这样才不会被完全否决。如果你的理由不充分，做一些小的调整也许能让它飞起来。不要害怕寻求指导，特别是现在；这不是无能力的表现。
>
> 任何项目都应该以学生或学校的利益为导向。
>
> 植树可能不会让学生产生太多的热情，但是这些学生会很乐意在展示他们的社区服务的时候把剪报放在他们的文件夹里。记住这个目标，不要受干扰以至于迷失方向。

该法案的测试任务和使用一些预选国家标准的要求将影响你，并且要求你遵守针对残疾儿童的特定教学方法。我们将在第二章和第三章中对后者进行详细介绍。

联邦政府作为教室干预者的存在从未如此之明显。在过去，项目和计划是由联邦政府资助的，但内容和方法却不在资助范围内。你将会观察这一切是如何进行的。

但是，必须指出的是，公共教育是由公共资金支付的。这些资金是通过政治程序筹集和分配的。政治论坛——地方学校董事会和州立法机关是公民分配优先权和建立等级秩序的地方。在这方面，凯特林基金会主席（2006）和美国卫生教育福利部前秘书戴维·F. 马修斯提出了一个令人信服的理由来说明公众在教育决策中的作用，并大力支持在公共决策中进行公开审议的必要性。

作为一名教师，你的职责是让家长、学校赞助人和决策者知晓你的专业问题，这都是教学的一部分。

回顾与反思

> 在课堂上，讨论政治权力对公共教育的影响。

商业团体 商业团体对公立学校的影响由来已久，最明显的是教科书、教学材料和教学用品的出版商，它们也销售各种各样的测试和评估。现在它们的角色范围已经扩展到对政策制定施加更大的影响。例如，Achive 公司（创立于1996 年）强调更高的学术水平和成就，并赞同在公立学校进行高风险测试和实

施所谓的责任制。该公司与各州州长（该公司理事会有六名州长）保持联系，然后协助全州商业圆桌会议执行其议程。该公司大力提倡公立学校的核心商业价值观：竞争、短期收益、责任制和季度报告。

凭借它们的财政实力，商业利益主要集中在位高权重的立法者和民选官员手中。请记住，如果这些商业团体直接游说，那么它们将失去在美国国税局的非营利地位。然而，它们具有强大的政治影响力。

商业团体之间也有一种假设，即技术和竞争是学校取得进步和学生取得好成绩的关键。它们对责任模型的关注表明，商业上所取得的技术成功将提高学生的成绩。是的，技术将帮助学生，但真正的学习则重要得多。

作为一名教师，你将巧妙地被告知商业价值观，以及这些价值观将如何帮助你的学生！

倡导团体　大量不同的倡导团体对教学有着直接的影响。首先，有许多专业协会（如科学教师协会，这里只列举几个学科相关团体中的一个）。其中一个非常强大的团体是特殊儿童委员会（CEC），该委员会向有任何学习障碍的儿童推广项目。1975年，这个委员会向美国国会施压，迫使其通过PL94-142法案，即《残疾儿童教育法》，俗称《残疾人教育法》（IDEA）。1990年继该法案之后又出台了《美国残疾人法》（American With Disabilities Act），该法于1992年7月26日生效。这个法案将残疾人教育定义为民权，等等。《让每一个学生都成功法案》也涉及这个领域。

所有的法律和相关法规中都有一些规定专门针对特殊需求孩子或残疾孩子的学校和教师。在你的第一份教学工作中，你将得到具体的指导，特别是那些为有"个别化教育计划"（IEP）的孩子提供住宿的指导。我们在第三章中对此进行了详细介绍。

在医学界，临床试验是任何新疗法或新药物广泛应用的先决条件，而在教育界则不是这样。鼓吹者大胆地售卖他们的"万金油"，很少或根本没有实质性或纵向的研究，学生和教师都受到影响（见Ellis，2005）。

总之，在你的学校和课堂上，有许多压力群体扮演着特殊的角色，通过了解他们的策略，你和你的同事可以辨别哪些对孩子有益，哪些对孩子有害（见Kozol，2007）。

如何做一个积极的教育者

- 做一名具备系统知识的教师。
- 了解并应用适当的教学模型。
- 了解来自学校外的影响。
- 告知其他教师。

回顾与反思

与执业教师讨论影响课堂教学的因素。

阅读当地报纸，观察外界对教学内容的影响。

1-5 学校教育的主要环境

教学在一些环境中发生，这些环境对你的工作提出了要求。而这些要求有的互相补充，有的却互相冲突。

社会环境　新加坡国际机场的一个牌子上写道，"欢迎来到新加坡：在这里，我们的国民是唯一的国家资源"。这个牌子为我们刻画了学校本来的面目。学校是由人组成的，是由共同经营教育事业的个体组成的系统和子系统构成的。管理者、教师、家长和学习者之间的交往使他们之间结成了相互的信任和支持的关系。作为教师，我们的目的就是激发每一个与学校相关的人的潜能。在很大程度上说，在组织有序的学校中，教育的过程才会发生。这样的道理同样适用于父母在家里对子女的家庭教育。有效的教学拥有一个组织定位。整个过程是高度社会化的——也就是说，整个过程非常依赖人与人之间的交流。一个孩子在学校里学到的第一件事就是个体必须适应其所在的团队。

> **主要观点**
>
> **社会资源的构成要素**
>
> - 家庭
> - 人际关系
> - 社会组织
> - 教堂
> - 社区
> - 俱乐部
> - 种族关系

在这样的习俗和社会环境下，行为改变了，学习发生了，并且个人也改变了。学校为个体提供了靠他们自己学习所缺乏的社会资源。

根植于学校的社会环境是"社会资本"的概念。**社会资本**是提供支持或鼓励的人际关系的概括，社会资源包括家庭、社区、社会组织，以及种族关系。这些资源的来源主要是社会信任、标准、沟通、合作网络，这里仅介绍几个研究成果（见 Field，2008；Putnam，2000；Svendsen & Svendsen，2009）。

学校是以群体为导向的，同时也是一个复杂的社会网络

教师创造社会资本

学校对于它的服务对象来说是社会资本中极其重要的资源。学校为教师、学生、家长/监护人提供了物质的和社会的框架，以便于致力于一个共同的目标，或者扩展儿童或青少年的**文化移入**过程（见 Erdman & Ng，2010）。**规范**（为特定群体制定的一些不成文的行为准则）和规范带来的压力（normative pressures）是所有学校文化的组成部分和社会资本的巨大资源。

作为一名教师，你要为所有学生创造社会资本，特别是那些出于某些原因社会资本近乎为零的学生。这些学生包括在贫穷的环境中长大或者是刚刚来到美国的学生。你提供的信息可以帮助学生成为社会网络中的一分子。通过了解学生的个人信息，你可以帮助他们了解未知事物。你要向他们展示如何运用学校的所有资源——例如辅导员、教练、课外活动和俱乐部活动的赞助商、音乐指导、校报编辑。你要通过行为证明你是站在学生一方的。这些帮助学生社会化的方法是我们职业职责的重要表现。同样地，在帮助学生在未来社会中取得成功的社会准入过程中，这些教学的社会成分发挥了重要的作用。

强调关爱和价值观

现在，在这些互动中再加上我们称之为多元化的现象，你就会体会到在学校可能会发生的社会互动和冲突。**多元化**这一术语指的是这样的事实：我们的社会和学校是由不同类型的人组成的，从而构成了一个由不同国籍、种族、阶层、信仰、职业群体、哲学体系、价值体系和经济信仰构成的综合体。在如此复杂的社会背景下，作为一名教师，不可避免地会遇到一些相互矛盾的观点（见 Aud et al.，2010）。你将观察到一些**自我矛盾**，个体希望在他或她自己的价值构成中解决这些自我矛盾。同样地，你也将观察到人与人之间的**自我矛盾**，即不同个体和组织的价值观公然对立。这种碰撞可以产生相当大的能量。有时这些能量是十分积极的，并且能够促成问题的解决，并由此获益。在其他情况下，这些能量也会导致不协调。作为一名教师，你所担任的重要角色之一就是促成积极的社会交往和社会关系。

情感环境 正如我们前面提到的，教育事业是一个有意义的职业。进入教学领域的人都是出于无私、道德和伦理的原因才从事教育事业的。如果教育是帮助所有的人人尽其才，那么，从事教育事业的人必须建立一个组织来关怀每一个个体。关怀的品质将人的因素纳入非人的建筑和制度化的传输系统之中。教师和学生之间的密切交往形成了信任和相互支持，尤其是对那些在实现预期目标中存在困难的学生（见 Noddings，2005）。

另外，关怀也是学校组织中社会资本的一个组成部分。这一特点使帮助不同年龄段的学生形成道德和伦理价值观更容易一些。不要被这句话吓倒，确实，学校有义务教授这些价值观，事实上，所有的家长或监护人都强烈认可这些价值观，原因在于学习这些价值观是成为良好的或善良的公民的组成部分。

随之出现的是一个叫作情绪智力的概念。这个术语可能出现在教学文献中。简而言之，它是指作为一名教师，当你扫视你的班级时，你能意识到你的感觉如何，你对一个特定的学生有什么反应（感受），你的言语或非言语暗示是否表现出偏见，一个或一群学生在某些情况下的反应（感觉）如何，这些都是这个术语的一些方面（见 J. Clarrochi and J. D. Mayer, *Applying Emotional Intelligence: A Practitioner's Guide*, 2007）。

教育环境 学校的教育环境是由什么组成的？由于这个问题涉及自己的价值体系，因此很难回答。多年来，学校不是继承就是巧妙地采纳了一种社会理念，这种社会理念整合了除了教育需要以外的社会、情感和家庭的需要。当然，学校仍然教授一些基本知识。但是目前，这些"基本知识"已经囊括了以前曾经认为是补充知识的内容。无可否认，读写、数学、科学、历史和地理依然是核心科目。但是，学校现在还开设了健康课程、生活技能课程、艾滋病预防课程、驾驶和其他一系列的技能课程。这既体现了社会属性，也体现了行为属性。今天，我们把这种复杂的蒙太奇现象称为课程。在之后的几章中在提到课程设计时，我们将重新讨论课程这一主题。

> 重新定义基本要素

组织文化环境 独立地工作是很多学校文化的一个方面，它倾向于延续对学生的"批量处理"，即使用大班和技术进行大班教学。这种现象在自成一体的小学和以学科为中心的高中课堂上更加常见。这种物理上的封闭行为阻碍了新想法的传播。如果你没有机会去观察你的同事，那么你将错过很多重要的想法（见 Met Life, 2014）。

尽管你只能在封闭的状态下工作，你同样可以通过网络登录教师专业协会的网站参与到教师社区中去。所有的州教育部门都有内容丰富的网站。我们强调一些有用的技巧，通过贯串全书的"技术之窗"拓宽你的知识面。此外，我们在每一章的结尾处都为你附上了几个精心挑选的网址。

> 寻找教师学习社区的重要性

教学环境

在一学年中，校长或导师可能会花上一两个小时听一位老师的课，并对他/她进行评估，他们在新手教师身上花的时间较多，而在经验丰富的教师身上花的时间较少；但是大多数教师所做的大量工作都没有得到同行的评价和关注。教师逐渐地形成了对学生学习无益的个人教学风格，这通常是在封闭环境中工作的结果。

- 社会环境
- 情感环境
- 教育环境
- 组织文化（专业）环境

然而，你可能十分幸运能够在一所拥有**学习社区**的学校工作。在这种情况下，你很少独自工作，因为在这样的学校中更多的是教师—学生—管理者之间

的合作和计划。你同样可以发现教师们从事研究并对其实践进行自我反思。这种学习社区文化鼓励继续教育并促进教师队伍向专业化发展，更加鼓励教学专业人才获得全国教师委员会的资格认证（在 http://www.nbpts.org 网站上可了解到更多细节）。此外，现在出现了试图将学校变小、变紧凑的尝试。这些尝试包括"校中校""核心团体"，甚至是离散的学习小组。这些手段的目的是改善专业领域的交流并提供一个有益于学生获得成就的环境。

> 每个学校都有自己的文化

学校倾向于打造它们独立的**校园文化**，从而有别于其他学校。它们的标准和价值观可能产生于学校内部。结果，一些细小的甚至是刻意的压力压在了教师的身上。如果学校文化包括健康的价值观、创新的教学方法和互相尊重的交流模式，这个结果则是积极的。但是，如果学校文化包含了少数正面因素，那么这种鼓励教师遵从压力的趋势可能是对教学的破坏。教育和其他职业一样，依赖于其参与者个人专业技能的发展。并且，新教师可以使用各种各样的教学策略。这本书就是为那些可能成为最好的教师设计的。学习这一章和接下来的章节的目的是使你对你所在的环境产生积极的影响，而非使你成为环境中的消极因素的受害者。那样的话，学校的风气才能进化，你可以确立更能促成问题解决的新标准，形成积极的教学风气和正向的学生期待。我们提倡进行专业化讨论和与学校的其他教师进行合作，彼此分享书籍和杂志，这是塑造良好的学校文化氛围，使你的学习社区变得强大的一种途径。

法律方面　随着教学的开展，你将学习与学校教育相关的几个法律方面的知识。我们这里仅举一例。各州的法律要求教师和行政人员报告虐待或忽视儿童的情况。当你被录用时，你要与你的校长和同事讨论这方面的内容，以便了解其含义。《让每一个学生都成功法案》再次讨论了几个法律问题。

1-6　教学文化的动机

教师为什么坚持做他们所做的事情？教师从学生的成功中获得满足，而学生的成功又反映了教师工作的有效性。与成功者在一起是很棒的一件事。不管你是已经掌握加法技能的学生的二年级教师，还是已经掌握虚拟语气概念的高中生的法语教师，上述说法都是正确的。教师的教学水平很大程度上取决于他/她对学生的态度——是鼓励交流还是打击交流（见 Purkey & Novak，2009）。高水平的教师能够有意识地做到引人入胜，尽最大努力帮助大部分学生取得成功。这些教师激发了他们自身强大的动机（见 Dischler，2010）。

另外一种动机是与其他专业教师一起工作。正如我们之前指出的，在一个典型工作日的大部分时间中，教师与其他专业教师都不在一起工作。

教师的一部分工作是与其他教师一起解决学校问题、制订课程计划、进行教学设计。这些活动使你参与到学校的决策制定过程中。以专业的方式与你的同事合作以改善学习环境，这是教师能力提升的一个方面。在这种情况下，效力的理念升级为集体的行为而非仅限于个人的优秀（见 Schlechty，2009）。

学校是一个十分复杂的机构，并且学校文化会对教师教学产生深远的影响。但是，你很快就能成为任何一所学校的校园文化的一部分，你可以对其产生积极的影响。高效工作是影响教学文化的捷径。运用本书来掌握一系列教学技能，这些技能能够使你成为你想成为的最优秀的教师，并且能够激励他人充分发挥自己的潜质。

> 不要害怕改善你所在学校的教学文化

教师工作水平
- 有意的枯燥乏味
- 无意的枯燥乏味
- 无意的引人入胜
- 有意的引人入胜

回顾与反思
- 你的教学如何丰富了你的社会资本？
- 你应该寻找什么样的事实来确定学校中的关爱水平？
- 我们刚刚讨论了四个教学环境——社会环境、情感环境、教育环境和组织文化（专业）环境，在其中选择两个，并对二者进行比较。在你的教学环境中，这两个教学环境的力量和影响力是怎样制造冲突的？它们是如何互相促进的？

1-7 专业性和多样性

作为教育者，我们意识到美国是一个由广泛的个体组成的混合体。学校是一个反映了民族的、语言的、种族的和宗教的多元化组织。从各个方面考虑多样性有助于创造更为丰富多样的教育环境。第三章对这个话题进行了更深入的探讨，我们在第三章勾勒出了多样性如何影响美国学校的"大图景"。

第二节 反思性教学和决策制定的挑战

1-8 作为科学和艺术的教学

当你开始你的教学之旅时，你将接触到许多不同的想法、价值观和理论模型。在这一部分中，我们将添加一系列的观点来帮助你作出教学决策。然而，约翰·哈蒂（John Hattie, 2012）具有开创性的研究简要地总结了这一点：教师是学校学习中最重要的一个方面。

> **主要观点**
>
> **专业性和多样性**
> - 在你的课堂上识别不同的文化
> - 尊敬你课堂上的每一个人
> - 意识到不同群体的相似性和差异性
> - 提供一个丰富的课程设置

专业水平的教学既是艺术也是科学（见 Eisner，2003）。优秀的教师就像艺术家一样从技术的和创造性的视角出发作出决策。杰出的艺术家展示技能——绘画、制作玻璃制品、雕塑——的运用，其中蕴含着技术如何发挥作用的科学。他们还知道在何时以何种方式来运用这些技能。他们作出决策，这是一种艺术行为。同样地，教师通过使用精心策划的、微调的课程来发展他们的科学，这些课程反映了他们对许多不同的教学技巧的理解。他们巧妙地运用每个技巧获得智力上的、社会上的、情感上的和生理上的有效效果。教师通过意识到自己在做什么，以及怎样做才能更好地影响学习者来发展他们的艺术性。他们始终有这种意识，他们的决策能够影响学生的智力、态度和精神活动技巧。毕竟他们是决策人。

基于研究的教学方法 本书中介绍的教学方法有大量的研究作为支撑。你将成为研究的使用者，甚至可能对那些文献作出贡献。随着你的教师教育课程的进展，你可能会遇到某个黄金技术的拥护者。向他索取通过实证研究得出的数据，也就是说，已经被复制的纵向实验和对照组的结果。盛行的教育风潮通常没有这样的数据。理解和解释研究是教学科学的一部分。恰当地使用这些知识并作出正确的决策是艺术的组成部分。

关于这个话题最后需要指出的是：罗伯特·马尔扎诺（Robert Marzano, 2007）提供了基于研究的证据，即具有很强专业教学能力的教师能教出取得更好的学业成绩的学生（见 Hattie，2012）。是的，你所教的知识和你的学生在学校环境中的表现之间有着非常紧密的联系。知识就是力量！

美国国家专业教学标准委员会（NBPTS） 想要获得高水平的专业认可，依然存在一个障碍。美国国家专业教学标准委员会成立于1989年，是卡内基教学专业工作小组的直接产物。美国国家专业教学标准委员会（2010年）已经为教师职业制定了内容标准和教学标准，这些标准基于以下五点"核心建议"：

1. 教师对学生和他们的教学有责任心。
2. 教师熟悉他们教授的科目以及教授这些科目的方法。
3. 教师有责任管理和监督学生的学习情况。
4. 教师对自己的实践进行系统的思考并从经验中学习。
5. 教师是学习社区的成员。

获得美国国家专业教学标准委员会颁发的证书需要付出极大的努力，大多数州在通过考核的教师的工资中增加了一笔丰厚的年度津贴。至少一项研究表明，在亚利桑那州获得美国国家专业教学标准委员会证书的1~6年级的教师往往更有能力提高学生的成绩（见 Vandevoort，Amrein-Beardsley，Berliner，2004）。

> 美国国家专业教学标准委员会五个核心建议指导教师教育

价值观方面的补充是美国教育工作者协会（Association of American Educators，2010）提出的"道德准则"，其四项基本原则可总结如下：

> 决策和判断融艺术于教学

- 对学生的道德行为
- 对实践和绩效的道德行为
- 对教师同事的道德行为
- 对父母和社区的道德行为

1-9　决策制定及职责

决策制定这一概念的内涵就是责任。教师不能推卸责任。如果你作出一个决策，你必须对这一决策的执行及其结果负责任。就像我们之前提到的，很多决策已经为你制定好了，例如班级规模、日程安排、课程指导，以及午饭时间。然而，你需要制定教学决策（见2010年"大都会人寿调查"，阅读有关这个话题的精彩描述）。

> 责任在于你

在我们看来，很多教师并没有意识到自己肩负制定决策的职责。他们总是批评管理部门或学校董事会。事实上，行政管理条例和学校董事会制定的政策确实针对一些教学过程和教学内容。但是，更多的课堂教学决策还是需要教师来制定的。你要回答下列问题："在绘制地图的活动中，我需要一节课的时间还是两节课的时间？""我应该让学生准备小组演讲的海报展示环节吗？""一个课堂活动应该在几节课内完成？"从表面上讲，这些并不是至关重要的决策，但是所有这些决策都能对你的学生产生影响。你要对作出这些决策承担责任，使这些决策成为合乎逻辑、深思熟虑的结果，而非冲动的结果。

> 斟酌行事，思考因果关系

如果存在一个有关教学的无可争议的论述，那就是没有一个"正确"的方式能够用来教授任何知识或任何人。教育主管部门和评论家声称他们已经找到了解决美国教育问题的答案，频率惊人。在本书中我们从未声称我们已经找到

了在某一特定环境下运用的教学方法。相反，我们会提供一系列的选择，所有的选择都是实用的，都能产出结果。这就是我们展现多样化的方式。如果教学是一个基于教师个人技能、知识和艺术性的决策制定活动，那么也应该有实现教学目标的多样化的手段。

> **回顾与反思**
> - 在你的教学专长中，哪些主题能够用来证明教学的艺术性？
> - 你怎样确定一个教学片段如何能更好地将技术技巧融入教学艺术之中？

1-10 选择进度适当的教学内容与教学步骤

当你计划教授一门课程时，你必须牢记，学生掌握课程内容的步骤与课程内容本身是同等重要的。库纳德轮船公司曾打出这样的广告："到达了目的地只能感到一半的愉悦"。这种观点同样适用于教学。学生必须知道如何掌握你希望他们学习的内容。一旦明白了如何到达目的地，他们将十分享受这趟旅行。

例如，一个中学的数学教师想要教学生们如何运用比例。当然，在运用比例之前，学生必须能够理解除法的含义，理解整数的概念，理解比例的概念，能够进行基本的算术运算。这些不同类型的知识可以分成两大类——**内容知识**（知道是什么）和**过程性知识**（知道怎么样）。通过了解内容和过程的含义，你可以使你的教学决策制定过程更加缜密。

分级的考虑：学科定位和儿童定位 当准教师们被问到在职业生涯之初他们最关心的是什么时，很多主修中等教育专业的人认为科目知识是他们最关心的内容。因此，准中学教师倾向于以学科为导向。相比之下，准小学教师更倾向于以儿童为导向。他们的主要目标是帮助儿童茁壮成长、身心健康，而不是仅仅教授他们数学、科学或写作。相应地，小学教师的日常活动主要指向过程而非内容，比如帮助儿童从适应家庭环境到适应学校的教学环境。

从以儿童为导向到以学科为导向的过渡

中学是从以人类成长为导向转为以内容为导向的过渡期。对于中学教育者来说，理解青少年正在经历认知形成阶段，即让·皮亚杰的具体操作阶段，并进入初始形式阶段（见 Olich，2010）是极其重要的。为了更好地教授这个学生群体，教师必须将动手和动脑活动相结合来教授所有重要的概念。比如，准备时间表、做试验、设计表格和图表、分类以及定序等技术性操作对这个年龄段的学习者十分重要。高中教师往往将关注点放在教学内容上，这是整个社会认可的关注点。大约半个多世纪之前，人类学家克莱德·克拉克洪（Clyde Kluckhohn，1949）得出结论：任何一个社会的学校都是这个社会的缩影。一个社会的希望和信仰都巧妙地渗透到价值观、课程设置和教学之中。在某种程度上，方法的传授必须与内容的传授相辅相成，着眼于每一位学生的需要。有时候教师会说："如果学生在进入我的课堂之前没有掌握相应的知识或技能，那将是很糟糕的事！"（这是你有意地制造枯燥乏味的一个例子）。但是，如果学生没有掌握**必备技能**，作为一名教师，你必须教授他们这些技能。只有你为学生提供了基础知识，学生才会学有所成。如果你不提供基础知识，你的学生将无收获可言。这个重要的决策是你自己作出的，并且将是你有意地引人入胜的反映。

> 给每个孩子一个出众的机会

每个孩子，无论其禀赋如何都必须达到一个标准，围绕这个单一标准设计的课程大纲令我们困扰。相反，课程大纲应该强调个人的卓越表现。这是你教学过程中的重点。如果你决定让每个学生都为自己的最佳表现负责，那么你的学生就会迎难而上。然而，这与共同核心标准相冲突，该标准的目标是让每个孩子高中毕业并获得大学入学文凭。

回顾与反思

● 思考一下你自己的小学、初中和高中教育，在每一个教育阶段你都学到了哪些方法？有哪些内容领域？

● 有没有明显强调过程而非内容的时候，反之亦然？

● 有没有过程和内容密不可分的时候？

1-11 动机与学习

假设教学内容是合理的，并且学习节奏是恰当的，大部分学龄儿童都能够掌握大多数话题（见 Bloom，1984）。作为一名教师，你必须承担决策制定的责任，你制定的决策必能帮助你班级里的每一位学生。尤其重要的是鼓励每一位学生为学习负起责任。这是一种重要的态度问题。只要当学习者有某些学习需求时，教师才会发挥其作用。我们把那些需求称为**动机**（见 Erwin，2010）。

动机是做一件事情——读完一本书，完成一项艰巨的任务，或者成立一支国际越野队——的内在动力。动机是一个抽象的概念，但是它将成为你的字典中一个十分重要的词语。成功的教练比优秀的运动员更需要动机——他们也是很好的激励者。他们能让运动员超水平发挥。同样的原则也适用于优秀的教师。在课堂上，你努力激发学生竭尽全力做到最好。你可以激励他们内在的自我，希望他们完成一项任务之后感到愉悦，因为他们享受这个过程，或视之为一种挑战。换句话说，你激发了学生的**内在动机**。然而，你并不能激发每一位学生的内在动机，所以我们还使用了一系列的**外在动机**。这些外在激励手段包括纸片上的星星、字母代表的等级、特殊待遇（一次派对或在休息时间做学生想独自完成的事情），甚至还有奖品。教学的艺术性部分地表现为懂得什么时候运用内在动机，以及什么时候运用外在动机。教学的科学性部分地表现为明确对于特定学生应该运用哪些动机（见 Riggs & Gholar，2009）。

内在动机与外在动机

1-12 明智地选择教学技术

我们认为在课堂上使用高科技设备是一种外在动机，这可能会使你感到惊奇。原因是什么呢？因为儿童和青少年都把使用计算设备（例如笔记本电脑、平板电脑和其他外围设备）视为一种娱乐形式，正如（或甚至）他们将这些设备看作提高生产力的工具。这使技术成为一种外在动机。由于学生特别喜欢使用电脑，要确保花费在电脑上的时间是有价值的，这一点十分重要。我们关心的是，你应该意识到在运用技术强化学生学习以及活跃课堂气氛方面，你的决策将发挥重要的作用。

技术之窗

数字时代的教学

数字网络和计算工具是我们生活的重要组成部分。皮尤研究中心（Pew Research Center）收集了有关全世界的统计信息和事实，包括互联网和技术的使用情况。2015年皮尤研究中心发布报告称，66%的美国人拥有智能手机、台式机/笔记本电脑或平板电脑三种设备的不同组合；36%的美国人拥有所有这三种设备（见 Anderson，2015）。我们定期使用网络计算工具进行交流和社交活动。在可预见的未来，这一趋势可能会持续下去。数字网络和计算工具将很可能成为学生和你个人生活的重要组成部分。

因为我们使用数字设备的方式多种多样，所以有时很难理解如何最有效地将它们运用于教和学。在20世纪90年代末，国际教育技术协会（ISTE）为学生和教师制定了一套标准，以帮助教育工作者制定有效使用课堂技术的目标。国际教育技术协会学生标准包括六个部分：创造力和创新，沟通与合作，研究与信息流畅性，批判性思维、问题解决与决策，数字公民身份，以及技术操作和概念。在我们日益数字化的社会中学生需要特定的技能和知识才能过上具有创造性的生活，每个部分的描述都反映了培养学生所需技能和知识的目标。

国际教育技术协会教师标准描述了充分利用数字网络和设备的五种主要方法：促进和激发学生的学习和创造力，设计和开发数字时代的学习经验和评估，模拟数字时代的工作和学习，促进和模拟数字公民身份和责任，以及参与

教师职业发展和领导工作。这五个方面描述了如何充分利用技术促进学生的学习和教师自身的职业发展。

国际教育技术协会标准可在 http://www.iste.org/standards/iste-standards 查询。

我们主要关注的是你分析每项技术的潜力，以帮助你的学生最大限度地发挥他们的潜力。当你计划适当地将任何技术整合为教学工具时，你将为你的学生或其他人作出决策。所有现代和非现代的技术都只是提高学习过程效率的工具。本书提供了互联网上的参考资料，并建议教师进行基于网络资源的反思活动。要了解更多关于在课堂上使用技术的知识，请咨询例如罗伯特·A.瑞泽和约翰·V.邓普西（Robert A. Reiser and John V. Dempsey）著的《教学设计与技术的趋势和问题》（*Trends and Issues in Instructional Design and Technology*）（2012）这样的资源。学校尚未充分挖掘现有技术资源的潜力。我们预测，学校改革的重点将是通过电子媒介增加学习机会。在那激动人心的时刻你就站在舞台上。

1-13 反思和问题解决型教学

反思性教学一词来自约翰·杜威的"反思性探究"理念（见 Dewey, 1998）。杜威将学生看作学习过程的探究者和积极参与者。他认为在学校教育中，学科内容和探究方法之间的相互作用是不能被忽视的。基于这一思想，反思型教师要基于问题解决的范式制定决策。换句话说，问题不再被看作有待克服的障碍，而是要去迎接的机遇。教师要对问题进行反思。此外作为学习社区的一部分，他们号召其他人对已发现的问题进行反思。在这种情况下，所有成员通力合作列出他们所能采纳的一系列方法。最后，他们缩小范围，从一系列方法中选出几套合乎道德的、公平公正的，以及有教育意义的方案。反思型教师是深思熟虑的、理性的且有条理的人。

反思型教师将社会因素融入教学计划之中。他们有意识地对自己的教学行为进行必要的调整，以确保所有的学生都有成功的机会。反思型教师也对他人的可能造成负面社会影响的决策提出质疑。

你是否认为空中交通管制员的工作是一个充满挑战、快节奏的工作？作为一名课堂教师，你每天的决策数量超过空中交通管制员的决策数量。正如我们在后面章节中所强调的那样，你将根据你对课堂的观察（谁在做什么，什么事情正在进行，以及你能够预测会发生什么）制定大量决策。对于如何组织和管理你的课堂以便有效教学，你是最重要的决策制定者。

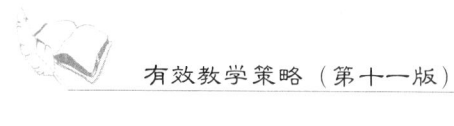

> **主要观点**
> - 关心学生
> - 了解学校教育的社会因素
> - 对假设提出质疑
> - 了解教学内容
> - 鉴别问题和议题
> - 搜集相关数据
> - 制订实验计划
> - 运用多种教学策略
> - 实施问题-解决策略
> - 前瞻性和回顾性地思考问题
> - 意识到反思是一个循环过程
> - 评价结果和使用的方法

随着你不断提高教学的艺术性和科学性，你将会更深刻地意识到你的决策如何影响学生的智力发展和态度培养。你独自作出了制订计划的决策——有条不紊，准备充分。但是随着国家标准和州标准越来越广泛地融入课程设计之中，你将会发现你对教学内容的控制将会受到制约。但是，有效教学就是教师和管理者之间、教师和教师之间、教师和家长之间、教师和学习者之间，以及学习者和学习者之间的动态互动。在这种互动中，所有的参与者不间断地制定决策——包括所有由学生作出的重要决策，从而完善教学。

> **回顾与反思**
>
> **总结性反思**
>
> - "不伤害任何人。"如何将这一格言应用于教师的决策制定之中？
> - 计划进行一项简短的研究，以确定教师一天要作多少个决策。
> - 在你的教师教育课程中，有哪些激励性的技术得到了认可？
> - 成为一名反思型教师将如何影响你的教学计划？
> - 你的教师教育课程是如何处理教学问题的？
> - 你的教师教育课程是否建议建立一个职业档案？

本章小结

1. 教学是一种职业，有其自身的道德规范和标准，以及一套知识、模型和技术体系。

2. 学校教学在很多环境下发生，这些环境包括社会环境、情感环境、教育环境和组织文化（专业）环境。

3. 教学是一门科学，因为教学需要技术知识。教学也是一门艺术，因为教学需要决策制定。

4. 有效的教师为他们的决策负责。

5. 教师应该基于发展适当性和教育公平性来选择教学内容和过程。

6. 对于教师和学生来说，内在动机来自内部资源，而外部动机来自外部资源。

7. 在评价和运用教学技术方面，教师制定决策时应该谨慎行事。

纸质资源

Green，T.，A. Brown，and L. Robinson. *Making the Most of the Web in Your Classroom：A Teacher's Guide to Blogs，Podcasts，Wikis，Pages，and Sites*. Thousand Oaks，CA：Corwin Press，2007.

这本书旨在帮助教师熟悉网络，并提供工具将网络融入课堂教学，用以辅助学习。

本书向教师展示了如何达到国际教育技术协会的技术和其他内容标准，还包括与学生一起使用网络的"必要知识"，这些知识包括网络发展简史、网络语言、强化学习的网络工具、网络编辑软件、学生安全和适当的"网络礼节"。

Kozol，J. *Letters to a Young Teacher*. New York：Crown Publishing Group，2007，304 pp.

乔纳森·科佐尔就很多话题发表了社会评论，这些话题包括种族隔离、高风险测试、掠夺性商业以及政治干预。故事情节是通过一位新入职的城市教师的观察展开的。他鼓励教师成为支持学生的冠军。

Purkey，W. W.，and J. M. Novak. *Inviting School Success：A Self-Concept Approach to Teaching Learning，and Democratic Practice*，4 th ed. Belmont，CA：Wadsworth，2009，222 pp.

这本小册子可能是你读过的对有关教学互动最重要的阐述。我们邀请所有的初、高中教师都阅读此书。

网络资源

- 美国教育部（US Department of Education）的官网提供了大量与教育相

关的网络资源。

http://www.ed.gov

● Teachers.net 是一个为教师提供服务的商业网站。该网站提供了内容种类繁多的、从学前教育到成人教育的专业发展机会和资源。

http://www.teachers.net

● 国际教育技术协会出版了教师和学生的《国家教育技术标准》（ISTE-NETS）。在美国，这些标准被广泛地应用和参考。

http://www.iste.org/standards/iste-standards

第二章

课堂全景图：聚焦社会万花筒中的教学活动

学习目标

完成本章后，你应该能够：

2-1 解释整体的教学循环

2-2 确定教学决策的基础

2-3 评价教学决策的发展理论

2-4 评价教学决策的行为主义理论

2-5 评价教学决策的认知主义理论

2-6 了解课堂上促进主动学习的方法

评价标准

本章涉及的标准：

标准1：

学习者发展。教师了解学习者成长和发展的规律，认识到学习和发展的模式在认知、语言、社会、情感和身体方面因人而异，并为学生设计和实施适合发展和具有挑战性的学习体验。

标准2：

学习差异。教师通过了解个体差异、多元文化和社区以确保孕育包容性的学习环境，使每个学习者达到较高标准。

标准4：

内容知识。教师谙熟所教学科的核心概念、研究工具和学科结构，创建学习体验，使该学科的这些内容对学习者来说是容易理解的和有意义的，从而确保学习者对内容的掌握。

标准 5：

知识的运用。 教师了解如何使概念相互关联，如何使用不同的观点培养学习者的批判性思维和创造性，协作解决与本地和全球相关的实际问题。

标准 7：

教学计划。 教师借助于学科领域的知识、课程设置、跨学科的技能和教育学知识，以及有关学习者和社区环境的知识，制订教学计划来支持所有学生达到严格的学习目标。

标准 8：

教学策略。 教师理解并使用各种教学策略，促进学习者深刻理解知识内容及其联系，并通过富有意义的方式培养学习者应用知识的技能。

标准 9：

专业学习和伦理实践。 教师不断提高自身的专业知识和教育教学实践能力，注重教师自身行为对他人（学习者、家庭、其他专业人士和社区成员）的影响，通过自身实践，尽可能地满足每个学习者的要求。

标准 10：

领导力与合作。 教师候选人寻求适当的领导角色和机会，承担学生学习的职责，与学习者、家庭、同事、其他学校专业人士和社区成员合作，以确保学习者的成长，并促进专业的发展。

教室洞察

诺拉想知道为什么在她的教师教育课程中，她会接触到这么多不同的教学和学习观点。最终，在观察她的学生教学导师时，她明白了为什么教师需要了解几种不同的学习模式。班主任在教学过程中运用了多种教学模式，并且使用了诺拉所学的各种心理学理论。

当诺拉开始教她自己的高中物理课时，她已经有了一些经验、专业知识和教育理论并将其作为作出教学决策的基础。更重要的是，在制订课程计划的过程中，诺拉能够在细节安排妥当时考虑"大局"。随着她获得了更多的专业技能并且越来越自信，她的教学方式也发生了微妙的变化，融入了新学到的理念和基于研究的实践。

在**第一章**中，你了解了系统性教学和一些外部力量在课堂上的作用。现在让我们走进课堂，探索学习框架和其他直接影响你的教学决策的因素。当你阅读的时候，想想你会如何回答下面的问题。

- 如何设想一个动态的教学循环？
- 如何在我的教学决策中应用不同的学习观点？
- 为确保所有学生都有一个积极的学习环境，需要哪些要素？

第一节 整体教学观

教学是校内学习的关键组成部分,也是向所有人提供优质教育的诸多因素之一。正如爱丽丝在她的仙境中所学到的那样,这里展示了教学如何系统地提供"最好的教育"的愿景。

2-1 整体的教学循环

正如诺拉所认识到的,动态教学必须被视为一个全景图,同时也是细节的整合。这就是**整体教学观**的概念。作为一名教师,在你为学生构想的全景图和你想要学生掌握的特定内容之间,你要同时来回切换。这种思维方式甚至在开学第一天前就开始了。

通过同时考虑教学的若干方面,你可以思考影响教与学的各种变量。你的视野帮助你变得有条理和有系统。随着本章的展开,你将了解理论与实践在教学中的相互作用。例如,本书强调教学的过程或技术方面的内容。总体而言,所有章节都与教学的态度和心理因素以及极其重要的学习者相互关联。图2-1展示了这一现象,正如后面的"主要观点"中所呈现的。

> 整体教学:全景图+细节实施

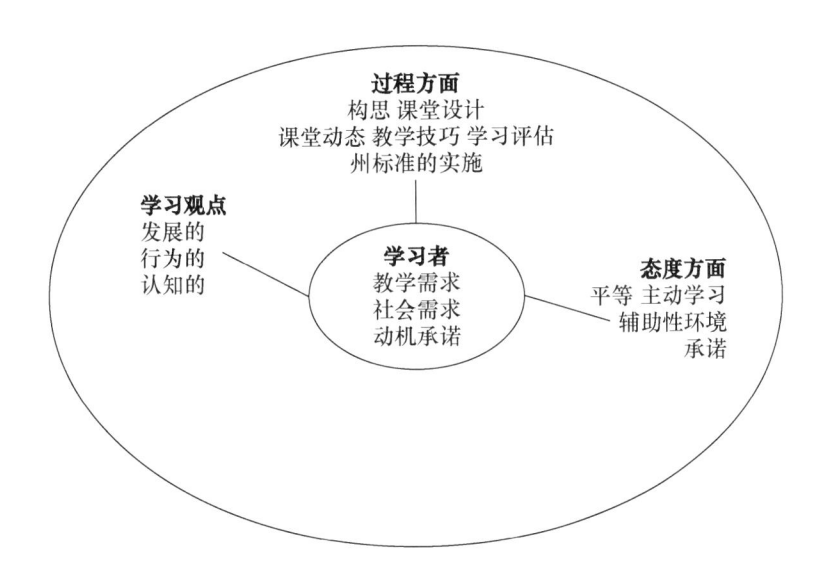

过程方面
构思 课堂设计
课堂动态 教学技巧 学习评估
州标准的实施

学习观点
发展的
行为的
认知的

学习者
教学需求
社会需求
动机承诺

态度方面
平等 主动学习
辅助性环境
承诺

图2-1 整体教学模式

资料来源:© Cengage Learning 27;Reprinted with permission of Doris W. Epstein 31;Adapted from Kohn 1996 33;Used by permission of Veronique Paquette.

2-2 教学决策的基础

观察图2-1所展示的四个因素之间的动态交互。每一个因素对其他三个因素都产生促进作用。

重点在于你在进行教学之前就试图预想整个教学的场景。比如，当你着手新一单元的教学时，你想为全班学生提供一些普遍经验。如果要使统一且强制的教育标准得以完全实现，提供一些普遍经验将成为教学计划中一个非常重要的部分。通常情况下，动词"设置"被用于这种常见的经验，意思是你设置了学生对将要学习的内容的期望。我们将在后面的章节中再次讨论这个话题。

可能你决定播放一段录像或是带着全班到计算机中心去网上冲浪。作出这个决定之后，你要问自己："这个介绍性活动对整个课程的目的是什么？"你还要问自己试图在本单元中突出哪些重要内容。或者你可能和一组教师搭档，作为一个团队，你们将集思广益。此外，你需要从学习视角出发考虑你如何教授整个班级或班级中的亚群体。你还需要考虑要学习的内容以及规定的州立标准。教学中最容易的是讲授内容。而难点在于决定讲授（或者删除）哪些内容、进度如何、由谁来执行，以及达到怎样的深度。在"主要观点"中，我们列出了一些全局性的考虑因素，你必须整合这些因素才能成为一个有效的讲师。

主要观点

整体教学思考

- 我的教学目的或目标是什么？
- 学习者是谁？
- 我需要具备哪些预备知识？
- 我如何教授教学内容？
- 我应当作出哪些管理决定？
- 我要使用哪些技巧或过程？
- 我如何与他人共同承担责任？
- 我们拥有哪些教学资源？
- 我必须考虑到哪些学生因素？
- 我必须遵从哪些州立标准？
- 我如何评估学生学习？

很明显，学习者和学习者的需要始终被放置在这一模式的中心位置。正是为了学习者你才使用不同的教学技巧。学习者的成功有助于创造所有要素相结合的条件。随着本书的深入，你将会对图2-1中的主要过程元素有更深入的了解。

即使你具有系统化的教学手段，但是对于每个教学活动中你作出的诸多临场决定，你仍然应该灵活且有效地作出反应。

有关整体模式的最后一个反思是：大多数学校都有某种类型的课程指南——以一套特定的州立标准为模式。州立标准涵盖的内容包括从具体的、脚本化的日常指南到有关标准或州立要求的学术内容的一般说明。在制订计划的整个阶段，必须对这些指南进行审查和处理，因为学生在在校学习的特定时间点接受评估。当然，我们坚信颠倒顺序才是正确的，也就是说，教学内容影响测试内容。但那还不是我们可以左右的政策。

你教授特定概念或标准的方法有其社会心理基础（见 Kise，2007）。接下来让我们看看对教学活动产生深刻影响的三个理论观点。

> **回顾与反思**
>
> - 回想一下在教师教育阶段你何时突然将所学的知识连成一张全景图。如何将全景图与细节元素结合起来？
> - 思考你对教学进行展望的领域。对于一个单元来说，全景图会是什么样子的？有哪些可行的方法能实现整体目标？

第二节 有关教学决策的三个观点

基于你对教育心理学的学习，你就会知道几种学习理论或观点可以用来指导教学和学习。尤其是其中三个观点可能对教什么以及如何教产生了巨大影响：有关发展的观点、有关行为的观点和有关认知的观点。你所使用的具体的教学模式或教学过程可能会基于这三个模式或一个**兼收并蓄**的模式——一种借鉴几种方法或混合几种方法的模式。让我们简要地探讨学习理论如何应用于教学策略。你可以参考标准的教育心理学教科书来获得关于每个理论更详细的信息。

2-3 发展理论

皮亚杰的智力发展阶段 一个普遍流行的教学和学习模式是发展的模式，通常与让·皮亚杰（Jean Piaget，1896—1980）有关。这种模式认为，个体的智力发展经历了很多相互重叠的阶段。根据皮亚杰的模型（1969年），一共有四个发展阶段或时期：**感觉运动阶段**，从出生到两岁；**前运算阶段**，2～8岁；**具体运算阶段**，8～10岁；**形式运算阶段**，11～15岁及以上。最后一个阶段是学校试图到达的阶段，我们大致称之为"思考和分析阶段"。但是，多数初、

高中学生仍然处于具体运算阶段，因此他们需要很多举例说明、模型、图画，以及活动。皮亚杰模型中的发展阶段对于任何个体或群体都不是固定的；相反，这些阶段趋于重叠。例如，在中学阶段，你会发现学生的发展水平差异很大，从还没有进入具体运算阶段的学生到已进入形式运算阶段的学生都有。高中生也表现出不同的智力发展阶段。此外，同一个个体在不同学科中不会统一达到相应发展阶段。例如，一个学生可能处在社会科学的形式运算阶段，但仅处在数学的具体运算阶段。

> 皮亚杰：以年龄为基础但可能重叠的思维阶段

为了促进学生智力发展，教师必须为学生提供重要的经历或活动（见 Kolb，2015）。

维果茨基的以社会为媒介的学习　另一个备受推崇的学习理论是由列夫·维果茨基（Lev Vygotsky，1896—1934）提出的。他关于智力成长的**图式**或模型不是以发展阶段为中心，而是以他所提出的最近发展区和社会交往模式为中心（见 Vygotsky，1962）。

最近发展区（ZPD）是儿童通过自己的努力可以达到的智力水平和在专家或成人的帮助下可能达到的智力水平之间的差距。你如何判断某个儿童的最近发展区呢？你可以通过反复试验去寻找答案。当你的教学适合这个儿童的发展区，那么这个儿童学习的速度就会相当快。而超越发展区的教学则效果不佳。学习者如果在他们的最近发展区，那么他们可以轻松地从他们现在所知道的移动到他们下一步能做什么。还可以通过对预备知识进行简短的预测试来确定某个概念或知识点是否遗漏了。预测试的结果将显示你是否需要提供更多的介绍性材料。掌握预备知识是最近发展区的一个条件。

> 维果茨基：在成人的帮助下孩子能够学习的内容

在维果茨基的理论中，没有例如皮亚杰的发展阶段理论所暗示的成熟度。如果一个儿童没有掌握某个概念的话，那么根据皮亚杰的发展阶段理论，这个儿童还没有到达相应发展阶段。而对维果茨基派而言，这是由于教学内容不在这个儿童的最近发展区（见 Shayer & Adey，2002）。

> 社会互动是关键所在

维果茨基的理论还认为学习具有社会属性。一个儿童在倾听讨论的过程中能随之思考。最终，这个儿童将先**内化**所听到的内容，然后可以进行独立思考。社会互动是学习的关键。皮亚杰和阿尔伯特·班杜拉（Albert Bandura，1997）也发现了这一属性（见 Berns，2010）。

教学决策的意义　在皮亚杰的理论中，有两个概念对教学有效性尤其重要：年龄适宜性和个体适宜性（见 Shayer & Adey，1994；Bredekamp，1997；Shayer & Adey，2002）。如果你依照皮亚杰的发展阶段理论，那么你将试图找到适合学生年龄的教学材料。那就是说，对4年级而言你需要9岁或10岁学生可以掌握的材料。同样的想法可以用于教授15岁的高中二年级学生。

作为皮亚杰派，你可以首先介绍某个有学习价值的活动。在孩子们经历了这个活动之后，你可以标注所教的概念，以便他们能够同时理解此次经验和所学的正式术语。例如，如果你正在讲授时区的概念，你可能给学生展示一幅美国地图并告诉他们不同城市的时间。然后，当你从东往西移动或者反过来，你可以让学生总结时间发生的变化。一旦学生通过这个练习获得了经验，你就可以标注像东部、中部、落基山脉，以及太平洋所在的时区。

你如何运用维果茨基的模型来讲授时区的概念呢？首先，你要估计学生的最近发展区以确定概念的引导是值得的还是徒劳的。以小学低年级为例，你可以教学生如何识别时间，但是时区的概念绝对是超出他们的最近发展区的。无论你怎么努力试图教授这一概念，学生都不会理解的。

但是如果孩子们到了6年级或7年级，已经具备学习时区概念的潜力，你可以将班级分成几个讨论小组并为每个小组提供地图、标记工具以及不同城市的时间信息。各个小组都将积极地、齐心协力地参与活动，试图构想与时间相关的模式。最后，在你的帮助之下，一个小组得出结论，即在美国大陆版图上有4个时区。每个小组都能够分享这个结论。最终，每一个学习者都能理解时区的概念。

但是假设两个学生还不能独立解决时区的问题。那么你会怎么做呢？你可以继续运用社会互动理论，给那些还没有掌握时区概念的学生分派同学导师，并期望他们通过后续的社会互动行为可以完成这个学习周期。我们将在第十章详细阐述建构主义的这种处理方法，此外第十章还展示了探究式教学和更高层次的思维。

表2-1展示了一组年龄、年级和对应的发展水平。让我们假设你想用形式思维的方式引入一个概念。表2-1中的数据（由Herman Epstein合成，著名的皮亚杰派学者）表明，即使在高中的低年级和高年级，很大比例的学生还没有达到相应认知水平。在接下来的章节中，我们将举例说明一些教学技巧来帮助你教授有难度的概念。

当你查看表2-1时，你会清楚地看到，并不是所有高中生的思维都处于形式认知水平。通过展示学生在数学、科学、阅读和写作学习水平上的巨大差异，国家教育进步评估（NAEP）测试验证了表2-1中的数据。国家教育进步评估的测试题目旨在反映5个层次的思维水平。然而，在4年级、8年级和11年级中达到这些水平的学生比例都在下降。这些下降趋势似乎可以从表2-1的数据中预测出来。

此时，我们只是想让你意识到对教学进行规划。我们也鼓励你思考提供适合大部分学生认知水平的教学和经验（见 Shayer & Adey，1981）。

> 为这两种理论提供至关重要的体验

表 2-1 处于皮亚杰不同认知水平的学生比例

年龄	年级	直觉 (a)	初级具体 (b)	高级具体 (a)	初级形式 (b)	中级形式 (b)
5.5	P	78	22			
6	K	68	27	5		
7	1	35	55	10		
8	2	25	55	20		
9	3	15	55	30		
10	4	12	52	35	1	
11	5	6	49	40	5	
12	6—7	5	32	51	12	
13	7—8	2	34	44	14	6
14	8—9	1	32	43	15	9
15	9—10	1	15	53	18	13
16	10—11	1	13	50	17	19
16—17	11—12	3	19	47	19	12
17—18	12	1	15	50	15	19
成年人	—	20	22	26	17	15

注：水平 a 包括刚刚开始处理 1 或 2 个推理方法的儿童，而水平 b 则包括能够处理 6 个或更多推理方法的儿童。

资料来源：Table derived by Herman T. Epstein, personal communication, June 8, 1999. Sources used are J. Smedslund, *Concrete Reasoning: A Study of Intellectual Development* (Lafayette, IN: Child Development Publications of the Society for Research in Child Development, 1964); P. Arlin, personal communication with H. T. Epstein; T. D. Wei, et al., "Piaget's Concept of Classification: A Comparative Study of Socially Disadvantaged and Middle-Class Young Children," *Child Development* 42 (1971): 919 – 924; J. W. Renner, D. G. Stafford, A. E. Lawson, J. W. McKinnon, F. E. Friot, and D. H. Kellogg, *Research, Teaching and Learning with the Piaget Model* (Norman: University of Oklahoma Press, 1976); M. Shayer and P. Adey, *Towards a Science of Science Teaching* (London: Heinemann, 1981). Reprinted with permission of Dr. Herman T. Epstein. For a detailed discussion, see Herman T. Epstein, "Biopsychological Aspects of Memory and Education," in *Advances in Psychology Research*, Volume 11, S. P. Shohov, Ed., New York: Nova, pp. 181–186.

回顾与反思

- 绘制一个图表用以展示皮亚杰和维果茨基的理论的关键元素。这些元素的不同之处是什么？相同点又是什么？
- 查阅所选年级的学区课程指南。在指南中你是否能找到"发展或适合年龄"这样的术语？如果找到了，这些术语是如何使用的？
- 州立标准假设，所有年级的所有孩子都能掌握所有的话题。根据国家教育进步评估数据与你的同学和教育学教授讨论这个假设。

2-4 行为主义理论

概述 根据**行为主义理论**，学习可以被看成一种可观测的行为变化。斯金纳（B. F. Skinner, 1938）发起了现代行为主义运动。然而，使用行为目标指导教学设计的拉尔夫·W. 泰勒（Ralph W. Tyler, 1949）确立了行为主义在教育领域的应用。甚至有人可能会妄言，21 世纪兴起的对标准和问责的热情就是泰勒的行为目标的延伸。行为主义通常针对行为异常或者情绪失调的学生。行为主义是一个非常复杂的模式，对教育以外的生活有诸多影响和应用。该理论的一个要素是**学习迁移**。这个词指的是将在特定情况下学到的知识**应用**到新的环境中。比如说，你刚刚完成有关比例的教学。一个学生过来跟你说："你是否意识到买一瓶 20 盎司的苏打粉的每盎司的价格比买一瓶 10 盎司的苏打粉的每盎司的价格便宜呢？"你引导学生告诉你更多想法。于是学生演示如何通过列出比例式来计算每盎司的价格，从而可以计算出相对的单位价值。你的脸上绽放出笑容！我们将在第十一章讨论这个有关行为管理的技巧。

> 直接教学法依赖于行为主义原理

行为主义理论为很多教学方法和课程建设提供了理论基础。它不仅仅是一个行为管理模型。例如，受欢迎的基础科学课程"科学：过程方法"（SAPA），是完全基于行为原则构建的。玛德琳·C. 亨特（Madeline C. Hunter, 2004）推广的"教学理论实践"（ITIP）就是基于这个理论设计的。

> 不是僵化的、低水平的教学模式

直接教学法 当你将行为主义理论运用于教学时，你会发现自己在设定具体的学习目标，并对那些从简单到复杂的学习活动进行排序。你多半会采用一种被称作**直接教学法**（见 Carnine et al., 2009）的模式。这个模式是基于行为原则的。它是一种广泛使用的方法，我们在此将其作为行为主义理论的应用。请记住，很多"建构主义"策略，例如合作学习小组，是以行为主义假设和含义为基础的。

直接教学法通常被称作"全班"或"以教师为主导"的教学。基本上，这一方法突出学习重点，很少为学生发起的活动提供选择，倾向于面向大班级，并强调事实性知识。有人批评直接教学法以死记硬背为导向。为了回应那些批评者，一项调查显示，接受直接教学法的小学生在与解决问题相关的高级智力区域内表现出进步（见 Elliott, Busse & Shapiro, 1999）。一个对该研究的评价显示，直接教学法确实在很多学习者和学科领域间传递技能（见 Adams & Engelmann, 1996）。该教学法被用来增加任务学习的时间，改善思考技巧、问题解决技能，加强计算机知识、写作技巧以及科学的学习。莎拉·G. 塔尔弗（Sara G. Tarver, 2003）等人对与直接教学法相关的问题进行了全面的回顾。阿瑟·K. 埃利斯（Arthur K. Ellis, 2005）对直接教学法的研究基础作了详细的分析。他的结论是，证据范围包括从简单的倡导行为到数据驱动的经验性

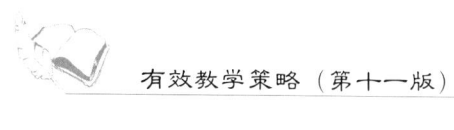

证据。

> **主要观点**
>
> **直接教学法的优势**
>
> - 教学内容能够教授给全班学生。
> - 教师控制注意力的焦点。
> - 教学过程最大限度地利用可用时间。
> - 通过反馈评估全班的学习程度。
> - 教师关注班级学习目标。
> - 教师通过解释来阐明教学内容。
> - 教师的课前准备要求较少。
> - 所有学生完成同一学习任务。

马丁·A.科兹洛夫等（Martin A. Kozloff et al., 2001）总结了有效使用该教学法的步骤。专栏中列出了该体系的优点和这些步骤。当教师被要求使用"编写的课件"时，教师使用的通常是直接教学法。这些课件规定了教师要遵循的所有细节，而且在一些学校的特殊教育课堂中往往可以见到这些细节。

> **直接教学法的步骤**
>
> 1. 回顾和检查先前的工作。
> 2. 通过小单元呈现新的学习材料。
> 3. 提供指导性练习。
> 4. 准备反馈和修正。
> 5. 监督独立座位的学生的任务完成情况。
> 6. 每周和每月复习所学概念。

程式化教学法 当你使用提供教学、实践机会和反馈信息（有时称为电子教学）的软件时，支持该教学法的基本学习理论扎根于**程式化教学**的行为理念。这种教学法提供小而离散的指令增量，并且对正确反应进行及时强化。当你的课程被细分成可完成的部分或单元时，你将使用行为主义原则。我们将在后面的章节中详述这些主题。

2-5 认知主义理论

认知心理学 我们要为你提供一个分析任何教学模式或课程设置的框架，

以便探寻其理论基础。那么你就能够使你的教学方法与内容相适应，从而帮助你的学生成为更成功的学习者。至此，我们简要探讨了影响教学决策的发展理论和行为主义理论视角的精选内容。

过去的几年里出现了一种被称为**认知心理学**的学术思潮。其目的在于将学生的学习和思维技巧从初学者水平提升到更专业的水平。显而易见，实现这一转变需要学生变得成熟和时间。一个有效的途径是教学生学会如何思考以及如何制订计划以更有效地获取新知识。

> 帮助学生达到专业水平；教学生学会思考

认知模式的另一个主要目标是为学生进行学习和自学提供充分的体验。很显然，学生需要获取知识的渠道，学会如何组织知识并能够自我激励学习。下面的专栏简要概述了认知模式（见 Ashman & Conway, 1993）。

认知教学模式的若干原则
- 学生参与到主动学习和问题解决活动中。
- 学生运用多种学习策略。
- 为学生运用新技能分配时间。
- 学习和解决问题的责任从教师转移到学生。
- 明确说明学生将要学习的策略。
- 教师决定学生的学习进度。
- 教师对教学决策负责。

认知教学法的技巧　在参阅上面的专栏里所列的原则时，毫无疑问，你会注意到一些原则和其他学习理论的原则有类似的地方。进一步讲，你可能会认为学校环境对激发学生成为积极的学习者发挥至关重要的作用。是的，情况确实如此。所有的学习理论都存在一些互动元素。但是，你会采取哪种策略将认知理念融入你的教学活动中呢？我们仅列出了几个**信息处理**策略。

第一个策略叫作**记忆术**——使用某种记忆辅助方法。科学中常用的记忆方法是"罗伊·G. 比夫"（Roy G. Biv）。这个记忆方法让学生们想起了光谱（彩虹）中颜色的排列顺序——红、橙、黄、绿、蓝、靛、紫。这个记忆术还可以按照从最长波长到最短波长的顺序来排列颜色。你可能用过一些记忆方法来记住一系列或一连串的事件。

第二个策略是构建视觉或结构图，比如图表或时间线。走进一所中学的历史课堂，你可能会看到环绕教室四周的时间线。这有助于学生在视觉上按时间顺序梳理历史事件。同样，在本书每一章的开头，我们提供了一个概念图。这个工具就是一个帮助你学习和记忆每章节内容的信息加工方法。

视觉化也经常用于体育教学中。参与者试图理解他们如何跳舞，如何跑圈，如何在雪山上转弯，或者完成某一游戏计划。当一个学生试图组装一套试

验设备或解决一个多步骤的问题时，视觉化的技巧同样适用。记住，教会学生如何使用这些认知技巧是你的责任。琳达·坎贝尔（Linda Campbell，2003）提供了超过 100 个使用认知策略教授科学的教学技巧。

以学生为主导的教学 作为一名教师你面临的一个更大的挑战在于以何种方式设计课堂活动，以激发学生自主学习。在你的教学生涯中，你需要决定在多大程度上控制教学。教学范畴的一端是**学生自主学习**（或自我引导的学习），即学生自己管理如何达到预期的学习目标。一个倡导学生自主学习的课堂将呈现出错综复杂的活动场景：各种小组、学习中的小组，同时还有专注于任务或活动的个体。在这种教学中几乎不存在教学秩序，教师作为一名提示者、提问者和答疑解惑者在教室中走动。简言之，教师扮演学习辅助者的角色（见 Agran et al.，2003）。

> 在多大程度上控制教学？

教学控制的范围

　　　　　　学生自主学习 ←----→ 直接教学法（教师主导）

教学范畴的另一端是教师主导的教学（或直接教学法），我们已经就此进行了介绍。在这一模式中你会发现，教学强调学习重点，学生进行个体活动的机会很少。在全班教学中教师主导绝大部分的课程和教学决策。表 2-2 对上述两种教学法进行了对比。提供此表只是为了进行对比而已，实际操作可能大不相同。

除了学生自主学习以外，还存在一种实践——**独立学习**。约翰·马洛（John Marlowe，2000）描述的独立学习的概念既不属于家庭教育也不属于课堂学习。一个成功的独立学习项目允许学生独立完成一个任务或解决一个问题。教师帮助学生制订计划，但是学生可选择多种方案来实现预设的目标（见 Alvarado & Herr，2003；Tate，2003，关于以学生为主体的学习策略）。根据北美在线学习委员会（2008）的数据，超过 100 万名学生——包括私立学校的学生和接受家庭教育的学生——在全国各地的"虚拟学校"就读。所有这些学生将被归类为使用独立学习方法的学生。现在几乎所有的公立学校都开设网络课程，预计这个数字还会增加。

然而，我们要给读者提个醒。随着国家和州课程标准的实施，学生自主学习的发生率预计会急剧下降。国家和州课程标准，以及利益攸关的测试极具强制性，这就意味着教师们几乎没有时间允许学生们培养自己的兴趣爱好（有关这方面的充分的证据见 Amrein & Berliner，2002）。在课堂之外采用独立学习的方法可能是这一困境的出路。

表 2-2 以学生为主导的教学法与直接教学法的比较

以学生为主导的教学法	直接教学法
灵活摆放的桌椅	某种程度上固定摆放的桌椅
强调个体或小组学习	对全班进行教学
教师作为（学生学习的）辅助者	教师是主导者
不太关心时间	有效使用课堂时间
多种评估方式	迅速提供反馈
关注探索行为	强调基础知识
灵活的教室结构	固定的教室结构
多种活动同步进行	所有学生专注同一任务
耗时的准备	最少的准备时间

资料来源：Adapted from Kohn 1996.

很明显，这两种教学模式还有很多其他的侧面。这些都是你要面对的现实。你的决策很大程度上是关于如何设计教学内容和教学过程的。很显然，你需要熟悉几种教学模式。你还需要识别每个模式的主要特点以及相对优势。我们强烈建议尽可能多地使用不同的教学技巧或模式。原因是什么呢？因为这种做法将有助于你针对任何指定的教学内容或学生需求作出最明智的教学决策，有助于你调动学生学习的积极性，同时也有助于你根据当前的情形选择最佳的教学控制程度（见 Cunningham et al., 2000；Wells, 2001）。

虚拟学习　随着各种尺寸、各种形状、林林总总的计算机的广泛使用，我们确实需要注意，幼儿园学生至 12 年级学生都处在"虚拟学习环境"中。这个领域包括电脑游戏和电脑辅助教学。这一类型的学习环境似乎可以分为以学生为主导的教学和程式化教学即直接教学。如何利用虚拟学习来帮助学生是一个问题，这个问题可能在你的教师教育课程中有所涉及。技术对课堂互动和学习环境的影响正在成为一个主要的教育问题——一个外部影响？在你的教师教育课程中，当你听执业教师授课时，应该与他们讨论这方面的问题（见 O'Neils, 2010；Scoresby & Shelton, 2010）。

技术之窗

开放的教育资源

可以在网上免费获取很多优质的在线教育网站、视频和应用程序，这些资源被称为开放教育资源（OERs）。一个著名的例子是可汗学院（www.khanacademy.org），这是一个丰富的教学视频集合，可以帮助学生学习从基础数学运算到考上大学所需的一切知识。找到这些资源可能有点困难，原因是新资源经常出现，有些资源偶尔会消失。在任何浏览器中使用搜索词"幼儿园至 12 年

级资源"就能开始获取一份开放教育资源列表。

建构主义理论和实践 建构主义哲学在过去的半个世纪中不断发展，它是认知主义理论的一个分支。当教育者和其他人开始探寻以学生为中心的教学模式时，他们似乎被35～36页的专栏中总结的社会建构主义者阵营深深吸引。临近的专栏里总结了这一派别的观点（见 Anderson et al.，1994）。

建构主义没有完全统一的哲学观和方法论，它包含一系列的假设和教育途径（见 Bandura，1977，1979；Taber，2011）。

我们在这里的讨论是纯粹的或理论意义上的建构主义；而你将会在实践中发现整体范围，包括对概念的限制性使用、选择性使用、混合使用，以及甚至不恰当的使用。在此给出一些建构主义的要点。

1. **强调先前的经验**。建构模型的基本理念在于认为学生是带着他们先前的知识和假设进入课堂的。学习是以学习者在其他场景中已经建构的知识为基础的。

2. **个体对意义的建构**。建构模型的另一个要点在于学习者必须自己建构所学的知识。例如，在科学和社会科学学习中仅仅让学生做一些词汇练习无法使学生同化那些概念。该模型要求学生主动学习。机械记忆是建构主义者所抨击的。但是，学习者能够自己建构并使用记忆策略。例如，建构主义者认为，如果儿童能把乘法口诀表看成数组，就能理解乘法口诀表。

3. **情景和共享学习**。建构模型要求具体的经验而不是空洞的说教。此外，学习者通过分享经验加深对知识的理解。合作学习和讨论是关键的策略（见第八章）。

4. **教师和学生的角色转变**。在建构模型中教师和学生相互学习。教师寻找学生理解困难的迹象，从而帮助学生理解所学内容。教师不被看作唯一的权威；相反，教师是学生学习的辅助者，是学生自己构建知识的指导者和支持者。

建构主义哲学的特点是学生与学生之间的互动，很少有教师的监督。批评者认为这种做法是自由放任的非教学行为（见 Richardson，2003）。

在寻找建构主义教学法的纵向、定量、实验对照组的研究中，我们一无所获。然而，建构主义方法确实确保了学生参与学习，这一点得到了教育工作者和定性研究的支持。

教师感言

维罗尼克·帕克特是2003年华盛顿州的年度教师，任教于华盛顿州伊斯特蒙特肯罗伊小学

教师们每天都要快速地作出无数个决定。每天在校期间会出现很多状况，教师没有时间详细计划特定情况下产生的想法或行动。像课程设置这样的总体决策通常是由地区行政部门预先决定的。然而，教师的判断在课程实施过程中起着很大的作用。尽我所能，我遵循我所在的学区选择的课程安排。我使用了很多评估工具来帮助我进行教学。在我的教学生涯伊始，教师们还没有意识到数据在教学中的作用。我们遵循课程设置，在适当的时候开展创造性的和创新活动，并经常依赖我们的直觉。今天，我继续依赖我的直觉，但州立标准和我从形成性和终结性评估中得到的数据已经改进了我的教学效果。我把我的教室看作一个巨大的拼图。每个孩子都有自己的背景、知识和经历，这些构成了他/她的学习拼图的小部件。这些小部件决定了他们将如何学习。我利用每个孩子的图式和知识，并结合评估数据来了解如何最好地完成他/她的拼图。我和其他教师讨论过这个问题吗？是的，讨论过。每周我们坐下来试着就课堂上进展顺利的情况和不顺利的情况进行对话。我们一起讨论如何改进我们的教学，并惠及我们负责的所有孩子。其他时候我们开"走廊会议"。在那些稍纵即逝的 5 分钟里，我们分享教学进度或讨论任何急需注意和为以后做计划的事情。

2-6　主动学习

主动学习包括多种教学策略，所有这些策略都使学生参与到真实的教学过程中。小组成员共同解决问题是主动学习环境的一个例子。

无论你认同哪种教学理念，你设计课堂教学的目的可能是促进你与学生之间的互动。你可能会把教室布置得令人愉快、引人入胜，用学生的作业和海报布置墙面。把你的教室想象为一个令人愉悦的工作环境。学校是年轻人成长的地方。如果你强调学生应对自己的学习引以为豪，那么你就要看到学生表现出的那种自豪感。一个积极活跃的课堂是一个学习社区，包括教师在内的所有人都应参与其中（见 Kohn，2006）。

主要观点
现代社会建构主义的原则

- 学习依赖于学生带入经验的先验概念。
- 学生必须建构自己的意义。
- 学习是情景性的。
- 学习有赖于学生与他人通过讨论达成共识。
- 有效教学包括了解学生现有的认知结构并提供适当的学习活动以辅助学生学习。

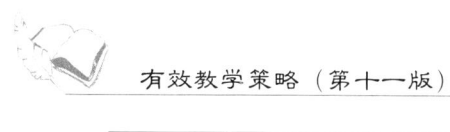

- 教师能够使用一种或多种有效策略辅助概念的转化,这依赖于概念与学生的概念相一致。
- 概念转化的关键因素可以通过具体教学方法来改变。
- 更强调"学会如何学习",而不是堆积事实。
- 就内容而言,数量越少理解越深刻。
- 榜样可以激励学生。

回顾与反思

- 在你的教学哲学观中,你是否倾向于某一观点(发展理论、行为主义理论,或是认知主义理论)?如果答案是肯定的,理由是什么?这一观点如何影响你的教学活动?

为主动学习的课堂提供一系列活动

- 合作学习小组
- 以探究为导向的活动
- 教师的展示活动
- 教师与学生共同参与学习计划
- 使用动手和动脑的活动
- 使用网络资源
- 使用教学操作材料
- 学生的展示活动
- 学生展示作业
- 学生自我评估

回顾与反思

- 比较直接教学法和主动学习法。你会怎样使用这两种方法?如何使每种方法更有效?何时每种方法才更有效?

总结

当代教育文献阐明了学校经历如何显著影响学生的生活。当你在教学中使用任何教学模式或方法时,尝试将你的方法与学生的认知特征匹配是很重要的。是的,你将使用多种方法,以便所有学生都能最大限度地学习。使用不同的方法需要一些实践,坦率地说,还需要你进行一些探索性的学习。我们呼吁,教师们应该使学校成为对所有人都充满人性并提供支持的机构。

我们将在第三章继续更深入地讨论教育的公平性与包容性。

回顾与反思

总结性反思

● 一名教师在多大程度上以及在何种背景下需要使用整体规划？和同事们一同探讨。

● 设想一个积极的学习模式，这一模式可以反映三种教育理论：发展理论、行为主义理论，以及认知主义理论。这一模式有哪些组成部分？

本章小结

1. 教学决策包括两个部分：全局性的视野和细致的实施。
2. 根据学习者的需求来预测教学决策。
3. 皮亚杰理论认为，学习者的成长是阶段性的，因此教学应当适应（学生的）成长阶段。
4. 维果茨基理论指出，教授任何概念都有一个最佳时机，同时学习离不开社会互动。
5. 行为主义强调学习会导致行为变化。
6. 认知教学模式假定学生能够学会如何学习。
7. 社会建构主义认为，先前经验和共享学习是教学环境的组成部分。

纸质资源

关于本章所讨论的主题已经存在大量的论文和书籍。下列资料价值非凡。

Kise，J. A. G. *Differentiation Through Personality Types：A Framework for Instruction，Assessment，and Classroom Management*. Thousand Oaks，CA：Corwin Press，2007，185 pp.

这本书提供了种类繁多的差异化教学技术。

Good，T. L. & **J. E. Brophy**. *Looking in Classrooms*，10th ed. Boston：Allyn and Bacon，2007，523 pp.

两位杰出的教育研究人员提供了关于教室里发生的情况的第一手观察资料。

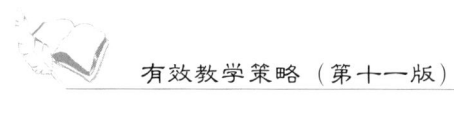

Kohn, A. *Beyond Discipline: From Compliance to Community.* Alexandria, VA: Association for Supervision and Curriculum Development. 2006, 166 pp.

这是一本畅销的儿童权益倡导书，讲述了如何创建一个充满爱心的学习社区。

Tomlinson, C. A., & J. M. Cooper. *An Educator's Guide to Differentiating Instruction.* Boston: Houghton Mifflin, 2006.

这是简要介绍如何操作的入门书籍，书中有很多实例。

网络资源

● 哥伦比亚大学学习技术研究所（Columbia University's Institute for Learning Technologies）对该网站进行维护，该网站提供了有关激发学生学习动机的文件和项目。

http://www.ilt.columbia.edu/

● 让·皮亚杰协会（Jean Piaget Society）网站提供了关于皮亚杰发展思想的信息和出版物的网络资源。

http://www.piaget.org/

第三章

在包容性的课堂教授多元学习者

学习目标

完成本章后，你应该能够：

3-1　理解学校里的文化多元性

3-2　概述有关美国校园的种族和民族多样性

3-3　概述有关美国校园的语言多样性

3-4　概述有关美国校园的经济多元性

3-5　概述有关美国校园的性别多样性

3-6　概述有关美国校园的学习多样性

3-7　解释《残疾人教育改进法案》(IDEIA)

3-8　识别特殊学生的特点与需求及相关服务

3-9　描述个别化教育计划（IEP）

3-10　识别相关特殊学生服务项目和补充性援助

3-11　概述《504适应计划》

3-12　讨论"无障碍学习设计"原则

3-13　概述差异化教学

3-14　提供文化回应式教学法的实例

3-15　识别干预-反应教学法（RTI）及其不同层次

3-16　概述满足英语语言学习者需求的方法

3-17　概述多种合作教学方法

3-18　描述对学生进行分组教学来满足不同需求的各种方法

3-19　定义教育支持技术及实例

评价标准

本章涉及的标准：

标准 1：

学习者发展。 教师了解学习者成长和发展的规律，认识到学习和发展的模式在认知、语言、社会、情感和身体方面因人而异，并为学生设计和实施适合发展和具有挑战性的学习体验。

标准 2：

学习差异。 教师通过了解个体差异、多元文化和社区以确保孕育包容性的学习环境，使每个学习者达到较高标准。

标准 3：

学习环境。 教师与其他教育者一起营造支持自主、协作学习的环境，鼓励学生积极参与学习和社交活动，形成自我激励的氛围。

标准 6：

教学评价。 教师能理解和运用多种方法评价学生的成长，引导学习者进步，指导教师和学习者作出决策。

标准 7：

教学计划。 教师借助于学科领域的知识、课程设置、跨学科的技能和教育学知识，以及有关学习者和社区环境的知识，制订教学计划来支持所有学生达到严格的学习目标。

标准 8：

教学策略。 教师理解并使用各种教学策略，促进学习者深刻理解知识内容及其联系，并通过富有意义的方式培养学习者应用知识的技能。

标准 9：

专业学习和伦理实践。 教师不断提高自身的专业知识和教育教学实践能力，注重教师自身行为对他人（学习者、家庭、其他专业人士和社区成员）的影响，通过自身实践，尽可能地满足每个学习者的要求。

标准 10：

领导力与合作。 教师候选人寻求适当的领导角色和机会，承担学生学习的职责，与学习者、家庭、同事、其他学校专业人士和社区成员合作，以确保学习者的成长，并促进专业的发展。

教室洞察

梅利莎教的五年级实习班级的学生的构成很多元——班里有两个苗族（Hmong）双语学生，一个只会说西班牙语的学生，两个索马里难民，三个有学习障碍的学生，其他 14 名学生来自不同文化背景，而且学习和成长水平参差不齐——虽然她对这样的班级并不感到诧异,但还是非常担心如何设计出能满足不同学生需求的课堂。她在教师教育学习期间已经学习过这方面的内容,她意识到学以致用的时候到了。在实习指导老师、辅导教师和她的大学教授的帮助下,梅利莎越来越多地承担起各科教学的责任。梅利莎发现,通过与他人合作、使用现有资源以及利用自己学过的关于多元学习者的知识,她已经可以设计出学生积极参与并主动学习的课堂。她非常喜欢参加有关解决问题和合作的会议——和其他几位五年级的教师同事、特殊教育教师和双语教育教师合作解决问题。团队精神、对学生的责任心,以及重视文化差异使她的差异化教学获益良多。

在第二章,我们探讨了影响教学决策的学习框架。在这一章我们继续探讨课堂,重点是学生的多样性以及全纳式教学手段。教师教育课程基本上都会开设有关特殊教育、全纳教育、多样性和英语语言学习者方面的专业课程。这里我们概述了你在多元课堂上可能会经历的情形,而这些话题毫无疑问是你准备成为教师时要深入探讨的内容。在考察学生的多样性和全纳教育的过程中,请思考这些问题:

- 我怎样才能了解学生的文化及其所属的社区和家庭?
- 我的教学如何保证每个学生都有机会学习高质量和严格的课程?
- 我如何设计满足所有学生需求的学习经历?

第一节 发现学生群体中的多样性

义务教育阶段的课堂表现出广泛的多样性——从多种语言到多种能力水平,对新入职的教师来说完全不足为奇。公立学校的**多样性**是一份礼物——这份礼物使学生的生活和课程内容更加丰富多彩,最终能促进学习。拥抱并利用多样性来指导教学实践和课程设置的教师会拥有绝佳的机会获得高质量、有收获的教学体验。理解课堂上的多样性,并知道如何在这种环境下进行最有效的教学,这一点对新入职的教师极为重要。

那么,在多样化的课堂上你会有何种体验呢?在文化、种族、民族、语言、社会经济、性别、学习方面的差异是美国各地课堂中的多样性的几个领域。你所居住的地方不同,你的学生的多样性也不同。毫无疑问的是,课堂上的学生都有不同的家庭背景、不同的观念、不同的能力和不同的信仰。为避免你误以为多样性仅限于城市里的学校,我们来看看华盛顿州一个小乡村社区的数据,那里有一所在校生不足 500 人的 12 年义务教育学校,乌克兰的、西班牙裔的、美国土著的,还有亚裔的学生占了该地区一半的学生人口。除了美国土著学生,英语是其他学生在家里都不说的语言。

3-1 文化多样性

共同点 所有学校无论大小都有一个共同点，即**文化多样性**。文化被看作一个总体性结构，包含社群生活以及学生的信仰、态度、价值观和观点（见 Banks，2015；Cohen，2010）。你会看到民族和种族群体之间的文化差异性。比如，当我们探讨美国土著居民的文化多样性时，就会发现跨部落和跨地区存在广泛的文化差异。美国人口调查局分类（比如，黑人、西班牙裔、白人、亚裔）的每一种族内也同样存在显著的文化差异。事实上，这些文化层次上的因素对个人身份的影响比那些更具明显特征的因素（比如民族）要大得多。作为教师，我们需要理解课堂上的文化多样性，并且认识到文化认同对学生生活的影响力。

3-2 种族和民族多样性

在美国，大多数学校都存在**种族和民族多样性**。表 3-1 显示了 2012—2013 学年种族/民族学生群体的分布比例。种族群体通常是通过身体特征来定义的，而民族群体是由一系列共同的文化信仰、语言、观点，有时还有祖先来定义的（见 Lynch，2004）。在这个国家的不同地区，学生群体中种族和民族的代表性是不同的。例如，根据国家教育统计中心（2015 a）的数据，非白人种族/民族群体占西部人口的 61%，占南部人口的 54%，占东北部人口的 41%，占中西部人口的 32%。到 2020 年，美国非白人学校人口预计将占学校总人口的 54%。

表 3-1 2012—2013 学年美国公立学校种族/民族学生群体分布比例

种族/民族群体	学生群体分布百分比（%）
美国土著/阿拉斯加土著	1.1
亚裔/太平洋岛民	5.1
西班牙裔	25.0
黑人	15.6
白人	50.4
两个及以上种族	2.7

注：黑人包括非裔美国人，西班牙裔包括拉丁裔，亚裔/太平洋岛民包括夏威夷本地人或其他太平洋岛民。
资料来源：National Center for Education Statistics（2014a）.

在某些特别的州，种族/民族的构成标准和联邦的标准不同。在夏威夷、新墨西哥州、加利福尼亚州、得克萨斯州和哥伦比亚特区，非白人种族和民族人口占该州人口的一半或更多。在其他州（包括亚利桑那州、内华达州、佛罗里达州、伊利诺伊州、纽约州和新泽西州），少数民族人口则高于全国平均水平（见 National Center for Education Statistics，2015b）。

人口统计学报告的方式掩盖了真正存在于美国的民族多样性。例如，在美国人口调查局的"黑人"类别中，有一些人可能认为自己是非洲裔美国人、加勒比人、非洲人或中东人，这些人有各种各样的宗教、文化和语言习惯。同样，对于那些被算作亚洲人的人来说，他们将会呈现出各种各样的种族。即使在非西班牙裔白人中，你也可能有一些身份与不同的族裔群体（例如，东欧裔、克里奥尔族、犹太裔）有关的学生。

关于种族和民族之间的"成就差距"一直被人们津津乐道。很显然，成就之间具有差距——大多数黑人、西班牙裔、美国印第安人和阿拉斯加原住民的4年级、8年级和12年级学生的阅读或做数学题的能力达不到年级水平（见 Howard，2015）。这些差距说明了迫切需要理解当今学校的文化、种族和民族多样性，迫切需要为实现公平而努力，以及迫切需要改善所有学生的生活。

3-3　语言多样性

今天你会在课堂上遇到的另一种类型的多样性是**语言多样性**。表现出语言多样性的学生可以是双语的、多语种的，或者能够流利地使用英语以外的一种语言。很多不同的描述词被用来指代这些学生，包括英语语言学习者（ELL）、英语作为第二语言的学生（ESL）、英语熟练程度有限的学生（LEP）和非本地语言学生（见 Egbert & Ernst-Slavit，2010；Gottlieb & Ernst-Slavit，2014）。毫不夸张地说，在我们今天的学校里，语言多样性体现于数百种语言。

> 了解文化多样性是关键

在美国的某些地区，西班牙语使用广泛；然而，在美国的其他地区，你可能会发现大部分学校人口使用韩语、苗语或东欧语言。在美国，9.2%的学校人口被认定为英语语言学习者（ELLs）（见 National Center for Education Statistics，2015b）。英语语言学习者学生入学率（10%或以上）最高的州包括阿拉斯加州、加利福尼亚州、科罗拉多州、内华达州、新墨西哥州和得克萨斯州。还有18个州的入学率在6%到10%之间，有12个州的入学率在3%到6%之间（教育条件）。学校为母语非英语的学生提供一系列课程，包括沉浸式、双语和英语语言学习课程。从天才学生项目（pull-out programs）到通识教育中的合作教学，授课模式也各不相同。无论你的学校开设怎样的课程，表现出语言多样性的学生每天在校学习的大部分时间都要接受通识教育。

> **回顾与反思**
> - 想想你所归属的种族、民族和文化。这些因素将如何影响你的教学?
> - 回顾一下你过去与不同种族、民族和文化群体打交道的经历。你从这些经历中学到了什么?你如何将所学的知识应用到教学中?

3-4 经济多样性

经济水平是多样性的另一个领域。**经济多样性**的程度因学区、城市、州和地区而有所不同。儿童保护基金会(2014)报告称,2013 年约有 21% 的学龄儿童生活贫困,这一比例较 2000 年的 15% 有所上升。贫困并不局限于任何一种类型的学校。43% 的贫困儿童住在中心城市,37% 的贫困儿童住在郊区,18% 的贫困儿童住在农村。在学校层次上,参加免费/优惠午餐计划的学生人数通常被用作衡量该学校贫穷程度的指标。2012 年在美国,43% 的公立学校学生参加了免费/优惠午餐计划。同样,各州和各地区的贫困率也不同。例如,在哥伦比亚特区获得免费或优惠午餐的学生的比例为 54%,密西西比州的这一比例为 66%,阿肯色州的比例为 52%,南达科他州的比例为 40%(见 Children's Defense Fund,2014)。学校经常为符合条件的学生提供免费或优惠早餐和课后零食。

生活贫困的学生面临诸多挑战。贫困的影响是多方面的,可能会体现在学习成绩较差或分数较低、身体和牙齿健康状况较差、缺乏免疫接种、环境条件较差、更多地接触枪支和暴力、无家可归,以及较高的辍学率(见 Berliner,2005;Children's Defense Fund,2014;Yoshikawa et al.,2012)。这些方面的挑战使贫困学生的生活充满压力。这种压力会影响他们在学校里学习和体验成功的能力。

3-5 性别多样性

对于大多数人来说,你的教学经历将包括同时教授男生和女生,除非你在一所单性别的学校任教。**性别多样性**比课堂上的男生和女生人数更复杂,它体现为学生的性别认同、性别角色行为和性取向(见 Steensma et al.,2013)。人们所认同的性别、文化关联起的男性和女性性别角色,以及个人对性伴侣的选择之间存在着复杂的相互作用,这可能会给学校里的学生带来一些挑战。例如,据那些被认为是同性恋、变性者或双性恋者的学生报告,他们有更多的自杀想法和自杀企图,自尊心降低,遭遇更多的身体上和语言上的骚扰,对友谊的满意度也更低(见 Bauermeister et al.,2010;Behnke et al.,2010;Berlan et al.,2010;Craig & Smith,2011)。这些与性别有关的挑战使学生在学校里取得令人满意的进步变得异常困难。

性别平等多年来一直是教育工作者关心的问题。在 20 世纪 80 年代末和 90 年代的大部分时间里，教育界的工作重点是为女孩提供公平的项目和教育，原因是很多研究表明女孩在学校里受到了不公平的待遇（见 Sadker & Sadker，1994）。这一时期有关性别平等的研究发现，男孩在他们的义务教育经历中得到了大部分老师的关注，而女孩在数学、科学和技术方面表现不佳且代表性不足。随后在 2000 年，研究人员开始调查男孩的生活、学校教育和毕业后的表现。报告显示，男孩的辍学率较高，在阅读和很多其他学习领域的表现也低于女孩（见 US Department of Education，2004）。

那么，我们现在的性别平等状况如何？尽管学校在为男女学生提供公平的课程方面取得了进展，但挑战仍然存在。例如，男生更有可能被诊断为学习和发育障碍，而女孩更有可能遭受抑郁和焦虑的困扰（见 Centers for Disease Control，2012，2015）。女性占美国大学人口的一半以上（见 National Center for Education Statistics，2012），她们获得工程学和数学学位的比例分别只占到 19% 和 25%（见 National Center for Education Statistics，2015c）。然而，教育的重点已经从揭露不平等状况转向解决和改善不平等状况。例如，目前有几个教育项目旨在增加女性在科学、技术、工程和数学（STEM）领域中的人数（见 Adedokun et al.，2012；Levine et al.，2015；Thomas，2012；Winkelman，2014）。

越来越明显，作为教育者，我们需要关注男女学生所处的不同境遇和他们的需求。本章的教学策略和本书中介绍的方法可以帮助你为男女学生提供他们都能接受和参与的教学实践。

选择能够激励男生和女生的教学策略

教学策略

在课堂上促进性别平等

- 经常像称呼男生一样称呼女生。偶尔收集一些数据来监控这一做法。
- 男生和女生轮换承担班级职责和领导角色。
- 在你提问时使用等候时间（见第八章）。
- 给男生和女生分配具有同样挑战性的任务。
- 将性别研究纳入正在进行的项目和课题。
- 将数量相同的男生和女生安排在小型讨论和合作学习小组中（见第九章）。
- 监控数学和科学课程以及作业，以确保女生参与其中，获得教师的关注，并在这些学科领域中树立信心。
- 在各学科领域中，既提供男性导师，又提供女性导师（例如，从事科学行业的成年人）。
- 选择以女性为主角的文本和书籍。在大多数书籍中，女性在领导层、科学和数学角色中的人数往往严重不足。

3-6　学习多样性

你的课堂上将出现多样性的另一个领域是**学习多样性**。学生以不同的方式完成学习任务而且速度也不同。你的课堂上可能会有各种各样的学习者，从能力非凡的学生（你需要为他们提供更有挑战性的学习经历）到学习困难的学生（你必须为他们进行教学调整）。学习多样性与文化多样性是所有学生的共性，因此它们很相似。随着全纳课堂成为一种教学常态，你的教室里也会有已确诊的特殊学生，包括患有学习障碍、情绪障碍、言语或语言障碍、身体残疾或自闭症谱系障碍的学生。我们在本章第二节中讨论了残疾学生的特征和需求；在第三节中，我们阐述了适合残疾学生和更多元化的学生群体的教学方法。

学习多样性不仅仅与已确诊的特殊人士（例如，接受特殊教育服务的个人）有关。接受特殊教育服务的学生只占学校总人口的大约13％。其余87％的学生将表现出各种各样的学习多样性，包括学习困难的学生和缺乏背景知识与经验的学生，以及由于与学校文化脱节而表现不佳的学生。在设计和实施教学时，我们需要考虑到这种广泛的学习多样性。

学习多样性与大脑　学习多样性的某些方面与我们大脑处理和存储信息的方式不同有关。在过去的20年里，在正电子发射计算机断层扫描和磁共振成像技术的基础上涌现出大量的神经科学研究，为研究人员提供了有关大脑如何工作的信息。对教育专业人士来说，大脑研究是非常有趣的，因为我们都对学生如何学习以及他们的大脑如何理解内容和掌握技能感兴趣。很多教育项目都是利用神经科学研究的成果开发出来的。遗憾的是，有些"基于大脑"的项目是基于所谓的"神经神话"（见 Bransford et al., 2000；Hinton et al., 2008；Organization for Economic Co-operation and Development, 2007）而设计的。以下是一些"神经神话"的例子：

- 有的学生是左脑学习者，有的学生是右脑学习者，因此我们的教学应该与大脑类型相匹配。
- 有一些不连续的关键时间，在这些时间内我们需要教授某些概念，假如我们错过了这些时间，学生就永远都学不会这个概念。
- 学生在任何时候都只使用了10％的大脑。
- 学生是视觉学习者、动觉学习者或听觉学习者。
- 特定的身体动作会影响学生的成绩。

神经学家称，围绕这些神话所构建的课程过度简化、误解或渲染了神经学的研究结果，并且以不恰当的方式加以应用。那么，撇开神经神话不谈，我们对大脑和学习了解多少呢？我们无法在此深入探讨神经科学的研究结果，但我们可以回顾一些与学习多样性相关的结果。

神经科学研究发现：
- 学生在家里或学校的经历影响并且改变了他们的大脑。
- 学生的经验（和直接实践）能增强对技能的掌握和理解。
- 学习一项新技术或概念时，大脑会调动多个区域。一旦掌握了这项技术或理解了这个概念，大脑便会使用较少的能量。
- 大脑同时可以处理大约 7 个新颖且不相关的信息片段。
- 大脑对视觉刺激特别感兴趣。
- 兴奋或情绪唤醒能强化学习和增强记忆（见 Bransford et al.，2000；Frey & Fisher，2010；Hinton et al.，2008；Murphy & Benton，2010；Organization for Economic Co-operation and Development，2007）。

因此，这些神经科学的研究成果对学习多样性和我们的教学意味着什么？这里是神经科学的研究成果的一些启示：

- 一些学习困难的学生可能没有能力为儿童学习准备丰富的经历，例如听别人朗读（或阅读）各种书籍、参观博物馆、旅行或玩游戏。了解所有学生的背景并且补充他们的经验基础会对他们的学习产生影响。
- 通过有效教学，包括各种引人入胜的重复性活动，可以使学生在展示技能（如阅读、计算，或写一篇文章）时变得更加娴熟、更加自动化。一项技能变得越自动化（例如，流利阅读），大脑在完成其他任务时可以消耗的能量就越多（例如，理解阅读选文）。
- 学生们连接信息和理解信息需要支持和帮助。作为教师，我们需要使用各种教学策略，如结构图、概念地图，或语义特征图表，来帮助学生理解似乎是毫不相关的信息片段。同样，当学生从信息中寻找意义时，他们可以用大脑能量来完成其他任务，如转移到下一个概念或整合知识以形成新的技能。
- 如果信息已通过视觉方式（特别是图片和移动的视觉刺激）来展现，学生将记住并检索更多的信息。虽然可以使用视觉媒体（例如视频、照片和互联网）来强化学习，但请记住，教师示范也是一种视觉体验。你在示范一项技能或一个过程的同时与学生交谈，这是一个强大的视觉教学策略。
- 多年来，教育工作者研究了动机的作用，现在大脑研究证实了情感参与学习的重要性。如果学生对学习任务有情感投入或者感到兴奋，那么他们更可能学有所获。因此，找到将学校课程与学生的生活、兴趣和偏好联系起来的方法，对学生参与学习至关重要。

教育神经科学是一个相对较新的领域。现在正在进行大量的脑部研究，这无疑将对未来的教育有着重要的意义。

学习多样性和多元智能 1983 年，霍华德·加德纳（Howard Gardner）出版了《智能的结构》（*Frames of Mind*）一书。他在书中描述了语言智能、逻

辑-数学智能、音乐智能、身体动觉智能、人际智能、自我认知智能和空间智能。后来，加德纳将人际智能和自我认知智能合并为一类，增加了自然智能，并且提出要在他的整体"智能"概念中增加可能的存在智能、精神探照灯智能和激光智能（2004）。传统观点将智力看作一个单一的结构，加德纳的**多元智能理论**则另辟蹊径。很多教育工作者都痴迷于存在多种智能的想法，因而设计并实施了数以千计的、基于多元智能理论的教学项目和教学计划。这反映了我们对学生的了解——即使一个学生在智力测试中的分数没有达到优秀水平，但是他/她也可以在其他领域表现出高超的技能或才能。

虽然没有科学证据支持加德纳的多元智能理论（2006），但神经科学研究表明，提供多种学习途径（例如，重复、视觉刺激、有效的指导）会使我们的大脑取得更好的学习效果。你课堂上的一些学生相比于写作或阅读可能更喜欢画画或跳舞。一些学生更喜欢积极的实践学习，而另一些学生则更擅长强调内省和反思的课程。为解决课堂上学习多样性的问题，我们需要考虑如何为学生参与内容学习并展示学习成果提供多种方式。

> **回顾与反思**
>
> ● 你的学生还表现出哪些其他类型的多样性（例如，宗教的、政治的），这些多样性会如何影响教学和学习？
>
> ● 未来我们的学生可能会变得更加多样化，考虑到这一点，我们的教育系统应该如何为这种多样性做好准备呢？

我们对学生多样性的探讨表明，学生将语言的、学习方法的和文化的多样性带进课堂。现在，继续我们的讨论，把我们的考察范围缩小到多样性中的一个特定的学生群体——特殊学生。在随后的第三节，我们对教学策略进行了描述，旨在满足广大的学习者（包括残疾学生）的需求。

第二节　关注特殊学生

当今，特殊学生通常被安置在通识教育课堂中，所以在你的教学生涯中的某个时刻，你可能会教授有学习的、行为的、沟通的、身体的或社交障碍的学生。目前，对于大多数特殊学生（特别是有轻度障碍的学生）来说，80%的教育是在通识教育课堂上完成的（见 National Center for Education Statistics, 2015b）。这里我们不仅要花时间探讨特殊学生的特点和需要，还要探讨联邦政府规定的特殊教育组成部分，目的是为这些学生提供适当的教育项目。

3-7 《残疾人教育改进法案》（IDEIA）

1975年，规范特殊学生课程和服务的联邦法案颁布实施，这是具有里程碑意义的法案。法案名为《残疾儿童教育法》（EAHC）（PL 94-142）。该法案描述了需要关注的残障领域、必要的教育项目类型，以及父母参与特殊教育服务的具体方式。自1975年以来，《残疾儿童教育法》多次被国会重新授权，现在称为**《残疾人教育改进法案》**（IDEIA，PL 108-446，2004）。该法案每次被重新授权时，都会出现变化的术语、增加的服务项目和变化的侧重点。例如，最初的术语"残障儿童"被更加以人为本的术语"特殊学生"所取代。该法案已经增加了为帮助青少年进入高等教育和就业阶段而提供的早期学习服务和过渡服务。多年来，法律的侧重点发生了变化，现在更加强调为学生提供学习通识教育课程和接受评估的机会。

《残疾人教育改进法案》＝恰当的教育

从1975年到20世纪80年代，大多数特殊学生在独立的、自成一体的特殊教育课堂上接受教育，继而被纳入主流，进入通识教育课堂学习各种科目和课程。从一开始，法律就规定，特殊学生应该在**限制最少的环境**（LRE）中接受教育。限制最少的环境是一个连续的环境，其中通识教育课堂环境被视为限制最少的环境，特殊教育资料室被视为限制较多的环境，特殊教育自成一体的课堂被视为限制更多的环境，而机构或医院则被视为限制最多的环境。

20世纪80年代末，父母和专业人士的态度开始转变，他们呼吁将特殊学生**完全纳入**通识教育课堂，而不是依照传统做法只有当学生"做好准备"时才将他们纳入通识教育课堂。自1975年以来，尽管特殊教育法律中的限制最少的环境原则未曾发生变化，但现在全纳教育的做法是一种规范，而不是一个例外。现在教育工作者从这样的假设出发，即特殊学生将与他们的同龄人一起接受通识教育，协调的方式是在这一环境中增加服务，或是根据需要将特殊学生短暂地安置在特殊教育场所（如资料室）。

> **回顾与反思**
>
> - 想想你就读过的学校。特殊学生是否被纳入通识教育环境中？有特殊学生和你一起上课吗？你和特殊学生的关系如何？
> - 在你所经历的全纳课堂上，教师们使用了哪些策略？

3-8 学生特征

大约13%的学校总人口接受**特殊教育服务**，因为他们有文件证明的某种残疾，并证明需要特别的教育指导（见表3-2）。《残疾人教育改进法案》定义了界定残疾的资格标准，提供了一套鉴定特殊学生的流程和程序，并且概述了必须提供的服务（如特殊教育、语言治疗、身体治疗）。有学习障碍的特殊学生是最大的特殊学生群体，占《残疾人教育改进法案》服务的学生总数的35%。

表3-2 《残疾人教育改进法案》（2004年）界定的残障范畴及占学生总人口的比例（%）

具体学习障碍	4.6
言语或语言障碍	2.7
其他健康障碍	1.6
智力障碍	0.9
情绪障碍	0.7
发育迟缓	0.7
自闭症（包括阿斯伯格综合征）	1.0
多重障碍	0.3
听觉障碍	0.2
肢体障碍	0.1
外伤性脑损伤	0.1
视觉障碍	0.1
聋-盲	<0.1

资料来源：National Center for Education Statistics (2014b).

特殊学生群体中被鉴定为"发育迟缓"的学生的年龄在3岁至9岁之间，并且在身体、沟通、认知、社会和情感或适应性发展的一个或多个领域表现出发育迟缓。到了9岁时，如果学校专业人员和家长认为标定为"发育迟缓"的学生继续需要特殊教育服务，学校就会通过评估来确定其是否因为一种其他残疾类别而获得服务资格。

你会注意到，注意力缺失症（ADD）和注意力缺陷多动障碍（ADHD）并不在《残疾人教育改进法案》所涵盖的残疾类别中。有时，患有注意力缺失症或注意力缺陷多动障碍的学生在接受服务时被归入学习障碍类别，因为他们符合该资格标准，但他们经常被归入"其他健康障碍"类别。并非所有患有注意力缺失症或注意力缺陷多动障碍的学生都能接受特殊教育服务或被鉴定为"有障碍的"。

评估是识别特殊学生的关键所在

要接受特殊教育服务，学生必须接受由学校专业人员组成的多专业小组的评估。根据学生的需求，这个小组可以包括特殊教育教师、学校心理医生、职业或身体治疗师、言语/语言病理学家、学校护士和学校辅导员。对学生的评估包括在所有关注的领域（例如，学习、智力、语言、身体移动性、行为）进行个性化的标准化测试。团队也可能会观察和采访学生。在进行评估之前，父母必须同意进行测试。评估后，团队通过分析评估数据来确定学生是否因为有一项或多项残疾而符合联邦资格标准。如果学生符合资格标准,那么团队必须决定学生是否需要特殊教育服务。在学生开始接受这些服务之前,父母必须同意接受服务。

特殊学生将带着广泛的兴趣、优势、学习偏好和行为特征走进你的课堂。用一般性的描述语来概括特殊学生群体的特征是不可能的,而且精确描述独特的特殊学生群体的特征更加困难。例如,我们不能说所有有学习障碍的学生都会表现出某些特征(如阅读困难),也不能说所有患有自闭症的学生都会表现出某种行为方式。为了使你对特殊学生有一个大致的了解,表3-3显示了可能与每个残疾类别相关的行为、症状和特征,但并不是所有有上述障碍的学生都会表现出这些特征或症状。在一个领域中被鉴定为有障碍的学生(如智力障碍)通常会表现出与其他障碍相关的行为(如注意力困难、语言障碍)。当你了解特殊学生并理解他们的学习偏好和学业水平时,你会发现他们反映了一系列的多样性,就像他们的非残疾的同龄人一样。这些类别的残疾经常在特殊教育或全纳课程中得到深入研究,并且每个类别的教学策略也在特殊教育或全纳课程中得以确定,所以你可能会在你的教师教育课程中学到更多关于残疾的知识。

表3-3 《残疾人教育改进法案》界定的残疾范畴以及可能与之相关的特征和症状

《残疾人教育改进法案》界定的残疾范畴	可能与之相关的特征和症状
具体学习障碍	平均或平均以上的智力 一门或多门科目的成绩低于预期水平 写作、数学或处理信息困难,其中阅读障碍最明显 存在不同的成绩概况,有优势也有劣势 处理或记忆信息困难 注意力不集中或多动
言语或语言障碍	发音不清晰或不流畅 声音紊乱 理解语言有困难 理解、使用或记忆词语有困难
其他健康障碍	力量、活力、警觉性受限 存在慢性或急性健康问题(例如,哮喘、糖尿病、癫痫、注意力缺失症或注意力缺陷多动障碍、胎儿酒精谱系障碍、妥瑞氏综合征)
智力障碍	认知功能受限(从一般到严重) 学业成绩低于平均水平 适应性和功能性生活技能延迟 唐氏综合征、脆弱症或胎儿酒精综合征

续表

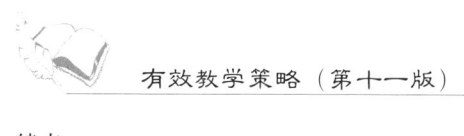

《残疾人教育改进法案》界定的残疾范畴	可能与之相关的特征和症状
情绪紊乱和障碍	非因智力、感官或健康因素造成的学习困难 无法与同学或老师建立或保持满意的关系 在正常环境下表现出非正常的行为或情感 始终处于不快乐或抑郁情绪之中 与个人或学校问题有关的身体症状或恐惧 存在精神健康问题（如精神分裂症） 好斗或退缩
发育迟缓（只适用于3～9岁的学生）	存在一个或多个身体、沟通、认知、社交、情绪等适应性发展方面的延迟
自闭症谱系障碍 （包括阿斯伯格综合征）	社会交往障碍（如缺乏目光交流、对他人无反应） 交流障碍（如语言缺乏、语言受损、几乎没有变化的生硬语言、重复别人的语言、重复无意义的短语） 刻板行为（如前后摇动、拍手、挥臂） 理解抽象概念困难 理解能力障碍 阿斯伯格综合征：可能表现出正常或高于正常水平的智力能力，还有很强的语言能力
多重障碍	多种障碍，如智力残疾和失明，或智力残疾和脑性麻痹 严重的认知和适应性缺陷
听觉障碍	听力有限、受损或没有听力能力 听力敏锐度差 口头交流困难 难以理解口头表达的信息
肢体障碍	沟通、行动、协调困难 脑瘫、小儿麻痹症、脊柱疾病、骨结核、癫痫、多发性硬化症或肌肉萎缩症
外伤性脑损伤	存在认知、生活功能、社会交往、行动能力、记忆力、理解力、社会心理功能或言语/语言方面的问题
视觉障碍（包括盲）和聋-盲	视觉障碍，从低视力到严重损伤（盲） 视觉和听觉障碍（聋-盲） 交流障碍 对他人的反应能力低下或迟钝 适应性行为缺陷 方向辨别和行动障碍

回顾与反思

作为一名新教师，关于课堂上的特殊学生的问题，你想向特殊教育教师提出哪些问题？

3-9　个别化教育计划（IEP）

学生经过评估被鉴定为残疾并证明需要接受特殊教育，之后由教育小组和家长共同制订**个别化教育计划**（IEP）。由《残疾人教育改进法案》规定的个别化教育计划的团队成员包括：学生家长，至少一名通识教育教师（如果该学生正在接受通识教育），至少一名特殊教育教师；一名来自学区的代表（通常是校长或特殊教育主任），一个有资格根据评估结果设计教学干预措施的人（可以是另一个团队的成员），学区或家长邀请的其他具有所需专业技术或知识的人，以及学生本人（在适当的情况下）。作为一名通识教育教师，你不会被要求去开发个别化教育计划，但如果你的课堂上有一个特殊学生，你就会成为制订个别化教育计划的团队成员。与家长就学生教育的全方面内容进行合作（包括开发个别化教育计划）是特殊教育的一种标志，也是特殊教育系统中很有价值的组成部分。

《残疾人教育改进法案》明确说明了个别化教育计划必须包含的内容（参见"主要观点"）。但是通常情况下，学校与学校之间的个别化教育计划书看起来略有不同，你需要熟悉你的学校使用的个别化教育计划书。个别化教育计划应该基于所有可用的评估数据、学生的优势和家长的意见。

从个别化教育计划的组成部分中你会注意到，该小组必须证明在任何时间内学生不与非残疾的同龄人一起接受通识教育的理由。《残疾人教育改进法案》清楚地强调，特殊学生必须有机会学习通识教育课程和项目，并且学生应在限制最少的环境中接受服务。个别化教育计划团队可能决定，学生要通过抽离式计划（如资料室）或在其他特殊教育环境中接受服务，但重点始终是尽可能多地让学生在通识教育环境（限制最少的环境）中接受教育。

> 个别化教育计划规定学生在何处接受教育

主要观点

个别化教育计划的构成要素

- 描述学生当前的学业水平。
- 描述学生的残疾状况如何影响其在通识教育中的表现。
- 年度目标。
- 目标（适用于完成轮流评估的学生）。
- 年度目标评估方法。
- 周期进度报告的日期。
- 描述将提供的特殊教育和相关服务，包括频率、持续时间和地点。
- 描述将提供的任何补充辅助和服务，包括频率、持续时间和地点。

- 描述将提供的关于项目的任何修改或支持的说明。
- 解释说明特殊学生不参与通识教育的任何时长。
- 描述参加全区或全州测试所需的设施条件，或说明学生为何不能参加全区或全州测试，而只能参加其他测试。
- 个别化教育计划开始的日期和接受审查的日期。
- 需要提供或使用的辅助技术。

对于 16 岁及以上的学生，个别化教育计划还必须包含以下内容：

- 与培训、教育、职业活动或独立生活技能相关的高等教育目标。
- 实现高等教育目标所需的过渡性服务。
- 学生达到成年年龄时的权利声明（见 Turnbull et al.，2007）。
- 专业团队提供的特殊教育。

回顾与反思

- 成为个别化教育计划团队成员有哪些积极因素？
- 参与个别化教育计划团队有哪些潜在的挑战？
- 要想成为个别化教育计划团队中的协作型成员和高效益成员，你认为你需要具备哪些技能？

3-10 特殊学生服务项目

除个别化教育计划外，《残疾人教育改进法案》也规定，如果学生需要相关的教育服务才能从特殊教育中收益，就应该为学生提供这些服务。相关的服务例子包括：

- 运输
- 护理
- 语言解释
- 身体和职业治疗
- 言语与语言治疗
- 心理服务
- 辅助技术

学生也有资格获得**补充性援助和服务**，包括特殊学生获得通识教育课程和环境所需的任何支持。补充性援助和服务的例子包括：

- 助理教师对学生进行一对一的帮助
- 辅助技术

- 调整和修改获得通识教育的教学、课程和环境所需的便利条件
- 调整和修改所需的便利条件
- 对帮助学生的工作人员进行培训

对作为通识教育教师的你来说，特殊教育的相关服务和补充性援助尤其重要有几个原因。特殊学生在接受通识教育时，由一名助理教师陪同的现象并不少见。因此，你不仅将与特殊学生进行互动，你也将与支持该学生的工作人员合作。在课堂上与助理教师协作是至关重要的；通常，特殊教育教师会对这个过程进行指导。协作的内容可能包括与你、助理教师、特殊教育教师、其他教师、有时还有家长定期召开计划和实施会议。这些会议明确定义了对学生以及对与该学生合作的助理教师的预期，这一点是非常重要的。这些协作会议的参与者可能会讨论助理教师在课堂上给学生提供的支持水平、角色的划分（谁和学生做什么，谁为学生做什么），以及行为管理是如何实施的。你对学生在通识教育课堂上的进展的了解将是这些讨论的一个重要组成部分。

作为一名通识教育教师，相关的服务和补充性援助对你来说也很重要，因为它们为接受通识教育的学生提供支持。如果你觉得学生需要更多，更少，或者不同类型的支持，那么你可以与个别化教育计划团队一起调整这些支持内容。如果你在服务特殊学生时需要更多的准备工作，补充性援助和服务条款也允许你有接受额外培训的机会。例如，如果你的一个学生正在使用你作为教师必须理解才能够操作的辅助技术，那么你有权接受培训，以便能够有效地使用该技术。虽然相关服务和补充性援助旨在支持特殊学生，它们也通过提供额外帮助支持通识教育教师来教育这些学生。你将加入的个别化教育计划小组决定学生需要哪些相关服务和补充性援助。因此，参加个别化教育计划会议对你来说是至关重要的。正如你现在可能知道的那样，你将与一个多学科的专业团队合作为特殊学生提供教育。当特殊学生被纳入你的课堂时，无论怎样你都不是一个人在教育他们，你应该使用所有资源（例如，个别化教育计划团队、助理教师、心理学家、护士）。

《504 适应计划》概述了需要进行的修改和调整

3-11 为特殊学生提供的其他服务：《504 适应计划》

如果一个高中学生的腿骨折了，因而她无法在拥挤的走廊上行走，在这种情况下会发生什么呢？患有哮喘的学生不能完全参与户外体育课，怎么办呢？有视力障碍的学生需要大号字教科书，该怎么办呢？所有的这些学生可能都有资格参与**《504 适应计划》**。该文件概述了特殊学生学习课程并充分参与学校活动所需的设施条件。《504 适应计划》的最初想法来自 1973 年的《职业康复法案》的第 504 节，并在 1990 年的《美国残疾人法》中得到重申，后者包括对在学校和工作场所设置"合理设施"的要求。这两个法案的重点是防止对残疾人

的歧视。相比于《残疾人教育改进法案》，这两个法案对残疾的定义更为宽泛。总的来说，《504适应计划》是为生活功能（如行走、呼吸、看、听、学习）严重受影响的特殊学生制定的。这些学生或者没有资格接受《残疾人教育改进法案》规定的特殊教育，或者只需要设施，而不需要特殊教育。《504适应计划》包括对合理设施的描述，这些设施可以确保特殊学生接受通识教育教学和课程，以及参加课外活动。《504适应计划》不是为那些有资格接受《残疾人教育改进法案》的特殊教育的学生设计的。

> 相关服务及补充性援助支持学生学习

为了审核参与《504适应计划》的资格，学区的一组专业人员会对学生进行评估。任何人都可以推荐学生参加《504适应计划》资格评估，但通常是由教师、家长或医疗专业人员填写请求评估的转介表。评估完成后，学校员工（例如，校长、教师、学校心理医生、辅导员）对评估结果进行分析，以确定学生是否符合资格标准和需要特殊设施。所有学区都有指导评估过程和提供设施的规定，所以如果你需要这些信息，可以联系你的校长。《504适应计划》一般包括：

- 对残疾的描述
- 详细说明学生参加学区的教育项目/教学、环境、课外活动和评估并从中受益所需的设施条件
- 实施日期（开始日期/审核日期）
- 包括家长在内的《504适应计划》资格评估成员的签名

> 无障碍学习设计＝提供学习机会

一个学区可以提供的便利条件范围很广，这样学生就可以参与教育项目并从中获益。这些措施是针对学生个人的，目的是消除妨碍学生充分参与教育的、与残疾有关的障碍。一些更常见的设施包括：允许的额外时间和/或测试的替代环境，学生从一个环境到另一个环境（例如，从体育馆到教室）所允许的额外时间，在无障碍教室中安排教学，提供盲文或大号字文本、为学生书写的代笔人、教师使用的无线麦克风和学生使用的无线接收器，以及提供适应性体育课程。第三节讨论的很多教学策略也可用于《504适应计划》。

第三节　针对不同学习者的教学策略

当今，我们学校的多样性要求教师以灵活的方式思考问题并解决问题。如何才能满足所有学生的教学需求？如何使所有学生都能获得优质的、适应文化的课程和学习活动？这里介绍的教学策略可用于满足广泛的学生需求，包括正常发展和进步的学生、特殊学生，以及英语语言学习者。这些教学策略都是以研究为基础，并建立在有效的实践上的。让我们来探讨一下你有哪些教学策略可以用于教授多元化的学生。

> **教师感言**
>
> 作为一名在幼儿园、小学、初中、高中扮演过不同角色的特殊教育教师，我觉得有两个词对我扮演的各种角色影响最大：协作和沟通。我与家庭、专家、助理教育者、管理人员、通识教育员工和社区机构开展合作。对于在不同环境下为有特殊需求的学生提供支持，与广泛的利益相关者合作是至关重要的。成功的合作可以确保学生获得适当的服务和便利条件，从而帮助他们在学校和社区中取得成功。我与由教育工作者和家长组成的团队的合作有赖于有效的沟通。在工作中，公开且诚恳的沟通是提供优质特殊服务的关键所在。协作和沟通构成了我专业实践的基石，使我能够为所有与我一起工作的学生提供最适当和最有益的教育服务。
>
> 根甘·伊塔尼
特殊教育教师，华盛顿州普尔曼市

3-12 无障碍学习设计

"无障碍设计"的概念起源于建筑领域，作为一种设计建筑物和空间的方式，无障碍设计考虑到无障碍性和可用性。不是为了特殊人群（如老年人或坐轮椅的人）改造建筑，无障碍设计原则从一开始就指导建筑师为不同人群创造无障碍的空间。用于学习的"**无障碍设计**"理念很快就进入了教育领域。应用特殊技术中心（CAST）（www.cast.org）成立于1984年，旨在研究和开发能让所有学生都有学习机会的技术资源。多年来，应用特殊技术中心的研究和产品开发的范围不断扩大。现在该组织在国际范围内被公认为无障碍学习设计（无障碍学习设计）的领导者，也是无障碍学习设计课程和方法的优质来源（见 http://www.cast.org/our-work/learning-tools.html#.VsowcPIrLIU）。

无障碍学习设计是"一套为所有个体提供平等的学习机会的课程设计原则"（见 National Center on Universal Design for Learning，2016）。无障碍学习设计的三个原则侧重于提供涵盖多种内容和技能教学手段的教学；给学生获取信息和知识的选择，从而提供多种参与方式，并且承认学生的不同兴趣以及不同能力和动机水平；为学生提供了多种方式来展示他们的知识和能力（见 National Center on Universal Design for Learning，2016）。

无障碍学习设计原则可以指导满足不同学生需求的教学设计及其实施。我们知道，学生因为具有不同程度的背景知识因而会从很多不同的角度来学习，并且他们对学习的投入有不同的偏好。基于无障碍学习设计原则的课程和课程设置为学生在以下方面提供了选项：如何理解内容、如何参与学习活动，以及如何交流他们的理解和技能。《初等和中等教育法案》（现在称为《让每一个学

差异化是一种教学计划的方法

生都成功法案》）被重新授权，呼吁各州将无障碍学习设计原则纳入学生评估和课程设置（包括识字教学）之中。作为一名教师，在整个学校你将看到旨在促进所有学生取得成就的无障碍学习设计原理和课程。

作为一名遵从无障碍学习设计原则设计课程的教师，你的出发点应该是对学生的了解——他们的背景知识、语言水平、兴趣、偏好和动机。在选择课程材料时，为了满足学生的各种学习偏好，你需要考虑各种资源，包括移动设备和应用程序、DVD/CD、翻转课堂、教科书、播客、工作簿、PPT 演示文稿、教具、讲座、电子书籍、计算机软件程序、照片和视频。接下来，你要设计评估选项，其中可能包括作文、地图、口头报告、照片、技能演示、多媒体产品和海报等。最后，考虑到学生的需求，你将开发旨在让所有学生都参与的学习活动。这些活动可能包括小组任务和大组任务、制作手工艺品、使用电脑软件、完成一个动手项目、阅读纸质文本或聆听音频文本。在教学之前，你可以规划课程的各个方面，使学生都能学习教学内容、参与学习并接受评估，而不是设计一个需要为特定学生进行后续调整的课程。就如同建筑师设计的建筑是面向所有人一样，教师设计的学习也应面向广大学习者。

关于如何使用无障碍学习设计原则来设计社会学课程的一个很好的例子来自鲍克等人（见 Bouck et al., 2009）。这些教育工作者使用虚拟历史博物馆 (VHM, http://vhm.msu.edu) 来阐述无障碍学习设计原则在社会学课程中的应用。虚拟历史博物馆允许教师组织学生学习和探索展览、文物、文本、图像、视频、声音和文档，从而确保了内容是通过"多种呈现方式"提供的。虚拟历史博物馆还为教师提供了一系列的学习和评估工具，包括纸笔测试、论文、视觉显示（图表和图形），以及比较对比活动，从而遵从了无障碍学习设计的第二个原则，即提供"多种表达方式"。最后，鲍克和他的同事展示了虚拟历史博物馆如何通过全班授课、小组活动、个性化学习和合作学习小组来提供"多种参与方式"。在这个例子中，教师鼓励学生分析展品，解释历史文件，并且反思自己对一个事件或一个人的理解。

主要观点

- 在思考基于无障碍学习设计原则设计课程时，考虑如何评估或厘清学生的优势和面临的挑战。
- 你的教学资源和材料要能为所有学生提供学习机会。
- 你将设计各种各样的学习活动，以便为学生参与学习提供多种途径。
- 你设计的学习评估将为学生提供选择和多种展示学习成果的方式。

3-13　差异化教学指导

差异化教学与无障碍学习设计非常相似，原因是差异化是为广大学生学习者提供学习机会。差异化教学是指在课程教学和课程内容以及课程过程和课程成果（见 Tomlinson et al.，2014）方面为教师和学生提供多种选择。与无障碍学习设计一样，差异化教学不是一个课程计划或菜谱，而是在开发课程时采用的一种设计方法。

在差异化教学中，教师可以选择差异化的教学内容、教学过程/学习活动，或者是学生的学习成果或产品。所有的差异化都始于评估。作为教师，你需要知道学生知道什么（内容），学生的最佳学习效果（学习过程），以及学生如何最好地展示学习成果（产品）。在区分环境单元时，克拉克（Clark，2010）让学生根据自己的兴趣（内容和过程）选择一个网络任务，并提供了最后的评估选项（结果和产品）。在单元学习结束时，学生展示他们在单元学习中掌握的知识，展示的手段包括语言手段（例如，写信给报纸或政府机构），视觉产品（例如，设计棋盘游戏或制作科学插图），对音乐/节奏的选择（例如，谱写有关环境问题的歌曲），自然主义方法（例如，为漫步大自然作诗，制作一个栖息地的模型），数学/逻辑的选择（例如，撰写有说服力的论文，设计因果关系图表），动觉手段（例如，用舞蹈展示一个问题，使用读者剧场中的动作）。

所有学生的学习进度不尽相同，并且对如何学习——单独学习、小组学习、使用电脑学习等等——表现出各种偏好。教师在实施差异化教学时会关注学生的兴趣、成绩水平、喜好和动机，因而他们会根据这些不同特点来精心设计教学以及选择学生展示产品。

> 学生文化的真正整合

差异化评估

经常进行评估，以便了解学生的教学和独立学习水平。如果学生理解或掌握了90%以上的内容/技能，那么他们的学习效率最高。如果教学活动的水平无误，那么学生可以专注于他们不理解或没有掌握的10%的内容/技能。独立学习水平被认为是掌握了一个概念/技能的95%或以上。家庭作业通常是针对独立学习水平的。应该根据难度和挑战性进行调整，以便所有学生都能顺利完成课外作业。你的学生不会处于相同的教学或独立学习水平，因此，你将需要提供反映多重难度级别的材料和资源。通过差异化的理念，教师向学生提供如何参与学习内容以及如何展示学习成果的选择。选择使学生对自己的学习和成就有一种赋权感。

与无障碍学习设计一样，教师必须将差异化的选择与内容领域的标准和目标（见第四章和第五章）结合起来。差异化教学还需要进行频繁的形成性评估，便于教师掌握信息以备计划未来的教学或调整教学。例如，根据学生的背景知识，教师可能需要在某些内容领域提供几种导入性课程。一些学生可能需要进行词汇预习，而另一些人可能在没有强化词汇学习的情况下就已经准备好开始学习活动。教师和学生需要明确的目标是：在课程或单元结束时，学生需要学习什么或者需要做到什么？每个学生达到这个目标的方式可能看起来有所不同。与无障碍学习设计一样，在讲授课程之前需要计划好如何差异化教学内容、教学过程和教学成果。表3-4举例说明了无障碍设计教学和差异化教学原则在课堂上的"模样"。请注意，这些例子是由美国教育部教育科学研究所实践指南（例如，使用图形或数字，提供关于概念的具体表现）（见Pashler et al.，2007）提供的。这些基于研究的实践可以促进所有学生的学习。

表3-4 在课堂上，无障碍设计教学和差异化教学原则分别是什么样的？

教学重点	无障碍设计教学/差异化教学原则	这些原则在课堂上看起来是怎样的？
你的教学	教学内容的多种呈现方式和差异化的教学内容	书籍、应用程序、移动设备、智能板、图片、DVD、PPT演示文稿、讲座、文本、教具、海报、报纸、建模、播客、视觉图形、照片、图表、表格、时间表、地图、视频-增强现实技术
学生学习	多种参与途径/差异化的教学过程	学生的学习方式 ● 在合作学习小组（或其他分组方式）中：同伴辅助学习小组、学习中心、一对一 ● 单独：在图书馆、有工具或具体模型、移动设备、音乐、纸质笔记或大纲、应用程序、有声书、软件程序、DVD、美术用品、工作簿、纸质文本和其他参考资料、CD、智能板、图纸、荧光笔、纸和铅笔
学生学习评估	多种表达方式/差异化的成果	设计一个视频游戏/模拟装置、电影或海报；演示一项技能，做一次口头报告，写一篇文章，制作一个模型，参加一次测试，完成一个实验，表演一个剧目，做一个PPT演讲，演示一个软件应用程序

更多关于差异化教学的想法

● 了解学生在参与你设计的学习活动时需要使用和理解的嵌入式学习策略和学术语言。考虑给可能还没有掌握这些技能/语言的学生群体预先教授这些学习策略和学术语言。例如，如果学生要理解一篇选读文章，那么他们阅读时可以使用例如预测、概括或澄清等学习策略。你可以明确地预先把这些策略和学术语言教授给理解困难的学生；或者，你可以明确地将学习策略和学术语言教学嵌入整个课程中。

- 在你的课程中，考虑学生掌握概念或技能需要重复的次数。将不同类型的有趣的和激励人心的重复/练习活动整合到你的课程及后续课程中。
- 回顾你的课程，看看它是否以有意义的方式整合了学生之前掌握的概念和技能。为学生提供各种机会以便在后续的课程或单元中使用之前掌握的技能和学习内容。
- 考虑你在教学中可能需要的专业教材。例如，如果你的一个学生有听觉障碍，那么你可能需要考虑不依赖听觉输入的材料和活动，因此教学内容的视觉呈现将是极其重要的。但是，如果你的一个学生有视觉障碍，那么你可能需要获取盲文材料、文本-语音转换软件或其他辅助技术从而为该学生提供可以学习的课程。

3-14 文化回应式教学法

文化回应式教学法涉及一系列广泛的技能、策略和方法（见 Banks，2015；Gay，2010；Klingner & Eppolito，2014）。用于指代这种类型的教学法的术语有很多，包括"文化响应式教学法"和"文化相关教学"。尽管术语不同，但大多数文化回应式教学法都基于类似的原则，可与无障碍学习设计原则和差异化原则相提并论。文化回应式教学法需要在设计课程或学习活动时考虑学生的需求和他们的文化。采用文化回应式教学法的教师对所有学生都抱有很高的期望，并传达了学生带入课堂的文化内容的重要性。在文化回应式教学中，重要的是真正地将多元文化融入课程中，而不是使其成为"附加的"课程或活动。在文化回应式教学的框架内，教师鼓励对公平和社会正义等议题进行批判性思考。与无障碍学习设计和差异化理念非常相似，在文化回应式教学中，教师在授课方式和学生展示学习成果方面提供了选择和选项。文化回应式教学的目标是为所有学生提供高质量的课程，并确保学生的学习参与度很高。

_{学生文化的真实整合}

作为一个采用文化回应式教学法的教师，你会将了解学生所属的社区和家庭视为己任。在你的课堂上营造一种开放和欢迎的氛围，让父母和其他人感到被重视，这是至关重要的。将社区实践纳入课程（例如邀请长者或本地专家和学生谈谈他们的历史、语言或艺术实践）突出了学生的文化遗产的价值和重要性。

> **与文化相关的教学策略**
> - 承认课堂上的文化多样性，并营造一种重视所有学生的氛围。
> - 利用学生的文化知识和优势来加强课程建设和增强教学效果。
> - 将课程和活动与学生的背景知识和文化联系起来。
> - 鼓励培养文化认同感和能力。
> - 培养学生对社会和学校实践的批判性思维能力。
> - 把学生的精力集中在学业成绩上，同时传达出对所有学生的期望，即他们都有能力取得成功。
> - 促进与学生父母建立开放和信任的关系，同时通过多种方式（如互联网、电话、家访）与他们沟通（见 Banks，2015；Gay，2010；Ladson-Billings，1995）。

3-15 干预-反应教学法（RTI）

干预-反应教学法（RTI）是一个为所有学生提供有效教学的模式，同时也是一个监测学生进展的系统过程（见 Fuchs et al.，2008；National Center on Response to Intervention，2016）。干预-反应模式基于3个层次的教学方法（有时称为多层次教学法）：第1层次包括为通识教育课堂上的所有学生提供有效教学（以证据为基础）；第2层次是针对在第1层次没有取得进步的学生开展小组强化教学；第3层次为在第2层次干预下仍没有进步的学生提供小组最强化教学或一对一最强化教学。图3-1说明了干预-反应模式每一层次的基本内容。根据学校对第3层次的不同定义，它可能包括那些被认定为残疾的学生，或者也可能会包括特殊教育的第4层次。干预-反应方法背后的主要理念之一是，在需要时为所有学生提供干预措施，而不是等到学生测试不及格时或被要求接受特殊教育时。

干预-反应模式的一个重要组成部分是对所有接受通识教育的学生进行**普遍考查**。为达到此目的而使用的测试因学区不同而异，但这些测试旨在为教师提供所有学生在数学、阅读，有时还有写作方面的成绩水平的信息。干预-反应模式的另一个组成部分是对学生的学习进展进行频繁的形成性评估。教师不断地收集和分析评估数据，从而决定哪些学生取得了令人满意的进步，哪些学生没有进步，以及需要实施哪种程度和类型的额外干预（如果有的话）。目前，特殊教育法为各州提供了一种选择——使用干预-反应模式识别有学习障碍的学生。其基本原理是，如果学生在接受基于研究的强化教学后仍没有取得进步，那么学生可能有阻碍进步的学习障碍。

当各学区决定采纳干预-反应模式时，就会对教师进行培训。干预-反应专业发展的一些关键特征包括为以下工作做好准备：实施和解释普遍考查评估，进行形成性评估，实施有效的、基于研究的干预措施，并通过各层次学生的学习进展来做出进展决策（见 Barrio et al.，2015）。

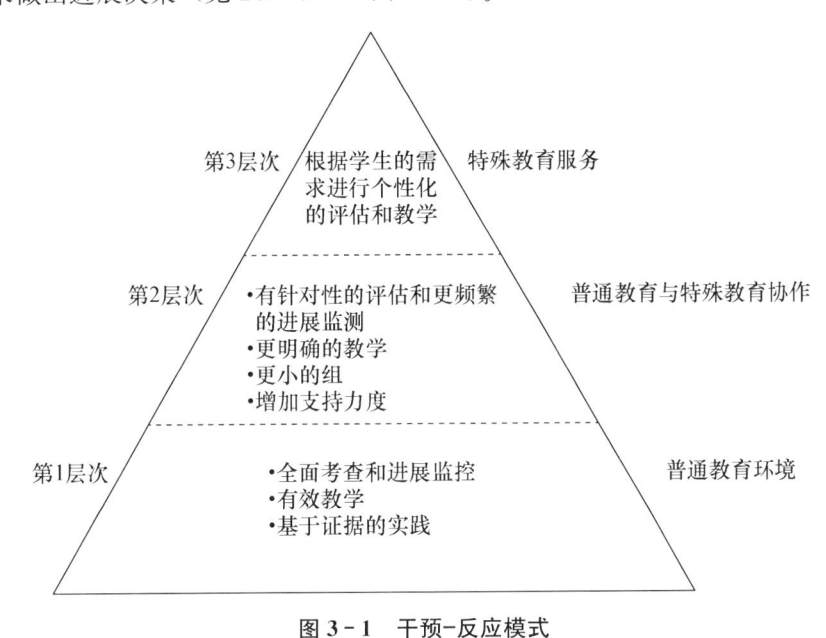

```
                    第3层次  根据学生的需      特殊教育服务
                            求进行个性化
                            的评估和教学

          第2层次            •有针对性的评估和更频繁   普通教育与特殊教育协作
                             的进展监测
                            •更明确的教学
                            •更小的组
                            •增加支持力度

    第1层次                  •全面考查和进展监控     普通教育环境
                            •有效教学
                            •基于证据的实践
```

图 3-1 干预-反应模式

资料来源：Kirk S, Gallagher J, Coleman M. R.，& Anastasiow N. J.（2011）. *Educating exceptional children*. Cengage Learning.

在采用干预-反应模式的学校中，你的角色是为所有学生提供基于证据和研究的教学（第1层次）。在你的教学内容/主题领域内，你将需要谙熟最有效的教学技巧和方法从而帮助你的学生掌握知识和技能。在干预-反应模式中，如果学生在经历了最有效的教学后没有在学习上取得进步，那么一个干预-反应专家/协调员有可能评估和寻找学生没有进步的原因。根据具体情况和评估结果，没有取得进步的学生可能在第2层次的环境中接受更加强化的教学。本教科书包括适合第1层次和第2层次教学的教学方法。处在第2层次和第3层次的大多数学生将需要由专家（例如，阅读专家、特殊教育教师）实施的额外的小组强化教学。实施干预-反应模式或任何其他多层次方法的学校需要花费大量时间来计划实施方案，其中包括对所有相关教育专业人员的员工培训。在与学校学生一起工作时，询问教育工作者和管理人员关于他们使用该模式或多层次方法的情况，并寻找有关此主题的专业发展机会。

有关干预-反应模式的资源

- 国家干预反应中心：http://www.rti4success.org
- 干预-反应分类工具和资源定位器：http://www.rtictrl.org
- 干预-反应行动网络：http://www.rtinetwork.org

3-16 满足英语语言学习者的需求

正如本章开头所提到的，近10%的公立学校的学生学习为**英语语言学习者(ELLs)** 提供的课程，而且在很多州这个比例则更高（例如，加利福尼亚州为23%，内华达州和新墨西哥州为16%，科罗拉多州为12%）。当教师设计涉及英语语言学习者的课程时，要牢记的最重要的一个概念是"学术语言"。戈特利布和厄恩斯特-斯拉维特（见 Gottlieb and Ernst-Slavit，2014）将学术语言描述为"学生在学科领域中理解和交流时所需的语言"。从本质上讲，学术语言是在学校和教学、评估、教科书、学习材料和课程中使用的语言。学术语言是用来描述复杂/抽象的概念和想法的，以及进行解决问题和理解的思维活动的（见 Gottlieb & Ernst-Slavit，2014）。大多数课程都要求学生熟练掌握学术语言；随着《共同核心州立标准》的采用，学校对学生精通学术语言的要求也有所提高。英语语言学习者经常在学术语言方面遇到困难（见 Cummins，2012；Hamayan & Freeman Field，2012）。

> **专业资源下载**
>
> 为获取更多有关符合《共同核心州立标准》的课程建设资源，请访问本章的 MindTap 的"专业资源下载"部分。

对于教师来说，将学术语言教学与学术内容教学相结合是很重要的。培养在所有课程中使用和嵌入学术语言的意识可能是第一步（见 Ernst-Slavit & Wenger，2016）。识别课程中包含的学术语言单词、短语和功能（如，比较/对比、描述、概括），同时明确地结合课程内容教授学术语言，这是教授英语语言学习者的一种有效方法（见 Gottlieb & Ernst-Slavit，2014）。关注学生在小组讨论、问题解决和内容讨论中有多少机会使用这种语言是极其重要的，因为口语是通往精通学术语言的必经之路（见 Ernst-Slavit & Wenger，2016）。

戈特利布和厄恩斯特-斯拉维特（Gottlieb and Ernst-Slavit，2013，2014）提出了一种由内容教师和语言教师共同开发的"关联课程法"。他们强调同时教授内容标准和学术语言的重要性。他们的"课程框架"包含了课程设计过程（目标导向、目标和课程计划），这种课程设计涉及将语言熟练标准和课程标准相结合，识别学术语言的单位（如话语、句子和单词/表达因素），关注学生的语言和文化强项，区分语言学习目标，设计教学和学习进展评估活动。关联课程法的核心在于学生——理解和认知他们的语言和文化背景、情境因素（如家庭环境、动机水平）、教育经历和他们的学术表现。这种方法的一个关键因素是评估英语语言学习者在课堂上表现出来的能力和天赋（包括他们在其他语言方面的能力），并将这些能力用于教学设计。就像戈特利布和厄恩斯特-斯拉维特（2014）所强调的那样，关联课程法使用的这些策略不仅对英语学习者有效，而且对所有学生都有效。

你可能会发现你的学校对英语语言学习者采用的是综合性的教学策略。两种被广泛使用和认可的教学策略分别是隐蔽的教学观察程序（SIOP）（见Echevarria and Graves，2007；Echevarria et al.，2010）和认知学术语言法（CALLA）（见Chamot，2009）。尽管使用隐蔽的教学观察程序或者认知学术语言法的教师需要经过专业化训练，然而对于从事通识教育的教师来说，了解这两种方法的基本要素也是很有用的。因为英语语言学习者通过普通教学课程获得大部分知识，所以普通教学课程的教师也很可能被要求使用这两种方法（或其他方法）来改动和修正自己的教学方法，以便更好地满足这类学生的需求。

满足所有学习者的需求的合作

隐蔽的教学观察程序模型注重满足英语语言学习者的学术需求。认知学术语言法由8个教学方面构成：备课、积累背景知识、可理解性输入、教学策略、互动、实践/应用、授课，以及复习/评估（见Echevarria et al.，2010）。以学习认知主义理论为基础，认知学术语言法注重通过整合语言发展、内容领域教学和学习策略教学来提供可理解的教学（见Chamot，2009）。

上述两种教学模型的共性是：
- 提供隐蔽性或支持性的教学指导
- 提供英语语言教学，注重基本人际沟通技能（BICS）和认知学术语言水平（CALP）（见Cummins，1984）
- 将学生的知识背景作为课程起点，并以此为基础制定教学方案
- 提供明确的词汇强化教学（见Beck et al.，2008）
- 识别嵌入典型课程和单元中的语言学习要求

这两种模型同时也强调使用多种方法表述课程内容，采用多种教学活动，给学生提供多种选择来展示其学习成果。这些想法听起来熟悉吗？它们也是无障碍学习设计、差异化教学、文化回应式教学的基本原理。如果你想在课程中融入无障碍学习设计、差异化教学、文化回应式教学的原理，为了满足很多英语语言学习者的需求，你还有很长的路要走。

这取决于你任教的学区，你可能会体验将上述这些或其他模型用于为英语语言学习者服务。很多学区都指定教师来实施这些特殊的教学项目，但同时为所有教师提供专业培训，目的是使他们在通识教育过程中可以强化针对英语语言学习者的教学策略。关于你可以在课堂上使用的、与所在学区的课程一致的教学策略，你可以咨询学区的教授英语语言学习者的教师或教学主管。查看下面的专栏可了解更多教授英语语言学习者的建议。

> **在你的课堂上为英语语言学习者提供支持**
>
> 1. 通过使用类似伙伴系统、小组合作等技巧让学生练习语言技巧并接受同伴的帮助，从而营造可接受的和积极的教学环境。
> 2. 取代传统的评分制度，使用评分量规进行评分，让学生看到他们在学习中取得的进展，同时使用评价性语言（如"令人满意的""脱颖而出的""接近目标的"）。
> 3. 教授在课程中出现的学术语言。围绕学术语言计划小组学习任务，让学生能够使用学术语言并提高对语言意义的理解力。
> 4. 在课堂上使用有意义的、丰富的、多层次的纸质材料。大多数时候，英语学习者的阅读能力比他们的口语能力更强。
> 5. 用磁带、CD、配有内置摄像头和麦克风的电脑或者翻转摄像机录制重要的课程或讲座，以便学生后期观看。
> 6. 开始课堂互动时，提出能用简单的"是"或"不是"回答的问题。在整个课程中使用口语化语言，这样学生可以使用语言展开对话、分享想法，以及解决问题。
> 7. 和每个学生都建立关系并让每个学生都参与对话。
> 8. 鼓励使用双语的、数字化的和视觉化的词典。
> 9. 了解学生的文化、信仰和行为习惯，在教学和作业中纳入多元文化因素。
> 10. 监督你的教学评估行为，避免因为语言障碍而惩罚学生。

3-17 合作教学

强化差异化教学的分组安排

特殊学生或者英语语言学习者在课堂上接受大部分通识教育，这是一种常态而非特例。开展**合作教学**的初衷是为了让通识教育教师和特殊教育教师能够以合作的方式教授通识教育环境中的所有学生（见 Friend and Cook，2013；Solis et al.，2012）。下面的专栏介绍了几种合作教学模式。

> **合作教学模式**
>
> **一人教学一人观察模式**
>
> 一位教师给整个班级授课，另一位教师有目的地观察个体学生、学生小组或者所有学生，目的是记录或收集感兴趣的行为（如学习策略的使用、专注力、社交能力、任务耗时等）的数据。

> **平行模式**
>
> 学生被分为两个小组，每个教师负责教授一个小组。面对较小的学生群体，每个教师能够更详细地评估学生的参与度、理解能力和学习进度。
>
> **站点模式**
>
> 将教学内容分成不同的部分，由两位教师在教室的两个不同的站点实施教学。学生被分成小组，从一个具体的站点开始，然后在所有站点中轮换。假设学生在学习有关内战的课程，那么一个教师可能会在一个站点教授内战中的战役，而另一个教师可能在另一个站点指导学生学习有关内战的背景知识（如经济、阶级结构、奴隶制度）。在这个例子中，在第3个站点教师可能就会要求学生使用电脑针对感兴趣的内战话题独立开展研究。
>
> **团队模式**
>
> 两位教师同时参与课程的计划与实施工作。一位教师可能以介绍性内容开始授课，另一位教师以具体的学习活动继续授课。最终，由介绍课程的教师进行总结。另一种团队模式涉及一位教师教授学习内容，而另一位教师负责在整个教学过程中提出问题和给出提示。
>
> **交替模式**
>
> 一位教师负责一组人数较少的学生，另一位教师负责一组人数较多的学生。对于需要额外辅导课程某一方面知识（如词汇强化、建立背景知识）的学生或者对于准备开始更高水平学习的学生来说，这种方法更加有效。

因为合作教学的效果斐然，它已经被其他教师和专家采纳：
- 体育教师和特殊教育教师
- 语言治疗师和从学前教育到小学5年级的教师
- 数学教师和科学教师
- 双语教育教师和语言艺术教师
- 学生教师和教学辅导教师

同一课堂上有两位教师授课，这种教学方法使每个学生都可获得更多的反馈和关注，不仅只是特殊学生或者英语语言学习者。合作教学要求教师以合作的方式进行课程规划。两位教师都需要提供方案，并对另一位教师的教学、评估和后续工作的责任有清晰的认识。采用合作教学的学区通常为所有涉及合作教学的教师提供专业发展机会和培训。

3-18 满足不同需求的分组教学

> 辅助性技术支持各种各样的学习者的需求

当你将无障碍学习设计理念、差异化教学、文化回应式教学作为课程设计

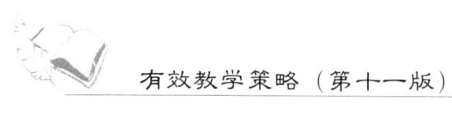

框架时，你需要考虑多种多样的**学生分组安排**。这些分组选择能够为学生提供多种理解课程内容的方法、不同的学习活动互动方式或者多种合作评估学习成果的方式。

用于教学的分组选择

混合能力分组安排

在混合能力分组安排中，具有不同能力水平、技术水平或语言水平的学生被分配在同一组。学生的能力（如在网站上搜寻信息的能力或设计海报的能力）得到强化，他们的弱势领域被最小化（如有阅读障碍的学生可以在小组中负责收集资料）。

- 合作学习——学生根据他们的能力和技能承担不同的角色和任务，同时相互依赖。有很多种合作学习类型，而且在设计合作学习方案时需要遵循具体的指示（详细内容见第八章）。
- 按项目分组——根据学生的项目兴趣进行分组。
- 按伙伴分组——学生跟自己的朋友组队。
- 按兴趣分组——根据学生的兴趣分组，如昆虫、汽车或者艺术。
- 按学科分组——根据学生感兴趣的学科进行分组，例如美术或者社会学科。
- 按研究分组——根据研究课题给学生分组。
- 按学习站点分组——学生在学习站点加入小组，在那儿他们可以选择不同难度的学习活动。

集中分组安排

在集中分组安排中，拥有相似能力、技能和语言水平的学生被分配在同一组。可以根据学生在不同领域的技能水平和能力水平（包括词汇、阅读、数学和论文写作）进行分组。例如，在学习个位数乘法的学生被分在一组进行强化训练，对于正在学习两位数乘法的学生也同样如此。集中分组安排为能力较强的学生提供了一个共同完成一个项目或者任务的机会。集中小组成员的身份是依据评估信息来确定的。这些分组安排一般都是密集型的、短期的，也是灵活的；当学生掌握了内容和技能之后，他们更换小组，该小组就解散了，或者一个新的小组就形成了。

- 按学科分组——在科学、数学、阅读、社会学科或者其他学科具有相似技能或能力的学生被分配到一组完成一项任务或项目。
- 按研究小组——具有相似技能和能力的学生被分配到一组开展研究活动。
- 按技能分组——具有相似技能和能力的学生被分配到一组接受强化教学。

对于某个具体课程，应当选择哪种分组方式取决于很多因素，包括：课程目标、学生特点、教学水平、学生的能力和面临的挑战，以及时间和环境因素（如空间、是否有计算机、日程安排和教室的配置）。我们将在第八章继续讨论分组方式。

3-19　全纳教育的技术支持

在有关无障碍学习设计、差异化教学、文化回应式教学的讨论部分，正如你所看到的，技术可以被用来提供多种呈现方式或者教授概念的方式、提供多种学生参与学习的方式、提供多种学生展示学习成果的方式。换句话说，在你为多元化的学生设计课程的时候，科技就是你的朋友。

很多方式都利用技术为学生提供学习课程、参与学习的机会。国家无障碍教育材料中心（http://aem.cast.org/）是一个很好的资源，它提供教学指导和材料，包括盲文、大文字、音频和数字文本理念。该中心指导教育工作者选择教学材料，比如电子阅读器（如Kindle、Nook）、平板电脑/计算机（如iPad、Chromebook）、资源网站（如Bookshare、Learning Ally、Goodle Play）或者备选格式或文件组（如Daisy格式）。无论你的学生需要什么（如语言-文字转换、文字-语言转换、数字阅读器、课本阅读器），当今的很多技术工具和设备（很多是免费的，比如Bookshare）都可以满足他们的需求。确实，科技可以让你的教学和课堂变成一个适合所有学生的无障碍学习环境。

除了支持多元化课堂的通用技术外，还有一种被称为"辅助技术"（AT）的技术类别，在《残疾人教育改进法案》（2004）中它被定义为"用于增加、维持或改善特殊儿童功能性能力的任何项目、设备或产品系统，无论是从市面上买到的，还是修改的或定制的"（IDEID，PL 108-446，Part A，Section 602，pp.11-12）。你还记得辅助技术被列为为特殊学生提供的一项相关服务和辅助性援助吗？因为特殊学生经常需要通过辅助技术获得特殊教育或者学习通识教育课程。目前，《残疾人教育改进法案》要求个别化教育计划团队在设计个别化教育计划时考虑学生对辅助技术的需求。如果你的班级有特殊学生，你可以作为个别化教育计划团队成员参与制定这些决策。

技术之窗

使用数字技术支持所有学习者

较多使用简便的应用软件和网页可以使众多多元化学习者更轻松地进行交流，包括班里的每个学生，不仅仅是持有个别化教育计划书的学生或是被认为需要补充援助或服务的学生。例如，有些没有被鉴别为有听力相关障碍的学生

可能会受益于视频字幕，使用多种语言但并非英语语言学习者的学生很可能会受益于翻译软件。记住，辅助性工具使每个人都受益。

几种用于数字设备的常用工具包括文字-语音转换、视频字幕和语言翻译。可以通过搜索"文字转换语音"或者"文字转换语音应用"（有很多选择而且大部分都很好用）这样的搜索词找到文字-语音转换应用和软件。

闭合字幕是视频或电影中话语的文字表述。YouTube 提供闭合字幕服务。任何上传到 YouTube 的视频都会自动出现闭合字幕，而且这种字幕易于编辑转换引起误解的单词和短语。因为很多学校禁用 YouTube，你可以使用其他视频软件，还要了解可以使用哪些字幕软件。通过搜索"闭合字幕软件"可以找到很多可选软件。

翻译软件在持续改进，目前比较常见的语言的翻译效果很好。Google Translate 和 iTranslate 尤其受 iOS 和安卓用户的青睐。

使用这些数字工具和其他类似工具能够帮助你营造和保持反映无障碍学习设计理念的课堂环境——多种教学方式、参与方式，以及学生展示知识和技能的机会。

考虑利用技术来满足学生的需求

个别教育计划团队评估学生对辅助技术的需求，包括以下方面：学术领域、交流、使用电脑及其应用环境的机会、可移动性、娱乐和休闲、日常生活、视觉或听觉定位和就座，以及职业需求等。在评估对辅助技术的需求之后，个别教育计划团队共同讨论辅助技术的可选范围。团队中的专家（如特殊教育教师、职业治疗师和语言心理学家）运用有关辅助技术的知识领导团队识别基于技术的解决方案。你提供的有关通识教育环境下学生需求的信息是很重要的。假设你看见一个阻碍学生充分参与学习的障碍，你可以使团队关注这个重要信息。如果某个技术可以让学生充分参与通识教育项目，你可以和团队一起讨论这个技术。如果团队推荐了一些你不熟悉的辅助技术，你可以要求进行专业培训，以便为配合使用该技术的学生做好准备。

实际上正在使用的辅助技术有数百种，还在研发中的数量则更多。辅助技术的范围涵盖了从简单技术（有时被认为是"低级技术"，如提供倾斜书写空间的倾斜板）到复杂技术（如电动轮椅或语音识别软件）。一些辅助技术非常专业化，对有特殊挑战的学生很有帮助。例如，患有脑瘫的学生可以使用经过改造的、通过眼睛控制的电脑和轮椅或者其他电子辅助设备。然而，一些"低级技术"或者不那么专业化的辅助技术设备可以让特殊学生和非特殊学生都受益。"低级技术"资源（如大字纸质材料、算盘、字典、有图片和声音的电子词典、写字板和握笔器）使很多学生参与学习，不仅仅是特殊学生。有很多技术正在研发中，同样有很多与现行技术互动的新方式，例如使用 Fitbit 或 Wii© 帮助特殊学生参与适应性体育教育项目，以及使用智能手机应用帮助学生进行组织安排、学习数学和做家庭作业。当你在开发课程的时候，你应该将各种技术作为所有学生的学习手段加以考虑。沃克等人（Walker et al., 2016）为教师选择适当的技术提供了指导，并且针对将移动技术整合到教学与学习过程给出了很多建议。

技术之窗

内置辅助工具和应用的神奇世界

学生们偶尔去"技术实验室"使用电脑的日子已经飞快逝去。教学技术越来越多地成为所有学生（包括特殊学生）课堂体验的一个标准部分。从教室里的设备推车、一对一平板电脑或笔记本电脑计划和很流行的"带上你自己的设备"（BYOD）政策，我们的学校现在正使用几种技术平台。然而使这些平台成为所有学生可以使用的有效工具还是一个挑战。

很多辅助工具都是内置设备或者很容易添加到设备中（而且通常是免费的）。在互联网上搜索"辅助特征"［设备名称］可以找到你正在使用的工具（如 iPad、Chromebook 等）。以下是几个辅助工具的例子，其中很多在设备的设置中开启相应功能就可以使用。

iPad：找到设置图标＞选择通用选项＞辅助功能。

Voiceover：能够读取整个屏幕的文字-语音转换工具，对视觉受损的人群非常有用。

Speak Selection：可以阅读用户选择的字段。对于阅读能力低于年级水平、个别单词或几个单词需要讲解的学生，或者对于听力能力优于阅读能力的学生很有帮助。Speak Selection 中有几个选项用于选择文字阅读的速度、朗读者的性别、朗读者的国籍。它还有一个选项用于突出显示正在阅读的每个单词。研究证明，这个策略可以提高阅读技能。

Guided Access：Guided Access 能够"锁定"设备仅仅使用一个应用，直到按三次主页键并输入正确的密码后才能关掉该功能。这对于使用 iPad 教学的教育工作者来讲非常有用。例如，一个患有自闭症谱系障碍的学生可能会需要使用备用辅助性通信软件（如 Proloquo2go），但这个学生却不停地打开 iPad 上的其他软件。Guided Access 能够让学生停留在你想让他们使用的软件上。

Chromebook：点击"设置"图标，选择"显示辅助选项"。

采用高对比度模式。一些有视力、文字或阅读障碍的学生通过增强对比度和亮度来阅读文本，这样效果更好。

打开 ChromeVox Spoken Feedback 软件。ChromeVox 是 Chromebook 的一款内置文字-语言转换工具。学生可以选择屏幕的部分区域获得语音描述或者选择他们需要设备大声朗读的内容，只需要高亮这部分内容，然后按住"转

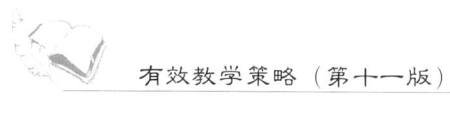

换和搜索"键。如果精细动作障碍使得按键和选择文字比较难操作,还有一个叫作"粘滞键"的选项,可以自动按住 ChromeVox 键使操作更便捷。

开启屏幕键盘。使用屏幕键盘对于有精细动作障碍的学生来讲更容易。这个选项使屏幕上显示出一个易于使用的键盘。

以上内容并不详尽,请打开你的设备查看一下设置!

——华盛顿州立大学辅助技术研究与开发实验室(Washington State University Assistive Technology Research and Development Lab)主任唐·麦克马洪(Don McMahon)博士。

辅助技术范例

用于写作:
- 带有适配握笔器的铅笔或钢笔
- 语音-文字转换应用和软件程序
- 书写板
- iPad、iPod、iPhone,配有写字软件的平板电脑
- 预测、语音输出,以及思维导图软件程序

用于阅读:
- 适合翻页的书籍
- 单个单词扫描仪
- Kindle、iPad、iPod,配有阅读软件的平板电脑
- Ebook、Bookshare

用于数学:
- 数学应用和软件
- 货币和硬币计算器
- 语音计算器
- iPad、iPod,带有响应式数学程序的平板电脑
- 带有计算提示的软件

用于交流:
- 通信板(电子的或非电子的)
- 语音输出设备
- 文字-语音转换软件程序
- 具有语音合成功能的计算机

用于计算机使用:
- 带有各种辅助选项的键盘
- 带有单词预测应用程序的软件

- 控制用口棒

用于可移动性：
- 适应性的鞋子、支架
- 带轮子的助步器
- 带操纵杆的电动轮椅
- 增强现实控制程序

普通和辅助技术资源

- Center for Applied Special Technology：http://www.cast.org
- Edutopia：http://www.edutopia.org
- EdTechTeacher：http://www.edtechteacher.org
- Do 2 to Learn：http://www.do2learn.org
- The Center for Accessible Technology：http://www.cforat.org/
- Bookshare：http://www.bookshare.org
- The Teacher's Guide：http://www.theteachersguide.com

回顾与反思

想一想你的技术技能和兴趣所在。如何将这些技能和兴趣应用到你的教学设计和教学中，从而使所有学生都能参与学习？你打算探索哪些类型的技术以便将其应用到教学中？

主要观点

1. 课堂上的文化多样性无处不在，而且会直接或间接地影响学生的学习效果。

2. 有效教学的基础建立在你对学生文化背景的了解和重视之上。

3. 学生的文化、偏好和观点，以及投入课程及学习活动的力度，对这些因素的整合会提高学生的学习动力和参与度。

4. 特殊学生一天中的大部分时间都在全纳课堂上接受教育，并展现出多种学习和交流能力。

5. 作为个别化教育计划团队的成员，你有机会和同事、各种专家及家长合作，共同为特殊学生设计教学课程。

6. 能够满足各种学生需求的最有效的教学策略是可以提供差异化的教学环境，并且将无障碍学习和评估原则相结合的教学策略。

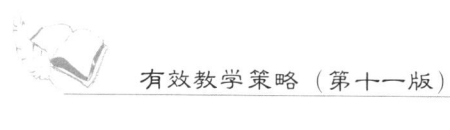

> **回顾与反思**
>
> **总结性反思**
>
> 思考你有哪些优势可以促进教师职业的发展。你如何利用这些优势开发无障碍的、差异化的和文化回应式的课程和学习活动？和一些同行展开讨论。

本章小结

现在课堂上的学生有多种不同的文化、种族、语言和能力水平。理解和重视课堂多样性的程度并以人的潜能作为教学的基础，这样才能优化课程设置，提高学生的学习参与度。在教学设计中发挥你的创造力和解决问题的技能，融合多种教学方式，从而学生就会更好地理解学习内容、参与学习活动、展示学习成果。通过整合社区资源和家长资源来丰富学生的经验。记住，在这条路上你并不孤单。设计教学时与你的同事、学校专业人员、家长，还有个别化教育计划团队开展合作。

纸质资源

Banks，J. A.（2015）. *Cultural diversity and education*. New York：Routledge.

本文提供了大量关于多样性的信息，包括关于种族、社会阶层、性别、宗教和语言及其与教育的关系的讨论。

Gottlieb，M.，& Ernst-Slavit，G.（2014）. *Academic language in diverse classrooms：English language arts grades 6–8*. Thousand Oaks，CA：Corwin.

这个资源为英语语言艺术课程中的学术语言教学提供了极好的建议。

Gottlieb，M.，& Ernst-Slavit，G.（2014）. *Academic language in diverse classrooms：Mathematics grades 6–8*. Thousand Oaks，CA：Corwin.

这个资源为数学课程中的学术语言教学提供了极好的建议。

Klein，S. S.，Richardson，B.，& Grayson，D. A.（2014）. *Handbook for achieving gender equity through education*. Google Play：https：//books.google. com/books? isbn=1317639618.

这本手册提供了关于性别平等的历史信息，并为教育活动和项目提供了很多实用的建议。

Pashler, H., Bain, P., Bottge, B., Graesser, A., Koedinger, K., McDaniel, M., & Metcalfe, J. (2007) *Organizing instruction and study to improve student learning* (NCER 2007—2004). Washington, DC: National Centre for Education Research, Institute of Education Sciences, US Department of Education.

这份报告提供了改进学生学习的、基于证据的教学策略，可以在教育科学研究所的官网上下载(http://ncer.ed.gov)。

Tomlinson, C. A., McTighe, J., & ASCD (2014). *Integrating differentiated instruction and understanding by design: Connecting content and kids.* Boston: Pearson.

这个资源描述了差异化教学的计划过程，提供了很多案例，包括多样化教学、学生学习、评估选择以及在差异化课堂上给学生评分的观点。

Vaughn, S. R., Bos, C. S., & Schumm, J. S. (2015). *Teaching students who are exceptional, diverse, and at risk in the general education classroom*, 6th ed. Boston: Pearson.

这些全纳教育领域的专家为通识教育教师提供了关于残疾和文化的详细信息，以及数百种教学策略。

Walker, Z., Rosenblatt, K., & McMahon, D. (2016). *Teaching the last backpack generation: A mobile technology handbook for secondary educators.* Thousand Oaks, CA: Corwin.

这本手册（和配套网站：www.resources.corwin.com）提供了具体的想法，供教师在涵盖所有内容领域和学生的学习水平的课堂上使用，为将各种技术（包括移动设备、应用程序和网络工具）整合到教学中提供了清晰而详细的指导。

网络资源

- 在 Edutopia，有一个由三个部分组成的、帮助学生达到《共同核心州立标准》的系列方法，见 http://edut.to/1U8DkM9。
- What Works Clearinghouse 的网站（http://ies.ed.gov/ncee/wwc/）提供了关于各种项目、产品、实践和政策的研究报道，目的是为教育工作者提供有关有效教学的信息。
- 无障碍学习设计工具包（见 http://www.osepideasthatwork.org）为无障碍学习设计及差异化教学提供了各种资源。
- 应用特殊技术中心（CAST）的网站（http://www.cast.org）提供了大

量有关无障碍学习设计的信息,包括教师职业发展、学习工具、提供给教师的资源(例如模板、表格),以及根据无障碍学习设计原则设计的课程计划示例。

- 国家无障碍教育材料中心(National Center on Accessible Education Materials)的网站(http://aem.cast.org)提供了关于帮助学生获得教学和课程的资源和研究。
- 国家学习障碍中心(National Center for Learning Disabilities)的网站(http://www.ncld.org)中包含了对教师有用的资源,包括一个学习障碍资源包和干预-反应资料。
- 国家干预-反应中心的网站(rti4success.org)提供了有关干预-反应的构成、资源以及教师职业发展机会的详细描述。

第四章

教学目标、分类和标准

学习目标

完成本章后，你应该能够：

4-1　提供课程计划的基本原理和概述

4-2　识别教学计划的要素

4-3　描述布鲁姆分类法的类别

4-4　了解对布鲁姆分类法的关注及运用

4-5　解释如何将分类法用作教学计划工具

4-6　提供重要的表现目标示例

4-7　认识目标的局限性

4-8　为表现目标提供"课程设置整合"的基本原理

4-9　反思教学计划的优势和面临的困难

4-10　理解标准的重要性

4-11　概述国家教育标准

4-12　描述国家教育进步评估（NAEP）

4-13　提供州立标准示例

4-14　描述如何使用"效应量"来衡量教学效果

评价标准

本章涉及的标准：

标准 1：

学习者发展。 教师了解学习者成长和发展的规律，认识到学习和发展的模

式在认知、语言、社会、情感和身体方面因人而异，并为学生设计和实施适合发展和具有挑战性的学习体验。

标准2：

学习差异。教师通过了解个体差异、多元文化和社区以确保孕育包容性的学习环境，使每个学习者达到较高标准。

标准3：

学习环境。教师与其他教育者一起营造支持自主、协作学习的环境，鼓励学生积极参与学习和社交活动，形成自我激励的氛围。

标准4：

内容知识。教师谙熟所教学科的核心概念、研究工具和学科结构，创建学习体验，使该学科的这些内容对学习者来说是容易理解的和有意义的，从而确保学习者对内容的掌握。

标准5：

知识的运用。教师了解如何使概念相互关联，如何使用不同的观点培养学习者的批判性思维和创造性，协作解决与本地和全球相关的实际问题。

标准7：

教学计划。教师借助于学科领域的知识、课程设置、跨学科的技能和教育学知识，以及有关学习者和社区环境的知识，制订教学计划来支持所有学生达到严格的学习目标。

标准8：

教学策略。教师理解并使用各种教学策略，促进学习者深刻理解知识内容及其联系，并通过富有意义的方式培养学习者应用知识的技能。

标准9：

专业学习和伦理实践。教师不断提高自身的专业知识和教育教学实践能力，注重教师自身行为对他人（学习者、家庭、其他专业人士和社区成员）的影响，通过自身实践，尽可能地满足每个学习者的要求。

教室洞察

珍妮特签了合同，将在中央高中教学，她当时心情很复杂。找到了理想的工作，虽然她很兴奋，也很渴望在当地一家比萨店和朋友们庆祝一番，但当想到要为三门不同的课程制订教学计划时，她感到不知所措。她高中和大学时期的几位教师都是组织和教学方面的模范榜样。然而，她记得当时自己在想："为什么教师不告诉我们他们对我们真正的期望是什么？为什么没有以更系统的方式呈现教学内容？"

尽管距离开学还有3个月的时间，珍妮特还是开始了她的教学计划工作，她所关心的几个问题包括："在一节课，一个星期或一个学期的时间内，我能

第四章 教学目标、分类和标准

教授多少内容？我所教的内容与学生已经或将要学习的其他课程有什么关系？我如何使用我在专业课上学习的国家和州立标准来组织课堂教学？为了使所有学生都有机会在我的课堂上取得好成绩，我如何开展差异化教学？"她提出的问题与教学密切相关，不仅仅局限于新任教师。

本章和第五章将帮助你解决类似于以上珍妮特提出的问题。我们提供的基本信息有助于你正确看待教学计划。在后面的章节中，我们将会介绍课程设计的具体细节。在阅读这一章时，思考你会如何回答以下问题：

- 为了制订成功的教学计划，教师需要使用哪些流程？
- 我如何利用认知目标分类法作为教学指南来指导我计划每一节课和单元教学？或是规划整个学期的教学？
- 指导学生在我的课堂上取得成功的教学目标由哪些因素构成？
- 如何将标准转化为适当的、可学习的教学目标？
- 国家教育进步评估（NAEP）的五个成就层次是什么？我应该如何使用它们？
- 我如何判断我想要使用的教学策略是真正有效的？

第一节 教学计划作为工具的原理

4-1 为成功的教学制订计划

教学是一个有组织的活动，它的一个标志就是计划过程。如果你想要进行系统性的教学，那么你就需要花费大量的时间，做大量的工作来**制订计划**——来决定你的学生需要学什么以及怎样学。在一项对 600 名毕业于拉合尔教育大学（印度）的学生的研究中，学生们对规划的评价非常高（见 Khan & Saeed, 2010）。

有效教师表现出以下三个共性：他们制订缜密的计划，他们将教学目标有效地传达给学生，以及他们对学生的期望值很高。在一项涉及中学地球科学课程的三组学生的研究中，每组使用不同的方法进行教学，规划和使用优质材料产生了积极的影响（见 Penue & Gallagher, 2009）。

你的教学计划越是成体系，你取得成功的可能性也就越大。制订教学或课程计划意味着你为学生确定了重点、目的和目标。**目的**其实是意图的表述，使用宽泛和概括性的语言来表达。例如，一个普遍的教育目标是"培养有文化的公民"。这是一个崇高的目的，表明了意图。但是为了实现这个目的，需要一套明确的行动步骤，我们称之为**目标**。为了实现"培养有文化的公民"这个目的，

目的陈述意图；目标规定具体措施

其中一个目标就是"在1~6年级进行正式的阅读教学"。事先制订的书面教学计划说明你在时间、学习材料、目标和教学类型方面的优先顺序，是你和你的学生走向成功的桥梁。我们仔细看一下课程计划。

时间——我们拥有的时间是有限的。即使是有效教师也不能为一天多增加一秒钟的时间，但是有效教师通过系统、仔细地计划如何有效利用教学时间来控制时间。教师准备课程计划可以帮助他们有效地组织和讲授日常课程。大量的研究表明，条理有序的课程计划与教学效果高度相关（见Stronge and Hindman，2003）。教师采用的课程计划类型千差万别，这反映了教师的经验、所教的年级和课程各不相同。制订课程计划就像学习骑自行车。初学者关注保持平衡、双脚踩住脚踏板，以及双手握紧车把手。他们只能骑行很短的距离。但是，有了经验之后，踩动脚踏板和保持平衡就成为自动化的行为，其关注点集中在安全、舒适和乐趣上，更不用说到达某个目的地了。同样，新教师倾向于计划过度，也就是说，准备了非常详尽的计划，小心谨慎不遗漏要讲授的任何要点。为了使你的教学计划更有效、更成系统，你必须清楚课程范围和将要使用的技巧。本章就是为你提供制订教学计划所需的基本信息，以及利用各种各样的教学技巧和模型的原理。在第五章，我们将以此为基础继续提供详细的信息，并提供一种教学计划模型，以便帮助你格式化实际的书面课程计划。

作为一名新教师，在制订详细的教学计划时，你也许会模仿一名你最喜欢的教师。之后，随着你进一步学习并积累了更多的经验，你就会通过增加或调整已掌握的基本计划技巧来反映学生的具体需求。在一项研究中，职前教师被要求将交互式白板整合到他们的课程中，新教师能够做到这一点，视觉演示和虚拟操作在概念学习中起到了帮助作用（见Holme，2009）。一旦你的课堂有了属于自己的学生，已经开发出自己的教学资源，并有机会实验各种各样的教学策略，那么适应和整合课堂创新将变得更加容易。尽管制订课程计划的基本步骤保持不变，但个体教师总会修改基本框架以适应他们的教学目标和教学风格。

制订计划不仅仅是思考你想要达到的目标。你需要考虑诸多细节，例如谁做什么，什么时候做，需要多长时间，需要为学生的有效学习创造什么机会。注意我们说的是"机会"。这是路易斯·E. 拉斯的经典格言（Louis E. Raths，1967）最适合的场合。作为教师，你有责任为学生改变行为提供机会。学生也许会改变，也许不会改变。如果他们没有改变，这不是教师的责任。教师并不操纵学生令其发生改变。教师的作用是示范、展示，并给予鼓励。任何改变都取决于学生自身！责任是一种双向承诺。

制订课程计划的主要目标是确保所有的行动和过程都要为学习者提供一个支持性的教育环境。教师有时会忽视学生而只关注教学过程或教学内容。

如果制订课程计划是一个有用的工作，它必须始终关注教学内容与学习者之间的互动。制订了高度结构化而且详细的计划的教师很少会被计划缚住手脚。这样刻板做法可能会妨碍而不是有助于教学和学习过程。例如，你可能准备了一个 20 分钟的学生活动，结果却发现完成这个活动需要 60 分钟。此时，你需要适当调整你的计划以保证学生取得成功。本章所描述的计划工具应当被看作系统化教学的指导原则和辅助，而不是一个蓝图。尽管你已经为上好一堂课做了认真的（也许是精确的）准备，但你必须允许灵活的教学方式。在实际的课堂互动中，你需要做一些调整并且给日常计划添加艺术成分。

> 经验丰富的教师在教学实践中调整教学计划

4-2 制订计划的要素

在第一章中，你已知道制订计划的过程是一个反思性体验。作为教师，你会花费大量时间来思考你的教学内容和方式。你也会发现你将和学生一起为各种学生主导的活动制订计划。此外，你会发现你将和同事一起制订计划。回看第二章"主要观点"专栏对"整体教学思考"的概括。当计划程序开始启动时，那些内容是真正需要考虑的问题。下面列出了制订计划的其他要素。

- 学生特点
- 正在达到的标准
- 目的
- 主题或单元
- 时间的分配
- 具体目标
- 认知水平检查
- 作业
- 特殊需求
- 评估
- 根据需要重新教学

> **回顾与反思**
>
> - 拜访一些有不同教龄的教师，了解他们如何制订教学计划。你能否发现任何趋势或不同方法？
> - 拜访一个学校的校长，确定该校教师制订教学计划需要哪些原则或程序。

第二节 使用认知分类法作为教学指导

4-3 介绍布鲁姆分类法

识别和确定教育目标需要花费时间进行规划。一种方法是从宽泛的目标开始，然后逐步聚焦具体的目标。这是一个演绎的过程：你从宽泛的表述过渡到具体的表述。大部分目标适用于三个宽泛的教学领域：认知领域、情感领域和精神运动领域。表4-1、4-2和4-3概括了这三个领域的一般类别和不同层次。

认知领域的目标与回忆或识别知识以及智力能力和技能相关。大部分的课程设置都关注认知领域。该领域的目标通过描述学生的行为来加以定义（见Bloom et al., 1956）。

情感领域包括态度、信仰和所有的价值观和价值体系。例如，承诺遵循伦理或道德行为是一种情感价值。这是课程开发人员正在重新探索的一个令人兴奋的领域（见Krathwohl, Bloom, & Masia, 1964；Moore, 2015）。

精神运动领域涉及身体运动和协调的各个方面。它将认知和情感事件与身体行为结合起来（见Moore & Quinn, 1994）。例如，发展性体育教育课程的目标来自精神运动教学领域。

总的来说，这三个领域通常被称为"学习结果"。将目标标记为"结果"意味着行为心理学观点的运用。我们指出这一点的原因是，发展的观点没有被纳入现场测试中或州立标准的各种表述中。你需要意识到这一点，因为很多标准超出了一般学生的能力。

> 三个教学领域是认知领域、情感领域和精神运动领域

表4-1 认知领域的一般类别

类别	认知含义
知识	掌握事实、概念、符号、原则
理解	领会意思
应用	把知识应用到新情境中
分析	分解复杂议题
综合	将旧的想法融入新颖或创造性的用途中
评价	制定评判标准

资料来源：Bloom Benjamin S. *Taxonomy of Educational Objectives Book 1 Cognitive Domain*. © 1956, renewed 1984, pp. 201-207. Adapted by permission of Pearson Education, Inc., Upper Saddle River, NJ.

表4-2　情感领域的一般层次

层次	特征
接受（留意）	愿意聆听某个信息和观点
反应	愿意就议题作出选择
评价	愿意表现遵循原则的行动
组织	愿意为价值观进行辩护
以价值观或价值观复合体为特征	愿意让价值观来驱动行为

资料来源：Krathwoh/Bloom/Masia. *Taxonomy of Educational Objectives*, *Book 2*: *Affective Domain*. © 1964, pp. 176-185. Adapted by permission of Pearson Education, Inc., Upper Saddle River, NJ.

表4-3　精神运动领域的层次

层次	表现
模仿	示范技能发展
操作	独立使用技巧
精细	轻松自动地展示技能

资料来源：Table, "Levels of the Psychomotor Domain," taken from Moore. *Classroom Teaching Skills*, 2/e. © 1992.

我们在本书中强调认知领域是因为大多数教师的明确的工作都可以归入这个领域。州标准和国家标准也是以认知为导向的。

布鲁姆分类法是一个体系，该体系将认知行为分为六个类别，从简单的类别到较复杂的类别。表4-4对这些类别进行了简要的描述。像其他分类法一样，布鲁姆分类法是分层次的，其中较高层次的学习依赖于较低层次的必备知识和对技能的掌握。我们从描述第一层次——知识——开始讨论这个分类法。

表4-4　认知领域的特有行为

层次	学生的特有行为
评价	对议题作出价值判断，解决争议或意见分歧
综合	制作一种独特的原创产品，可以是口头形式，也可以是实物
分析	通过拆分某个物体来展示它是如何组合在一起的，找到沟通的基本结构，识别动机
应用	解决问题，运用信息产生某种结果
理解	翻译，从一种媒介翻译成另一种媒介，用自己的话描述
知识	记忆、背诵、识别、回忆

资料来源：Bloom Benjamin S. *Taxonomy of Educational Objectives Book 1 Cognitive Domain*. © 1956, renewed 1984, pp. 201-207. Adapted by permission of Pearson Education, Inc., Upper Saddle River, NJ.

知识　知识类别强调记忆——通过回忆或者识别。回忆操作的一个例子是填空练习；识别操作的一个例子是多项选择练习，它要求识别以前见过的信息。这两个过程都要求检索储存在脑海中的信息。信息检索的格式与信息储存的格式基本上是一致的。例如，小学社会学学科的教师告诉学生华盛顿是美国的首都。第二天一个适当的知识层次的问题应该是"说出美国首都的名字"。为了回答这个问题，学生会以相同的格式提取已接收的知识。

> 知识侧重于记忆

知识层次的主要目标集中在信息的储存和提取上。在回答知识层次的问题时，学生必须在问题中找到适当的标记，也就是有效地匹配相关知识储存的标记。知识层次不期待学生转换或操控知识，而仅期待他们能按照知识呈现的格式记住知识。知识层次的行为可能包括：

1. 回忆具体的事实或信息片段（例如，"谁是美国总统？"）
2. 回忆术语或定义（例如，"什么是名词？"）

尽管知识层次为其他类别奠定了事实基础，但是在课堂上过度使用这一层次也会带来一些问题。

3. 仅仅是回忆信息并不能调动学习者的积极性。当学生的大量功课就是记忆事实时，他们经常会表现得非常被动。

4. 知识层次的问题经常只有一个正确答案，因而无法进入学生一起讨论和解决问题的课堂学习环节中。因此，学生的人际交往和问题解决能力并没有得到充分的提高。

知识层次的目标因提供了基础知识而获得了相应的地位。有关有效学校教育的研究表明，对基础知识技能的关注有助于学生更有效地学习更高等级的技能（见 Marzano，2004；Manzano & Kendall，2008）。在判断哪些知识层次的目标应该纳入课程时，一个常用的原则就是要问自己，"这些知识对学生日后较高类别的学习有用吗？"如果答案是否定的，那么你应该考虑重新设计这个课程。

理解：领会，不是记忆

理解 对学生来说，**理解**类别的基本思想是领会材料，而不仅仅是记住材料。例如，记住《效忠誓言》属于知识类别，而理解其文字的意思属于理解类别。然而，不同于其他一些较高层次的类别，理解层次并不要求学生扩充信息，而仅要求他们把知识归入自己的参考框架。或者说，如果学生用他们自己的话重新表述材料，或者重组材料以使其对他们个人有意义，那么他们学习材料的速度可能更快，记忆材料的时间可能更长（见 Fisk & Hurst，2003）。

理解是通向更高层次的必经之路。如果学生不能理解它，他们就不能用它来从事分析和解决问题等这些更高层次的活动（见 L. W. Anderson et al.，2001；Wenglinsky，2000），在你要求学生在一个较复杂的活动中用一个思想观念之前，花费你的时间和精力来确保他们理解它是值得的。

在布鲁姆分类法里，理解类别被分成了四个部分：解释、转换、示例和定义。在这一节里，我们讨论这每个部分并举例说明每部分的问题。

解释 解释指学生识别和理解交流中的主要思想以及它们之间的关系的能力。例如，如果让一个学生把一篇文章中的一个思想和另一个思想联系起来，学生必须经过解释这个过程，即通过显示某一反应与其他事实的关系来赋予其意义。这种关系也可以通过进行比较和对比，或者通过呈现相似点的方式表现出来。"怎样"和"为什么"这两类问题经常需要某种解释过程。在回答这类问题时，学生讲述要点并通过这种方式来表明他们对这些问题的理解。下面是一些**解释性练习**的例子。

- 法语和德语的句子结构有哪些相似点？
- 现在高中课程与 20 世纪 80 年代的高中课程存在哪些不同之处？

阐释：表明意思、关系

转换 转换是指将思想从一种交流形式转变为一种平行形式，同时保持原意不变。读一个曲线图或者描述一个卡通画的主要内容，这些都是转换的例子。转换的另一个例子就是摘要。写摘要时，学生把一篇长文章转换成更短、更个人化的形式。转换型问题要求学生将材料建构成或转换成另一种形式。

- 用你自己的语言来描述《独立宣言》的第一个段落。
- 用表格的形式记录你在实验室获得的结果并概述你的发现。

示例 一个人如何表明他已经理解了一个思想，一个最好的方法就是举一个该思想的**例子**。

- 举一个二次方程式的例子。
- 说出两个君主立宪制国家的名字。

在要求学生给出抽象概念的例子时，教师应当要求这些例子是新颖的或者是以前没有讨论过的。否则，学生只是在知识层次上进行操作，即记住了以前课堂上所举的例子。

定义 下**定义**要求学生用他们自己的话来描述一个术语或概念。这不仅仅是一字不差地重复课本上或者字典上的定义。教师期望学生用自己熟悉的和自己能理解的话来给出定义，例如：

- 用你自己的话来定义知识类别。
- 用你自己的话来解释"光合作用"这个术语的意思。

注意，不仅仅是让学生翻翻字典和照抄可能是毫无意义的单词或同义词，这些例子对学生的要求更高。

回顾与反思

1. 你什么时候使用知识型问题，什么时候使用理解型问题？
2. 你如何确定理解型问题是否适合学生的年级水平或发展水平？

应用 **应用**类别指利用信息形成一个问题或情况的解决方案。在应用层次，教师通常给学生布置一个陌生的问题，学生必须独自应用恰当的原则和方法来解决这个问题。因此，学生必须选择正确的方法并正确地使用这个方法。在评价一个应用性问题的解决方案时，你应该同时注意问题的解决方案和解决过程，原因在于学生解决一个问题的方式可能要比他/她获得的答案更重要。为了确保一个问题达到应用层次，你必须确保这个问题是独特的或是新颖的。如果这个班级前天刚处理过同样的问题，也许对学生来说这个任务仅仅是回忆而不是应用。

应用：在某种情况下或某个过程中使用信息

图 4-1 展示了一个直观的分两步进行的应用过程。在过程的第一步，学生遇到一个新问题并发现这个问题是之前解决过的某一类型的问题；在解决应用层面问题的第二步，学生选择恰当的解决方案，并将其应用于手头的数据。这个解决方案可能包括一个算法、一个公式、一个方程、一个配方或者用于解决某一特定类型问题的一系列标准程序。

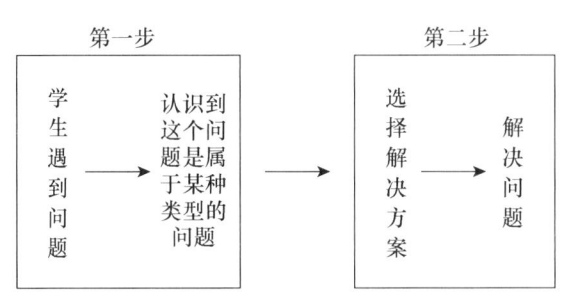

第一步　　　　　　　第二步

学生遇到问题 → 认识到这个问题是属于某种类型的问题 → 选择解决方案 → 解决问题

图 4-1　应用型问题的两步骤

如果你把应用型问题看作一个分两步进行的过程，那么你可以分析学生的反应，并根据错误模式来诊断问题（见 Ashlock，2009）。如果学生在识别某些方程方面有困难，那么你需要给学生提供大量这些类型的问题以便让他们识别并解决。但是，如果学生能识别等式但不能把问题中的值代入正确的公式或方程，那么就让他们练习问题的计算。布鲁姆分类法使教师不断地调整教学以满足不同的学生需求。

通常，一个应用型问题有一个解决方案，但也许存在其他方案可以解决这个问题。这些方案经常会使用以前学习的公式或原则，学生会选择适当的方案来解决这个问题。

例如，学生遇到一个问题，要使用公式 $a^2+b^2=c^2$。评价学生在应用层面的表现的最佳方式是，在此内容首次呈现给学生的几个星期之后，给出一个新的有关直角三角形的问题，这样可以确保学生在一个独特的且新颖的情境中运用这个知识。他们所做的不仅仅是在数学测试中运用一个公式，因为它是之前讨论过的话题。

分析：解释各组成部分的功能

分析　应用是把单独的部分组合在一起形成一个解决方案，而**分析**是将这个过程颠倒过来；分析是指分解复杂的条目——例如，演讲、书面交流、组织或机器——并解释其基本组织结构。分析层次上的操作强调解释一个复杂程序或目标的不同部分如何组合在一起或如何协同运作以实现某一结果。

分析和理解可以通过处理过程的深度来区分。理解包括通过比较寻找相同点和不同点。从根本上说，理解层面的任务是通过理解交流信息本身来展现信息之间的联系。然而，分析是透过表面发现各组成部分是如何相互作用的。在这个意义上，分析是反过来做事情：列举一个情况或事件并解释各组成部分如何结合在一起从而产生一个总体效果。然而，理解主要是描述那个结果。

我们可以把分析类别细分为两个亚类别：识别议题和确认含义。

识别议题　在分析操作中，学生将整个交流信息分解成各个组成部分。这就需要发现交流信息的"骨架"，因为在信息交流中有时没有明确说明所涉及的议题。在这个意义上，识别议题意味着透过表面的信息来呈现假定与要点（说明的或未说明的）之间的关系。

下面是让学生识别议题的问题的例子。

- 基于 6 位总统竞选人的竞选演讲，指出候选人之间的主要不同点，并将不同点与演讲中的具体部分联系起来。
- 就当前的不公正现象解释《权利法案》的主要观点。

确认含义　陈述含义要求学生识别两个命题之间的关系。这种关系可以表述为影响、关联或者必要的后果，而且并不需要直接说明。应该注意的是，推断含义并不必然意味着原因和结果。下面是让学生说明含义的问题的例子。

- 北大西洋公约组织（NATO）干预波斯尼亚的动机是什么？
- 为什么很多组织在华盛顿特区都有游说团？

回顾与反思

1. 在你自己的研究领域中，举一个应用型问题的例子。
2. 在什么情况下你会使用分析型问题要求学生识别例子？或要求学生陈述含义？举例说明这两种情况。

综合　综合需要创造性地混合各种元素从而形成一个新的和独特的实体。因为创新是综合类别的关键所在，所以综合类别也许是最有特色的且最容易识别的，但也许是最难教授的。综合是将各个部分以某种方式组合起来，从而构成一种以前不存在的模式或结构的过程。一篇研究论文属于运用类别还是综合类别取决于它所展现的原创性水平。如果这篇论文的论述全面彻底，但对所讨论的话题没有增加新的内容，我们可以认为作者是在运用层次上进行操作。但是，如果作者将想法以新的或独特的模式组合在一起，或创建新的想法配置，这时我们可以认为作者从事的是综合层次上的活动。

因为综合类别强调创新，所以通常很难客观地为综合层次面上的操作评分。与评价其他层次上的操作相比，评价综合层次上的操作时你需要使用更多的主观判断。但是，你要确保你的判断建立在适当的标准之上；否则，你的评语会扼杀创造力。为了鼓励创新，你需要对学生的创新性表达给予足够的空间。

与其他层次一样，根据所涉及的过程类型和操作结果，综合类别可划分为——独特或独创的表达、制订操作计划，以及创造抽象概念。

独特或独创的表达　在此类综合中，成果或表演是一种独特的表达方式，

综合：从现有元素中创造新的事物

例如一篇文章、一个演讲或一种原创的艺术形式（如一首诗、一幅画或一段协奏曲）。用于评价学生这些作品的标准应该包括学生的创新性和创造性（见 Ennis，1985；McAlpine et al.，1987；Paul，1985）。

制订操作计划 综合类别的第二个亚类别是制订一个计划或确定一套待执行的操作。这些操作的结果是有形产品。这个有形产品和其创造过程中所体现出来的创造性是综合层次的两个不同的特点。

创造抽象概念 综合类别的第三个亚类别是创建一组抽象关系。它通常指处理观察到的现象或数据，然后形成新的模式。例如，你可能让学生用不同密度的液体做试验，然后根据他们的观察结果作出假设。在社会科学领域，在学生研究了一些国家的宪法之后，你可以要求他们制定起草可行的宪法的原则。

评价 评价要求对有争议的话题作出判断，并用合理的理由证实这些判断。判断之于评价，正如创造力之于综合。评价型问题要求学生陈述他们的判断并给出判断标准。为了在评价层次上发挥作用，学生必须：（1）建立适当的标准或价值观，以便作出判断，并且（2）确定某个思想或实物符合标准或价值观的程度。

<small>评价：作出并证实决定</small>

评价类别突出了分析类别的另一个维度。一个评价型问题要求学生在分析的基础之上作出判断。必须清晰定义判断的标准，并且根据学生达到标准的程度对评价型回答的质量进行评分。

一个评价型回答应该包含两个部分：

1. 学生必须为自己作出的判断制定标准。
2. 使用规定的标准，学生应该说明自己的判断。

例如，如果你问，"联邦政府应该在多大程度上监管医疗服务？"那么，你应该要求学生首先确定联邦政府应该起什么样的监管角色，然后确定这种角色在医疗服务方面应该起多大的作用。关于联邦政府的作用存在不同的观点，这凸显了评价的主观性和创造性因素。学生必须把这些标准和被评价的对象结合起来进行判断。

评估标准通常有以下三个来源：

1. 文化或社会价值观。
2. 宗教或历史的绝对性。
3. 个人理由。

基于每个来源的标准示例如下：

1. "对 21 世纪公立学校的期待过高。"对这句话的不同回答方式，取决于回答问题的人认为哪些文化或社会价值观是重要的。

2. "堕胎应该合法吗？"对一些人来说，这是一个宗教问题，是用绝对值表示的；对其他人来说，这是一个基于个人道德的决定；对另外一些人来说，这是一个医学问题。

3. "在什么程度上教育标准是有用或无用的？"不同的人依据不同的价值观也许会给出各种不同的答案。

请注意，认知领域的评价范畴倾向于与情感领域中的较低层次重叠。情感、态度、价值观和我们选择判断或评价标准的方式存在**相关性**。

因为不同的学生有不同的价值观，对于相同的评价型问题你会得到不同的回答。你可以用评价型问题来帮助学生学习接受其他人的不同观点，从而帮助他们为生活在一个多元化的社会做好准备。你也可以通过评价型问题使学生对不同议题形成自己的立场做好准备，例如"你认为什么是最好的/最差的或比较重要的/最重要的"。然而，我要提醒你一句：你要始终追求一个基本原理——大部分的看法都是非理性的。

回顾与反思

● 认知分类法中的最后三个内容——分析、综合和评价——经常被称为"高阶技能"，原因是什么？

● 布鲁姆分类法如何有助于教授有争议的科目？

● 在布鲁姆分类法所列的所有技能中，你在课堂上运用得最成功的是哪些？哪些技能对你来说易如反掌？哪些技能比较有挑战性？

4-4 对布鲁姆分类法的审视

布鲁姆分类法已存在几十年了，在过去这些年来，各个层次的教育工作者都广泛地使用和接受了这一方法。对分类法和对认知心理学的研究总的来说都为该分类法背后的想法提供了支持，但也对其内部结构提出了一些质疑。本节聚焦这些研究。

问题和担忧 尽管布鲁姆分类法得到了广泛的接受和使用，但它也有一些令人困扰的问题。第一个问题是它的全面性。一些批评者认为这个分类法的范围太窄，并没有包括所有重要的学校教育目的（见 Furst，1994）。它在各种不同的领域（如家政学、艺术、音乐以及体育教育）中存在着广泛的目标，当你思考这一点时，你就会意识到这个担忧也许是有根据的。正如本章所指出的，这些不同领域的教师仍然可以用这个分类法，但需要根据自己的课堂进行调整。事实上，似乎所有的教师都这样做了——他们为自己量身定制了一种教育理念（见 A. Anderson，2001）。

第二个问题是分类法中的各个层次是否是连续的或者是否是重叠的。当你试图区分这些层次时你可能也遇到过这个问题。例如，对一个公式知识的应用属于理解层次还是应用层次？尽管这对研究者来说是一个问题，但对运用这个

> 问题：范围不够宽泛；层次有时重合

分类法来指导教学的教师来说，这个问题并不那么严重（见 L. W. Anderson et al.，2001）。

第三个问题是在每个层次上，内容和过程目标都得以确定。曼扎诺和肯德尔已经使用新的二维分类法（Manzano & Kendall，2007，2008）解决了这个问题。因为布鲁姆分类法被广泛理解，并且足够简单，可以用作一种教学设计。看看更复杂的分类法是否有助于教师和课程专家，这将是一件有趣的事情。

一些教育工作者和研究人员认为有必要在语言和研究领域更新布鲁姆分类法。这促成了其修订版本的出现，其中包含新的类别和新的定义（见 Krathwohl，2002）。

分类法的应用　该分类法已广泛应用于课程和测试建设，以及总体课程的设计和调整（见 Aviles，2001；McLaughlin & Phillips，1991；Pratt，1994；van der Wal & van der Wal，2003）。其应用包括利用技术为学龄前儿童提供刺激性经验（见 Morgan，1996）。

各级教师已经使用此分类法来确定课堂活动的各个认知层次（见 McCormick & Whittington，2000），对提问进行分类（见 Schurr，2001；Shaunessy，2000），并且为差别化教学提供帮助（见 Distad & Heacox，2000）。它还被用于评估测试库问题的认知水平（见 Risner, Nicholson, & Webb，2000）、教科书中提出的测试问题（见 Master et al.，2001），并对课堂上的问题进行分类（见 Magner，2000）。一个全新的应用是在学校辅导员培训中鼓励更大的认知复杂性（见 Granello，2000）。

在教学中的广泛应用

其他学科的研究者发现布鲁姆分类法是一个有用的分析工具。例如，分类法中六个概念层次被用于将从卫星传感演习中获得的数据联系起来，将与卫星图像有关的概念和原则按照类别的层次顺序排列，从简单的数据（知识）到数据的阐释与评价（见 Marks, Vitek, & Allen，1996）。其他研究者已经将这个分类法用于分析课堂上的语言互动（见 Fisher & Hiebert，1990）。

也许分类法最大的贡献在于对职业语言发展的贡献。描述和分析教学的教师和管理者知道，任何地方的教育工作者都理解像"知识层级"和"学习的高级层级"这样的术语。这些通用词汇，作为一个专业的知识体系，是迈向教育专业化必不可少的一步（见 Danielson，2007）。

作为通向其他层次的门户，理解类别的重要性也变得越来越明显。通过回顾认知心理学的这个领域，雷蒙德·尼克森（Raymond Nickerson，1985）认为，对于应用、分析或者创造性地或评价性地运用一个思想或概念，理解这个思想或概念是必要的前提，这很有说服力。因此，在要求学生使用一个思想之前，教师需要付出额外的努力来确保学生理解这个思想。

奥尔利奇（Orlich，1991）针对层次的排序提出了几个问题。尽管他支持认知复杂性递增这个总体观点，但他质疑分类法由六个统一的步骤构成。经过观察他得出一个结论，即理解是通向更高层次的关键。这是一个实践问题，你可以在课堂上通过观察或收集数据进行验证，这个过程叫作"行动研究"（见Mertler，2008；Riel，2010）。最重要的信息是明确的：如果你的学生能够有效地学习，那么你需要计划并实施需要内部处理信息的策略。树立目标，打下知识基础，以更高的认知层次为目标积极实施教学。

当你研读国家教育进步评估（NAEP）报告时，你会发现其对布鲁姆分类法的改编是显而易见的。其中一份报告的标题是"国家成绩报告单"。国家教育进步评估是国会授权的一个项目，旨在提供学生在阅读、数学、科学、历史/地理、写作和其他领域的表现数据。这些报告依次将学生的成绩概括为五个数字层次，与布鲁姆分类法的六个层次紧密对应。在本章末尾，我们详细阐述了这五个层次、它们的用途，以及作为一名任课教师你应如何使用它们（国家教育进步评估的网站是 http://nces.ed.gov/naep）。

科克伦、康克林和莫丁（D. Cochran, J. Conklin & S. Modin，2007）推出了经典的布鲁姆分类法的更新版本，他们将层次分为1～6级，如下所示：

1. 记忆
2. 理解
3. 应用
4. 分析
5. 评价
6. 创造

尽管这些研究者提供了一个新的列表，但新命名的列表将如何取代布鲁姆原来的六个类别，还有待观察。

4-5 使用分类法作为计划工具

如图4-2所示，教学可以看作策略、结果和评价的三合一的过程。在这个模型中，拟定的结果（或目标）决定教学策略和评价程序——这三个方面相互影响。分类法可以应用于以下活动：在合适的层次上确定结果或目标，设计课堂问题和学习练习，建构与所采用的结果和策略一致的评价工具。或者说，你可以使用分类法来决定教什么、怎样教，以及怎样评价你的教学效果（见Ensminger & Fry，2012）。

你可以使用分类法进行广泛的调整。然而，为了我们现实的目的，我们仅仅关注其在教学计划中的应用，我们在后面几章讨论它在其他方面的应用。有效教学要求教师在制订计划时对目标、问题和测试项目的分类层次进行战略性思考。

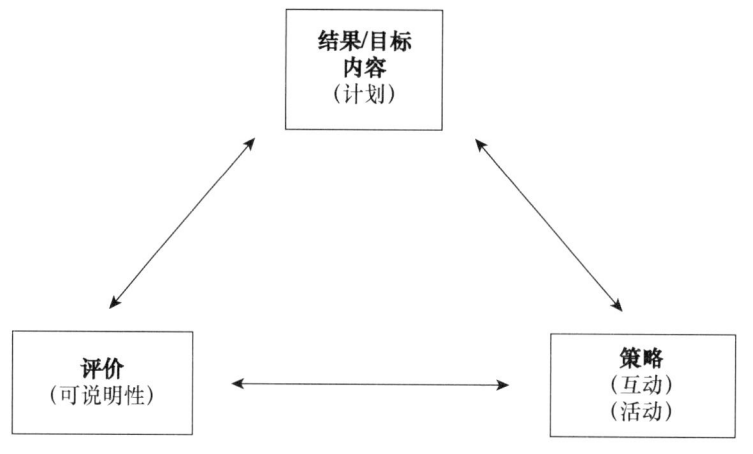

```
        结果/目标
          内容
         (计划)

评价                    策略
(可说明性)              (互动)
                        (活动)
```

图 4-2　一个教学整合模型

这里列出了分类法有助于规划的五种方式。在阅读了我们的方式之后，你还可以添加你自己的方式。

1. *提供一系列的目标*。分类法为任何科目提供了一系列可能的结果或目标。仔细研究分类可以防止你在教学过程中过度强调学习的某一个维度（比如，知识）。在这方面，分类法不仅增加了教学的多样性，也拓宽了教学目标。

2. *给目标排序*。一项针对学习任务的分析表明，对学生来说，学习经验对获得预定的结果来说是必要的。分类法提供了这样一种从简单到复杂的对学习进行排序的方法。

3. *提供一种认知结构*。研究表明，如果信息被组织成某种类型的认知结构，而不是作为孤立的项目呈现，那么学生能够掌握并记住知识的效果更好（见 Hohn，1995）。分类法通过以下方式为学生提供认知结构——向学生展示事实是如何应用于其他思想观念的应用、分析、综合和评价中的。

4. *提供一种学习模式*。经历了按照分类法排序的一系列学习活动之后，学生能够感知学习是有逻辑的、有顺序的，从而获得了一种学习模式，甚至他们在离开学校之后还可以使用（见 Dyment & O'Connell，2003）。

5. *巩固学习*。因为分类法中每一个类别都被纳入随后较高的类别中，所以如果学习经验是按照分类法的顺序进行排列的，以前所学的知识就得以巩固。另外，活动可以集中在一个具体的层次上。

教 学 策 略

使用分类法作为计划工具

1. 提供一系列的目标。
2. 按照从简单到复杂的顺序排列目标。
3. 呈现目标之间的关系。

> 4. 为合乎逻辑和顺序的活动制订计划。
> 5. 基于之前的学习。
> 6. 为层次适当的教学和评估制订计划。

第三节 使用目标指导教学

现在，我们转向教师制订计划时所需的第三个主要资源：有关如何撰写合适的教育目标的知识。设立（长期的和短期的）目标是为你的教学提供意图和方向。学生需要知道他们努力的方向及原因。在本节，我们为确定目标和评估目标提供一些指导。

> 目标告诉学生他们努力的方向

你可以使用几种方法来陈述目标。我们首先介绍最具体的格式，因为它们提供了最明晰的结构。在我们对目标的所有讨论中，要记住，对于陈述结果或目标来说，没有正确或错误的方法。关键的一点是，你必须提醒学生他们要学习的内容、学习的条件，以及将如何对他们进行评价。教学公平是明确学习成果、目标或其他任何事情的基本前提条件。

4-6 撰写表现目标

表现目标是关于你对学生的期待的精确表述（见 Mager，1962，1997）。罗伯特·F. 马杰（Robert F. Mager）提出了这种类型的目标。尽管表现目标的表达风格千差万别，但一般来说包括以下三个方面（见图 4-3）：

1. 对学习者的可观察的行为或表现的表述。
2. 对学习者的行为或表现的发生条件的描述。
3. 对学习者的最低可接受的表现水平或标准的规定。

表现表述 表现目标的第一个方面就是**结果**。结果通常是一个动词，用以表明学习者的表现、行为或产出。如"匹配、命名、计算、列表、集合、书写、画圈和分类"等动词都可以用来描述可观察的学习者的行动或结果，这些可以帮助你评价学生的表现目标的完成情况。例如，如果你要求学生必须说出所列的十个州的首府的名字，那么学生的行为在这种表现发生时就体现出来了；那时，所有人都知道学生已经达到了规定的目标或结果。

> 使用行为动词陈述结果

当然，学生表现的规格来自总体目标。如果你在美国教授社会科学这门课，一般来说，一个目标是教授关于美国的政府系统和宪法的知识。一个中期目标肯定是学习《权利法案》(the Bill of Rights)。下面是具体的表现目标。

学习者将要：

1. 同义转述《美国宪法》（US Constitution）的前 10 个修正案。
2. 判断哪些表述来自《权利法案》，哪些不是。
3. 针对 10 位高中生开展一项调查，目的是了解有多少高中生能够定义《第五修正案》（Fifth Amendment）。

"知道、理解、分析、评价、欣赏、领会和认识"等名词不是行为动词。尽管这些词语在描述学习和行为方面很重要，但它们并不是可观察的动作，因而撰写表现目标时不使用它们。但是，州或国家标准大量运用了这些词语。在具体描述目标时，你可能会用到这些词语，正如我们在分类法的讨论中所提到的那样。记住，你自己决定采用你认为最合适或最相关的表现类型。因此，任何表现目标中首要的和最重要的成分是行为动词和它的直接宾语。

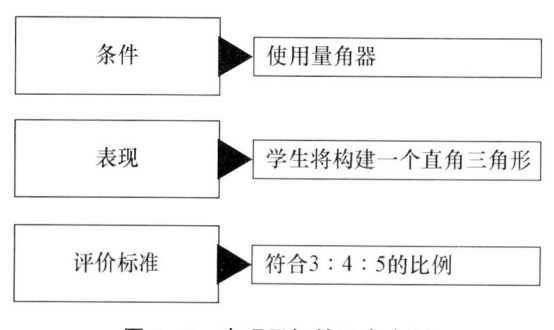

条件	▶	使用量角器
表现	▶	学生将构建一个直角三角形
评价标准	▶	符合3∶4∶5的比例

图 4 - 3 表现目标的三个方面

关于条件的详细说明　设定表现目标的第二个方面是详尽说明或描述学习者执行某一行为的条件。**条件**是学习者必须完成任务的环境。一般来说，条件因素是指：

1. 如何完成任务——例如，使用记忆、课本、电脑程序或计算器。
2. 时间因素（尽管评价时也会使用时间）。
3. 执行任务的地点（例如，在课堂上、在体操馆里或在图书馆里）。
4. 执行任务时使用的材料。

条件：如何、何时、何地、以何种方式

例如，"利用元素周期表，学生将列出前十个元素的原子量"，在这句话中关于条件的表述是"利用元素周期表"。这个表述告诉学生他们不需要记忆那些原子量，只需要借助元素周期表识别原子量。我们经常将表现目标的一个条件方面描述为"考虑表述"："考虑这一点"或"考虑那一点"，学习者就会有所成就。

表现目标的一个条件方面是教学的"公平竞争"。当你还是学生时，你在课堂上有没有发现，教师说"学习"一首诗时，他/她真正的意图其实是让你去"背诵"这首诗？这种不精确的语言即使不会打击士气，也会令人困惑。我们建议你总是能够向学生明确地阐释教学的这部分内容，无论你是否用到表现目标。

下表是条件表述的几个例子，它们可能会出现在合适的表现目标中。

条件表述样本

- "凭借记忆……"
- "用一幅地图、一个指南针、一把直尺、一个量角器……"
- "在一个电脑磁盘里，它描述……"
- "给定六种不同的带有标签的材料样品……"
- "根据观看时所作的笔记……"
- "在十分钟时间内，凭记忆……"
- "使用美国国税局 1040 A 表格……"

这是一些条件示例，在这些条件下学生可以完成一个预期的表现目标。教师提前明确表述一个条件，然后将该表现目标交给学生。我们建议将这个条件作为表现目标的第一个方面。例如，如果你想要布置一篇短文，那么一个合理的条件因素应该是："利用字典……"我们相信，条件因素对教学计划和教师行为来说意义重大，所以永远都不能遗漏。

条件必须是现实的。尽管"用五分钟时间背诵《独立宣言》"是可行的，但"根据记忆"这个条件是不恰当的。我们必须时刻问自己："为了实现这个目标我的首要任务是什么？"如果记忆是首要任务，那么"记忆"这个条件将决定目标的实现。如果识别《独立宣言》中的主要信息是首要任务，那么一个比"记忆"宽松的条件更合适。

一个有关社会学和语言艺术的综合结果也许可以表述为：

> 学生将阅读两篇网络文章（指定文章）。口头分析文章的主要内容，指出修辞和隐喻如何用来丰富语义。每一个学生必须利用为本单元准备的参考书，针对影响每位作者的历史和社会事件准备一份一页纸的总结。学生在课堂上使用专供课堂使用的计算机来准备总结报告。在定稿之前，两名小组成员必须检查论文的语法、拼写和标点符号。

标准度量　条件目标的第三个方面——确定可接受的表现标准，这也许是最难撰写的内容。这个标准可以被称为**标准度量**、表现水平、最低标准或最低的可接受的表现。无论使用哪个术语，指定水平都是最低的可接受的表现水平。当具体化这个水平时，学生们就会提前知道评判他们功课的标准。

下面列出了一些清晰的书面标准度量（条件和行为动词在这些表述中省略了）：

1. "……所列出的问题的 70%。"
2. "……在 2 毫米之内……"
3. "……十分之九的成分……"
4. "……在五分钟内，任何类型的错误都不能超过两个。"
5. "……这个方案将与教师完成的两个模型进行对比。"
6. "……没有任何语法或拼写错误。"

7."……包含一个独立从句和一个非独立从句。"

标准度量确定可接受的表现水平

标准度量的每个部分都陈述了一个界限清楚的标准，学生为此而努力。设计这些标准的目的是学生达到这些标准的概率较高，因此学生会受到鼓励继续朝着达到确定的标准而努力。说一句提醒的话：很多教师对学生的期望值太高，因而设立的标准太高，或学生难以达到。你必须明了你的学生目前处在什么层次上，因此你可以建立合理的最低标准——这是一种技能，是教学艺术的一部分。

通常，教师会要求班级 100% 的学生达成 100% 的目标，也就是说，每个学生都表现出完全掌握了所学内容。这就是所谓的"100/100 标准度量"。在很多领域（例如，基础阅读技能、数学事实、仪器操作或安全规程）中，教师会要求学生掌握所学内容。在这些情况下，掌握所学内容是最低可接受的表现层次。掌握标准非常适合完成前提任务或初级任务，因为随后的技能取决于熟练掌握初始技能。

尽管精心设计的学生表现标准对于一个写得很好的表现目标来说是至关重要的，但是我们意识到课堂上教授的内容大多关注活动或经验。如果你记住以下两条，那么为此类教学提供有意义的标准度量会变得更加容易。首先，记住活动、经验或能力学习经验都是由过去的学习构成的，借此可以设立清晰的学生表现标准。例如，打排球这项活动是由一些具体的行为组成的，可以分解这些行为并为它们设立明确的标准度量。具备构建多媒体演示文稿的能力的前提是获得一些技能，这些技能更容易提供清晰的学生表现标准。关注活动、经验或能力的表现目标的范围更广，很难为其制定标准度量。然而，在这些表现目标之前总有较小的学习增量，可以为它们制定清晰的标准。实际上，先于一个行为、经验或能力目标的所有目标构成了这个目标的标准度量。

其次，狭义的技能型目标会损害所有课堂内在的丰富性。很多时候，是活动——跨学科的或注重体验的教学——给课堂增添了作料和乐趣。不要因为标准度量不如你所希望的那样精确和严密而不去设定目标。标准度量定义不完全的广义目标是可取的，只要它们来自一系列明确阐述的目标。例如，"描述至少四种 20 世纪 30 年代大萧条时期的情况，而这些情况在 20 世纪八九十年代的经济衰退中没有出现。"正如你即将学习的，很多最令人兴奋的高层次学习来自之前低层次的材料和掌握的技能（见 Rohwer & Sloane，1994）。下面的"复杂任务的目标"专栏概述了用于复杂任务的方法。

复杂任务的目标

- 注重基础知识和技能。
- 对复杂的任务使用关注广泛的目标。
- 制定的目标应该从简单到复杂。

标准评分　关于标准层次需要警惕的是：更多时候，教师规定一个百分比

或一个时间来作为表现目标的评估要素。例如，如果时间是真实世界的一个至关重要的因素——如在心肺复苏、刹车行为（指在汽车上）或操作机械时——那么一个定时的标准就是合适的。但是，为学生设定一个与该领域的专业人士相同的学习时间是不合适的。技能可以通过使用可变的标准度量来提高，就像使用任何系统方法一样。因此，当学生首次学习一项技能时，设定的标准度量是 30 秒的时间，但随着学习的进展，可以系统性地缩短时间。例如，当学生习得打字技能时，你会在实际过程中多次发现这个原理。随着时间的推移，学生在单位时间里犯错的次数少了。简而言之，随着课程的推进，A 等甚至 C 等的标准转向了更高的成就水平。

> 对于技能的发展使用不断提高的标准度量

一些教育工作者批评表现目标，因为表现目标好像强迫他们把学生的最低表现评为 A 等。事实并非如此。作为教师，你可以用清晰的标准度量制定表现目标，并且使达到这些目标的行为与你所选择的任何字母层次相匹配。例如，你可以规定，在你的目标中达到标准度量的学生将会得到 C 等，没有达到这个标准度量的学生将得到低于 C 等的层次，而表现优于你设立的标准的学生可以得到高于 C 等的层次。我们将在第七章详细讨论评分问题。

> 将标准度量与评分相结合

这里有几种使用表现目标和层次的方法。你可以选择为单一教学序列编写多个表现目标，每个目标都是渐进的，难度越大，分数越高。因此，达到表现目标 1 可以得到 D 等，达到表现目标 2 可以得到 C 等，依此类推。措辞谨慎的表现目标使教师能够根据学习者的明显表现为成绩规定一个精确的价值和意义，而不是迫使教师为平庸的表现打出高分。

主要观点

表现目标

- 表现陈述要准确无误。
- 条件元素是给定元素。
- 标准度量提醒学生对成功的期望。
- 层次分配可以基于客观标准。

4-7 认识目标的局限性

即使是精心设计的目标也不是解决所有学习问题的万能药。目标的目的有限；目标仅仅是达到结果的一种手段，而不是结果本身。设定目标是为了传递课程学习的准确意图。因此，目标只是教学计划的一个组成部分。一个教师可以娴熟地制定正确的目标，但也有可能在课堂上一无是处，原因是缺乏教学技能和人际交往的能力或策略。

开发有目标的课程时，教师必须接受以下四点假设：

1. 学习被看作一种学习者外显行为的变化过程。
2. 在指定的一段时间内，可以以某种形式观察行为的变化，并且可以使用适当的测量设备测量行为的变化。
3. 观察到的学习者结果与教学策略、内容或使用的媒介直接相关。
4. 如果有充足的时间、足够的且适当的学习经验，以及必要的材料，所有年龄段的大部分儿童都可以掌握在某个可接受的发展水平上的适当的科目。

回顾与反思

1. 当你考虑为自己的课程制定目标时，你相信哪些类型的目标会对你很有帮助？相反，如果你关注的是那些会对你的学生更有帮助的目标时，你的答案会改变吗？为什么会改变？或为什么不会改变？

4-8 课程设置整合

表现目标的另一个基本原理围绕课程设置整合这个概念展开（见 Roseman & Koppal，2015；Squires，2009）。如图 4-2 所示，课程设置最简单的形式由教授的所有主题内容，以及目标、教学和评估构成。当这三种元素互相匹配时——也就是说，当教学和评估专注于所制定的目标时——课程设置得以整合。课程设置整合其实比看起来的更难实现。教师基于不同的技能和兴趣强调不同的学习经验。学生的能力各不相同，而且掌握了各种不同层次的技能。教师选择内容迥异的教学材料。然而，表现目标提供了一把钥匙，教师可以利用这把钥匙整合课堂上的教学。就此而言，如同整合街区和建筑物一样，整合任何一套标准，表现目标是至关重要的。

目标、教学与评估相一致

成功的课程设置整合的基础在于仔细分析技能、能力和学生学习的其他度量——你的教学目标所在。你测试你所教授的内容，而且你所教授的内容要符合目标要求。如果没有详细制定、认真编写的表现目标，这个观点说起来容易落实起来难。整合课程设置可以从整个过程的任何一端开始——目标一端或评估一端（见 Wiggins & McTighe，2005）。在通常情况下，教师所传授的知识受他们已知或预期会测试的知识的影响。根据测试内容作出教学决策违反了课程设置整合程序。正确的做法应该是，先确定对学生学习来说什么是最好的，然后再进行评估。从目标开始，然后使接下来的程序契合这些目标。如果你的目标是清楚明晰的，那么教学和评估可以得以整合。"课程设置"专栏概述了课程设置整合的内容。

当课程设置的所有部分——表现目标、活动、教学和评估——相一致（整合的）时，学生的学习就会有明显的进步。课程设置整合被认为是有效学校的一个首要的标志（见 Kelly，1991）。课程设置整合已被证明是将不太成功的学校变成较成功的学校的一个主要的工具（见 Martin，2006）。

总之，课程设置整合是一个强大的概念——首先确定你的目标并且它将影响相关的学校（见 Roseman & Koppal，2015）。

课程设置
- 从你的目标开始，而不是从评估开始。
- 如果你的目标是清晰的，那么教学和评估要与其一致。
- 课程设置调整是一个循环的过程。

回顾与反思

一些研究课程调整的学者说，你可以从评估开始，逆向操作。讨论这个观点的含义。

4-9 反思教学计划

有效的计划可以促进学生取得成就。对新教师来说，做计划是一个耗时的过程。尽管你曾经作为学生在课堂上花费了很多时间，但也许你从来不曾为学生的学习负过责。随着你不断获得经验，你将会知道哪些活动需要详细的计划而哪些不需要。

知道什么时候可以放弃计划而利用一个意想不到的学习机会，这是一个有效教师的能力。一个周密的计划为你作出这个决定提供了环境。这个新的机会（教育时刻）对实现本课的目标会有更积极的贡献吗？你是否通过迂回课程来满足学生的一个重要需求？教师必须在计划和执行计划的灵活性之间保持一种平衡。当然，这是一种教育的艺术。

满足个体的不同需求是非常困难的。甚至经验丰富的教师也在努力满足所有学生的学习需求。一开始，你的学生需要适应你的教学风格。随着你在教学和学习过程方面有了更多的经验和信心，你会开始为满足学生的个体需求制订计划，最终使你的教学风格适应学生的需求。

教师感言

吉姆·古斯廷，爱达荷州奥罗菲诺市奥罗菲诺高中的科学教师

探究作为促进学生学习的一种手段已经被充分记录。科学教师现在有很

多模型和方法用来激发和保持学生的兴趣。这些模型通常针对个别学生或有些同质化的群体（如特殊学生）。这往往不足以代表"普通"课堂教师所面临的挑战，他们必须在整个班级中进行这一过程，其中每个学生在主题、能力水平、学习风格，以及团队合作的倾向方面都有自己先前的知识和兴趣。以下是我纳入"探究参与计划"（IEP）的策略，以促进对不同学生群体的探究。

在开始任何科学活动之前，我首先寻找学生对这个学科领域的兴趣点。学生对项目的自主权是目标所在。这个目标可以通过以下方式实现：播放视频、邀请演讲嘉宾或使用计算机投影仪及其无限的互联网信息源。在生物课上，我可以根据这个学科的各个分支来讨论一个主题。当学生评论该主题时，我在点名册上他们的名字旁边记录关键词，这样以后就可以进一步扩展这些想法。

在实验室或在现场开始相关的"动手/动脑"活动之前，我指派并指导两名"实验室队长"协助我准备和分发材料和设备，并监控学生的进度。其他学生可以选择独立完成任务或加入两人、三人或四人小组。我通常让他们在自主选择的小组中工作，尽管我可能会根据能力和学习风格给小组组员分配任务。

初始活动结束后，我允许学生将这些活动扩展到未来的研究中。我经常从其他学科的角度（包括化学、物理、人类生物学和环境科学）讨论他们的想法。这种跨学科的方法经常使学生们兴奋不已。在多元化的学生群体中培养探究精神是一个动态的通常也是令人筋疲力尽的过程。班级规模扩大和地区聘用的辅助教育人员的数量减少，这两个趋势都会对探究过程取得成功产生负面影响。

计划是动态的，不是静止不动的

计划是一个动态的过程。事实上，计划经常看起来是完全无序的。美国的独特之处在于，课堂规划和课堂教学的责任在于你——教师。在大部分国家，教师被告知教什么，甚至还常常被告知怎么教。记住这一点，你应该更清醒地认识到，如果州立标准已把笼统的表述转换成具体的学习者目标，那么你可能仅需要对"怎样教"这部分负责。

在本章我们已经描述了基本的规划工具、分类法和目标，并提供了例子来说明怎样使用这些工具来制订教学计划。不要害怕完善、修改或者使用这些工具进行试验。你是技术人员，这些工具要为你和那些至关重要的学生服务。

第四节　把标准转换成目标

4-10　标准的意义

根据 2002 年颁布的联邦法律（《不让一个孩子掉队法案》，No Child Left Behind Act），所有的州都必须制定"有挑战性的学术标准"。此次标准运动的一个组成部分是"高风险测试"现象。这些测试被称为"高风险"的原因是学生的分数决定教师、学生和学校是获得奖励还是受到惩罚。国家标准和州标准对学校教什么以及怎样教有巨大的影响。随着 2015 年《让每一个学生都成功法案》的通过，需要满足的联邦要求和测试将会减少。

4-11　国家教育标准

当今美国学校的改革和随后的学术标准运动可以追溯到国家教育卓越委员会（National Commission on Excellence in Education，1983）起草的 1983 年年度报告——《国家在危机中：教育改革势在必行》（*A Nation at Risk：The Imperative for Educational Reform*）。其中引用次数最多的一句话是"如果一个不友好的外国势力试图将今天存在的平庸的教学表现强加给美国，我们可以认为这是一个战争行为"。将战争用作比喻，国家教育卓越委员会的本意是制造一种信心危机。柏林和比德尔（David C. Berliner & Bruce Biddle，1995）在他们的书《人造的危机：神话、欺骗和对美国公共学校的攻击》（*The Manufactured Crisis：Myths, Fraud and the Attack on America's Public Schools*）中大量记录了这一内容（见 Noddings，2007）。

背景与前景　在 20 世纪 80 年代，至少有八个因素推动了教育改革：
- 全球经济竞争
- 社会经济群体之间的差距
- 工资水平下降
- 向海外输出工作机会
- 新技术
- 商业部门恢复对教育的兴趣
- 可见的学生成绩下降
- 学校的人口变化

这些因素中的任何一个都不会推动改革，但它们结合起来就使公共教育成

为社会和经济变化的一个焦点。目前对教育改革和标准运动的热情出于政治动机。也就是说，其动能来自两个非学校因素：(1) 政策制定者；(2) 渴望提高学术严谨性的专业组织。所有州已经采用了自己的标准。已采纳标准的主要学科领域有市政学、英语、美术、地理、历史、语言艺术、数学、表演艺术、科学、工作技能和世界语言（见 Tharp，2008）。

专业组织和协会的工作是建立教育目标。美国科学促进会编写的《科学素养图集》（Atlas of Science Literacy）是一个科学教育专业团体试图提供表现评判标准的尝试。设定国家教育标准的目的是培养学生具备以下几种能力：

- 适当地使用科学的原则和方法来作出个人决定
- 体验、了解和理解自然世界的丰富
- 提高他们的经济生产力
- 明智地参与有关科学和技术问题的公开讨论和辩论

推动标准不断完善的因素有很多，但是最重要的因素是世界范围内日益加剧的技术竞争〔1998年巴斯顿（Baston）讨论了政治因素的介入，以及政治和商界的领导人（而不是教育家）如何推动国家标准和高风险测试的实施，参见相关内容〕。

2010年6月2日，州级首席学校官员理事会（Council of Chief State School Officers）和全国州长协会（National Governors Association）共同发布了义务教育阶段的《共同核心州立标准》，这套标准针对高中毕业生在**大学和职业生涯**中取得成功需要掌握的知识和技能提出了期望。

标准的准确定义是什么？**标准**这个术语有多重含义和用法。例如，标准和教育目标之间没有差别。标准可以作为尺度来评判学生知道什么和能做什么，评判为学生提供的教育项目的质量，评判学生接受的教学质量，评判为教师和教育项目提供支持的系统的质量，或者评判学校的评估实践和政策的质量。如果没有精心的设计，学校教育的这五个方面就会混为一谈。在这种情况下，同样的数据——经常是测试分数——被用作测量五个独特而独立的活动的唯一标尺，这时我们必须问："一个测试标准如何能有效评价五个非常不同的现象？"

正如你在第一章所看到的，标准也指学习和教学的愿景。标准兼具两种功能——作为表现标准和教育愿景，因此标准往往提供相互矛盾的表述〔参见2004年布雷西（Bracey）就此发表的令人深思的评价〕。

4-12 布鲁姆分类法的国家适应性——国家教育进步评估（NAEP）

正如我们在本章中指出的，精心设计的国家教育进步评估是使用抽样技术系统地进行的。每个年级和每个科目大约有100所公立学校接受测试，每个州大约有 2 500 名学生。

这种抽样技术提供了一个准确的教育趋势"快照"。每隔几年就会对全国样本进行一次长期趋势评估。因此，国家教育进步评估测试的目的是抽样测试学生，而非每年测试每个州的每个学生（见 White，Smith，& Vanneman，2000）。

> **专业资源下载**
>
> 为获取更多有关创建满足《共同核心州立标准》的课程的资源，请查看本章的 MindTap 的专业资源下载部分。

然而，国家教育进步评估在对评估问题进行分类时对布鲁姆的六级认知分类法进行了改编。层次编号分别为 150、200、250、300 和 350，前三个层次对应于知识、理解和应用（150、200 和 250）。国家教育进步评估中 300 层次和 350 层次是包括应用、综合和评价在内的"高级认知层次"。

表 4-5 详细说明了数学学科的国家教育进步评估等级，并对预期的学生成绩进行了操作性描述（见 Campbell，Voelkl，& Donahue，1998；NCES 98-530，以了解科学、阅读和写作方面的详细描述）。

表 4-5　国家教育进步评估中对数学成绩水平的描述

350 层次：多步骤问题求解和代数
这一层次的学生可以应用一系列推理技能解决多步骤问题。他们可以解决涉及分数和百分比的常规问题，识别基本几何图形的属性，并且使用指数和平方根。他们可以使用变量解决各种两步骤问题，识别等价代数表达式，求解线性方程和不等式。他们正在逐渐理解函数和坐标系。
300 层次：中等难度的程序和推理
这一层次的学生正在逐渐理解数字系统。他们可以用小数、简单分数和常见的百分比进行计算。他们可以识别几何图形，测量长度和角度，计算矩形的面积。这些学生还可以解释简单的不等式，评价公式，求解简单的线性方程。他们可以计算平均值，根据从图表中提取的信息作出决定，并使用逻辑推理解决问题。他们正在逐渐掌握使用带符号数字、指数和平方根的操作技能。
250 层次：数值运算和开始问题求解
这一层次的学生对四个基本操作有了初步的了解。他们能够将整数加减法应用到单步应用题和金钱问题中。他们可以计算两位数和一位数的乘积。他们还可以比较图形和图表中的信息，并逐渐掌握分析简单的逻辑关系的能力。
200 层次：入门技能和理解
这一层次的学生对两位数非常熟悉。他们能够将两位数相加但仍在逐渐掌握减法重组的能力。他们掌握了一些基本的乘法和除法知识，认识了硬币之间的关系，可以从图形和图表中读取信息，并且能够使用简单的测量工具。他们正在逐渐掌握一些推理技能。
150 层次：简单的算数知识
这一层次的学生掌握了一些基本的加减法知识，而且大多数学生能够将两位数相加而不重新组合。他们能识别应用加减法的简单场合。他们也在逐步掌握基本的分类技能。

4-13 州立标准

针对国家标准的抽样调查 50个州现在都已制定了教学标准,让我们看看其中的一个小样本。需要注意的是,文件总数有几千页。

举一个例子,参见表4-6,该表显示了9岁、13岁和17岁或4年级、8年级和12年级的学生在数学方面的表现。注意,在150层次和200层次,几乎所有8年级和12年级的学生都掌握了内容,而4年级的学生则成绩优异。在250层次,学生成绩出现了急剧下降。对于300层次和350层次,几乎没有4年级或8年级的学生能正确回答出那些问题。即使在12年级的学生中,这个比例也很低。

现在回到第二章的表2-1,回顾一下皮亚杰的发展图表。你认为那些数据和表4-6所示的百分比之间是否密切相关?

表4-6 1978年、1996年、2008年和2012年9岁、13岁和17岁学生的数学成绩达到或高于数学成绩水平的学生百分比(%)

层次		9岁 1978年	9岁 1996年	9岁 2008年	9岁 2012年	13岁 1978年	13岁 1996年	13岁 2008年	13岁 2012年	17岁 1978年	17岁 1996年	17岁 2008年	17岁 2012年
350	可以解决多步骤问题并使用起始代数	0	0	N/R	NR	1	1	NR	NR	7	7	6	7
300	可以使用小数、分数和百分比进行计算;可以识别几何图形,求解简单方程,并使用中等难度的推理	1	2*	N/R	NR	18	21	30	34	52	60*	59	60
250	可以进行整数的加、减、乘、除运算,并解决单步骤问题	20	30*	44	47	65	79*	83	85	92	97*	96	96
200	能加减两位数,并识别硬币之间的关系	70	82*	89	89	95	99*	98	98	100	100	N/R	N/R
150	掌握了一些加减法知识	97	99*	99	99	100	100*	N/R	NR	100	100	N/R	N/R

注:*表明1996年的百分比与1978年的百分比有显著差异。NR代表未报告。
资料来源:National Center for education statistics, national assessment of educational progress (NAEP). *Report in Brief*, NAEP 1996 Trends in Academic Progress. Revised 1998. NCES 98-530, Table 2, p.10. Data for 2008 are from NCES 2009-479. US Department of Education, Institute of Education Sciences, NCES, NAEP, 1978, 1996, 2008, and 2012 Long-Term Trend Mathematics Assessments.

我们之所以不遗余力地阐述这些数据,是因为大部分州立标准从来没有针对国家教育进步评估的表现水平进行过现场测试。当你浏览下面的州立标准样本时,你可能会非常震惊,而且会第一次意识到这些标准缺乏实证检验,并且往往否认发展理论的存在。

数学

亚利桑那州

这个州按照年级水平制定了详细的数学学习标准。在高中阶段,它的"准绳"涉及"数字意识和操作""数据分析、概率和不连续数学""几何学""逻辑"。以下是两个例子:

1. 应用下标来表示序数的位置。

2. 解释表格、矩阵、方程式或图形所呈现的数据之间的关系。

俄亥俄州

这个州的标准如下:

5~7 年级

1. 解释如何使用逆运算求解线性方程。

8 年级

1. 演示对以下内容的理解,即两个不相交事件发生的概率可以通过将每个事件的概率相加得到,一个独立事件紧随另一事件发生的概率可以通过将两个事件的概率相乘得到。

社会科学

加利福尼亚州

以下是摘自这个州的历史社会科学内容标准。

5 年级

1. 认识"第一次大觉醒运动"的意义及领导者。它标志着殖民时期宗教思想、实践和忠诚的转变,以及逐渐增长的宗教宽容和宗教自由。

科罗拉多州

这个州有内容标准范本:经济学。

5~8 年级

1. 描述不同的经济系统如何影响资源分配。例如,苏联的钢生产是由经济决策人决定的。这种做法影响很多资源的分配,如煤、劳动力等资源。在美国,所有这些资源的分配都是由市场决定的。

英语/语言艺术　在这方面公开发行的标准有好多种。这里随机选取几个标准。

佛罗里达州:6~8 年级

确认非书面信息中的主要概念、支持细节、刻板印象、偏见和说服技巧。

马萨诸塞州:7 年级

1. 学生要识别、分析和应用神话、传统叙事和古典文学的主题、结构和元素方面的知识,并且在文本中寻找证据来支持他们的理解。

北卡罗来纳州:12 年级

1. 识别贯穿作品的共同主题,使用文本中的证据来证实想法。

2. 将文化和历史背景与文学作品相结合,识别感知到的歧义、偏见和复杂性。

得克萨斯州

这个州将标准纳入《得克萨斯州行政法规》，使其具有法律地位。以下摘自5年级的英语语言艺术和阅读标准，以及11~12年级的科学标准。我们由此略微了解了其标准的特性。

听/说/文化。学生通过听和说来获得并分享他/她自己的文化、他人的文化和关于文化的共同元素的知识。期望学生：

（A）通过说和听将他/她自己的经验、信息、见解和想法与他人的经验联系起来；

（B）比较跨区域和跨文化的口语传统……

得克萨斯州11年级和12年级的科学标准样本

1. 在天文学中，学生开展实验室研究和实地调查，使用科学方法，并利用批判性思维和科学的问题解决方法作出明智的决定。学生学习下列主题：文明时代中的天文学，天空中的图案和物体，我们在太空中的位置，月球，季节的原因，行星，太阳、恒星、星系、宇宙和太空探索。顺利完成天文学学习的学生将在概念框架内获得知识，观察天空，以合作的方式开展学习，并且培养自己的批判性思维技能。

依照标准实施教学　你可以利用以下一系列步骤将标准转化为可授课程。

第1步：以总括性的标准表述为基础制定一系列具体且离散的目标。

标准：确认非书面信息中的主要概念、支持细节、刻板印象、偏见和说服技巧。

第2步：为了使关系可视化，绘制流程图，并显示目标和标准之间的联系。

示例：在阅读了《激流场》（*In Flanders Field*）这首诗后，学生将写一句话来概括诗的主题。

第3步：识别适当的书面资料、非书面资料，以及基于网络的资料。

示例：在网站上，比较越战老兵纪念碑和这首诗。

第4步：制订适当的课程计划，包括多样化的教学策略，以及为特殊教育学生和将英语作为第二语言的学习者提供适应性教学计划。

示例：学生将朗读指定的诗歌，听众是阅读此诗有困难的学生。

第5步：将评估融入课程设计中。

示例：这首诗如何与本单元学习的其他三首诗相关联？

第6步：起草一个日历，显示时间任务。

示例：

星期一：布置诗歌。

星期二：朗读和课堂讨论。

星期五：单元作文测试。

第7步：评价整个过程从而优化学生成绩。

示例：

明年我该如何改进这个单元？

我收到了学生怎样的反馈？

这个过程的劳动强度显然是非常大的，几乎没有捷径可行，而且没有一个州根据所选标准准备了一系列的书面材料（如课本）。我们鼓励你在教师教育课程中讨论州立标准的含义。同样，《让每一个学生都成功法案》将会对标准产生影响。

用批判的眼光看待州立标准　州立标准的覆盖面非常广，包括各种话题、概念和科目。虽然一些州在文件中指出它们参照了很多在全国范围内实行的标准，但大部分标准的制定是很随意的。任何人在阅读这些标准时都会问，这些标准是否进行了现场测试从而确定发展的适当性。在大多数情况下，冗长的列表没有按任何有意义的或有层次的顺序排列。这些标准都没有流程图，或者都没有说明学生或教师如何从一个标准转换到另一个标准。

标准是教育改革的两方面之一。第二个方面是**可说明性**，是由对3~12年级的孩子进行测试决定的。亚利桑那州已经开发了"亚利桑那州立标准测量工具"（AIMS），用来评估数学技能。当1999年末和2000年初第一次测量10年级学生时，"亚利桑那州立标准测量工具"的未通过率非常高，所有考生的不及格率接近90%，有色人种学生的不及格率接近97%。在2002年，超过80%的少数族裔学生和66%的考生未通过测试（见 Amrein & Berliner，2002）。格拉斯和埃德霍尔姆（Gene V. Glass & Cheryl A. Edholm，2002）开展了一项调查，测试在"亚利桑那州立标准测量工具"测试中被评估的数学技能的有效性。他们期望获得这些测试和测试结果与学生在将来职场中取得成功的相关性。

格拉斯和埃德霍尔姆向凤凰城地区10个不同行业类别的54个管理者发放了问卷。43个完成了问卷（80%的回收率）。对于断言测试和标准必定促进学校发展的人而言，调查结果并不乐观。在"日常工作中使用的数学知识"这一范畴中，认可者给出的结果最高为26%，最低为7%。尽管政治家支持标准，将其看作培养未来工作技能的一个必要部分，但亚利桑那州的雇佣者认为所测试的技能和他们的工作不相关。格拉斯和埃德霍尔姆（2002）总结道："最后的结论是，不可否认，那些管理者认为10年级学生在'亚利桑那州立标准测量工具'数学测试中的数学知识与他们的雇员的工作能力无关。"

关于标准的结束语　在2006年8月，非常保守的托马斯·B.福特汉姆基金会（Thomas B. Fordham Foundation）为所有公布的州立标准发布了字母等级。福特汉姆小组建立了一套标准，他们根据这些标准来评判各州的标准。他们考察了清晰度、内容合理性、能力和一致性等方面。"令人沮丧"是对这一评判的恰当描述（见 Finn et al.，2006）。平均成绩是C−，大部分州的成绩是D−或F−（见 Carmichael et al.，2010）。我们再怎么强调也不过分的是，你

必须仔细检查所有的标准,以确定它们的有效性和发展的适当性,然后再将它们应用到你的课堂。

我们会面对几百个这样的标准。我们鼓励你迎接提出的挑战,成为学生的代言人,并且为公平而战。我们是你的坚强后盾。

回顾与反思

- 《国家科学教育标准》怎样寻求解决世界经济日益增强的竞争性质?
- 最近公布的一套集体目标是否有共同的元素或主题?
- 你所在的州的教育目标或标准关注哪些问题?它们如何与国家标准相关?检查你所在州的专业领域的标准。它们的概括性或明确性如何?
- 为了符合你的教育课堂上的发展的适当性,你在多大程度上对州立标准进行了充分的分析?
- 如果所有孩子都必须通过州测试,那么这对符合《残疾人教育法》(IDEA)的学生和英语语言学习者有什么影响?请和你的同事和导师讨论这个话题。
- 在你看来,教育的目的是训练学生为将来的工作做准备吗?如果不是,那么教育的目的是什么?为了实现这个目标,你会制定什么标准?

技术之窗

在课堂上使用电脑:好消息和坏消息

制订教学活动计划时使用数字工具和互联网可以使学习环境大为改观。然而,这种改观既带来好处也带来挑战。

使用计算机和平板电脑设备极具激励作用。学生制作的报告和演示文稿看起来非常棒,计算机可以使学生轻松地尝试多媒体制作。根据新媒体联盟发布的《地平线报告》(The Horizon Report,2015),学生们正从单纯的现有内容的消费者转变为新媒体的创造者,新媒体引用并综合了当前可用的内容。对大多数人来说,这是一个令人兴奋和引人入胜的活动,但可能很难评估个体学生对合作成果的贡献。

此外,虽然数字工具可以帮助学生完成例如格式化文本和图像,以及添加颜色、运动和声音等任务,但有时学生在形式上花费的时间太多而在内容上花费的时间太少,这可能会产生问题(例如,制作关于三角测量法的视频比学习三角测量法的概念本身更吸引人)。在学习新概念和格式化(显示已经发生的学习)报告之间取得平衡是很重要的。

利用网络资源既有优点也有缺点。调查表明,鼓励学生利用网络资源的教师以建设性的方式提高了自己的教学能力。利用网络资源的教学活动经常会使学生选择在更长的时间内做更多的调查。问题是，需要投入更多的时间到这个以建构主义为导向的学习活动中，包括将额外的时间用于讨论如何更好地利用互联网开展研究，以及避免滥用网络特权。教师必须想办法调整进度以便与学习活动更匹配。

很多教师认为，为计划利用计算机和网络实施教学而花费额外的时间和精力是值得的。但是，大部分教师也同意制订这样的计划需要额外的时间和精力。

4-14 效应量：用于衡量教学效果的工具

因为你将要学习几种新的教学方法，所以你需要一个量化的工具来判断每种方法的相对学习价值；换句话说，如何证明一个具体的教学策略对学生成绩有促进作用？一个有效的衡量工具是**效应量**。直观地说，我们知道特定的教学措施有助于学生学习。一旦使用了一种教学策略，效应量（见 Cohen，1988）将通过将公式应用于测试前后的分数来测试结果。

1. 为了确定效应量，你需要一个控制组（前测）和一个实验组（后测）；测试分数得出平均分（平均值）和标准差（计算标准差的公式可以在任何一本统计学书上找到，或者在网上搜索"标准差"）。

2. 计算效应量，从后测的平均分中减去前测的平均分，然后用差额除以前测的标准差。

后测平均分－80 前测平均分＝10 差额÷8.0 标准差＝1.25 效应

3. 效应量为 1.0 意味着控制组的正态曲线获得了一个标准差。效应量小于 0.2 经常意味着不重要。0.25 的效应量开始显现出重要性。0.3 的效应量意味着这是有用的或重要的。2.0 的效应量会是惊人的。如上面的例子，效应量是 1.25。如果你从一个教学方法中获得一个这样的结果，那么坚持下去——这是一个成功的教学方法！

4. 效应量是累积的但不是相加的。你可以使用几种教学策略并期望整体的效应量比单一的效应量更大。多种方法并用的效应量很少超过 2.0。然而，如果一个被认为学习能力欠缺的孩子在接受了一些经过测试的方法之后成绩超出一般水平，那么这个效应量对这个孩子来说已经足够大了。

效应量可以转换为百分位数。例如，0.25 的效应量意味着变动了 10 个百分点。0.5 的效应量则意味着变动了 19 个百分点，而 1.0 的效应量意味着变动了 34 个百分点。了解效应量及其等效百分位数为你提供了一种确定教学效果的方法。相反，负效应量则意味着学习失败（见 Marzano，2007）。

> 效应量帮助确定教学效能

约翰·C. 哈蒂（John C. Hattie，2009）的开创性著作列出了基于研究的对学生成绩的最大贡献要素，毫不奇怪，教师和教师表述的清晰度排在榜首。我们建议你将效应量工具添加到你的专业技巧袋中。

回顾与反思

总结性反思

- 制订计划是如何使你变得或多或少有些自发性的？
- 列出利用一个计划手段（如认知分类法）的优点和缺点。
- 基于你目前对标准的了解，你如何利用这些知识来帮助你制订计划？如果你发现一个无法通过教学实现的州立标准，你会怎么办？
- 你是如何确定你的计划反映了学生应该和可以学习的内容？

本章小结

A. 教学计划要求对学生的需求、内容目标和教学方法进行缜密的思考。

1. 目的是表述宽泛的意图，目标和结果则是具体的期望。
2. 教学计划遵循从课前计划到课后反思这个循环过程。
3. 教学计划可以围绕认知、情感和精神运动这三个领域开展。
4. 布鲁姆分类法可用于给目标分类，选择教学策略，以及评价学生的表现。
5. 认知分类法有助于课程整合。
6. 学校课程的焦点往往集中在认知领域。
7. 表现目标向学习者呈现了教师对他们的期望，如何进行学习，以及最低目标是什么。
8. 课程或教学整合确保了目标、内容、活动、教学方法和评估协调一致。
9. 国家标准是模糊的，其作用是引导各州和各地区做好教学计划制订工作。
10. 标准必须转化为学生的目标。
11. 效应量是专业领域认可的测量教学方法有效性的一个工具。

纸质资源

Anderson，L. W.，& D. R. Krathwohl，Eds.（2001）. *A Taxonomy for*

Learning, Teaching, and Assessing: A Revision of Bloom's Taxonomy of Educational Objectives. New York: Longman, 352 pp.

这本书追溯了认知分类法的发展过程，并且深入分析了学校学习分类的一个全新的、完整的认知心理学视角。

Brown, J. L. (2004). *Making the Most of Understanding by Design*. Alexandria, VA: Association for Supervision and Curriculum Development, 205 pp.

作者提供了一个实施教学设计原则的模板作为一个框架，目的是提高学生的成绩和教师的效能。书中有两个章节讨论了如何教学才能达到标准及提高学生对知识的理解。

Carr, J. F., & D. E. Harris. (2001). *Succeeding with Standards: Linking Curriculum, Assessment, and Action Planning*. Alexandria, VA: Association for Supervision and Curriculum Development, 204 pp.

作者非常详细地说明了任课教师可以处理标准的技巧。

Nichols, S. L., & D. C. Berliner. (2007). *Collateral Damage: How High-States Testing Corrupts America's Schools*. Cambridge, MA: Harvard Education Publishing Group, 250 pp.

两位美国教育研究人员提供了令人信服的文件，用以证明改革时代对高风险测试的偏好正在腐蚀我们教育系统的完整性。这是一本所有教师、管理者和决策者都不容错过的书。

Silver, H. F., R. W. Strong, & M. J. Perini. (2007). *The strategic Teacher: Selecting the Right Research-Based Strategy for Every Lesson*. Alexandria, VA: Association for Supervision and Curriculum Development, 300 pp.

这个团队致力于为一系列的教学策略提供潜在的研究基础。

网络资源

- 关于《共同核心州立标准》的信息

http://www.corestandards.org/

- 关于布鲁姆分类法的信息

https://cft.vanderbilt.edu/guides-sub-pages/blooms-taxonomy/

- 这是位于科罗拉多斯普林斯的科罗拉多大学李·贝克尔教授的网页。该网页提供了一个非常有用的度量效应大小模板。

http://www.uccs.edu/~faculty/lbecker/

- 迈克尔·奥雷（2008）在《学习、教学和技术的新视角》（Emerging Perspectives on Learning, Teaching and Technology）一文中修正了认知分类学，这里是针对修正内容的精辟的分析和讨论。

    http://projects.coe.uga.edu/epltt/

- 朱莉·海恩斯基于布鲁姆分类法为英语教师和英语学习者提供的活动。

    http://www.everythingESL.net

- 莱斯利·威尔逊简要描述了安德森和克拉斯沃尔对分类法的修订。请访问课程页面：《超越布鲁姆的新版认知分类法》（Beyond Bloom a New Version of the Cognitive Taxonomy）。

    http://www.scribd.com/doc/933640/

- 通过此链接可以访问新媒体联盟（New Media Consortium）2016年发布的《地平线报告》（Horizon Report）的pdf文件。

    http://cdn.nmc.org/media/2016-nmc-horizon-report-he-EN.pdf

第五章

掌握教学计划

学习目标

完成本章后，你应该能够：

5-1 确定影响计划的因素
5-2 讨论教师可使用的不同的计划资源
5-3 描述有效的预先计划的要素
5-4 描述有效的单元计划的要素
5-5 描述有效的课程计划的要素，并创建一个课程计划
5-6 提供有效的课后活动的例子
5-7 概述计划日常工作的重要性
5-8 描述反思性实践的重要性
5-9 描述计划和教材的重要性
5-10 概述有关计划的研究结果

评价标准

本章涉及的标准：

标准 4：

内容知识。 教师谙熟所教学科的核心概念、研究工具和学科结构，创建学习体验，使该学科的这些内容对学习者来说是容易理解的和有意义的，从而确保学习者对内容的掌握。

标准 7：

教学计划。 教师借助于学科领域的知识、课程设置、跨学科的技能和教育学知识，以及有关学习者和社区环境的知识，制订教学计划来支持所有学生达

到严格的学习目标。

标准 8：

教学策略。教师理解并使用各种教学策略，促进学习者深刻理解知识内容及其联系，并通过富有意义的方式培养学习者应用知识的技能。

标准 9：

专业学习和伦理实践。教师不断提高自身的专业知识和教育教学实践能力，注重教师自身行为对他人（学习者、家庭、其他专业人士和社区成员）的影响，通过自身实践，尽可能地满足每个学习者的要求。

> 计划将内容和教学方法结合起来以实现学习目的

教室洞察

罗伯塔刚刚在她的第一份教学合同上进行了签名公证。这是她毕业前的最后一个学期的一个激动人心的时刻。处理完事务后，她回到了教育图书馆。她一边走，一边想着刚开学的日子——即将到来的 8 月末。罗伯塔展示了她对各种标准、表现结果和学习领域的知识。但是现在她开始思考预先计划和设计方法对所有学生实施的重要性。

她的课程作业和学生教学工作已经使她对教学计划有了一个现实的检验，于是她开始列出一些她所掌握的主要含义。她认真考虑组织教学时间，以确保教学至少涵盖认知和情感分类，为相关活动留出时间，以及至关重要的是，应用"无障碍设计"概念。

我们这一章的目的是为你提供系统性计划的实用指南，使你能创建有效的长期计划、单元计划和课程计划，就像罗伯塔需要做的那样。本章继续第四章开始的讨论，涵盖三个主要话题：准备、规划程序和专家教师的规划实践。

本章介绍的新概念和新技术将帮助你回答以下问题：

- 我在教学计划中必须考虑哪些因素？
- 计划的层次是什么？我如何将它们联系起来？
- 我如何创建一个有效的单元计划？
- 我如何设计广泛的课程计划从而实施我的单元计划，并有效使用技术？
- 我能从有效教师的计划方法中学到什么？

第一节　全面考虑教学计划

正如第四章所强调的，教师对设计和实施教学负主要责任。教师准备计划，为日常的组织和授课提供帮助。这些计划的类型和详细程度各不相同。如同有多种教和学的方法一样，同样有多种计划的方法，但没有唯一"最好的"方法。一些教师喜欢制定详尽细致的教学提纲，一些人则依靠每周课程计划书中的简要的笔记。大部分教师可能处于这两端之间的某个位置。无论采用何种方式，有效教师均利用计划来选择内容和方法，目的是最大限度地帮助学生完成既定的学习目标。如果教师没有有效的计划，学生就不太可能达成目标。就像华盛顿州的一位高中教师所说的那样，"计划不足导致学习不足"（见 Walsh，1992）。此外，朗尼·穆尔（Lonnie Moore，2009）注意到创造性的课程计划会激发学生的兴趣，获得学生的信任。

计划一次课程犹如计划一次自驾旅行。在去一个新地方旅行之前，大部分司机都会认真地研究地图或 GPS 系统，并在旅行中不断地查看这些工具。同样，当你第一次讲课时，你会准备一个详细的课程计划，并在授课时持续参考这个课程计划。在你积累了经验之后，你对书面计划的依赖就会减少。而且，你需要为学生的各种各样的能力制订计划（见 Lynch & Warner，2008）。

5-1 影响计划的因素

可以想象，当你做教学计划时有很多方面需要考虑。下面总结了你需要考虑的一些初始领域。这些话题不是按照重要性的顺序排列的，因为每个话题都同等重要。尤其是在你最开始做计划时，你会发现记录你关于每个话题的想法是非常有用的。这种做法会帮助你专注于你的想法，并确保你对所处的情况进行了全方位的考虑。有一个优质资源可以帮助你实施这些步骤，这个资源是由埃米·贝勒、阿纳斯塔西娅·吉桑塔斯和钟贤美（Amy Baylor, Anastasia Kitsantas & Hyunmi Chung，2001）合作完成的一篇文章。

> 使用这些问题开始计划过程

- 对学生的考虑。学生既是教学的起因也是教学的关注点。你如何看待他们，作为个人还是作为群体？激励他们是易还是难？他们对你计划的教学科目了解多少？他们如何取得最好的学习效果？特殊学生需要哪些适应性教学？
- 对内容和过程的考虑。教学所涉及的主要思想和概念是什么？你还需要教授任何必备技能吗？按照什么顺序安排教学？你是否能够通过设计多种学习活动和教学方法来教授这些内容？
- 对时间的考虑。有多少时间可以用来安排这部分教学？教学是否会受到其他学校活动（比如集会、戏剧、课外活动、假日）的影响？你还需要比一天或一节课更多的时间吗？
- 对学校的考虑。是否有需要考虑的地区或州的学习目标或标准？是否有需要考虑的毕业要求？是否有需要考虑的关于特殊学生的法律要求？
- 对资源的考虑。除了学校的课本和补充材料之外，社区还有其他可用资源（比如历史遗迹、博物馆、艺术馆或其他特殊的地方）吗？社区中有人愿意提供这方面帮助吗？
- 对教师的考虑。对于你计划要教授的内容你了解多少？你是否能够用学生可以理解的语言陈述你所知道的内容？

● 对技术的考虑。你的学校是否有电脑辅助的教学资源来帮助你的学生通过科技手段进行交流？一些学校要求教师在网上发布课程大纲和作业，并要求学生在网上提交作业。

> **回顾与反思**
>
> ● 你如何将"为了不同的目的阅读不同的材料"这个目的融入你教授的科目中？
>
> ● 课程计划怎样因不同的学科领域和年级水平而异？

5-2 计划资源

有大量的资源可以帮助你制订教学计划，在本章的后面我们会讨论几个主要资源。但是要记住，有效教师不会受限于专为计划或教育专业人员设计的资源。他们会将他们发现的有用材料，或者初看起来对课程或单元计划有用的材料放入他们的抽屉、橱柜和电脑文件夹里。一个初级中学的历史教师收集了大量木制帆船的照片，详细地展示了船的桅杆和绳索，并描述了如何操作帆船。连同其他材料，这些照片可以帮助学生想象和理解哥伦布的航行和其他"发现之旅"的现实。一个中学艺术教师在一个压缩盘里存储了他以前的学生的艺术作业照片。她在课堂上使用这些例子来做示范，并使学生能够独自地观察和学习这些照片。

有效教师长期收集资料

课程指南 大部分学校都有**课程指南**——详细说明在每一个年级和每一个内容领域应该教授的内容。这些指南是由州制定的，有时是由地区制定的，用作标准或"学生必修内容"。但是，课程指南几乎通常是由教师团队经过对地方学校的目的和目标仔细考虑之后而制定的。在考虑教授什么内容和怎样做计划时，应该首先参照课程指南。指南在时间和内容方面为组织教学提供了一个框架。指南通常会非常详细地规定期望学生获得的具体知识和技能，以及学生应该表现出的态度。小学的指南往往按年级安排，而初中和高中的指南则按内容领域安排。这些指南对新教师特别有益，因为它们确定了你的学生已经学习了哪些内容，以及他们完成你的课程时需要做什么（见 Tyler，1949，了解经历了半个多世纪考验的教学计划的基本原理）。

首先参照课程指南

下面是一些关于目的表述的例子。这些目的是由华盛顿州的几个教师团队根据当地的需要而编写的。同这些目的表述一样，课程指南通常使用宽泛的语言来陈述，因此给予了个体教师很大的空间来制订合适的单元和课程计划（见 criticism and comments about curriculum guides in English，2010）。

阅读方面的基本学术知识，#3

学生为不同的目标阅读不同的材料。为了达到这个标准，学生需要：

- 通过阅读知晓信息
- 通过阅读完成任务
- 为求职申请而阅读
- 阅读各种题材的文学/叙事经验（见 Washington State Commission on Student Learning，2007）

请注意，如第四章所解释的，在这个例子中"为了不同的目标阅读不同的材料"是一个目的表述。每个带项目符号的表述都说明了学生为了达到目标必须做什么。这个理想的目标适用于课程中的所有层次和学科。它对一年级学生和高中物理学生一样有意义，而且它可以在不同的层次（从简单到复杂）上，在所有的年级都可以操作。

每个目的表述必须转化为符合年龄的教学目标。因此，带项目符号的表述可以陈述具体的表现目标，规定学生将如何展示掌握知识的证据，如第四章所述。

标准和目的 正如在第四章第四节里提到的，你会发现大多数学科领域的国家标准和州立标准是一个非常好的目的来源，可以用来帮助或指导你的计划。

> 有意义的标准来源包括联邦政府、州和学术协会

国家级学术中心和协会也为大多数学科领域制定了有用的标准和目的。例如，在 2010 年，针对 11 年级和 12 年级的《共同核心州立英语标准》（Common Core State Standards for English）规定，分析一个案例、掌握一个观点需要区分文本中直接陈述的内容和真正的含义（例如，讽刺、挖苦、反讽或轻描淡写）。

每个州都为大多数学科领域制定了标准和目的，还有针对所选年级进行的测试。这些标准和目的为基准测试提供了背景。很多州也在提议进行毕业要求测试。

国家标准和州立标准以及目的表述对于组织教学来说大有裨益。然而，即使你知道自己是在执行州和国家的目的和标准，你也可以不受约束，你可以增加与你的学生、你的地区或你的学校特别相关的其他目标，反映出你认为的科目中的重要内容。

教科书 可用于制订计划的另一个资源是你的学校采用的一种或多种教科书。尤其是对小学教师来说，这些教科书可以提供对课程有用的见解，以及帮助你制订计划和教授课程。学区通常会从同一个出版商那里购买全套的学校教科书——例如，一套从幼儿园到 6 年级的数学教科书。教师经常会说，"我们使用福斯公司的科学书"，或者"我们利用霍顿·米夫林·哈考特（Houghton Mifflin Harcourt）的文学课程时取得了很大的成功。"

这些教科书一般会提供有条理的课程顺序。教科书明确说明教学目标，提

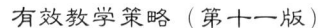

供多样化的教学建议，提供补充阅读材料和练习辅导，并且包括一个评估计划。很多教科书还针对合作学习、思维过程、决策技能和多种问题解决方法提供专门设计的课程。如果这些材料适合你的目标，它们就是非常有用的资源，可以帮助你充分地利用你的计划时间。出版商提供的帮助值得我们研究和考虑。

> 出版商的材料有助于节省时间

出版商提供了很多有价值的帮助材料；但是你要确保这些材料适合你的目标。不要被材料的数量吓倒——没有人会使用某一特定科目的所有材料。要判断哪些材料最适合你的目标、你的学生和可利用的时间。

其他资源 除了正式的学校课程指南和与课本相关的补充材料之外，成功的教师可以利用无数的资源给课堂带来生机。下面的列表是建议性的，并不全面。你的想象力以及一年的教学和制订缜密计划的经历可以使列表的长度翻番。

- *同事*。大部分教师都非常愿意帮助你寻找资源，并愿意和你探讨什么对他们最有帮助。学校的图书馆工作人员可以提供特别的帮助，不仅提供资源建议，而且可以帮助你确定如何将资源纳入你的教学中（见 Wepking，2009）。沿着同样的思路，乔纳森、奈特和米勒（Johnston，Knight，and Miller，2007）说明了教师如何以团队合作的方式促进学术成就。
- *互联网*。你可以在互联网上找到大量的教育资源，包括针对所有科目和年级的有关单元和课程的想法。如果你是有选择的并且可以通过调整你所找到的材料来满足你的学生和目标，那么网络空间可以成为你制订计划过程中的积极力量。我们在每一章的最后都会提供推荐的网址。
- *当地的图书馆、博物馆和历史遗迹*。其中每一个资源都会在建构课程时提供大量帮助。
- *政府机构*。从地方警察局到县级机构再到国会图书馆，政府机构可以帮助有思想的教师使学习成为一种实践性和激励性的活动。

第二节 教学计划程序

思考了用于计划的材料之后，我们现在转向详细描述有用的计划步骤。经验丰富和成功的教师不会遵循标准的计划程序。然而，所有的教师都在努力应对决定教学成功与否的共同因素。图 5-1 以阶段的形式阐明计划的步骤。我们按照图中显示的顺序来讨论这些步骤，但请记住，教师未必按照相同的顺序来考虑每个因素。计划与其说是线性的过程，不如说是一个递归的过程。教师从学习活动的角度考虑教学目标，然后再从时间和学生能力的角度重新考虑每一项活动。所有部分都是相互依赖的；此处的一个改变可能需要彼处的一个更正。

> 规划是一个由相互依赖的部分组成的递归过程

如前所述，大多数计划是在心里完成的，可能永远不会出现在纸上。有效教师，尤其是有几年教学经验的教师，会在头脑中或通过自言自语的方式演练所教授的大部分内容。计划始终都在他们的脑海里，不止一个单元或课程计划是在淋浴时或在购物中制订出来的。一位优秀的高中教师指出："制订计划的时间不仅仅是我坐在书桌前书写计划的时候，还包括我在考虑各种可能性时的大量思考时间"（见 Walsh，1992）。我们注意到，作为一名新教师，我们建议你详细地写下你的计划，然后按主题或日期将计划存储在你的个人电脑中。写作过程本身可以帮助你集中思想，并发现混乱或不一致，否则这种混乱或不一致将会不可避免地出现在教学中。你的书面计划是授课的基础。在你讲授一课之后，你可以记下下次讲授这一课前需要做的改变。

心理演练强化书面计划

5-3 预先计划

如图 5-1 所示，在开始制订单元和课程计划前先考虑几个主要内容，是很有益的。

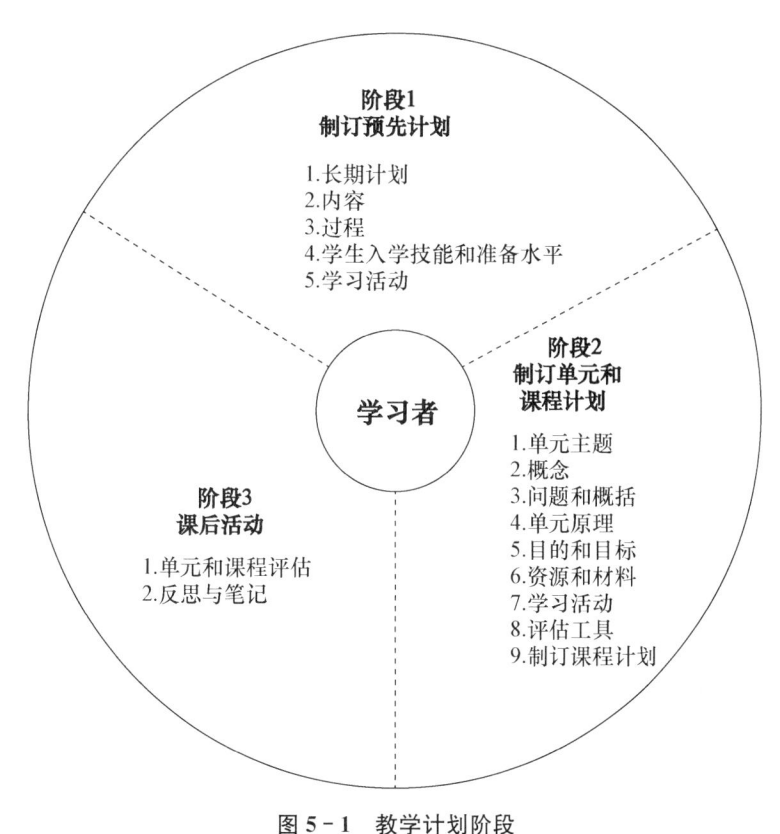

阶段1 制订预先计划
1. 长期计划
2. 内容
3. 过程
4. 学生入学技能和准备水平
5. 学习活动

阶段2 制订单元和课程计划
1. 单元主题
2. 概念
3. 问题和概括
4. 单元原理
5. 目的和目标
6. 资源和材料
7. 学习活动
8. 评估工具
9. 制订课程计划

阶段3 课后活动
1. 单元和课程评估
2. 反思与笔记

中心：学习者

图 5-1 教学计划阶段

- *长期计划*。在这个评分的时间段里，一学期或一学年，哪些天可以用来教学，哪些天要用于其他目的？

- *内容。*要教授的内容是什么？
- *程序。*哪些程序对强化内容最有效？
- *学生的入学技能和准备水平。*你的学生必须知道什么才能在计划的教学课程中取得成功？学生是否需要预先指导？
- *学习活动。*哪些学习活动看起来与课程内容和你的教学目标最相关？

制订长期计划　在开学前，一个有益的开始就是使用大页纸为每个月制订一个长期计划日历。这是一种经实践证明的计划技巧（见 McGrath & Holden Johns，2006）。在日历上标记你已经知道的内容——假期、职业发展日期、每个评分阶段的日期、学期结束日期和其他相关数据。其余的日子构成了教学时间。你如何才能把想要教授的或必须完成的全部内容放入日历上其余的方格里？尽量将所有的主要教学主题都放入日历中。你是不是有太多的内容？是不是没有足够的时间？你刚刚面对的是最大的一个教学问题——没有足够的时间来做我们需要做的事情。现在开始分配优先级，决定包含哪些主题、不强调哪些主题或将哪些主题与其他主题合并，以及省略哪些主题。这是你作为教师最重要的责任之一，所以要仔细考虑这些选择。当我们思考单元和课程计划的时候，我们再回到日历上。

> 从一个大日历开始，然后将它分解

海迪·海斯·雅各布斯（Heidi Hayes Jacobs，2004）强调了设计长期计划的重要性。她建议，使用"大概念"来构建内容和"课程布局"，这需要教师之间的协作，以便在适用时整合各种主题。我们补充一点，掌握布局技术需要大量的计划时间和精力。这个过程始于一个数据收集系统。收集有关你的学生、他们的背景知识和你拥有的教学资源的数据。课程布局背后的主要理念是利用学校里所有的人才，并使你的教学与已知的学生、课程、最后的评估计划相一致（见 Guskey，2005）。

> 选择与主题相关的内容

确定内容　提供内容是大多数课程的精髓。教科书内容丰富（有时过于丰富），这要求对于重点内容你要有所选择。仔细考虑文本材料，你需要的唯一内容要与你正在发展的主题或概念相关。你可能已经忍受过内容过载的课堂，教师们教授的事实和细节超过任何人的记忆能力。不要让你的课堂成为这样的课堂。删除与你的主要思想无关的内容，但要努力找到并涵盖这样的活动和例子——它们能够使学生明白重点知识或主题的主要思想。

> 帮助学生厘清思路

确定过程　正如我们在第一章中提到的，对于教学来说过程和内容同等重要。思考过程——想象、解决问题、比较和对比、分析、组织和分类，以及很多其他类型（你能够想到更多的思考过程吗？）——对于你所教授的几乎任何主题或话题都是至关重要的。当你确定你的单元和课程内容时，也要注意你的学生可能需要怎样的思维过程来理解材料。那么，要注意在教学中识别这些过程，从而使学生更有意识地去利用他们的思维过程。思考下面的例子：

在计划一堂有关美国内战的社会科学课时，你想使用分析内战起因的材料。利用这些材料的一个方法是让学生考虑这个问题:"你需要什么理由来证明杀害一个熟人、一个朋友甚至是一个家庭成员(正如内战中所发生的)是合理的?"在讨论这个问题时,学生的反应包括分析原因、对观点和论证进行分层和分类、确定重要性,以及证明决定是合理的。通过提前计划对过程的关注,你可以确保将其包含在内。

确定学生的入学技能和准备水平　在计划的早期阶段以及接下来的所有阶段中,另一个重要任务是确定你的学生的**入学技能和准备水平**(见第二章的表2-1)。学生需要掌握哪些知识才能理解你将要教授的内容?他们掌握的基本技能是否足以完成你计划的活动,或者你是否必须教授这些基本技能?高达50%的学生成绩差异可以归结为缺乏知识或技巧(见 Bloom,1976;House,Hurst,and Keely,1996)。

> 你的学生为单元或课程学习做好准备了吗

基础学校联盟(Coalition of Essential Schools)的第六个原则〔1984 年由西奥多·R. 赛泽(Theodore R. Sizer)建立,目的是创建一个合作学校联盟,进而成为有效的和人性化的学习社区〕要求所有的高中学生掌握足够的技能,或者接受补习以获得成功所必需的技能(见 Sizer,1996)。参见 2015 年发布的 10 个有效教学技能的报告。

总的来说,尽管在小学阶段学校每年都会对新的识字能力进行评估,但是小学和中学的教师和学校认为学生升入高一年级时就已经证明他/她为进行下一年级的学习做好了准备。高中学生的教学是按学科而不是按年级水平实施的,他们有时会有分级测试,尤其是数学和英语。然而,在大部分情况下,在年级内或班级内进行的分级测试都假定学生已经准备就绪,直到相反的证据积累起来。

确定学生入学水平的一个有效方法是进行预测试。先问自己,除了阅读水平之外,学生还需要哪些知识和技能来理解既定的教学内容。如果你能识别一些技能或者一些零碎信息,那么设计一个小测试,并进行测试,看看是否大部分学生都已做好了准备。记住,你想要确定的是开始新单元之前学生需要的技能——而不是他们应该从新单元中学到的技能!

> 准备就绪的衡量标准包括分级测试、升入高一年级和预测试

经验很快会告诉你你应该评估哪些入学技能。同时,你会发现目前大部分的标准教材都提供了一系列适合年级的选项,尽管你需要为你的学生做一些调整。

结合学习活动　**学习活动**包括动手实践、互动体验,如实验和角色扮演。这些活动都应该列入你的长期计划考虑范围,尽管它们将在你的单元计划中发挥更大的作用。作为一名新教师,你必须发现或创造这样的活动;积累了几年经验之后,你应该有几个装满过去学生参与过的活动文件的抽屉。当你构建了长期的愿景和教学日历并考虑需要努力达到的目标时,尽力(或预期)为特别有助于学生取得成功的活动留出时间,并且注意不成功的、需要调整的活动(见 Murphy & Torre,2015)。

5-4 单元计划

作为教师，我们把教学时间和主题进行分解，以便使学习具有可操作性。因为我们不可能一次性教授完所有的知识，所以我们把内容分成块，称之为**单元**，然后我们使用长期计划日历安排这些单元。但是，在为了使教学可操作而将其分解之后，我们还必须谨慎地留出时间将这些单元整合在一起，以使教学内容具有可理解性。"单元计划是最重要的，也是最耗费时间的，而且很难使它有针对性。"（见 Horton & Barnett，2008）。

例如，一个八年级社会学教师为美国历史课程制订了一整年的课程计划，为了使这个科目的学习具有可操作性，该教师按年代顺序将课程分解成几个部分：前哥伦布时期、殖民时期、革命时期和现代。注意，按事件发生的年代排列顺序不是唯一的也不是首选的组织历史课堂的方法；这里仅仅是举一个熟悉的例子来解释教学计划。其他年级和学科的教师也使用**话题**作为一种组织方法。在科学学科里，例如物质、声音、电、树叶和废物处理等话题都可以用作组织方法。语言艺术教师可以围绕例如爱情、友情或英雄等话题来组织他们的想法，以整合文学和写作。小学和更低年级的教师同样可以围绕季节、假期或特殊事件来组织教学。

> 通过单元或话题来组织教学年

确定了单元之后，教师——基于自身的内容知识、学生的已有水平和预期结果——需要就每个主题的相对重要性作出主观判断。被认为较重要的内容需要相对较多的课堂时间。教师在编写教学日历和话题清单时，要按照所需顺序排列这些主题（对它们进行排序），每个单元都要留出时间用于分析这个话题并与其他所需材料相结合。

这个制订计划的方法看起来合理且符合逻辑，但是在实践中可能会变得混乱，令人受挫。正如我们已讨论过的，基本的问题是你会不可避免地想在可利用的时间里容纳更多的内容。这时，最大的问题变成"需要包含哪些内容"和"为了有充足的空间我必须删减哪些内容"，各级教师都会面临这样的困境——并且没有人能够很轻松地回答这个问题。而对于在计划阶段无法回答这些问题的教师来说，惩罚就是他们可能无意间略过一些重要的材料或者在不重要的问题上花费过多的时间。

确定重要的主题并将它们写入计划日历中，你就可以为每一个单元的教学制订详细的计划。大部分教师称之为**单元计划**。

对于各级教师来说——不论是独立班级的小学教师和教授特定内容（如科学和历史）班级的初中和高中教师——单元计划都是重中之重。虽然教师们有各种不同的计划方法，但他们制订的单元计划有一些相同的要素。尽管我们将要分开讨论这些要素，但是在现实中你更可能在这些要素之间递归地来回移动，而不是直线前进。

确定单元主题　单元主题或话题会因年级和内容领域而异。通常，主题看起来很明显，如前面所举的历史的例子——内战或大萧条。数学的主题看起来也很明显——分数、除法、多项式。这些都是合理的主题，可以肯定的是可以围绕它们建构有效的单元。你可以在你的学科领域里举出很多类似的例子。

教师感言

华盛顿州，韦纳奇市，韦纳奇高中，马西·霍恩

教授多元化的学生群体是有挑战性的，但回报要大得多。良好的沟通技能是与学生和学生家长成功互动的关键。理解文化差异并欣赏语言和其他差异（如经济地位）非常有助于共同帮助学生取得成功。我尽量参加学生积极参与的活动，如墨西哥街头音乐会、游行活动、筹款活动和其他学校活动。这让我有机会以一种非正式的方式和学生家长一起参与活动；学生们看到我参加他们的活动都很兴奋，这给了我一个和学生家长分享一些课堂上正在发生的事情的机会。在这些活动和其他会议期间，学生们常常渴望为他们的父母和我做翻译工作。

弥合沟通的差距需要从教师开始，而且面对面的交流总是会胜过书面交流、打电话或口头传话。然而，在无法进行面对面交流时，将寄给不讲英语的家庭的所有文件翻译成他们的语言是非常重要的。

教师应主动接触和理解学生的价值观和习俗习惯，并且花时间去了解每个学生的行为。

个体来自一个独特的背景并从一个独特的视角看待这个世界。能这样理解的教师会拥有更有价值的教学体验，会更受学生尊重；反过来，学生也会感到受到尊重，并享受他们的学习经历。

概念　各级教师都会发现，通过围绕概念建构单元通常可以将内容与学生的兴趣结合起来。我们将在第六章进一步探讨这个问题，但目前可以认为**概念**是"类别"词汇，这使我们可以在一个共同的标签下组合很多个体物体或想法。比如，"桌子"是一个单词（概念），代表了所有我们见到的具有"桌子"的特征的物体。你能说出桌子的一些特征吗？因为桌子是一个具体的物体，人们对它的大部分特征很容易达成共识。然而，随着概念变得越来越抽象（爱情、民主、友谊），通常人们对它们的特征会有模糊的和不同的看法。这些抽象概念经常是学生感到困惑的或是觉得有趣的概念。因此，这些概念几乎自动成为有用的单元话题。

> 可能的单元话题可以是一个按时间顺序排列的时期、一个跨学科的概念，或者一个问题

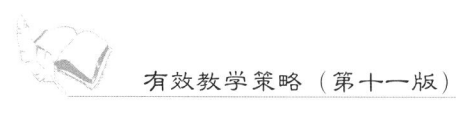

例如，语言艺术教师可以选择"友谊"作为单元概念或话题。于是学生可以阅读或写作短故事、戏剧、诗词、传记和其他作品，从而帮助他们参与学习并更好地理解这个话题、他们自己和其他人。或者，教师可以让学生提出他们感兴趣的概念，不同的小组或者个人可以做一些探索并向班级汇报情况。注意，顺便说一下，这种方法很能引起学生的兴趣，在他们现有的水平上建构知识，这是建构主义学习理论的一个基础（见 Scheer, Noweski & Meinel, 2012）。下面的"历史概念示例"专栏列出了一些可能存在的美国历史单元的主题或概念。注意这些主题关注人、思想和趋势，而不是时间顺序。

历史概念示例

- 选举。
- 经济大萧条。
- 移民和迁出。
- 因时代而变化的法律。

小学教师，尤其是教授独立课堂的小学教师经常在一个主题单元中加入来自几个内容领域的知识，从而开发一个**跨学科主题单元**。例如，在"友谊"这一单元中，除语言艺术活动外，教师通过帮助孩子们设计问卷并调查本校其他学生如何看待友谊的特点，还可以加入社会学的知识。在艺术课堂上，学生可以通过绘画来描述友谊的类型——例如，人与动物之间或动物与动物之间，还有人与人之间的各种友谊。在制作问卷结果的图表和图形时可以加入数学知识，甚至可以将友谊这个概念整合到午饭时间中。只有教师和学生的想象力才会限制发展主题或跨学科主题单元的可能性（见 Roberts & Kellough, 2006, 这是一个非常实用的来源。参考他们有关课程计划、观念和模型的成果）。乔·安妮·瓦斯克斯（Jo Anne Vasquez, 2015）概述了有关科学、技术、工程、数学的集成模型。

跨学科教学有意识地努力将知识、原则和价值观同时应用于多个学科。这些学科可以通过一个中心主题、议题、问题、话题、题目或经验联系起来。这类教学的框架是创建主题，明确规定学生通过该单元的经验和课程将要学习的内容（Houghton Mifflin Harcourt, http://www.eduplace.com, 2005）。

语言艺术是跨学科教学的一个主要领域。听、说、读、写和批判性思维通过一个共同的主题——比如电视广告综合在一起。一种更广泛的整合尝试包括几个课程领域。

跨学科教学提供了一种技术，在这种技术中，学生可以将在一种环境中学到的知识作为学校内外其他环境中的知识基础。学生自主学习的动机是此模型的衍生产品。

学生可以参与到各个层次的计划中——从选择概念和决定涉及哪些内容领域，到挑选哪些活动是恰当的，甚至到挑选哪种教学（或教学方法）可能是最有用的。学生参与预先计划要求教师在他们的长期计划中考虑到这些活动。因此，让学生帮助预先计划教学并不是一种自发的行为。

问题和概括 尽管概念是一个极好的单元组织和计划工具，但它们并不是你唯一的选择。一个措辞得当的问题也可以有效地使你的单元（或课程）更有侧重点。思考以下问题："美国参与 1812 年战争的方式和参与越南战争的方式有哪些共同点？"回答中的哪些信息是有用的？对每场战争的详细描述未必相关，对原因和结果的冗长讨论也未必相关，除非这些信息与这个问题本身相关。注意，单元内容的侧重点基本上是由问题的措辞决定的（见 Zimmerman，2015）。

> 考虑让学生参与计划制订

教学策略

用作单元话题的概括

- 个人汽车的发展彻底改变了社会行为和家庭行为。
- 作为运输途径，水路在很大程度上决定了殖民进程。

这里是另一个问题的例子。通过探讨进化和灭绝这个问题可用来组织生物学或生态学教学："谁将会是幸存者？"强调一下，注意这个问题在聚焦和组织内容方面的作用。这样一个单元为调查历史演变和物种当前面临的威胁留下了足够的空间［见哈尼菲、凯利和泽格斯（Hanifi, Kelly, and Zeegers，2003）制作的一个串连学生问题的模型］。

除了问题，概括（第六章将进行充分讨论）在组织单元内容方面很有用。**概括**是推断性的陈述，它阐述了两个或多个概念的关系，它可以被检验，并且具有预测价值。这里有两个例子："当你缩短或延长一根振动的弦时，声音的音高将分别变高或变低"和"冷锋导致受影响地区气温下降"。请注意，通过明确所涉及的概念和探索关系，教学几乎是自动选择和组织的。还要注意，问题和概括提供了内在的动机，因为它们向学生提出了一个需要面对的挑战或回答的问题，或者一个需要解决的问题，而不仅仅是一个"学习这个"的指令。概括经常可以启发思考和促进问题的解决。下面的"教学策略"专栏提供了两个概括的例子，它们可以用作单元话题。

> **教学策略**
>
> ## 单元原理示例
>
> **小学科学单元**
>
> 理解科学原理和过程对所有学生都很重要。帮助学生在幼年时对科学产生兴趣将会增加他们长大后想学习更多科学知识的动力。此外，幼年时学习科学是进入更高阶思维过程（比如观察、分类、推理和在收集到足够的数据之前不作判断）的一个极好的开端。因此，这个关于水的单元，除了有很多内容丰富、有趣的活动外，还将帮助学生在心理上作好准备——享受观察周围世界的乐趣。
>
> **九年级的文学单元**
>
> 本单元通过对希腊神话的研究帮助学生为理解文学中的意象和象征主义奠定基础。此外，当学生审视古人对生命和自然的看法时，他们应该学会欣赏不同的世界观和人类的多样性。神话是古典文学和现代文学中很多主题、形象和符号的来源。学会理解和欣赏这些古老的故事将有助于学生理解和诠释所有的文学作品。

当你考虑组织单元时，尽量识别你希望学生离开课堂很长时间后仍然能够记住的内容。当然，很多信息很快就会被遗忘，但是，如果你帮助他们组织知识的方式是澄清概念、回答问题和使用他们理解的语言解释关系，那么他们将真正学会这些内容（有关大概念的例子，见 Jacobs，2004）。

> **回顾与反思**
>
> 在你的学科领域里有哪些有用的聚焦式问题或者大概念？

确定原理 有个教育原理应能回答这个问题："你的学生学习的这个材料为什么是重要的？"答复应该有理有据，而不仅仅是"这对他们有好处"，"这是对这个年级的要求"或者"学生需要学习这个材料才能升入其他年级"。这些原因也许是真的，但是你需要明确一个更实质性的原因，而且你需要对自己、对学生和对你的职业保持理智上的诚实。如果一个家长问你为什么要教授某一材料时，那么这个家长应该得到一个经过深思熟虑的回复，这个回复应该基于内容对学生的重要性。你的学生也应该得到一样的回复。你的学生（至少是高中学生）在提出要求时往往直言不讳（"嗨！我们为什么要学习这个东西？"）。在下面的"教学策略"专栏里，我们提供了两个原理的示例。

为什么学习这个材料？

确定目的和目标 在计划单元和课程时，教师需要在"内容理解（与简单的记忆事实相对应）、技能/过程和态度"这几个领域确定学习结果。尽管对于不同的年级水平和知识领域这几个领域的侧重点有所不同，但它们驱动了各层面的教学。小学的侧重点可能是技能/过程，而中学则更强调内容，到了高中，大部分侧重点聚焦在内容领域。然而，各层面的教学都必须将技能和过程与内容理解整合在一起。

> 使用内容、技能/过程以及态度等术语定义单元目标

态度——例如，分享或合作的意愿，喜欢阅读、音乐或舞蹈的意愿，在事实未完全弄清楚之前不轻易作出判断的意愿，以及容忍决策中的模糊性的意愿——不像内容和过程那样经常被指定为目标。不管怎样，学生认识这些态度很重要，而且它们应该得到比表面看起来更多的教师的关注。

冒昧地重复说一句，我们还是要强调内容理解、技能/过程（特别是思维过程）和态度这三个内容领域是相互关联的。我们可能不会纯粹在其中一个领域进行教学或学习，而不涉及至少一个其他领域。"思维"过程显然需要思考某些东西（内容）和这样做的意愿（态度）。将这几个领域分开和强调某一部分仅仅是方便计划和教学。但是，需要经常提醒学生（和教师），学习和理解是一体化的整体行为。

单元结果应该是什么？最好的表述是一般的教学目标（可回看第四章中有关目标的详细讨论）。尽量包括以下每个领域的目标：内容、技能/过程和态度。这些目标应该是可以实现的（未必掌握），时间期限可能短至1周或长至3周或4周。为了理解和便于管理，超过这个时长的单元应该有逻辑分界点。"教学策略"专栏中的结果示例很典型。

结果示例意味着至少需要几节课才能达到下面专栏中所示的能力水平。还要注意，必要的教学和适当的成就证据（用于评估）是隐含的。对于态度结果，之所以指示评价工具是因为这些结果目的在单元计划里不常见（在一些地方，它们可能会因侵犯个人思想或感受而受到公民的批评）。

教学策略
关于单元结果的示例

主题/内容结果的示例
- 学生了解简单串联电路中的电流、电阻和电压之间的关系。
- 学生知道肯尼迪总统、约翰逊总统和尼克松总统将美国人民卷入越南战争的意义。
- 学生理解，1500年前海军建筑的发展如何使撒哈拉沙漠以南的非洲和美洲的"发现"与殖民化成为可能。

技能/过程结果的示例
- 学生在利用互联网作为研究资源方面表现出令人满意的能力。
- 每个学生使用适当的技能来收集和分类数据，目的是为一个历史项目

> 作出推论。
> - 学生陈述一系列适当的步骤用以检测和修理一辆无法启动的汽车。
>
> **态度结果的示例**
> - 在"未收集到足够的数据之前延迟决策"这方面学生表现出进步(教师的日常记录显示)。
> - 学生因完成了一个历史项目而获得一定的个人满足感(自我报告体现)。
> - 学生利用一棵"决定树"(学生日记和自我报告证明)作出一些个人决定。

总之,你的单元目标要以具体的内容、技巧/进程和态度为目标。将内容目标表述为概念、问题或概括是很有帮助的。技能/过程目标应该包括与学习、交流、思维、决策和与他人的关系有关的目标。态度目标,尤其是有关自尊和为人处世的态度目标,需要被有意识地纳入单元计划中,以便可以鞭策学生为成功而努力。最后,目标是学生成果的表述,而不是教师行为的表述。"在本单元中,我将要教授有关时区的知识"是教师意图的一个表述,而不是学生学习结果的表述(见 Yelon, 1996; Zemelman, Daniels, & Hyde, 1998)。

挑选资源和材料 在本章的第一节中我们讨论了资源,并将其看作准备阶段的一个部分,但它们的重要性仍持续存在。你创建的每个单元应该包含你能获得的尽可能多的适当资源以便支持你的教学,并为学生提供尽可能多的方式以便他们将经验和单元学习联系起来。保存一份你所使用的资源索引;随着你的教学经验不断丰富,手中保留一份过去使用过的资源和内容的记录可以使你节省很多寻找的时间。最便捷的方式是将资源以清单的形式输入单元计划,也许还可以注明位置或预期用途。

2010年秋季,100%的美国公立学校都可以使用互联网。教师们报告说,他们在课堂上可以随时将电脑和互联网连接。而且,教师通常需要至少具备足够的数字素养,以便将计算工具有效地整合到他们的教学计划中。台式计算机、笔记本电脑,以及平板设备都是进行交流、创新和管理的强大工具。数字设备作为教学计划的组成部分不是一时的决定。你为利用计算机制订计划就如同你为利用教科书、蜡笔和纸张或者录像节目制订计划。

电脑的使用应该是有计划的,而不是一种盲目的行为

与任何教学工具一样,出于各种原因,一些教师比其他教师更有可能将计算工具纳入他们的教学计划中(见 Green, Brown & Robinson, 2008)。拥有主动学习倾向的教师更有可能利用计算机进行教学。是否有足够数量的硬件和软件,以及教师是否认为自己是一个称职的使用者都将会影响他们是否以及如何在教学活动中使用计算机(见 Shaffer, Nash, & Ruis, 2015)。

技术之窗

在互联网上寻找课程计划资源

有几种基于网络的资源可供教师使用。使用搜索引擎和布尔型术语的组合,如"课程计划"和"4年级乘法1",就有可能找到很多关于具体教学活动的建议。一个优质教学资源应该包括一些对学生成绩有积极影响的证据(见学生网站中的"技术之窗"专栏,标题为"并非所有信息都是平等的:信息的有效性和可靠性")。

最好的教学资源网站往往是由专业教育机构组织和控制的网站或由教育工作者团体编辑的网站。网上两个最受尊敬的教学资源是MERLOT:一个用于学习和在线教学的多媒体教育资源(www.merlot.org)和OER(开放教育资源,www.oercommons.org)。各个级别的教育工作者都为这些网站作出了贡献;因此,个人资源在质量上有差异,但是在这些网站和其他类似网站上发现的很多资源要么本身就是优质的,要么可能会启发你改进你在那里发现的课程想法。

设计你自己的学习活动 我们在讨论预先计划时曾简要介绍了学习活动。然而,就像资源一样,活动也在单元计划过程中发挥重要的作用。这个部分为你提供了一些特定的辅助工具,用以设计和查找教科书以外的活动,从而强化你的教学。

在计划单元和课程活动方面,一个最有用的辅助工具是由桑德拉·卡普兰(Sandra Kaplan,1979)创建的经典的**卡普兰矩阵**。如表5-1所示,这个矩阵用于计划布鲁姆认知分类法中几个层次的结果和活动。如果你想要避免主要在知识层次上教授和评估学生,那么这种计划非常重要。使用这个矩阵要求你至少考虑其他分类层次;如果你选择停留在知识层次上,那么这将是一个有意的决定,而非疏忽。

> 将新活动与布鲁姆分类法联系起来

表5-1 为扩展课程所作的卡普兰矩阵

内容或概念	表现目标和相应的学生活动				
	知识	理解	应用	分析	综合
火山	列出圣海伦斯火山喷发的事实	比较圣海伦斯火山和夏威夷的火山	我们怎样能够利用火山灰	圣海伦斯火山附近的居民有什么感受	为我们的班级制作一个火山模型
矿物和宝石	列出在东北地区发现宝石的重要意义	对比在东北地区发现的矿石的硬度	现场测试10种矿石的硬度	如果政府加强采矿管理,会发生什么情况	培育出各种形状和颜色的晶体

续表

表现目标和相应的学生活动					
内容或概念	知识	理解	应用	分析	综合
太空行走	说出所有登上月球的人的名字	比较俄罗斯的太空计划和美国的太空计划	如果你是一名宇航员,对于太空,你想研究什么	如果我们在其他地方找到了生命迹象,你认为会发生什么情况	制作一个火箭模型并使它飞起来
天气和气候	说出不同类型的云	比较西南地区和东南地区的气候	为下周的降雨量绘制一个图表	厄尔尼诺现象对全球天气有什么影响	制作一个风力发电机

资料来源:Adapted from Kaplan 1979, with permission of the author.

这个矩阵可以用在很多方面。表5-2显示了它作为工作计划的使用情况,它表明了目标层次、教学活动、学习经验和学生成果。制订这样一份计划文件的行为本身就是一种积极的计划活动——它迫使你思考学生成果和最可能帮助学生实现这些成果的活动类型和水平。

表5-2 教师-学生工作计划

内容	目标层次	教学活动	学习经验	学生成果
发源地	知识	讲座/朗诵阅读 作业工作表	记笔记,阅读	完成的工作表
发源地	理解	说明如何建构图形	记笔记,建构一个图形	图形
发源地	应用	小组演示	每个小组作出预测,并向班级演示	小组向班级做演示
发源地	分析	分配任务 讨论资源 描述最终成果 将班级分成不同的组	每个小组聚焦一个移民群体,并负责解释这个群体来到美国的动机,可以使用参考资料、电影片段和其他资源	小组向班级做汇报

资料来源:Adapted from Kaplan 1979, with permission of the author.

学习活动可以帮助你使学生以尽可能多的方式和通过尽可能多的感官参与到课程中来。你的想象力(左脑的右半球)是关键点,但是一个计划矩阵(左脑的左半球)将会帮助你组织和安排这一重要的教学内容。

主要观点

单元计划的组成部分

- 题目或话题
- 原理
- 教学目标
- 内容
- 过程
- 资源
- 学习活动
- 评价

形成评估工具 你的单元计划的最后一个部分是评估学生的进展。因为制订计划是一个递归活动，所以你需要在整个计划过程中考虑评估这一环节。确实，一些教师发现首先考虑评估是很有帮助的——我如何测量学生的能力？——然后，设计适当的教学和活动。或者说，他们设计了一个测试，然后根据测试开展教学。我们敦促你在整个计划中考虑评估问题。优秀的教学需要合适的评估。

因为第七章会详细介绍评估，所以在这里我们仅提供若干一般性的原则指导。首先，记住评估的目的是为"每个"学生达成"每个"目标的程度提供证明，这是很重要的（而且可能是最重要的）。无论你使用哪种评估系统，它必须提供这种类型的个人数据。其次，将评估看作贯穿单元内容的始终是很重要的——它并不仅仅是"最后的一场大考"。如果你的单元将一些技能/过程作为目标（也应该是），那么你可以在学生完成技能/过程时利用评分表或清单进行评估。在整个单元中，可以用你自己的轶事记录来评估态度，并定期用学生的自我报告表来评估态度。尤其对于概念较多或信息较复杂的单元来说，应该在单元的几个节点上用小测试来评估学生对内容的理解，而不是在单元结束时进行一次性评估。

最后，向学生解释你的评估方法——他们想要也需要知道你如何评价他们的表现。知道基本的标准能够帮助他们弄清努力的方向，而且他们可能会取得更好的成绩。如果你所在的州使用高风险评估系统，那么根据州要求的内容设计一些模拟测试问题。

> 经常进行评估，而不仅仅在结束时进行评估

回顾与反思

- 我们通常认为评估是对知识内容的测试。你还需要监控学生进展的哪些其他方面？
- 使用卡普兰矩阵评估应用和分析层次的学生成绩，除了课程内容测试外，还可以使用什么类型的评估工具？

教学策略

课程计划格式模板

- 教师：
- 科目名称：
1. 单元。
2. 总体教学目标。
3. 具体学习目标。

4. 原理。

5. 内容和技能/过程。

6. 教学过程。

    a. 聚焦性事件。

    b. 教学过程。

    c. 学生参与和活动。

    d. 形成性检查。

    e. 结束。

7. 评估。

8. 材料、辅助工具和计算机需求。

9. 笔记/文件评论。

（也许你明白每个部分的意图，但是，对几个部分进行一些拓展可能会有帮助，这里提供给你。）

1. **单元**：在这里记录你的单元题目。

2. **总体教学目标**：如前所述，总体教学目标是这一课要强化的单元结果。一个总体教学目标可能是"每位学生都要理解电路中电压、电阻和电流之间的关系"。一个课程通常会强化几个目标。因此，本课程既会重视内容，也会强化技能和态度。

3. **具体学习目标**：这些目标是这一课的具体目标。在这一课里你可能会有几个目标。一个例子可能是"使用欧姆定律进行计算，学生将正确确定下面每个电路中所需的值：(a) 电流是3.0安培，电阻是5 000欧姆；(b) 电压是9伏特，电流是0.3安培；(c) 电阻是10 000欧姆，电压是6伏特"。

4. **原理**：这个原理与单元计划的原理相同，但其陈述方式是将本课与本单元联系起来。或者说，一个课程的原理是解释为什么这个特定课程对达成单元目标是重要的："为了家庭、商店和商业机构的用电安全，有必要了解电流、电压和电阻之间的关系。物理关系在一定程度上可以用数学来理解。本课程会帮助学生实现这种理解。"

5. **内容和技能/过程**：在你的脑海中（或在纸上）区分开你希望学生学习的内容和技能，以及教授他们这些内容和技能的过程或方法，这一点是非常重要的。本课程计划格式模板可以帮助你完成这个工作。在"内容"下面列出你期望学生在本课中学习的具体概念或思想。有关电路的课程内容可能涉及以下内容：

电路	欧姆定律	电阻
电动势	电流	安培
电压	反比例	欧姆

6. 教学过程：在这部分，列出在教授每一部分课程时你将要使用的具体方法。例如，就我们所举的电路课程来说，有些部分可以通过提问来完成，以便复习之前的课程并确定本课的重点。其他部分需要让学生分小组做电路试验或观看视频并记笔记来完成。

7. 评估：这里简要说明为了确定学生是否达到既定目标，你需要采取什么措施。就我们所举的课程示例而言，学生解答的计算题和对如何解决问题的阐述足够你进行评估。

5-5 课程计划

总体计划 尽管课程计划经常被当作一个独立的话题，但是它只是单元计划的延伸。个体课程是帮助学生达成预期单元学习结果（目标）的一种途径。"教学策略"专栏中的课程计划格式模板阐示了教学计划应该包括的元素以及组织这些元素的一些方法，但是你必须自己决定哪些方法对你最有效。

将**课程**看作单元的片段，而不是一个时间段（见 Bryant and Bryant, 2000）。课程计划不同于上学日的活动时间表。实习教师会看到其合作教师的"课程计划书"，并发现课程计划书中有很多类似下列内容的笔记，对此他们经常感到十分困惑。

> 考虑课程的意义，而不是时间

星期二，8 年级英语，第一学期

1. 复习单词拼写。
2. 听写测试——保证学生先做答题卡。
3. 介绍爱伦·坡的《泄密的心》（Tell-Tale Heart），先讨论思想方面的内容。
4. 默读，爱伦·坡的《泄密的心》。
5. 宣布为 9：55 下课做好准备。

这个例子不是课程计划，这是教师计划课堂上要做什么的时间表。与单元计划一样，课程计划是关于学生将要做什么的表述。一个好的课程计划涵盖单元计划的大部分要素，但规模较小。参见标题为"课程计划格式模板"的"教学策略"专栏。

尽管有经验的教师可能会希望实习教师或新教师把课程计划全部写出来，但是他们自己通常不这么做。有经验的教师也许已经花费了几年时间撰写同样的计划，但是现在大部分有关一课堂可能有几个活动的计划已经存储在他/她的脑海中，标注在教科书的空白处，以及用简洁的笔记进行总结。此外，有经验的教师的单元计划或大纲也许包含大部分新教师写入课程计划的内容。因此，尽管个体教师的课程计划书看起来非常类似于上面的例子，但是该教师确

实是在制订计划。

有很多不同的课程计划格式可供选择。最好的格式要根据具体的教学目标和教学方法而定。本书作者和他们的很多学生已经发现"教学策略"专栏中展示的课程计划格式模板很有帮助。

怎么强调课程计划及其所支撑的单元计划的重要性都不过分。正如一个高中教师所说,"教师制订的计划越好,教师就会越优秀"(见Walsh,1992)。课程计划格式的优秀示例和其他注意事项可以在其他资源(见Brown,2009;Craft & Bland,2004;Dorst & Levine,2015;Meyen & Greer,2009;Wilburne & Peterson,2007)中获得。

无障碍设计和差异化教学 当今,学校的学生人口比以往任何时候更加多样化。作为教师,你的目标是触及所有学生。完成这项艰巨的任务意味着应用一种通常被称为**无障碍设计**或**差异化教学**的概念。我们就称之为**多方法论**。无论标签是什么,这个概念都意味着你应计划多种课程呈现方式,以便所有的学习者都能获得信息或知识。这也意味着,有多种途径来表达学生掌握的知识并使他们参与有意义的活动(见Kunkel,2008;Rose & Meyer,2002,2006;Tomlinson & McTighe,2006)。

圣何塞州立大学教师学者项目(见Hagie et al.,2006)就通过创建学习社区实施无障碍设计针对教师提出了几点建议。该小组指出,教师应该知道所有学生的名字,而且应该建立信任关系。一个安全、友爱的环境是至关重要的,创造一种探索知识的氛围也是如此。显然,这些条件将鼓励多种观点和表达这些观点的多种途径。正如我们所指出的,要实现这些伟业需要具备多种多样的教学风格,并运用多种多样的教学方法和模式。

构建个别化教育计划（IEPs） 联邦法律规定,所有特殊儿童都必须接受**个别化教育计划**(IEPs)。个别化教育计划是对课程计划的改编,这种改编是特殊的,也是扩展型的。我们已经见到打印的计划书,少则4页,多则20页！你所在的学区会提供你要遵循的特定格式。参考第三章关于个别化教育计划的详细讨论。不要绝望地放弃！你并不孤单。你的学校或学区将有专家来帮助你制订计划和提供服务(见Bateman,Linden,1998—2000;Hardman,Drew,& Egan,2008;Ysseldyke,Algozzine & Thurlow,2000提供的个别化教育计划书的详细模板)。你将能够准备个别化教育计划书。

本节的关键术语是**包容性**。毫无疑问,你会遇到有特殊需求的学生,而且你应该像对待你班级里的其他学生一样平等地对待他们。包容性课堂要求你要为学生学习作出适应性调整。在前面关于无障碍设计的内容中,我们暗示了为成功学习而提供的适应性教学设施。你可能需要为一些学生申请辅助性技术。辅助性技术可能是助听器、特殊的电脑键盘或者是专门适用于特定身体或精神状况的技术手段。

你将需要在课堂中融入多种方法来帮助所有在校学生在学习中取得成功。同样重要的是，你要与学校校长和其他教师合作，从而使包容性课堂获得有效成果（见 McNary, Glasgow, & Hicks, 2005）。

技术之窗

将技术融入教学

将各种新兴的技术手段融入课程可以达到多种目的：它可以为学生使用新技术以提高数字素养提供环境；它可以使学生在使用新工具中培养技能；而且它可以激发学生学习课程内容的热情。当一项创新性技术使学生对课程学习产生兴奋感和热情时，这项技术就被认为具有"新奇效应"，这在进行研究时是有问题的（例如，见 Bull, 2013），但对于课程教学来说可能是一件好事。

新奇效应是指学生在接触了有吸引力的新技术后对教学的兴趣和兴奋感暂时提升。这种效应会迅速消退，这就是为什么在对教学的长期价值进行研究时，新奇效应被认为是有问题的。然而，如果你记住，这种效应是暂时的，而且未来的学生可能不会对同样的技术感到特别令人兴奋，你可以考虑短期使用新技术教授传统内容，以提升学生的动机。

如果至少有一个课程目标是使用创新性技术工具提高学生的数字素养或技能，那么将该技术融入以传统内容为重点的课程中可能有助于为使用该技术提供相关环境。大多数教育技术专家都认为，认真规划创新性技术手段的使用对课程教学取得成功是至关重要的（见 Lever-Duffy & McDonald, 2011; Robyler, 2015; Smaldino, Lowther & Russell, 2012）。

当你考虑何时以及如何将技术手段融入你的课程时，首先要考虑该技术手段是否能够满足学生的学习需求。记住，作为一名教师，你的职业职责是根据预先制定的具体目的和目标来建构有效教学。仔细考虑你计划在课程中使用的技术手段是否能够真正帮助学习者实现这些目的和目标。

在引入新技术手段之前仔细考虑你的学习者。想想你的学生是谁，他们有哪些技能和经验，以及对于使用新技术手段他们会有哪些兴趣。在对学生进行一番深思熟虑后，思考使用你设想的技术时你自己具备的技能；你必须能够教授如何使用这些工具本身，并且在出现问题时排除故障。

当你决定了你的教学目的和目标、你的学生是怎样的学生、你自己在使用一种新技术时的舒适度是怎样的时候，思考你的资源。你需要什么工具（硬件和软件）以及对于在课堂上使用这些工具你将如何管理？

当你制订计划时，要记住计划用来评估的时间并反思课程教学的效

果——这一节课是否帮助学生达到了你为他们设定的目的和目标？你将如何衡量课程的整体成功程度？下次你在教授这一课时，你会采取哪些不同的做法？

一旦你制定了计划，一定要提前测试该项技术。确保课堂上的一切情况都能按照你在计划中预想的方式进行。因为创新性技术手段可能不够稳定，所以要确保你也要为"低技术含量"课程预备备用策略，以防你计划使用的技术在最后一刻不能正常使用。

将创新性技术手段融入课程教学有助于创建一个令人兴奋且高效的学习环境。但是，引入创新手段需要周密的计划和一些实践经验。不要害怕使用新工具，但是在向学生介绍新技术手段之前，仔细回顾你的目的、目标、学习者需求、你自己的技术技能以及你的课堂资源。

资料来源：Bull, L. (2013). Why Some Educational Technology Efforts Decrease Student Learning. *Etale—Digital Age Learning*. [Blog]. Available at: http://etale.org/main/2013/08/17/why-some-educational-technology-efforts-decrease-student-learning/; Lever-Duffy, J., & McDonald, J. B. (2011). *Teaching and Learning with Technology* (4th ed.). Boston, MA: Pearson; Roblyer, M. D. (2015). *Integrating Educational Technology into Teaching* (7th ed.). Boston, MA: Pearson; Smaldino, S. E., Lowther, D. L., & Russell, J. D. (2012). *Instructional Technology and Media for Learning* (10th ed.). Boston, MA: Pearson.

5-6 课后活动

评价单元和课程计划 本章到目前为止，我们已经数次使用"评估"这个术语来说明监控学生取得的进展。但是，我们也希望我们能够监控自己作为教师取得的进步。在本部分，我们使用评价这个"术语"来表示这一过程。

> 哪些计划起了作用？哪些计划没有起作用？

在每堂课的结尾处，针对课程和单元计划的效果对自己提出一系列的问题，例如以下问题：目标是否真实和适当？教学方法是否发挥了作用？教学方法对哪些学生以及在多大程度上对他们发挥了作用？课程的哪些部分的内容是成功的？哪些方面还需要改进？把有关教学计划的想法写在你的日志中或教科书的空白处，从而帮助你识别学生遇到的困难，并把这些问题与课程和单元计划的具体要素联系起来。

保存计划记录和反思未来的计划需求 一定要记下任何对你下次教学有帮助的有关课程和单元计划的笔记或评论。有效教师在制订课程计划时会参考他们前几年的笔记和资源文件（见 Walsh, 1992）。事实上，新教师和资深教师之间的一个最明显的区别就是资深教师拥有大量以前收集的材料——*并且他们经常使用这些材料*。

课程和单元计划应该被视为不断更新的文件。你制订的早期计划仅仅是个开端。最初使用这些计划之后，你需要将班级的实际情况（学习者入学水平、教学步骤和学习者结果）与计划的情况进行对比。由此得出的数据将允许你对课程和单元计划进行细化和循环利用，从而使单元和课程计划成为一个更有效的教学工具。每次使用教学计划时都要持续对它们进行评价，并尝试改善其内容、活动和方法。

> **回顾与反思**
>
> 教学计划可以被看作一个具有一系列原则和策略的网格。这个网格包括决定教什么、如何教，以及如何将现实的期望作为教学计划的主要原则（见 Ysseldyke & Burns，2009）。

对于教学管理，这个网格强调教学准备工作、对时间的有效利用，以及营造积极的课堂环境。很明显，对此我们表示赞同。你赞同吗？列举一些你认为良好的教学计划可能带来的几个具体的课堂管理的好处。

第三节　资深教师制订计划的方法

在本章的结尾，我们描述了一些区分资深教师和新教师的计划行为，并总结了相关研究结果。如果你在教学之初就关注良好的计划实践和相关研究，那么你将经历较少的实践就会成为一个高效的有效课堂计划者和有效教师。

总之，区分专家计划者和新计划者的三个领域包括：（1）计划日常活动和相互依存的各个计划层次（见 McBer，2000；Ornstein & Lasley，2004），（2）反思性活动，以及（3）教学材料库（见 Walsh，1992）。我们应详细考虑每一个领域。

5-7　计划日常活动

作为一名教师，你每天会面对很多重复性任务。这些**日常**活动包括：收集和分发资料、记录拖沓和旷课现象、记录活动参与情况、检查作业以及给所有学生公平回答问题的机会。资深教师制订并完善计划以便使完成这些任务变得简化和系统化。比如，可以轮流安排学生分发资料和点名。可以指派一名学生在班级花名册上标记你提问过的学生，以帮助你避免错过任何学生或过于频繁地提问某些学生（见 Clement，2000）。

资深教师设计出很多辅助手段，比如经常在恰当的时候让学生帮忙，这样每天可以节省几分钟的（或者可能相当多的）教学时间。考虑一下，每天节省 5 分钟，一周可以节省 20 分钟，或者说在 180 天的学年中可以节省约 900 分钟，这样你的学生就可以享受额外的 15 小时的教学时间。

教师计划总结

- 制订计划是基于大量的模板和各种课程计划格式。
- 制订计划服务于广泛的目的。
- 制订计划是一个持续的过程。
- 制订计划很少是线性的。
- 制订计划必须有弹性。

资深教师始终如一地执行几个不同的计划层次——长期计划、单元计划和日常计划——作为一套相互依存的常规（见 Walsh，1992）。这些常规有助于将长期计划转化为日常的和每周的时间表，从而使得短期教学目的与长期教学目的与学校整体日程协调一致（见 McBer，2000；Ornstein & Lasley，2004）。

5-8 反思性实践

唐纳德·A. 舍恩（Donald A. Schön，1995）研究了各类专业人员——建筑师、医师、工程师和教育工作者——实际上是如何工作的。他发现，称职的专业人员通常知道的比他们口头上说的要多得多。或者说，他们知识渊博；在专业生活中，他们对专业知识进行反思，然后将其运用到新的或者不常见的问题中。舍恩鼓励专业人员思考、沉思，并反思过去、现在和未来的行动，并以此作为设计富有成效的解决问题策略的手段。

将舍恩的基本原理运用到教育中已经鼓励很多教育工作者和教育研究者将反思作为刺激专业发展、改进专业实践的一个核心的要素。**反思**是有效教师与学生及课程设置进行互动时经常使用的一个活跃的思维过程（见 Furtado & Anserson，2012）。

沃尔什（Walsh，1992）观察到获奖教师的计划中行为存在"反思性对话"的证据。他采访的一些教师说，他们在教学前不断排练课堂场景，自言自语地谈论他们希望在课堂上出现的情况。这些排练活动包括处理预期课堂困境（如班级对课程的反应不如预期）的最佳教学选项和方法。另外，在每堂课之后，这些教师都会尽快反思一段时间，并快速记录成功的地方和不足的地方（见 deGroot et al.，2014）。

5-9 教学材料库

很多关于计划的信心和专门知识源于所有有效教师拥有的两种资源：(1) 文件柜或者电脑文件夹中多年来收集的有价值的资源；(2) 前一年的计划本。经验丰富的教师相对于新教师而言在制订计划方面存在优势，而这两个资源就构成了其中的一部分优势。

> 计划是教学的核心

新教师无法弥补他们没有装满文件的文件柜或是容量巨大的电脑文件夹这一缺陷。想要成为出色的教师，新教师唯一要做的就是成为一个保存者和收集者（和建立一个检索系统以方便找到想要的资料）。你应该保存什么资料？事实上任何与你的教学相关的资料都应该保存，尤其是成功的学习活动、测试、小测试、杂志文章和图片、公告板材料、电脑和网络资源、作业和学习指导——这个清单几乎是列不完的。

拥有了前一年的计划明显会使今年的计划得以简化；这样很多基础性的工作就已经完成了。这是教学工作的一部分，但是实习教师经常看不到这个部分。然而，不要误以为有效教师每年只是重复使用他们的旧计划。这些计划只是目前课程的起点。真正的专业人士会经常思考并计划如何更新内容，如何寻找更有效的教学方法以及如何设计更好的学习活动来帮助学生获得成功。正如三位公认的课堂观察员所强调的，这是一个将年轻人变为学生的过程（见 Mitchell, Ortiz, & Mitchell, 1987）。

学习是学校办学的主要目的。你的工作就是制订计划，从而确保学习总是引人入胜的，这一点是有意而为之的。计划是教学的核心。如果你能成为一个成功的计划者，你将成为一个成功的教师。

> 旧的单元计划仅仅是一个起点；需要不断改进和更新

5-10 相关研究结果

为避免你在阅读完这一章时不相信计划的价值，让我们看看一些相关研究。对教师计划的实际过程的研究主要发生在 20 世纪 70 年代早期到 80 年代。克里斯托弗·M. 克拉克和佩内洛普·L. 彼得索姆（Christopher M. Clark & Penelope L. Petersom, 1986）编写了这一题材的权威著作。尽管该著作现在已经过时了，但是他们和其他人的工作为这里描述的一系列基于研究的结果奠定了基础。当你开始制订教学计划时，这些结果对你很有帮助。

1. 研究人员既没有确定也没有验证任何被广泛接受的或一贯实用的计划模型（见 McBer, 2000）。计划、计划工作和计划方法因教师不同而异。制订计划似乎受选择学习活动、教学目标、内容、学生年龄、可用时间和教学策略的影响最大。在这些影响因素中，*时间和已证明有效的活动*看起来对教师制订计划的方式

> 计划方法是多种多样的

影响最大。

2. *教师使用各种不同的课程计划格式模板。*时间是影响教学的关键因素，所有教师都以学年、学期、月、周和日为单位组织课程教学时间块。内容也是一个主要的考虑因素，而且教师们普遍认同将内容组织成连贯的片段（单元计划），再将片段组织成可管理的部分（课程计划）的价值（见 Duncan & Clemons, 2012; Wiggins & McTighe, 2005）。

3. *计划是行动的指南。*撰写计划的目的是指导你的教学互动过程。在这方面，计划提供且保持了一种方向感，并为你的教学注入信心。当然，在大多数学校，制定周或日常课程计划通常是一项行政要求（见 Johnson, 2000）。

> 伴随着经验的积累，你会从在纸上记笔记过渡到在大脑中记笔记

4. *教师们倾向于在大脑中而不是在纸上保存他们的计划。*尤其是当教师获得了一定的经验之后，尽管他们可能会记录主要思想，但是他们日常教学的大部分内容都是基于对教学应该如何进行的想象。因此，在你听课的过程中，你可能会发现纸上显示的计划数量存在很大差异。除非你已经有了几年的经验，否则我们敦促你撰写书面计划，你撰写的书面计划越多，你就会变得越有效（见 Sardo-Brown, 1988; Wolcott, 1994）。

> 计划是一个递归过程

5. *教师很少按照教科书主张的线性模式制订计划。*很多年前，拉尔夫·W. 泰勒（Ralph W. Tyler, 1949）建议采用由几个步骤组成的连续的计划过程：（1）明确目标；（2）选择适当的学习活动；（3）组织活动；（4）明确评估过程。教师教育计划中经常教授这种方法。但是，实践教师似乎很少使用这个方法；相反，他们主要使用递归过程，该过程侧重于之前取得成功的活动、已感知的学生需求，以及正在进行的课程计划（见 Fisher, 2000）。

6. *最优秀的教师灵活地应用计划。*玛丽贝丝·盖特（Maribeth Gettinger）和卡伦·斯托伊伯（Karen Stoiber, 1999）在他们的综述"出色的教学"中证明，制订计划是出色的教学的关键所在。在他们所展示的每一个模型中，教师必须首先制订计划；然而这个计划必须是灵活的，目的是该计划可以进行调整以适应实际的教学时刻。我们鼓励你在实施教学的过程中保持灵活性。

> 计划应该是灵活的

回顾与反思

总结性反思

- 你的哪些优势可以使你成为一个成功的计划者？你必须克服哪些限制？
- 在你还没有被聘用之前，你如何建构一个资源文件？
- 你在多大程度上需要通过说明书面原理来证明你的内容选择？
- 在课后评估中，你将制订哪些标准来评判你的课程计划？

本章小结

1. 预先计划阶段基本上是教师反思的阶段。
2. 因为要覆盖的内容太多,计划决策通常要受到不包含哪些内容的影响。
3. 国家或州立机构、教科书出版商和州教育主管部门提供充足的教学指导和资源。
4. 通过使用学校活动日历以及与教师、家长和学生合作来简化长期计划的制订。
5. 学生的准备程度对于掌握内容是至关重要的。
6. 制订单元计划使学习具有可操作性,因为课程的设计与实施旨在实现预期的学习结果。
7. 学习活动为学生提供了动手实践的经验。
8. 评估对于判定学生成绩水平是十分必要的。
9. 资深教师和新教师采用不同的计划方法。

纸质资源

Bateman,**B. D.** *From Gobbledygook to Clearly Written IEP Goals*. Verona,WI:Attainment Co.,2007.

有关个性化教育计划的国家权威机构之一提供了一套易于阅读和遵循的个性化教育计划书,并配有尖锐的批评。

Bruer,**J. I.** "In Search of…Brain-Based Education." *Phi Delta Kappan* 80(9)(1999):648-654.

作者评论了基于大脑的教育文献和研究。他告诫道,该领域缺乏实证检验。

Glasow,**N. A.**,& **C. D. Hicks.** *What Successful Teachers Do:91 Research-Based Classroom Strategies for New and Veteran Teachers*. Thousand Oaks,CA:Corwin,2003,210 pp.

作者提供了一系列经过测试的方法,这些方法有助于使全纳课堂成为多方法教学的中心。

Irvine,**J. J.**,**B. M. Armento**,**A. E. Causey**,**J. C. Jones**,**R. S. Frasher**,& **M. H. Weinburgh.** *Culturally Responsive Teaching:Lesson Planning for Elementary and Middle Grades*. Boston:McGraw-Hill,2001,224 pp.

该团队提供了以多元文化为导向的、与内容相关的课程计划。

Skowron，J. *Powerful Lesson Planning Models*：*The Art of 1,000 Decisions*. Arlington Heights，IL：Skylight，2001，163 pp.

这本书提供了一些想法、例子和模板，旨在帮助读者制订有用的课程计划。

网络资源

● 由锡拉丘兹信息研究所维护的"教育工作者咨询台"提供了2 000多个由教授不同年级和不同学科的教师撰写的课程计划。

http://www.eduref.org/Virtual/Lessons/index.shtml

● MERLOT是一家最早的也是最受人尊敬的提供免费教学资源（包括课程计划）的网站。

http://www.merlot.org

● 此网站搜集了大量可搜索的教学计划以及各年级的活动方案。

http://www.oercommons.org

● 应用特殊技术中心（CAST）赞助了一个强调无障碍设计的详细网站。

http://www.cast.org

● 此网站（出版社）一直站在特殊教育各领域的前沿，比如个性化教育计划书、新闻及纸质资源。

http://www.wrightslaw.com

第六章

排序和组织教学

学习目标

完成本章后，你应该能够：

6-1 设计一系列的教学活动以帮助学生掌握一个知识体系

6-2 识别你的年级或学科中的事实、概念以及概括

6-3 开发演绎推理课程和归纳推理课程

6-4 使用任务分析模式设计课程序列

6-5 使用概念分析模式的五个组成部分设计一堂课

6-6 使用先行组织者模式的三个主要组成部分开发一堂课

6-7 针对左脑半球和右脑半球的特点制订学习目标和教学活动

6-8 概述学习风格的多样性

6-9 解释学习风格的概念如何影响课程计划与教学

6-10 解释多元智能的概念如何影响课程计划与教学

6-11 向学生解释多种教学方法课堂的优点

评价标准

本章涉及的标准：

标准1：

学习者发展。教师了解学习者成长和发展的规律，认识到学习和发展的模式在认知、语言、社会、情感和身体方面因人而异，并为学生设计和实施适合发展和具有挑战性的学习体验。

标准4：

内容知识。教师谙熟所教学科的核心概念、研究工具和学科结构，创建学

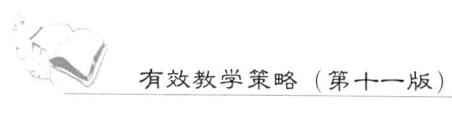

习体验，使该学科的这些内容对学习者来说是容易理解的和有意义的，从而确保学习者对内容的掌握。

标准 6：

教学评价。教师能理解和运用多种方法评价学生的成长，引导学习者进步，指导教师和学习者作出决策。

标准 7：

教学计划。教师借助于学科领域的知识、课程设置、跨学科的技能和教育学知识，以及有关学习者和社区环境的知识，制订教学计划来支持所有学生达到严格的学习目标。

标准 8：

教学策略。教师理解并使用各种教学策略，促进学习者深刻理解知识内容及其联系，并通过富有意义的方式培养学习者应用知识的技能。

标准 9：

专业学习和伦理实践。教师不断提高自身的专业知识和教育教学实践能力，注重教师自身行为对他人（学习者、家庭、其他专业人士和社区成员）的影响，通过自身实践，尽可能地满足每个学习者的要求。

标准 10：

领导力与合作。教师候选人寻求适当的领导角色和机会，承担学生学习的职责，与学习者、家庭、同事、其他学校专业人士和社区成员合作，以确保学习者的成长，并促进专业的发展。

教室洞察

丽贝卡是州立大学（State University）的一名大四学生，主修英语和历史双学位。她正在准备塞勒姆中学（Salem Middle School）七年级的第一个教学单元。丽贝卡的指导教师肯特先生，对她准备的和教授的几节课表示赞赏。由于天生做事井井有条，丽贝卡特别喜欢制订计划，而且课程得到了几个学生的积极响应。

然而，丽贝卡担心学生们会觉得有关革命战争（Revolutionary War）的单元很无聊，而不是有意义的和有帮助的。她记得她的一些中学教师曾经告诉学生："你需要理解这个材料，因为有一天你会需要它，并且发现它很有用。"虽然丽贝卡明白学习有长期的好处，但她也认为中学生希望这些课程有一些立竿见影的好处，否则他们很可能不会努力学习革命战争时期的历史和文学知识。

在第四章和第五章中，你学习了如何使用程序和技能来制订和执行教学计划。在这一章中，我们讨论从计划到教学的过渡。本章讨论以下三个问题：

- 我如何选择最合适的排序方法——能够提供有意义的学习以及掌握主题的技术？
- 哪一种组织模式能够最大限度地帮助学生达成课程的目的和目标？

● 我如何确保多方法论（如加德纳的多元智能和学习风格）可以丰富我的教学？

第一节　基本概念

6-1　排序是什么？

排序是为教学活动制订符合逻辑的计划的艺术，它将帮助学生以有组织的方式有效掌握一个知识体系或一门学科（见 Moore，2008；Morrison, Ross, Kemp & Kalmon，2010）。按照一系列精心设计的、相互关联的步骤呈现知识，这种做法不仅可以帮助学生掌握内容而且可以提高他们处理信息的能力——换句话说，就是他们的思维能力（见 Ross, Bruce & Sibbald，2011；Gruenhagen & Whitcom，2014；Sokolowski，2014；Kling & Bay-Williams，2015；Brown & DeLuca，2015；Alibali & Sidney，2015）。

排序有两个基本的目的。第一个目的是分解知识点（事实、概念、概括或原理），以便于学生可以学习并理解它的独特特征，或者通过分解思维过程来帮助学生在不同的情况下可以举一反三。第二个目的是将教授的知识或过程与更大的有组织的知识体系相联系。第一个功能——分解正在教的内容可以使学习更易于管理。第二个功能——将信息与更大的图景相联可以使学习更加有意义。

> 剥离一个知识点；将其与整体联系起来

例如，为了教授"隐喻"的概念，你可以先通过举例子的方式说明隐喻的特点。这可以为学生提供适量的信息和学习的重点。然后你以相同的方式教授第二个修辞格——"明喻"。如果学生们已经掌握了这两个概念，你可以指出明喻和隐喻具有相同的特点：二者都是修辞格。通过这种方式你可以将课程内容与更大的知识体系联系起来。

这个例子表明教学排序与知识层次之间的关系。排序就是一个教学过程，因为它为学习相关内容的各个部分制订了一份计划表。像数学这样的科目存在一个被普遍认可的知识层次。排序和层次非常相似，因为内容构成成分之间的关系通常指示一系列的学习活动。学生先学习加法，再学习乘法。然而，对于像社会学这样的科目，建立一个被普遍认可的知识层次是很困难的，学习排序往往取决于教师的兴趣或经验、课程指导委员会或教科书。如果存在**内容层次**，它就会影响教学顺序。如果不存在内容层次，教学顺序就会为学生建立一个体系。

> 层次的类型可能因学科领域而异

为了实施有效教学，你必须给学习目标排序，排序的方式反映了课程不同部分之间的关系。这种做法被称为"搭建桥梁"，它使你能够在适当的阶段识别并教授必备的或入门的技术和能力。为了实现有意义的学习，应该向学生传

达已排序的目标，目的是使他们理解单元或整个课程的不同部分之间的关系。你可能想要使用（本章后面描述的）组织图来组织并向学生传达目标和课程的构成成分。

排序的一般原则　　虽然教育工作者提出的排序方法多达九种，但我们只讨论适用于各种排序的四个一般原则。第一个原则是你始终从简单的步骤开始。这并不意味着你对学生"低声下气"。相反，这意味着你在组织课程内容，使学生能够很轻松地理解容易识别的内容特征。在这一步你应该提供大量的例子，运用类比的方法比较有效。你可以这样开始一堂生物课——你说，"循环系统就像河流系统，因为这个系统运输食物和废物，也被过度使用和滥用。"因为学生在上一学年已经学习了河流系统，通过类比能为他们理解循环系统提供一个简单的切入点。

> 类比很有效

第二个原则是*使用具体的例子*。这意味着你运用材料、仿真品、模型或艺术制品来阐明事实、概念或正在教授的归纳总结。让我们依然以生物课为例，你将学生的注意力集中到教室前面展示的仿真塑料人体模型的循环系统上。你指出主要动脉，并讨论它们与诸如密西西比河和哥伦比亚河等主干河流的相似性。然后，你进一步指出并说出主要动脉和静脉，同时讨论其各自的主要功能。

第三个原则是*增加课程难度*。对学习经验进行排序，使其随着你的进度变得越来越复杂。为了做到这一点，你可以引入其他变量，制订一系列新的标准，或者建立本课程内容与其他内容之间的关系。例如，你可以在讨论中增加对循环系统中的心脏、肝脏和其他器官的功能的介绍。这个话题现在变得相当复杂

> 增加难度和抽象概念

了；你每次增加一个器官并介绍其功能时，你可能都需要回到第一步（河流——循环系统类比）或者第二步（那个塑料人体模型）——换言之，搭建桥梁。

第四个也是最后一个原则是*引入抽象概念*。你可能想通过这样一个问题开始："当你生病的时候，为什么医生要先检查你的血压和心跳？"

主要观点

排序的四个基本原则

1. 从简单的步骤开始。
2. 使用具体的例子。
3. 增加课程难度。
4. 引入抽象概念。

你可能再次回到之前的步骤。例如，你可以指出，堵塞河流支流对河岸造成压力，类似于静脉或动脉被堵塞时发生的情况。或者，你可以指出通过测量水系统的污染可以确定生态系统的健康情况，这类似于测量血压。

排序的这四个步骤或原则的优点在于提供了符合逻辑的学习进程。它们是

相互作用的，因为你可能需要回到前一个步骤来帮助解释目前正在讨论的问题。

虽然我们将排序分成四个步骤，但千万不要生搬硬套了，不要按照字面意思这样理解——周一的课应该是"简单的"，周二的课应该是"具体的"，周三你应该讲解"复杂的"问题，周四你应该处理"抽象的"问题，周五你应该进行测试。将这四个原则应用到某个具有一定难度的教学中可能需要花费很长的时间，例如"民主"的基本概念从来没有被完全教授和掌握。有关"民主"的教育在学前教育阶段就开始了，贯穿于整个教育系统，而且在每一个更高的教育层次上变得更复杂、更抽象。或者你可以将这四个原则运用在单独一课中，如介绍"循环系统"的那个例子。每一个学科或领域都有相似的核心事实、概念和归纳，渗透于在整个课程中。我们想要强调的是，理解这四个原则的内在关系有助于教师开展教学。运用这种教学方法将提醒你注意学习的顺序性，从而帮助你整合适当的学习经验以实现每一个教学目标。图 6-1 提供了该方法的可视化模型（层次结构）。

让我们再补充一点：随着计划的实施，你必须检查正在努力实现的州立标准。现在很多学区都要求这样的行动，所以要做好准备。

> 不是一成不变的过程

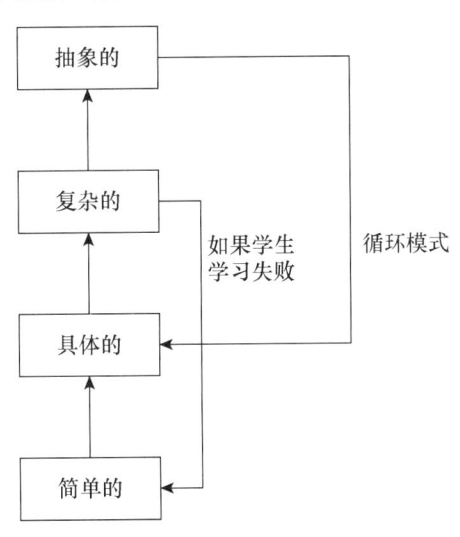

图 6-1　促进学生成功的层次结构

例子：绘图　为了说明排序的长期性特点，让我们看看本书作者在华盛顿州帕斯科的公立学校观察到的一个具体例子。一年级教师介绍"绘图"的定义。总体目的是通过提供一系列经验引出"绘图"的概念。完整的教学顺序，包括图表的所有种类和难度等级，可能需要花费十年或更长时间来确定。

> 一个概念的发展贯穿于儿童的整个学校生涯

排序从一年级的科学课开始。孩子通过种豆子来学习植物的生长。教师要求定期测量植物的生长（比如，每个周五）。尽可能统一给所有植物浇水。种子发芽的时候，教师给每个孩子一张纸条。孩子们将纸条放在幼苗旁边，并且

147

在规定的日期将纸条撕得与幼苗的高度一样。（这种测量技术采用1∶1的比例或一对一的对应关系。）

每个孩子都将自己的纸条粘在一张大纸上，并加上日期标签。这个过程每周都在继续，直到这一单元结束。教师要求孩子们观察植物高度的变化，并对此进行讨论。每一个孩子都有一个随时间变化的具体图示——一个简单的柱状图。教师鼓励全班学生讨论他们是如何绘制图表的，然后介绍一对一的对应关系。

在下一个年级继续学习绘图。二年级的教师也使用柱状图，但是使它们更加复杂。教师指出，如果在纸条的顶部放置一个点，并做了刻度标记（标明轴线），那么所有的信息都可以以一种更容易使用的形式出现。这个知识在二年级或者三年级会通过很多例子得到强化。

再下一个年级，教师提供其他数据，比如每天的最高气温、最低气温。尽管绘图的概念由此变得越来越复杂和抽象，然而这些活动提供了可供班级学生共享的具体经验。这一系列经验可能达到的一个顶点是孩子们获得他自己选择的数据，并将其制成图表，从而为研究课题提供基础知识。

显然，并非所有概念都需要相同的时间来教授。在高中阶段，教授一个单元通常只需要几天时间。即使对于比较短小的单元来说，将课程按照从简单概念到复杂概念的顺序排列通常也是很有帮助的。每一个单元都应该说明前面描述的原则的用法。我们的主要观点是作为教师你需要控制学习环境。

回顾与反思

- 排序如何帮助你将零散的信息汇集成一个有序的知识体系？
- 你为什么能够以不同的方式为相同的内容排序？
- 排序是如何帮助你学习的？你是否还记得擅长为课程活动排序的教师？
- 多年来，你一直在探索自己在学校教育中的哪个概念？试想任何学科领域中一个概念。列出这些年你学习这个概念的不同方法。

6-2 内容形式

内容=信息

你希望学生能够理解内容和过程以及二者之间的关系。**内容**是你希望他们学习的知识；过程是你希望他们能够习得的思维技能（见 Marzano, 2004）。例如，在地理课中，你希望学生了解不同的地形，比如山脉、平原和山谷，并且能够识别每一种地形的特征。你希望他们习得的过程包括识图技能、查阅技能，以及信息收集和组织技能。我们在第三部分，尤其是在第八章、第九章、

第十章中介绍了有关技能和过程的教学。在这一部分我们主要介绍内容。

虽然术语偶尔会不同，但是教育工作者认为，内容以三种主要形式存在：事实、概念和概括（见图6-2）。

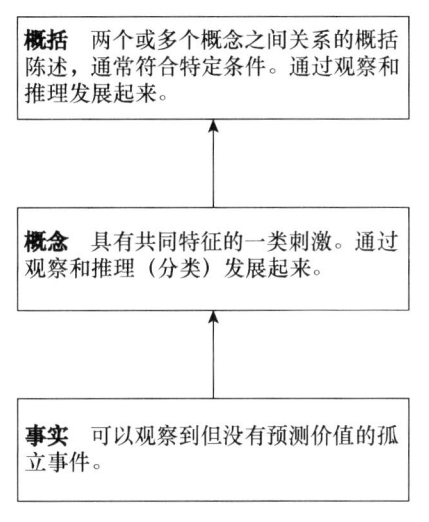

```
┌─────────────────────────────────┐
│ 概括 两个或多个概念之间关系的概括 │
│ 陈述，通常符合特定条件。通过观察和 │
│ 推理发展起来。                    │
└─────────────────────────────────┘
              ↑
┌─────────────────────────────────┐
│ 概念 具有共同特征的一类刺激。通过 │
│ 观察和推理（分类）发展起来。      │
└─────────────────────────────────┘
              ↑
┌─────────────────────────────────┐
│ 事实 可以观察到但没有预测价值的孤 │
│ 立事件。                          │
└─────────────────────────────────┘
```

图6-2 内容表单的层次结构

事实 最基本的信息片段被称为事实。**事实**是陈述单一事件的内容类型，这一事实发生或出现在当前时间，并不能帮助你预测其他事实，并且只能通过观察获得。下面所列的是事实的例子：

1. 奥林匹亚市是华盛顿州的首府。
2. 奥巴马总统在成为总统之前曾是伊利诺伊州的参议员。
3. 今天太阳落山的时间是下午4:15。

因为并不能通过获得事实来预测其他事实，所以学习事实的主要方式是记忆和回忆。其中最有效的一种方法是口头重复。与其他内容相联系的事实较容易记忆。建立在事实基础上的学习项目处于布鲁姆认知分类法的最低层次（参见第四章）。事实是学习的基础，但是如果教学仅局限于事实，这样的学习是有限的。

> 事实是个别的和具体的

概念 概念就是表达，通常由一两个具有共同特征的单词或想法组成。我们在第五章将概念定义为将物体归类为想法的范畴词。概念是对一些观察结果进行分类的结果。

形成概念似乎是人类大脑中的一个自然过程。例如，幼童在观察熟悉的动物的基础上形成猫和狗的概念。儿童学会区分猫和狗是因为它们有不同的行为，不同的声音，不同形状的脑袋，也可能因为一些其他的特征。他们不是依赖单一的特征（如大小）。因此，甚至个别猫可能比个别狗的个头还要大，但儿童仍然能够分辨出哪个是哪个。

> 概念组合和分类

很多学校的教学是学习概念。例如，在开始学习词性的课堂上，学生了解

名词是"人、地方或事物"。所有的概念都包含以下五个部分：

1. *名称*。例如，名词是概念的名称或标签。使用名词时，掌握了这个名词概念的人理解其所传递的信息。名称要比冗长的定义更易懂。

2. *定义*。定义是关于概念的特征的陈述。例如"名词是指人、地方或事物"。

3. *特征*。特征是概念应用必须具备的品质。例如，名词的特征就是"人、地方或事物"。只有包含其中一个特征才能使一个词被认为是名词。对于其他概念，例如，民主——必须具备一些特征人们才能应用这个概念。

4. *示例*。示例是显示概念基本特征的一类事物的成员。*汤姆*是名词的示例，*汽车*和*冰岛*也是。

5. *层次结构中的位置*。很多概念都是知识层次结构的组成部分，知识层次结构赋予概念意义，从而使概念更容易学习。名词的内容层次结构是词性，词性是一个上位概念。与名词相关或并列的概念是*动词、副词*和*连词*。从属概念是普通名词、专有名词和代词。在本章的第二部分，你将了解内容分析法——对概念进行排序的一种方法。这种方法将教你使用以上五个部分来开发课程，从而将帮助学生学习并记忆概念。

所有年级都学习概念。比尔基利（Birkili，2007）提出了基于概念的课程案例，其中事实被置于一个概念框架中。这样的框架帮助学生克服了理解入门级概念的障碍，也帮助学生在大学阶段克服了理解科学、会计、经济学和其他学科的棘手的知识的障碍（见 Meyer & Land，2006）。

概括 就像第五章所解释的，**概括**是表达两个或多个概念之间关系的推论性陈述。它运用于多个事件中，具有预测和解释价值。例如，"吸烟者的肺癌发病率高于不吸烟者"就是一个概括。它陈述了吸烟（一个概念）和肺癌（另一个概念）之间的关系。这个陈述是预测性的而且适用于任何吸烟者。詹姆斯·A. 班克斯（James A. Banks）的著作《族裔研究教学策略》（*Teaching Strategies for Ethnic Studies*，2003）举了一个很好的例子来说明概括在教学中的运用。班克斯提出了以下有关移民和移居外国的概括："在所有文化中，为了获得更好的经济的、政治的和社会的机会，个体和群体迁移到不同的地区。然而，个人和群体的这种迁移既是自愿的，也是被迫的"（p.112）。

考虑到这个一般性陈述，无论研究哪个国家，学生将期待看到关于被迫的和自愿的迁移的证据。因此，班克斯的陈述有预测价值，并且适用于多个事件。这个陈述还包括很多概念——文化、个人和群体；经济的、政治的和社会的机会；以及自愿的和被迫的。这一声明间接表明了很多概念之间的关系。

> 概括具有预测价值

当学生从学习事实发展到学习概念再发展到学习概括时，信息量不断增加而且变得更加复杂。运用第四章阐释的布鲁姆分类法，事实处于知识层次，概念处于理解层次，概括处于应用和分析层次。学生能够回忆事实、概念并进行概括，但事实和概念不适合于应用和分析，因为它们既不具有预测价值，也不具有解释价值（见 Vasilyev，2003）。

事实和概括经常被混为一谈，但是它们之间有三个重要的区别：

1. 概括是浓缩了大量数据的推断，事实是对单一事件的陈述。例如，"在北半球，6月21日到12月21之间每天太阳的落山时间都较早"是一个概括。"今天太阳落山的时间是下午 4:15"是一个事实。

2. 事实是对过去发生的或现在出现的事件的陈述，而概括是关于总体趋势或模式的陈述。例如，"州长经常参与美国总统竞选"是一个概括，"罗纳德·里根在成为美国总统之前曾是加利福尼亚州的州长"是一个事实。

3. 概括可以用于预测，而事实因其发生的独特性而不具有预测价值。例如，"研究有助于学习"是一个概括，因为它作出了一个预测。对比而言，"莉莎正在为微积分测试做准备"则陈述了一个事实，因为这个陈述不能预测莉莎的成绩。

现在让我们看一下影响课堂活动排序的两种认知信息呈现模式。

6-3 课程呈现模式：演绎推理和归纳推理

有两种基本的思维模式：演绎推理和归纳推理。**演绎推理**是从一般到具体的过程；**归纳推理**是从具体到一般的过程。

主要的课程呈现模式建立在这两种思维模式上。作为一个教师，你有选择方案。你可以通过先给出定义再举例的方式教学生掌握一个概念或概括，或者你可以帮助学生在观察或者你提供的例子的基础上形成概念或概括。你选择的推理类型将决定课程活动的顺序。"教学策略"专栏中的情景说明了以上两种不同的方法。

> 演绎：概念第一；归纳：示例第一

教 学 策 略

课程呈现模式

模式 1：演绎推理

费希尔先生给每个学生发了一份讲义，然后开始了关于磁铁的课程。讲义上有这样一句话：磁铁对一些物体有吸引力，对另一些物体没有吸引力，磁铁所吸引的东西被称为金属。

在针对上述概念（例如，吸引力）进行了简短的讨论之后，费希尔先生问道：

"磁铁会吸引你的教科书吗？"

"不能。"全班学生回答道。

> "为什么不能？"
>
> "因为它不是金属。"
>
> 费希尔先生给每个学生发了一块磁铁，并要求他们使用磁铁去吸引他们书桌上的物品。讨论继续。
>
> **模式2：归纳推理**
>
> 沙米森女士希望学生理解磁性。她给每个学生发了一块磁铁和一个信封，然后开始上课。每个信封里装有一个纸夹、几个塑料纽扣、一个铁钉、一分钱、一个塑料芯片、一个铝钉和一支铅笔。她要求学生观察当用磁铁去吸引每个物体或他们桌子上的其他物体时会发生什么情况。在给学生短暂的探索时间之后，她对全班学生说："让我们一起来描述你对磁铁进行的一些观察。"
>
> 在短暂地讨论了磁铁的颜色、大小和磁铁所吸引的物体之后，一个学生说："磁铁好像只吸引一些东西，而不吸引其他东西。"
>
> "好的，"沙米森女士说，"让我们把观察到的情况列个表。一张表列出磁铁吸引的东西，另一张表列出磁铁不吸引的东西。"
>
> 在学生列完表并讨论了每一个物体的特征之后，沙米森女士问道："有人能概括一下我们的发现吗？"
>
> 安杰莉卡举手并说道："我们发现磁铁吸引的东西是金属，而不吸引像塑料和木头这样的东西。"
>
> 费希尔先生和沙米森女士都使用了信息组织图或视觉效果图，比如图片、图画、维恩图和学生的总结。这种技巧使学生对话题保持清晰的认识。

费希尔先生和沙米森女士在教授同样的内容，并且都希望他们的学生掌握相同的概括："磁铁吸引金属制品。"他们的教学方法中的其他相似点包括使用磁铁、举例和提问。

然而，他们的教学也存在一些显著区别。费希尔先生用一个概括开始教学活动，而沙米森女士通过让学生进行观察开始教学活动。这两个例子阐明了归纳推理和演绎推理的本质差异，以及这种差异如何影响一堂课的教学顺序。它们也说明，影响排序的是事物而不是内容，因为这两个案例中的内容是相同的。

如果一个音乐教师的教学目的是让学生理解弦的长度决定音色，那么这位教师可以先与学生分享这个概括内容，然后让他们聆听不同长度的弦或弹奏不同长度的弦，并让他们观察。在一堂教授色轮的美术课上，教师可以先提供一些概念，然后使用颜料进行演示或者可以提供颜料让学生自己实践并检查他们是否形成了概念。在归纳推理和演绎推理这两种模式中，该教师都使用示例作为教学的一部分。

对呈现模式的选择通常由课程目标决定。如果你想要学生理解概括形成的过程，你可能会运用归纳法。如果你最关心的只是学生了解一个特定的概念或概括，那么你可能会运用演绎法。你使用的思维模式是由目标决定的（见 Broeder & Murre，2000；Holyoak & Morrison，2005）。下一节将提供更多关于归纳和演绎的教学示例。

> 选择哪一个呈现模式，由学习目标决定

回顾与反思

1. 你所教授的哪些话题最适合使用各种教学模式进行教学？
2. 事实、概念和概括之间有什么关系？
3. 是否可以使用归纳法和演绎法教授大多数概括和概念？为什么？
4. 学生的参与和互动是否依赖于一种教学模式？
5. 想想你看过或读过的有关侦探或调查者的电影、电视节目或书籍。这些专业人员在破案时经历了哪些心理过程？他们的推理是归纳的还是演绎的？

第二节 课程组织模式

本章第一节讨论了教学计划的如下内容：排序、内容形式和呈现模式。本节，我们将描述如何将这些内容整合到三种课程或单元组织模式中。这三种组织模式是**任务分析、概念分析和先行组织者**模式。

每一个模式都为目标和活动的排序提供了指导方针，并建立了知识层次结构或知识之间的关系。每一个模式都有独特的特征以便帮助教师选择计划模式（见表6-1）。虽然每一个模式都有内在优势，但没有一个模式是天生优越的。教师作为一个决策者应该选择一个对课程设计、组织和实施最有帮助的模式。

> 每种课程组织模式都有内在优势

表6-1　课程或单元组织模式

模式	主要特征
任务分析	仔细对中期目标和最终目标进行排序
概念分析	对与概念或概念层次结构相关的概念特征或示例进行排序
先行组织者	使用"相同的构架"来教授有组织的知识体系内的相互关系

6-4 任务分析模式

思考下面一个常见的场景：你完成了一节课的教学，你以为学生将能够回答测试中有关这一课的几乎所有问题。所有的迹象都表明学生喜欢上你的课，而且你预测评估阶段应该没有问题。但令你失望的是，全班学生在测试中表现得很差。测试的结构是否有问题？是否教学不力？美国最负盛名的一位学习理论家罗伯特·M. 加涅（Robert M. Gagné）也遭遇过同样的情况（见 Gagné, Wager, Golas, & Keller, 2005）。那是一堂减法课，但其内容可以是幼儿园水平（见 Polly, Margerison & Piel, 2014），小学科学（见 Lazonder & Wiskerke-Drost, 2015），英语作为第二语言教学（见 Sample & Michel, 2014），阅读（见 Schnotz, Ludewig, Ullrich, Holger, McElvany & Baumert, 2014），英语（见 Branden 2006），体育（见 Lane & Hastie, 2015），或任何级别的任何科目。重要的是加涅对测试结果并不满意，他也想确定为什么学生的表现不如预期的好。

任务分析和排序　加涅开始研究他计划的学习活动的顺序。他得出结论，一些教学要素应该先于其他要素，而且应该涵盖一些之前被忽略的概念。加涅初步的研究使他重新排列了一些学习顺序，并再次尝试教授那一课。结果是，测试成绩显示学生取得了很大的进步。

加涅以图的形式排列了课堂中出现的学习经验（见图 6-3）。图的顶部是

任务分析将学习分解为不同步骤

减法

(XI) 减去任意大小的整数

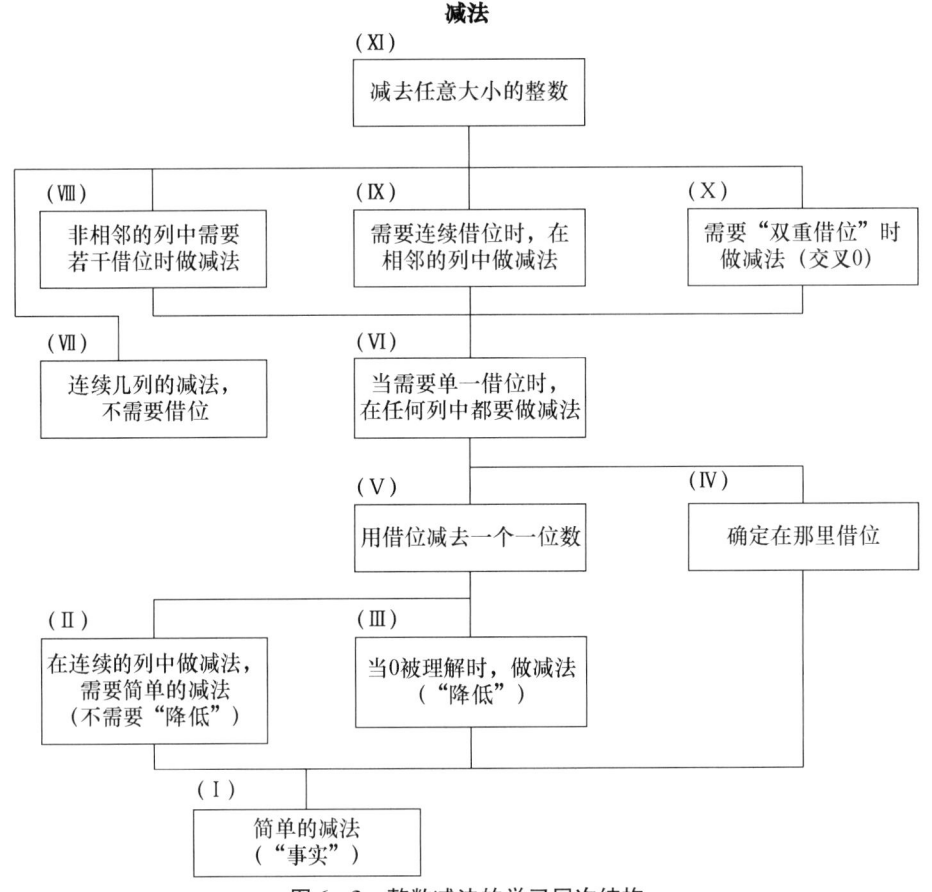

(VIII) 非相邻的列中需要若干借位时做减法
(IX) 需要连续借位时，在相邻的列中做减法
(X) 需要"双重借位"时做减法（交叉0）

(VII) 连续几列的减法，不需要借位
(VI) 当需要单一借位时，在任何列中都要做减法

(V) 用借位减去一个一位数
(IV) 确定在那里借位

(II) 在连续的列中做减法，需要简单的减法（不需要"降低"）
(III) 当0被理解时，做减法（"降低"）

(I) 简单的减法（"事实"）

图 6-3　整数减法的学习层次结构

资料来源：From *Gagne/Wager*. Principles of Instructional Design, 4e. © 1992 Wadsworth, a part of Cengage Learning, Inc. Reproduced by permission. www.cengage.com/permissions.

教学顺序的末端，通常被称作*最终目标*，即学生通过一系列有计划的教学后应该达到的水平（在此例中为"减去任意大小的整数"）。他在最终目标下面列出了*中期目标*。学生只有掌握了基本技能（图的下半部分），他们才能够达到较高水平的学习目标（图的上半部分）。在图6-3中，罗马数字表示教学顺序，直线说明教学内容之间的关系。

通常，有关减法的课程从"简单的减法"（事实）开始。作为一名教师，你有两种选择。你可以通过活动教授"简单的减法"，或者如我们在第五章所讨论的那样，你可以先通过一个简单测试识别学生的入学技能。使用概念层次结构图的好处是，通过测试你可以确保学生掌握了成为成功的学习者所必需的技能。

_{首先测试以衡量入学技能}

为了研究层次结构对于学习的作用，加涅使用了**任务分析模式**。该模式将课程内容、概念或过程细分为较小且有序的步骤，从最简单的步骤开始，逐步过渡到最复杂的步骤。这个模式在商业和工业领域中早已被证明是有价值的。在教育中，细致的任务排序已经是并将继续是有效产出的关键因素，正如其在工业和技术领域一样。你可以想象，如果不分年级水平，如果没有识别大学课程难度的方法，那么教育将会多么混乱，将会付出多大代价。如果你认为你的学习项目看起来很无序，考虑在以下情况下你可能面临的问题：你学到的每一条信息都是单独教授的，而不是作为课程的一部分，或者你的课程没有题目或识别码。你可以用加涅的体系组织几乎任何一组事实、概念或概括。

按照从最简单（次级技能）到最复杂（最终目标）的顺序安排学习任务

任务分析步骤 任务分析的主要目的是发现次级技能之间的相互关系，并运用这个信息设计有效教学。赋能技能是指学生在掌握最复杂的技能或达到指定目标之前必须掌握的事实、概念和过程。假设作为任课教师，你有时间或方法学专业知识以加涅调查的敏锐度来识别和验证赋能技能，但这可能是不现实的。但是你可以在教学中有效且高效地使用任务分析模式。想要成功地分析学习任务你需要完成以下步骤：

1. **选择一个难度适当的教学目标**。为了实现这一首要目的，教师必须知道内容领域（比如物理、健康、教育、数学、社会学）的结构和学习者已达到的水平。

这一步看似是很明确的，但是它的重要性却经常被忽略。例如，教师有时会说这样的话，"到了九年级，学生应该阅读恺撒大帝"或"七年级的学生应该掌握百分比"。这种课程决策无法识别学习者在课程计划中所处的位置。例如，不管哪个年级，如果学生不首先理解小数，那么教他们如何计算百分比就没有什么意义。

因此，在选择适当的学习目标时，你需要确认你的学生所掌握的知识的大致范围。这个过程被称作*诊断警惕性*。在这一时间点上，你应该制定新的学习目标并分析能够实现这些目标的次级技能。诊断警惕性技巧允许教师检查原始

目标的难度是否适当。

2. **识别学生达到这一目标所需要的赋能技能**。例如,在一堂体育课上,学生要学习高尔夫球的推杆技能。没有考虑排序,教师列出了推杆所需的技能:紧握球棒,保持正确的姿势,正确定位球杆面,使用适度的力量,执行上杆动作,跟进,并在心理上想象球运动的轨迹。

3. **细分独立的和依赖性的赋能技能及学习顺序**。就任何给定的目标而言,有两类基本类型的赋能技能:独立技能和依赖性技能。有时,一个目标需要这两种技能。学习这些技能可以从排序的角度来考虑。在独立技能顺序中,赋能技能不是递增的。例如,当你学习系鞋带时,你是先系右脚的鞋带还是先系左脚的鞋带都没有关系。这些活动都是彼此独立的。然而,在依赖性技能顺序中,一个技能的完成对于顺序中下一个技能的掌握是至关重要的。例如,第一次学习打棒球时,教练向学员展示如何握球拍。学员先学习如何挥拍,然后学习挥拍时如何站立。这种练习使学员能够真正将球击出球座。成功的击球依赖于一连串的技能。

4. **按顺序排列独立技能和依赖性技能**。使用这种顺序建构课堂将会使学生系统性地完成最终目标的学习。一旦你分析了目标并确认其组成部分(独立和依赖性赋能技能或学习顺序),这些部分将为所有学生提供学习的切入点。赋能技能本身变成目标后,你可以使用这些目标帮助学生完成最终目标。作为一个例子,让我们回到高尔夫球推杆的课堂。教师认为握杆和站姿是**独立技能**,可以不按顺序学习。但是学生必须在学习挥杆和跟进之前掌握这两个技能,因为学生需要先知道如何握杆和如何站立,之后才能练习这些**依赖性技能**。因为握杆和站姿是独立技能,教师可能会决定先教授握杆,因为当学生手握球杆时再教他们站姿可能会容易一些。

在实施课程之前,你是否能够确定所有必备的赋能技能,并始终如一地强调最重要的技能,这是值得怀疑的。当你教学时,你的判断将允许你进行调整,增加其他技能,并针对特定学生强调某些技能。在你日常课程计划书中记下这些技能,在下次上课时,这些记录将成为很方便的参考资料。

5. **为学生的具体任务排序**。在实施这个步骤之前,你必须计划课堂教学顺序。正如第四章和第五章所解释的,你每次准备和实施一堂课时,都有一些必须完成的目标。你必须:(1)确定教学目标;(2)计划适当的教育活动或经验;(3)获得所需资料;(4)计划在教学活动中使用的策略;(5)评价学生;(6)制订学生评估方案——也就是,决定你会如何改进教学。现在你需要确定教授具体的依赖性任务的顺序,这个排序计划可以确保学生取得成功。

对于针对特殊需求儿童的教学设计(见 Reigeluth & Beatty, 2003)、整合多学科单元的主题,以及设计多元文化活动来说,任务分析特别有效。当你识别每一项任务时,你可以分析带有文化偏见的内容,分析有特殊身体和学习需

<small>任务分析是特殊需求和英语作为第二语言(ESL)课堂的理想选择</small>

求的学生难以掌握的技能，分析以前没有涵盖的技能和知识。

当你听说任务分析甚至可以用来帮助学生写出更好的文章时（见 Bailey，2001），你也许会感到惊讶。同样，任务分析可以用于制订课程计划（见 Bayloy et al.，2001）。在英语作为第二语言的课堂上，任务分析被用于识别中国学生和韩国学生在识词方面的共性和差异（见 Wang & Koda，2007）。此外，任务分析正被用于识别对特定类型写作任务产生作用的语法特征（见 Scheppegrell & Go，2007）。

苏珊·布莱克（Susan Black，2001）在描述她对主要课程概念、教学活动和计划的"反向设计"时，采用了改编版的任务分析方法。

当引入新材料时，你会发现这种分析方法非常有助于学生理解新材料。

示例：密度。这篇文章的一位作者是科学教育工作者，他注意到教师们在教授"密度"概念时经常遇到困难。通过观察学生的错误，他得出结论：如果能够确定与"密度"概念学习相关联的任务并进行结构化，可能会减少一些问题。表6-2列出了掌握"密度"这一概念所需的各种任务或要素。

表6-2 教授"密度"概念的任务分析

I	使用公制：(A) 重量；(B) 线性测量法。
II	理解二维测量法：计算长方形和圆形的面积。
III	计算体积：(A) 长方形物体；(B) 圆柱体；(C) 不规则物体。(1) 漂浮在水上的物体；(2) 沉入水中的物体。
IV	定义和使用"标准单位"：(A) 线性的；(B) 体积的。
V	运用数学技能：(A) 除法；(B) 乘法；(C) 线性等式（$a=b/c$）。
VI	知道水的质量（以克计）与水的体积（以立方厘米计）相近。
VII	推导出密度是每单位体积物体的重量。

在仔细观察表6-2时，看到学习"密度"这一概念所需的操作和必备技能的数量，你是否感到惊讶？一些教师感到惊讶，我们也有同感。

> 当学生无法学习时，排序可能是错误的

一旦创建了这张表，你就会发现很显然在七年级之前教授这一概念是不合适的。只有到七年级时，学生才会具有必要的智力背景——而且一部分学生可能还要晚一年。

作为研究者和教师，我们经常疑惑为什么学生掌握不了某些概念或原理。事实上在很多情况下，教师不得不调整学生阅读的课文页码的顺序，目的是使材料易于理解。为了使学习者的利益最大化，你可能需要为你所教授的每一个章节、单元或模块绘制一个粗略的层次结构图。因此，抽出几分钟时间为你所打算教授的每一个新单元准备一张任务分析图表，这种做法是非常有益的。

> **主要观点**
>
> **分析学习任务**
>
> 1. 选择难度适当的教学目标。
> 2. 识别赋能技能。
> 3. 细分独立和依赖性技能及学习顺序。
> 4. 按顺序排列独立技能和依赖性技能。
> 5. 为学生的具体任务排序。

当你观察到学生存在**学习缺陷**时,你可以创建自己的层次结构图来确认是否遗漏了主要的教学内容。毫无疑问,通过使用这些方法可以设计出其他的图表修改方法。尝试制作一个这样的图表来说明比如英语语法、生物学、数学或者社会学中的一个概念。我们相信,如果更多教师使用这种方法,那么教学质量的提高将是不可估量的。教师和学生将在学校里更快乐——而且更成功。

> **回顾与反思**
>
> ● 查阅你的教学领域中的一本复杂的教科书。其内容在多大程度上有层次结构?
> ● 你为什么要努力使用任务分析方法?你希望从中获得什么好处?
> ● 准备一个图表,用来展现你以前在教育课程中学习的各种事实、概念和概括之间的关系。运用独立排序和依赖性排序的概念。

6-5 概念分析模式

教学概念 概念教学是所有教学的核心成分。例如,科学学科要求学生理解系统、能量、植物和动物的概念;语言艺术学科则要求学生运用交流、段落、词性和标点符号的概念;数学学科要求学生运用集合、交换的性质及逆运算的概念。文献综述表明,几乎每个学科和每个年级都在使用概念分析方法。概念构图教学被用于教授有轻度特殊需求的七年级学生习得词汇技能(见 Palmer, Boon & Spencer, 2014),以游戏为中心的方法被用于教授和辅导文学知识(见 Harvey & Jarrett, 2014),Excel 电子表格在高中代数课堂上被用于教授学生问题解决技能(见 Engerman Rusek & Clariana, 2014),而构造图被用于教授八年级学生学习天体运动(见 Plummer & Maynard, 2014)。六年级学生使用月球日志进行空间科学推理(见 Cole, Wilhelm & Yang, 2015),另一组六年级学生使用 NetLogo 模型(注:一个可以模拟自然现象和社会现象的建模环境)研究温室效应(见 Visintainer & Linn, 2015)。每个科目都可以列一份长长的概念清单。

教授概念时，你必须使用排序和任务分析方法。正如磁学教学的例子中所展示的，你有两个排序方式可供选择：

1. 通过描述概念开始教学，然后分析特征（实事）并给出一系列图解或例子（实事），这样学生就可以充分理解这个概念。

2. 给出与概念相关的例子（实事），然后让学生自己去发现概念。

如我们前面所说的，通过定义概念开始教学是演绎教学；通过示例开始教学，再期待学生去发现概念是归纳教学。在任何一个例子中，"概念分析"这个步骤都是有益的。

示例：专有名词 例如，如果你正在教授专有名词这个概念，那么建立一个专有名词的概念层次结构（见图6-4），以便阐明其特征（说明它的特殊性）及其与课程中更大的内容体系的关系，是很有帮助的。

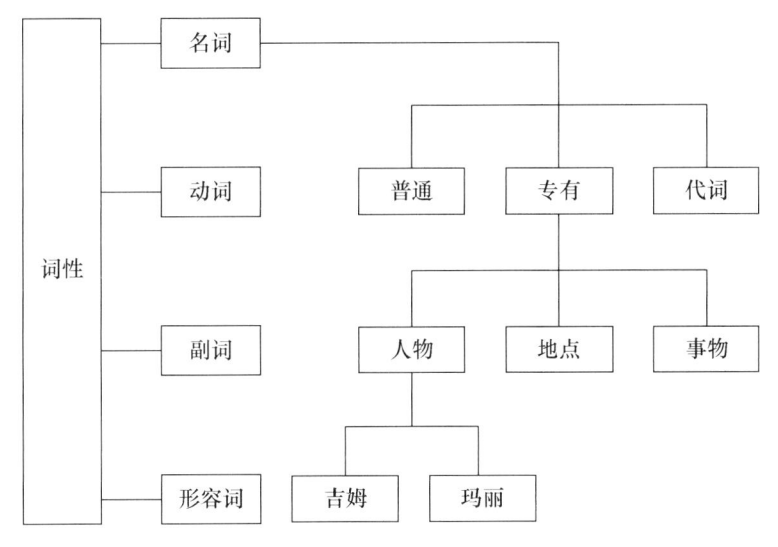

图6-4 专有名词的概念层次结构

概念层次结构为教师提供了一种排序技巧。例如，为了教授专有名词的概念，教师必须阐明专有名词的特征：既是"专有的"又是"名词"。因此，教师通过举例来说明专有名词的特性——在这个例子中，是两个人的名字——吉姆和玛丽。

利用概念层次结构可以建构概念之间的关系，描述这种关系的一种方法是使用上位、并列和从属概念。这些术语不仅表示一个概念的包容性范围，而且表示该概念与其他概念的关系。例如，词性的概念具有包容性，包含名词的概念，而名词又包含专有的概念。在这方面，专有是名词的一种类型，而名词是一种词性。诸如此类的相关概念形成了层次结构或有序排列。

在图6-4中，词性的概念是名词、动词、副词和形容词的上位概念。普通名词、专有名词和代词的概念从属于名词。名词、动词、副词和形容词这些概念之间的关系被称为"并列关系"。

描述概念如何相互关联

分析七个维度　在准备教授一个概念时,教师必须透彻地理解这个概念。本章前面已经描述过,**概念分析**是对概念的不同方面以及概念的层次结构进行彻底的检查。概念分析包含以下因素:(1)概念名称;(2)定义;(3)特征;(4)示例;(5)上位概念;(6)从属概念;(7)并列概念。概念分析是一种计划工具,已被证明有助于帮助教师建构概念学习活动。概念学习的每一个维度都描述了该概念不同且独特的方面。这个过程不仅使教师对所教授的概念有透彻的理解,而且还可以作为教学计划。表6-3提供了一个关于"平行四边形"的概念分析的例子。

表6-3　平行四边形的概念分析

概念名称	平行四边形
定义	平行四边形是对边平行的四边几何图形
特征	四边、对边平行、对顶角相等
示例	
上位概念	几何形状或四边形
从属概念	菱形、方形
并列概念	梯形

资料来源:Eggen & Kauchak, *Strategies for Teachers*, 1st Edition, © 1979, pp. 48-49. Reprinted by permission of Pearson Education, Inc., Upper Saddle River, NJ.

在概念教授的第二阶段,教师要确定教授这堂课应该使用归纳法还是演绎法;应该先教授学生概念然后举例说明其特征,还是给学生提供例子让他们从中归纳概念?教授这堂课时是否应该使用归纳法或演绎法,对概念的特征和例子进行透彻的分析是必要的步骤。概念分析层次结构对完成教学任务来说是一个必不可少的过程。

选择归纳法还是演绎法

概念教学通常是概括教学的前提。例如,一位教师在教授政治学这个单元时可能想使用这个概括:"执政者通常会赢得选举"。学生想要理解这个概括,他们必须理解"执政者"这个概念。尽管执政者相对于其挑战者来说可能年纪更大或更富有,或更富有经验,但这些都不是执政这个概念的特征。如果学生不能正确理解这个概念,他们就无法正确理解这一概括;他们可能会认为执政者经常获胜的原因是其年纪更大,而不是因为其目前正处于竞争地位。

概念教学最有效的一个方法是举例法。在设计一堂课时,教师必须提供足够多的例子以充分说明概念所有的显性特征。对于像"狗"或"动词"这样的具体概念,找到恰当的例子很容易。对于像"生气""公正""富有诗意的"这类概念,教师必须花费相当多的时间才能找到恰如其分的例子。给出平行概念的例子经常会帮助学生理解教师所教授的概念的特征。例如,你可能给出"敌意"、"愤慨"和"暴怒"这样的例子来帮助学生理解"生气"的概念。也可以使用否定的例子（反义词）。

6-6 先行组织者模式

教授抽象且复杂的概念（比如，"仇恨""偏执""生态系统""多样性""民主"）可能比较困难。学生经常会混淆这样的概念。例如，很多学生认为"民主"和"资本主义"是一个概念，但并不了解一个是政治概念，另一个是经济概念。对于教授这种概念来说，先行组织者模式是一个有效的工具。这种模式建立在**先行组织者**的基础上。先行组织者是对学习者在一节课中需要掌握的要素的表述，是为介绍后面的材料而设计的，而且必须足够宽泛以涵盖很多知识。例如，你可以运用这种模式将"资本主义"与其并列概念"社会主义"和"共产主义"进行比较。这种模式的主要目的之一就是通过展现"大图景"来教授这类概念之间的关系。有时，先行组织者是学习指南，是教学大纲或者目录。通常，它类似于图表，是一种直观的呈现。

> 上课时以学生将要学习的整体知识为起点

先行组织者模式是基于奥苏贝尔（Ausubel，1968）对演绎教学作出的经典解释。演绎性的探究模式包括三个基本因素：先行组织者、内容差异化和整合。它需要一个可以分层组织的知识体系。先行组织者模式的目的是为学生提供一个结构，这样学生能够理解课堂知识层次结构中的每个部分以及部分之间的关系。这个模式可分为三个阶段：呈现先行组织者、内容差异化和整合。

呈现先行组织者 作为先行组织者的例子，让我们以一位英语教师为例。这位教师正开始教授关于隐喻、明喻和拟人的单元。这位教师将通过定义或概括"修辞格"开始展开教学，其可能会遵循一个简单的层次结构图，如图6-5所示。

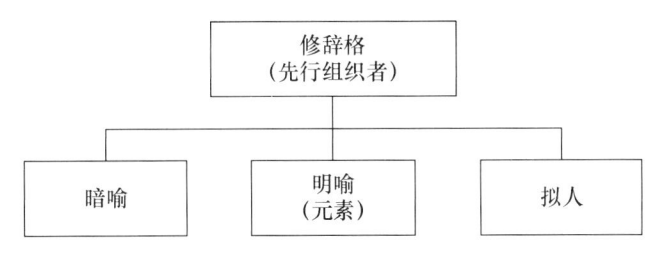

```
        修辞格
     （先行组织者）
    ┌─────┼─────┐
   暗喻   明喻   拟人
        （元素）
```

图6-5 修辞格层次结构图

从这里开始。如果每一个学生都理解该先行组织者，那么它将会为这堂课提供一个参考框架，旨在使这堂课的每一个部分都更容易被理解。先行组织者能够使学习者将课程材料与先前知识相联系，从而可能激发学生动机。在最近的一项研究中，研究人员发现，音频先行组织者有助于缩小新知识和先前知识之间的概念距离（见 Popova，Krishner & Joiner，2014）。

教师的任务是形成抽象的表述或经验，其涵盖这堂课的所有方面，并且学生可以将其与之前学习的材料联系起来。

教师在组织和开发课堂教学方面有很大的自由度。因此，使用相同先行组织者的两位教师可能会以不同的方式设计和实施教学。这里提供一个实用的方法：在一张大纸上记录下先行组织者并画出简要的层次结构图。与传统的教学相比，使用先行组织者搭建的框架，学生掌握材料所需的时间将会更短（见 Hus, Lai & Hus, 2015）。

> **内容差异化分离每一个知识点**

内容差异化　当你呈现了先行组织者并确保学生理解它之后，开始这个模式的第二个阶段的教学。在这个阶段，内容差异化也就是内容被细分为更窄、包容性更弱的想法，在知识层次结构中隔离每个事实、概念或概括，以便学生可以独立学习。上述英语教师可以通过陈述"隐喻是一种修辞格。隐喻的主要特征是……"开始有关隐喻的教学。该教师使用了一个宽泛抽象的概念（修辞格）并从中提炼出语义更窄、更具体的概念（隐喻）。突出一个信息要素的独特性和离散特征将使其更易于理解。

> **整合表明关系**

整合　先行组织者模式的第三个要素是**整合**。教授学生了解主要概念和基本事实是如何相关联的或基本内容是如何不同或如何相同的，这个教学过程就是整合。在这个阶段，你要尽力使学生理解知识层次结构各组成部分之间的相同点和不同点，并调和所呈现的观点之间实际或表面存在的不一致。在上述英语课堂的例子中，教师要确保学生理解修辞格和隐喻之间的关系（前者是宽泛的类别，后者隶属于前者）以及隐喻和明喻（它们属于同一类别）之间的不同点与相同点。在大多数层次结构图（见图6-5）中，相对于包容性较低的、语义较窄的概念（隐喻），较宽泛的、较抽象的、更具包容性的概念（此例中的词性）都处于较高层次。隐喻、明喻和拟人处于同一层次上。术语经过垂直整合和水平整合后用于描述学生学习这些关系的方式。

总之，先行组织者模式旨在以演绎方式教授有组织的内容体系（基于奥苏贝尔的演绎学习概念）。先行组织者为学生提供内容概述和重点；内容差异化为学生提供易于理解的信息条目；整合通过帮助学生理解所教内容要素之间的关系从而提供有意义的学习。奥苏贝尔为我们提供了帮助学习者将已知与未知相结合的工具（见 Gil-Garcia & Villegas, 2003）。

主要概念

先行组织者模式的步骤

1. *先行组织者*。与之前所学材料有关的抽象的介绍性陈述，包含这堂课的所有方面。它定义并/或概括了即将学习的信息。
2. *内容差异化*。将宽泛的想法细分为较窄的、包容性较弱的想法的过程。
3. *整合*。检查相关概念的相同点与不同点的过程。

互动步骤 虽然这三个因素是以连续的方式呈现的,但是它们彼此是相互作用的(尤其是内容差异化和整合)。如果有关比较和差异化的讨论能够使学生逐渐理解一个具体概念或概括,那么教师就应该毫不犹豫地同时使用这两个步骤。正如使用任何教学模式一样,教师应该以最有效地帮助学生学习的方式使用这一模式及其组成部分。该模式应该被灵活使用,而不是成为一种束缚。该模式应该是学习的支架,而且弥合了已知与将要学习的知识的差距。

> 可以灵活地、递归地使用这三个步骤

演绎教学的小窍门

1. 通过提供例子、定义和特征使学生验证自己对先行组织者的理解。
2. 在内容差异化阶段,通过让学生提供正在教授的概念或概括的例子来参与学习。
3. 设计一个图表,表明不同观点之间的关系及各自的唯一性特征。

注意不要将演绎式教学与讲座混为一谈。通常演讲者既不是演绎的,也不是归纳的。演绎课堂可以像归纳课堂一样有大量的师生互动或生生互动。呈现先行组织者之后,教师可以让学生自己负责内容差异化和整合,方法是要求学生提供特征和例子并解释关系(见 Ausubel,1968)。在这个例子中,教师成为学习过程的促进者,这与归纳课堂的授课方式基本相同。

为了使先行组织者模式发挥有效作用,教师必须准备一个先行组织者,为学生提供一个可以理解的课程重点,以及一个视觉呈现,以便阐明即将学习的信息之间的关系。可以采用类比(见 Dids,2015)或动画短片的形式,如在物理课上所使用的(见 Koscianski,Riberiro & daSilva,2012)。当你将之前的知识和材料与新知识相结合时,就会有重大收获(见 Marzano,Pickering & Pollock 2001,p. 117)。

先行组织者已成功用于很多学科领域。例如,使用单词墙,由学生提供单词和示例(见 Jackson & Narvaez,2013)或在外语课程中使用语言叙事视频进行朗读(见 Ambard & Ambard,2012)。教师可使用图示作为先行组织者来帮助学生在科学课堂上学习细菌代谢(见 Barbosa,Marques & Torres,2005)。在语言课堂上学习中文时,图片作为先行组织者比文字更有效(见 Wilberschied & Berman,2004)。作为先行组织者,内容的静态视觉呈现与动画的效果一样(见 Lin & Dwyer,2004)。如果你系统性地使用先行组织者,再辅之以不间断的审查和学生的总结,学生的表现将会优于其他学生。因此,对于你的教学知识库来说这个模式是宝贵的补充。

> 组织图超越文字,包括形状、图片和结构

组织图的益处 看一看本书每一章的开头部分。我们使用了被称作"概念图"或"概念网"的组织图。仅在这一章中,我们就使用了各种**组织图**来解释

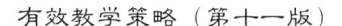

学习的层次结构、排序的原理、密度的任务分析表以及词性的概念分析。当你阅读文本时，你会发现我们穿插在文本中的其他组织图。本页的专栏中列出了几个常见的组织图。当你确定要学习的材料时，组织图在先行组织者过程的开始阶段是非常有帮助的。

组织图的例子
- 历史时间线
- 流程图
- 柱状图
- 圆形图
- 网络
- 分类法的重点
- 表格
- 连续性尺度
- 家谱
- 维恩图
- 环状图
- 内容提要

很多研究人员已经证明，组织图对于所有年级的学生都是有效的。概念网的使用可以帮助学生更有效地关联所学的知识，从而促进当前的学习（见 Dochy & Alexander，1995）。从幼儿园到大学，概念网在帮助学生吸收更高水平的内容方面已有很长的历史（见 Ang，2014；Chuang & Liu，2014；Bishop, Sawyer, Albert-Morgan & Boggs，2015；Cheon, Chung, Song & Kim，2015）。

> 组织图促进学生学习并使学生的学习有侧重点

其他类型的图形组织者，如卡通片（见 Kovalik & Williams，2011）、电影（见 Mak & Hutton，2014）和图片（见 Fitzhugh，1995）提高了学生的学习能力。在教授有学习障碍的学生学习中学代数时，使用组织图改善了学生的学习（见 Ives，2007）。在阅读课堂上，体现文本结构的组织图被发现是有效的（见 Jiang & Grabe，2007）。在全纳课堂教学中，使用非语言呈现手段是十分必要的（见 Baxendell，2003）。通过在教学中使用先行组织者，你可以帮助学生达到一个离开先行组织者就无法达到的水平（见 Calhoun & Haley，2003；Capretz, Ricker & Sasak，2003）。

因为每一个学生群体都有不同的经验，又处于不同的成熟阶段，这给教师带来了不同的挑战。而且，每一个学科都有不同类型的学习问题。数学的学习问题显著不同于社会学或英语的学习问题。

本章的第三节讨论了这样一个话题：组织图与右脑半球相关。当你强调与左脑半球相关的内容或过程时，你可以通过使用整合右脑半球学习的技巧来强化学习。因此，组织图为教学提供了双重激励。

当学生学习课程时，你应该教授他们如何使用组织图。你可以把组织图当作先行组织者或者让学生自己绘制组织图。尤其是对于特殊学生而言，使用组织图为活跃课堂气氛提供了另一种方式（见 Eden，Wood & Stein，2003）。

教授学生使用组织图

教学策略

教授"政府"的概念

这是一堂关于政府及其相关概念的课。这个班级已经学习了政府的基本形式，现在的话题是政府的职能。为了理解政府是如何发挥作用的，学生需要理解政府与其他社会机构的关系。教师可以使用下面的先行组织者来导入内容：

> 政府仅仅是一个社会服务机构。国家或政府对文明而言是至关重要的，然而政府不能独自完成所有工作。很多人类需求都是由家庭、教会、媒体和私营企业满足的。

介绍完先行组织者，教师已经准备好进行内容差异化的教学。教师为学生准备所需资料，这样学生可以开始探索人们的需求满足依赖于不同的机构。首先，教师和学生将可以研究的不同问题列个表。作为替代方案，为了确定各种机构为社会服务的领域以及机构职能重叠的领域，他们可能会列出可以采取的步骤。任何机构都没有涵盖的职能也将被列出。当学生收集好材料并向全班同学展示时，教师要带领他们完成内容差异化和整合过程。其结果就是一个互动的、演绎的课堂。

因为组织图对学生成绩有积极的影响，所以我们应该重视使用组织图。例如，使用先行组织者的论证和评价显著提高了科学课程的分数（见 Bulgren，Ellis & Marguis，2014），而且结构良好的先行组织者对心理学和数学课程的学习都有积极影响（见 Gurlitt，Dummel，Schuster & Nuckles，2012）。

罗恩·里奇哈特（Ron Ritchhart）和戴维·珀金斯（David Perkins，2008）描述了各种各样的图形组织者，这些组织者通过使"思维"可视化来辅助教学和学习。也许关于制订计划的一个有效概括是，更多时候教师假设学生具有必备知识，但实际上他们并没有。一些学生可能已经掌握了即将教授的课程，然而班里其他学生并不具备取得成功必备的经验和知识背景。

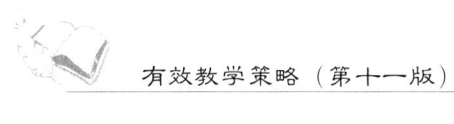

技术之窗

数字图形组织者和流程图工具

组织图（如图表、网络、矩阵和流程图）可以帮助你在安排大量信息时做到可视化和解释你的想法，这是排序和组织信息的一个非常重要的部分。由马里兰州公共电视台（Maryland Public Television）和约翰斯·霍普金斯大学教育技术中心（Johns Hopkins University Center for Technology in Education）主办的 Thinkport 网站提供了很多预格式化的、可打印的组织图，这些组织图可以集成到课堂活动和教学计划中。参见网址 http://www.thinkport.org/technology/template.tp。

在这个过程中图形组织软件可以提供极大的帮助。不同于使用铅笔和纸绘制的组织图，基于计算机的图形组织者可以轻松更改和重新排序。也许目前最流行的基于教育的组织图软件是 Inspiration，该软件提供了免费的在线试用版。最流行的、可免费使用的、基于网络的组织图工具包括 Gliffy 和 bubble.us。

回顾与反思

- 内容差异化与整合和本章第一节描述的排序有哪些相似之处？
- 回忆你在教师培训期间或以外的时间你教过孩子们的某些东西，你使用了归纳法还是演绎法？
- 为什么类比是一个强大的先行组织者？什么时候类比可能是一个糟糕的先行组织者？
- 三种课程组织模式有哪些相同点和不同点？哪一个让你感觉更舒服？
- 在你的教学领域中，你会采用列表中的哪些组织图来呈现概念？

第三节 作为教学过程的多方法学

我们将通过简要介绍三个理论来开始本节的教学多方法学，这些理论支持我们的论点——提供丰富的教学资源库。第一个理论涉及右脑半球和左脑半球处理信息的功能；第二个理论涉及学习风格；第三个理论涉及多元智能。以这些知识点作为你的先行组织者，我们将充分讨论多元方法。

6-7 半球性：右脑和左脑的功能

在过去的几十年里，关于大脑如何工作的一个主要理论被称作半球化，该理论为教师计划教学经验提供了另一种可用工具。**大脑半球化**研究的是大脑的左半球或右半球不同类型的心理功能发生的位置。研究表明，右脑半球参与视觉的、非语言的、空间的、发散性的和直觉的思维。左脑半球则参与语言的、逻辑的、分类的、关注细节的和聚合的思维。右脑较多从事近似的和创造性工作，而左脑较多从事细节和分析工作。例如，右脑处理视觉信息以使你能够识别一个人的面部，而左脑则提供这个人的名字。

对教学的启示 大脑每一个半球具有不同的功能，这一事实对我们很重要，因为它帮助教育工作者理解教学计划必须强化对两个脑半球的使用。多年的研究已经证明，教师坚持不懈地强调以左脑为重点的目标和教学。大部分教学目标集中在由左脑主导的认知的、分析的和聚合（也就是聚焦于）的功能上（见 Caine & Caine，1997；Given，2002；Jensen，2005；Sylwester，2007）。因为大多数学科领域的文献都是认知的和分析性的，甚至我们图书馆的馆藏资料也倾向于左脑（见 Farmer，2004）。例如，书籍大多是印刷媒介，然而，在科学书籍中，添加图片、图表和流程图可以帮助人们"看"内容。

> 左脑＝逻辑的；右脑＝创造性的

研究还告诉我们，虽然大脑的每一个半球往往强调一种具体的功能，但是大多数富有成效的智力功能需要两个半球合作才能实现。如果右脑被包括在此项练习中，那么集中于左脑的学习练习（我们为学生计划的大部分学习目标和教学经验）会得到加强。在设计教学经验时，我们在很大程度上忽略了右脑的功能，这也限制了左脑功能在学生学习中的有效性。一项涉及 168 名高等数学一年级学生的研究发现，占据主导地位的大脑半球是左脑。在解决问题时，使用左脑的学生倾向于写出等式并给出逻辑解释，而使用右脑的学生则倾向于制作图表和插图（见 Fernandez，2011）。在另一项研究中，与同龄人的左脑半球思维方式相比，有阅读障碍的学生表现出偏好右脑半球的思维方式（见 Viachos，Andreou & Delliou，2013）。为了使教学最有效地适合大脑的任何一个半球，我们必须平衡结果和学习活动，尽可能使大脑两侧都参与其中（见 Baker & Martin，1998；Eden，Wood & Stein，2003）。

在教学计划中融入创造性 设计使用大脑右半球的学习活动是很重要的，但这里要提醒一下，因为适合大脑右半球的目标或成果强调创造性功能，因此为大脑右半球取得的任何成果制定标准是有难度的。从本质上讲，大脑的创造性功能越强，在数量和质量上越难以衡量。例如，假设你让学生设计一种全新的利用塑料汽水瓶的方法，你如何为这项任务确定目标？如何量化和定义创造性？如果你还记得有效教学包括平衡大脑右半球和左半球的功能，那么你就能

够处理所遇到的问题。有音乐天赋的学生可能将不同水位的水或其他材料装入瓶中来制作一种乐器。学习艺术的学生可能会制作一个看起来像动物的雕塑。对昆虫感兴趣的学生可能会设计一个收藏展。这个活动的一个益处是学生们能够观察行动中的创造力。目标的呈现不是孤立的，而是像本章所展示的，目标是按照达到普遍结果的一系列期望的顺序呈现的。如果你撰写了精心构建的目标以便使学生掌握左脑活动，那么你也可以建构一个框架来定义和评价右脑目标，使它们成为整个学习序列的一部分。这个框架可能类似于卡普兰矩阵（参见第五章）。在下面的专栏中我们提供了一个强调右脑功能目标的简要样本。

在教学目标中整合适合左脑和右脑的活动

> **右脑半球目标**
>
> 1. 仅使用一支铅笔和一张白纸给一位同班同学画一张素描。这张素描对班级大部分同学是可识别的。
> 2. 呈现大小、形状和质地不同的十种物体，拟定一个方案使另外一个人仅凭感觉就能给这些物体分类。
> 3. 根据给定的故事开头创作一个完整的故事。故事开头的所有实体要素都要被融入故事情节。
> 4. 仅使用三种基本颜色画一幅体现所有现代风格的油画。
> 5. 以电脑模拟"俄勒冈小道"（The Oregon Trail）为模型，遵循在真空和失重环境下运动的物理原理，模拟从地球轨道空间站前往月球的航行。

不要假定强调大脑右半球的活动可以自动提高创造性。没有明确的证据证明创造性和大脑半球关系密切（见 Hines，1991）。大脑半球的差异往往是相对的而非绝对的，而且对学校教学的意义也可能是推测性的（见 Hellige，1988）。我们强烈建议你学习罗伯特·西尔维斯特（Robert Sylwester）的著作——《青少年大脑：争取自主权》（*The Adolescent Brain*：*Reaching for Autonomy*，2007）。它为我们提供了一个很实用的有关大脑如何发挥作用的概括。

人们对基于大脑研究的教育有相当大的兴趣，同时也有相当多的争议（见 Bruer，1999；Weiss，2000；Winters，2001）。针对基于大脑的策略开展的实验显示了其前景（见 Myrah & Erlauer，1999；Erlauer，2003；Crawford，2007）。虽然脑神经科学能够为教学和学习概念化提供很多帮助，但它是一门新兴科学，教育工作者应该慎重行事，不要过早地开展实验室研究（见 Jensen，2000）。此外，这些研究结果的运用需要大量的研究和实践，因此这是一个非常适合你终身学习的话题。

> **回顾与反思**
>
> 1. 准备一个包含学生右脑活动的课程计划。
> 2. 查阅适合你打算教授的年级水平的教科书或电脑项目。你发现了关于大脑半球性的哪些特性?
> 3. 收集你所在的州针对任何课程领域的州标准。对这些标准进行半球性测试。

教师感言

华盛顿州普尔曼市富兰克林小学教师莉萨·卡特赖特

使用多方法学

作为一个有15年教龄的老教师,令我感到惊讶的是,良好的教学实践仍然很难获得。有了经验,课程设计就会变得比较容易——更具创造性和灵活性。重点和努力方向就会转移到学习公平性上;也就是说,我的课堂上的所有孩子是否都能够获得学习机会并向我展示他们已经做到这一点?

以儿童为中心的教学创造了一种学习的环境。在这种环境下,课堂上的每一个学生都会学习和发展,在某种意义上,个人能从A点提高到B点。作为一名教师,我提供学习目标,并努力帮助每一个学生达到那些B点目标。很多学生的表现将超出预期,但是我有责任确保所有的学生完成每一堂课的基本目标。

创造一个可以进行这种学习的环境比任何人想象的都要困难。好的教学应该包括儿童可以学习的很多手段。因此,多方法学是以儿童为中心的课堂取得成功的关键所在。我设计课程时考虑学习风格、多元智能,以及左右脑半球。我希望学生可以以多种方式向我展示他们正在学习的内容;学习手段是积极的、以过程为主导的,而且往往是技术性的。

因此,我也使用多种方法进行评估。这是以儿童为中心的教学最重要的因素,同时也是最难完成的工作。这往往意味着增强传统的纸笔评估技术,允许儿童以各种方式展示他们的知识。我综合使用多种评估工具,我觉得这能让我很好地了解每个学生的学习情况。最后,我感到满意的是,我尽我所能教授和评估每一个孩子。

6-8 多样性和学习风格

没有两个人的想法是完全相同的,可以很肯定地说同样也没有两个人的学习方式是完全相同的。教师对这种多样性有多种不同的反应方式，其中最普遍的一种方式是分组（见 Slavin，2003）。在小学阶段，分组通常意味着依据学生的技能和能力（尤其在数学和阅读方面）将班级分成多个小组。在高中阶段，分组经常会产生不同的学习路径。每一个路径的课程旨在达到不同的教育和职业目的。然而，除了资质和能力不同，学生还在其他更微妙的方面存在差异。这一部分涉及对学生学习产生积极或消极影响的一些因素；然后，我们提供一些你可以用来适应个体学习风格的技术。教师面临的主要挑战是识别并对任何课堂上的学生的多样性保持敏感。除了具备各种能力，学生可能来自经济资源各异的、有不同宗教信仰以及各种背景的家庭。

> 社会差异影响学习效果

学生的文化背景和经历影响他们对新材料的理解以及他们对教学的反应和受益情况。一项针对在英国的泰国学生的研究显示，他们在学习风格上存在明显的特点（见 Eaves，2009）。一项有关中国和英国医学学生的比较研究的结论是，每组学生的学习文化影响着他们的学习（见 Mitchell，Xu，Jin，Patten & Goldsborough，2009）。背景、经历、社会经济地位、文化和语言方面的差异影响学习（见 Banks & Banks，2004）。例如，从农村来到城市学校的教师将会发现他们需要调整教学方式。一个一年级学生被问及的问题——"牛奶从哪里来？"——可能从农村孩子那里会得到一种回答（牛），而从郊区或城市孩子那里会得到完全不同的回答（商店）。

6-9 学习风格

一段时间以来，教育工作者已经认识到经历和文化差异对学生成功产生的影响（见 Cushner，McClelland & Safford，2003），而且很多教师教育项目都包含涉及多元文化的课程和单元，旨在帮助教师对背景经历的巨大影响提高敏感度（见 Knapp & Woolverton，2004）。某段时间，相当多的注意力集中在个体差异的其他不太明显的方面。在一项针对技术专业学生的研究中，研究人员发现了比预期更多的差异（见 Threeton & Walter，2009）。在一项古典修辞学的研究中，嘻哈音乐被用作一种教学镜头，从而使亚里士多德的证明既新潮又有趣味性（见 Sciullo，2014）。在英语作为外语的课程中，同质协作小组的在线学生的表现优于异质协作小组的学生（见 Kuo，Chu & Huang，2015）。当教学风格与学生的学习风格相匹配时，在实施教学后的第一周他们的单词拼写的正确率更高（见 Slack & Norwich，2007）。

> 解决问题的不同方式

这一领域的研究人员已经将这一维度称为"学习风格"，而且已经开发了多种教学项目来满足不同学生群体的需求。**学习风格**或偏好通常被定义为学生在课堂环境互动中表现出来的认知的、情感的和心理的特性。学习风格不同的学生理解问题的方式是不同的，而且他们倾向于采取不同的方式来解决问题。

然而，并非所有学者都认为，理解学习风格对教学有促进作用。一些研究表明，很少有证据表明理解一个人的学习风格能够促进学习（见 Dembo & Howard，2007）。

此时，你可能会对自己说，"嘿，这和我们在心理学中所学的图式理论非常接近"。在一定程度上确实如此。任何年龄或具有任何学习风格的学生在学习某事物时，他们都会将所学知识融入有意义的模式或图式中。当学生学习新概念时，他们的图式可能是杂乱无章的、非理性的或者完全错误的。这样的图式将会妨碍学习。同样，就学习风格而言，学生的个体属性和环境属性可能会促进或妨碍学习（见 Wilson，1996）。

学习风格领域的研究人员和支持者认为，这些风格处于心理能力和个性的边界上。学习风格介于这两个领域之间，是个人学习新技能、新知识或新技术的首选方式（见 Sternberg，1997）。本章其余的部分会说明如何通过使用多样的教学风格来适应所有学生的学习需求。

6-10　多元智能

关于我们当前讨论的人类智能，至少有三个重要的发现。第一，智能是一种动态的品质，并不是一出生就固定的。第二，智能可以通过适当的学习经验得以提高。第三，智能具有很多不同的属性（见 Gardner，1993）。关于后者的发现——智能有多个方面，而不仅仅与语言或数量方面的能力有关——是教学计划和排序的关键要素。这个概念引出了一个叫作**多元智能**的概念。多元智能概念的主要支持者是霍华德·加德纳（Howard Gardner，1985，1991，1999a，1999b，2006）。加德纳的研究易于制订计划，因此适用于学校教学环境。他提出了八种基本智能；然而，在最近的出版物中，他尝试性地提出可能还有存在智能、道德智能和精神智能（见 Smith，2008）。我们在讨论中使用下面专栏中所列的八种基本智能。

> 智能可以有多种形式

加德纳的八种智能
- 语言智能
- 数学逻辑智能
- 空间智能
- 身体运动智能
- 音乐智能
- 人际智能
- 自我认知智能
- 自然认知智能

加德纳断言，我们都拥有这八种智能，但学校往往只在一定程度上发展前两种智能。结果，学校教育有意识地压制（歧视）了六个智力领域。很多教师认为多元智能理论很有吸引力，因为该理论为他们制订计划提供了一个逻辑系统（见 Armstrong，2009）。格伦代尔社区学院的一项试点研究在两年的时间内将加德纳的多元智能纳入 10 门心理学课程。该研究已经扩大到其他研究（见 Diaz-Lefebure，2006）。两位教师通过运用多元智能理论成功地教授了有关鼻涕虫的鲜为人知的事实（见 Delaney & Shafer，2007）。一项涉及五年级和六年级数学科目学生的研究发现，接受多元智能理论教学的学生比接受传统数学教学的学生有更好的概念学习能力（见 Gurbuz, Birgin & Catlioglu，2014）。研究发现，使用合适的电子游戏可以促进小学生的多元智能发展（见 del Moral-Perez, Fernandez-Garcia & Guzman-Duque，2015）。可以通过多种智能活动（如读者剧场、角色扮演、口头表达和日志写作）强化第二语言学习（见 Yeh，2014）。一些教育工作者认为，教师应该更多地学习和使用加德纳的多元智能理论（见 Aborn，2006；Beliavsky，2006）。将这些多元智能融入学习风格的理念可能会让教育心理学家感到害怕，因为有那么多不同的变量需要控制。

> 为语言智能以外的其他的智能发展制订计划

对多元智能理论的一个常见的批评是，没有前期的纵向实证研究支持加德纳的多元智能概念，而且它与认知神经科学不一致（见 Waterhouse，2006）。学校创新学者拉里·库班（Larry Cuban，2004）注意到，多元智能理论通常并没有真正在课堂上得以实施。结束这一部分内容时我们非常谨慎，因为在寻找能够明确证实多元智能概念的经验证据方面存在问题。正如我们所指出的，这八种智能确实提示了教师如何提供多样化的活动或格式进行课堂教学（见 Visser, Ashton & Vernon，2006a，2006b）。我们认为，教师至少应该了解这些不同的智能并酌情组织课堂活动以适应一些智能，从而为学生提供多方法的经验，这一点是有帮助的（见 Marzano et al.，2001；Stanford，2003）。

6-11 改变你的教学技巧

如你所知，有效教师会采用多种教学方法和技巧。例如，若你想使用归纳式呈现模式，那么你的课程教学至少要包括如下要素（我们将在第八、九、十章详细论述）：

- 教学提问
- 某种性质的数据
- 学生研究
- 应用或实验室练习

- 学生概括列表

如果你计划采用演绎式来呈现某个话题，那么你将要使用其他要素：

- 示范
- 视频或电影
- 学生活动
- 演讲嘉宾
- 指定读物
- 学生报告

很明显，你能够在课堂上采用的教学策略是没有止境的（见 Tate，2003）。我们敦促你首先设计教学目标（教学内容），然后再设计如何教学。通过改变每周的活动日历，你将会适应课堂上各种不同的个体学习差异（见 Lazear，2003）。通过使用多方法学，你不会循规蹈矩。如果你要上讲座课，你可以每隔十分钟做活动或提问，或让学生自发进行总结。始终将重点放在内容上，但是需要改变授课节奏和方法。如果你采用多方法学概念，你的课堂教学环境将会是丰富多样的（见 Marzano, Pickering & Pollock, 2001; Hattie, 2009）。请你记住，在你任教的第一年，你将度过一些很棒的日子，在此期间学生投入学习并享受学习。而在其他日子里，你会觉得学生没有学习，似乎与你脱离了联系。你选择的策略在糟糕的一天不适合学习，而在成功的一天却非常适合学习，这些都是有可能的。然而，这些不同的日子也可能是由于天气或学校活动（如体育锦标赛）等你无法控制的情况造成的。你的任务是找到打开学生思想的"钥匙"。

使用其他方法来分解讲座课

教师经常感觉被迫要"教授所有材料"，但是任何风格的教学都没办法做到这一点。一个中学生提出了一个深刻的看法："孩子们在新的学校学习中从来没有真正做过什么，只是得到了更多的东西。"教科书已经为大多数教师和学习者设定了节奏，尽管有互联网存在。但是你可以通过简短的演讲或演示来补充文本，为学生提供遗漏的技能或背景信息。最后给一点提示：贝弗利·希尔（Beverly Hill, 2005）评论道，以高风险测试作为当前的标准，学习风格或偏好与测试风格不同的学生不及格的风险可能非常高。她建议检查测试的结构，这样你就可以帮助学生取得成功。

现在你已经了解了教学排序、组织和多方法学，但是要适当地运用这些内容，你还需要额外的训练和具体的课堂经验（见 Hale, 2010）。如果你有意识地将课程结构设计成吸引学习者的形式，那么具有难度和挑战性的概念是可以被教授和理解的。一旦你能够对主要信息块进行排序，同时牢记学生在学习和能力方面的所有差异，你将能够实施任何计划或学习模式。

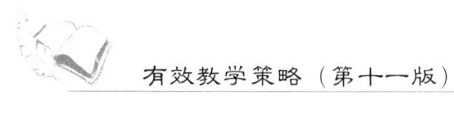

回顾与反思

● 使用一种推理模式（归纳的或演绎的）和一种计划制订模式来概述你将如何教授你的教学领域中的一个主要概念。

● 在你的科目领域内选出一个不常教授但你觉得重要的概念。为这个概念设计一套先行组织者和层次结构图。

● 在日常教学设计中如何使用任务分析方法？为一堂课起草一份教学步骤清单，首先进行测试以检查学生的入门技能。

● 设计一堂课，利用组织图讲授一个概念。

● 你在多大程度上见过或接触过学习风格、多元智能和多方法学这些概念？到目前为止，你的知识如何影响你的教学理念？

● 在加德纳的多元智能列表中，你最擅长哪一种智能？想象你教授一个和你十分相像的学生。对这个学生你将会采用什么教学活动和方式？

本章小结

1. 有序的教学活动为学生获得成功提供了阶梯。
2. 事实、概念和概括构成了大多数教学内容的基础。
3. 归纳式的呈现模式通过提供具体的例子引导学生得出概括。
4. 演绎式的呈现模式从概括开始，然后给出具体的观点。
5. 任务分析使你能够确定在比较复杂的教学中哪些内容是学生取得成功所必需的。
6. 对独立的任务进行排序为学生取得成功提供了有意义的或合乎逻辑的路径。
7. 层次结构图和组织图既帮助教师设计教学，又帮助学生进行学习。
8. 先行组织者为学生提供了教学地图，使他们了解将要学习的内容。
9. 教师需要设计教学以便融入以右脑为导向和以左脑为导向的活动。
10. 制订教学计划、组织教学和教学排序都是变化的和灵活的过程，而不是一成不变的过程。
11. 组织图应该是引人入胜的，这是有意而为之的。
12. 多方法学是适应个体智能和学习风格的一个计划工具。

纸质资源

Hyerle, D. *A Field Guide to Using Visual Tools*. Alexandria, VA: Association for Supervision and Curriculum Development, 2000, 147 pp.

这本书提供了很多有关组织图的信息和例子，对专业人员有收藏价值。

Irvine, J. I. & **D. E. York.** "Learning Styles and Culturally Diverse Students: A Literature Review." In *Handbook of Research on Multicultural Education*. J. A. Banks and C. A. McGee Banks, Eds. San Francisco: Jossey-Bass, 2001, pp. 484–497.

这是关于多元文化学生学习风格的一个章节，是任何教学方法课程的学生和教师必读和讨论的话题。作者举例说明了"风格"这一概念的复杂性，并且列举了非裔美国学生、西班牙裔美国学生和美国土著学生的"偏好"。作者还针对过度概括提出了警告。

Jonassen, D. J., W. H. Hannum & **M. Tessmer.** *Handbook of Task Analysis Procedures*. Westport, CT: Praeger, 1989.

这本书全面分析了使用任务分析方法制订教学计划的好处以及存在的问题。

Schwarz, P. & **P. Kluth.** *You're Welcome: Differential Instruction in the Inclusive Classroom*. Portsmouth, NH: Heinemann, 2007, 30 pp.

本书提供了三本手册，每本手册包含 10 个理解和支持多样化学习者的想法。这些想法包括课堂结构、教学策略和课堂教室实例。

Sylwester, R. The Adolescent Brain: Reaching for Autonomy. Thousand Oaks, CA: Corwin, 2007, 176 pp.

作者使用很少的技术术语展示了如何使青少年参与更有效的人际交往。他对如何指导这个学生群体提出了建议，并讨论了对青少年来说至关重要的问题。

网络资源

- 这是一个关于学习风格的综合网站，是加拿大不列颠哥伦比亚省维多利亚市的岛屿成人发展协会（the Island Adult Development Association of Victoria, British Columbia, Canada）的网站。网站内容包括六大范畴，其中包含多元智能理论。

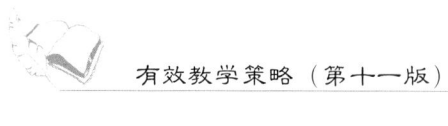

http://www.ldpride.net

● Teacher Tap 为使用组织图提供了一个充分的理由。该网站为各年级和各学科提供了很多使用组织图的例子。

http://www.eduscapes.com/tap/topic73.htm

● 学习新视野（New Horizons for Learning）提供了有关多元智能理论的详细解释和参考书目。

http://www.education.jhu.edu/PD/newhorizons/

● 设在艾奥瓦州立大学（Iowa State University）的无损评估教育资源中心（NDT Education Resource Center）是获取一般教学技巧（包括对不同学习风格的解读）的优质来源。

https://www.nde-ed.org

第七章

评 估

学习目标

完成本章后，你应该能够：

7-1 了解评估是一个持续的过程

7-2 识别与评估相关的技术和专业词汇

7-3 描述课堂评估的目的

7-4 确定教师评估的领域

7-5 理解评估与计划和教学的直接联系

7-6 理解课堂评估的正确作用所面临的挑战

7-7 理解形成性评估的作用及其为学生和教师提供反馈的作用

7-8 描述如何使用各种形成性评估策略

7-9 讨论形成性评估与学生动机之间的关系

7-10 概述形成性评估和终结性评估之间的关系

7-11 讨论教师主导的评估的作用及重要性

7-12 讨论大规模成就测试的作用及重要性

7-13 讨论学生主导的会议的作用及重要性

7-14 列出构建测试的一般原则

7-15 描述如何拟定客观题

7-16 描述如何拟定论述题

7-17 描述如何评估（学生）表现和成果

7-18 讨论评分原则

7-19 了解如何传达你的评分意图

评价标准

本章涉及的标准：

标准4：

内容知识。教师谙熟所教学科的核心概念、研究工具和学科结构，创建学习体验，使该学科的这些内容对学习者来说是容易理解的和有意义的，从而确保学习者对内容的掌握。

标准6：

教学评价。教师能理解和运用多种方法评价学生的成长，引导学习者进步，指导教师和学习者作出决策。

标准8：

教学策略。教师理解并使用各种教学策略，促进学习者深刻理解知识内容及其联系，并通过富有意义的方式培养学习者应用知识的技能。

标准10：

领导力与合作。教师候选人寻求适当的领导角色和机会，承担学生学习的职责，与学习者、家庭、同事、其他学校专业人士和社区成员合作，以确保学习者的成长，并促进专业的发展。

教室洞察

萨曼莎·布朗是索尔克中学新来的教师。她在查看校董事会修订的关于评估的政策："希望教师客观评价班级里所有的注册学生。尽管一些测试是客观的常模参照测试，但是我们也鼓励使用作文和标准参照测试。进一步说，我们鼓励所有教师根据实际情况使用档案袋、真实的测量标准和表现评估。这项政策并不排除在评估过程中使用其他指标。此外，强烈建议教师将课堂评估用于形成性评估目的。也就是说，利用课堂评估为学生提供学习、自我纠正以及达到课堂和地区学术标准所需的信息。"学校董事会政策的一个新特点是鼓励教师为形成性评估目的使用终结性评估，而不是简单地进行评分或确定学生是否在达到州教育要求的过程中取得适度进步。萨曼莎默默思考着她将如何驾驭这一套复杂的评估选项并期待在社会学和英语课堂上使用这些评估选项。

你已经积累了丰富的评估经验。你已在大多数中小学课堂上接受过评估。进入大学之前你可能参加过学术能力评估测试（SAT）或其他入学测试。在目前的课堂上你可能正在接受评估。但是现在你（像萨曼莎一样）应该开始从教师的角度思考课堂评估问题。本章内容将帮助你回答如下问题：

- 我如何协调计划、教学和评估之间的关系？
- 形成性评估有哪些作用？为了实现形成性评估我可以使用哪些策略？
- 哪些种类的评估工具可供任课教师使用？每种工具何时使用较为合适？

- 如何构建各种课堂评估方法？
- 有哪些评分原则？以及我如何将评估结果传达给学生、家长和适当的行政人员？
- 我如何使用终结性评估来促进学生学习？

第一节　基本语境和概念

作为一名新教师，你会在课堂上遇到很多挑战，包括评估。本节提供的重要信息将帮助你走上正确的道路。

7-1　一个持续的过程

在下面列出的课堂活动中，你认为哪些属于评估问题？
- 观察课堂上当学生相邻而坐时哪些学生取得了最好的合作效果。
- 向学生提问以便检查他们的理解能力。
- 关注好像没专心听课的学生。
- 对最近的教学情况进行测试。
- 关注课堂上看起来很无聊的和躁动不安的学生。
- 进行单元期末测试。
- 给学生评分。
- 复习前一天的课程内容。

所有这些活动都是教师行为——正式的和非正式的——的实例，用来监督和指导学生学习。教师收集信息，解读信息，然后决定是否回应及如何作出回应。因此，评估是一个连续的过程，其首要目的是改进学生学习（见 Gronlund，2006）。本章旨在帮助你计划、组织、实施和解读课堂评估行为从而成为一名更有效的教师。这里提供的见解有助于你思考如何利用课堂评估这一强大的工具来强化学生学习。有多种理由可以解释为什么要成为一名有效教师，了解评估知识是很重要的。下面的专栏中记录了几个理由：

主要目的：强化学生学习

课堂评估的理由

1. 为学生提供反馈。
2. 作出有关学生的明智的决定。
3. 监督、评判并记录学生的学习表现。
4. 通过制定短期目的并通过反馈来激发学生的动机。
5. 以学习为中心来增强学生对学习的记忆与迁移。
6. 评价教学效果。
7. 营造并维持一个支持性的课堂学习氛围。

7-2 技术和专业词汇

在继续讨论之前，我们首先澄清几个术语。我们习惯上用下面的方法辨析*评估、测试和度量*（见 Miller，Linn，& Gronlund，2009）。**评估**是最常用的术语，包括教师收集学生学习信息的一系列的广泛过程。这些过程包括纸笔测试、表现和项目评级、观察。评估在某种程度上是一种质性描述——是针对"学生表现如何？"这个问题作出的价值判断。评估也包括测试工具，比如标准化测试或大规模成就测试。

> 一系列的广泛过程

测试只是一种特定类型的评估，通常是全体学生必须在固定时间和相似条件下回答的一组问题，以展示学习成果。教师利用测试来判断学生在一组特定任务上的表现，并且获得比较学生表现的测量数据。

度量是用数字描述评估结果的过程，例如一个项目的正确答案的个数或得分。度量是一种定量的描述，对学生的表现质量不做任何说明。度量作为一个概念与大规模成就测试有特殊关联。

常模参照标准化测试，如学术能力评估测试和艾奥瓦州基本技能测试（Iowa Test of Basic Skills），通常是一种纸笔测试，由一家大型测试发行商开发，针对大量人口（被称为"规范化群体"）并在同样的条件和时间限制下进行。标准化测试的目的是通过将个体分数与整个规范化群体的分数（使用度量）进行对比从而对个体分数进行排名。这一规范化过程以及在相同条件下对所有应试者进行相同测试的事实使该测试得以"标准化"。

其他两个术语——效度和信度需要进一步澄清（见 Nitko，2004，pp. 36-76）。这些特征对于所有评估（包括标准化测试和课堂评估）都非常重要。接下来讨论的重点是以度量为主导的标准化测试和评估。后一节将讨论课堂评估的信度和效度问题。

效度指一个测试在多大程度上测量了其预计要测量的内容。比如，一把尺子是测量桌子尺寸的有效工具，尺子提供的测量结果是值得信赖的，能够用来决定桌子安放的位置是否合适。然而，尺子不能测量桌子的重量，在这方面，它是一个无效的工具。

> 测试是否测量了预计要测量的内容？

现在我们来思考一个包含语言问题的数学测试。通过这些问题得出的测量结果在多大程度上反映了学生的阅读能力和数学知识？一定程度上，该测试测量的更多的是学生的阅读能力，纯粹测试数学能力的效度较差。是否有解决这一困境的简易方法？据我们所知这种方法并不存在。因此，任何测试都不可能完全有效地测量成就结构或范围。需要探索的根本问题是"我有哪些证据可以证明我正在实施的测试（无论是否是我设计的）正在测量我打算测量的内容？"还要注意效度与目标的相关性——一项测试有可能对一个目标有效，而对另一个目标无效（见 Della-Piana，2008，有关测试效度的精彩论述）。

测试结果一致吗？

信度是指测试结果的一致性。如果多次重复测试同一组学生，且得到大致相同的分数，那么该测试被认为是有信度的。显然，你不能用这一方法来确定测试信度，因为学生可以从每次重测中有所学习。然而，一些统计方法可用于估计测试信度。测试发行商在记录测试的技术（比如，信度和效度）特征时使用了这些统计方法（见本章结尾处的纸质资源）。你需要记住一个一般性规则：随着测试长度的增加，信度会提高。也就是说，测试包含的问题越多，获得的学生信息也越多。结果，有关学生成绩的不确定性降低了，这反过来提高了测试的一致性或信度。在判断评估工具的效度和信度时，你应该提出哪些问题？下面的“主要观点”专栏对此一一进行了列举。

主要观点

效度和信度

效度

- 该测试是否测量了其预计要测量的内容？
- 根据这些测试分数我是否能合理地判定学生成绩？
- 该测试是否对所评估内容的代表性部分进行了抽样？

信度

- 该测试的结果与每次测试的结果相似吗？
- 该测试的结果与其他类似测试的结果一致吗？

回顾与反思

思考你最近参加的一次测试。该测试是否测量了它声称要测量的内容？该测试评估的内容是否合理？假如你重新进行测试（从以前的测试知识中并无收获），测试结果会相似吗？

7-3 课堂评估的目的

作为一名熟练的教师，你会使用四种主要的课堂评估方法来达到四种不同的主要目的。下面讨论下一页“主要观点”专栏中概括的这四个主要目的。

预测试的目的是摸底

分班 回忆一下第五章中本杰明·布鲁姆的观点，即50%的学生成绩不稳定的原因是学生在开始新学习之前缺乏足够的知识或技能。因此，很多有效教师在开始授课之前通过**预测试**来评估学生当前的知识水平。进行这一做法至少

有三个理由。首先，这种预测试能够识别学习新教材知识之前还没有充分掌握先前知识的学生，教师可以为这些学生提供学习新教材的准备工作。其次，评估学生总体的先前知识水平能够帮助教师确定教学的起点和教学内容。最后，有效且可信的预测试的成绩可以作为测量进展的基准。分班测试一般由专业测试机构完成，但也可以由教师完成。

诊断 评估的另一个目的是确定具体的学习难点。这个工具——**诊断性测试**通常是一种商业产品，不过有时候可能由教师来完成。它的目的是识别学生在学习中的强项和弱项，尤其是在指定的科目中学生需要掌握的知识。通常，在专家——阅读教师或外语教师、专业教育工作者或顾问和心理学家的配合下教师使用诊断性测试来识别或者筛查问题。

形成性评估 作为教师，你的工作核心是学生不断提高学习能力，获得更多成果。因此，你使用的最重要的课堂评估可能是**形成性评估**——为了监督学生进展而进行持续不断的评估。其目的有两方面：首先证实学生的学习正在进行并且正在学习适当的课程；其次为学生提供反馈。在第一种情况下，信息的主要使用者是教师。评价未必是正式的评估，也可以使用教师对每个学生所做的系统性的观察记录（称为"轶事记录"，本章后面对此有所论述）来进行。

> 形成性评估使学生明白他们的表现如何

形成性评估也被用来为学生提供反馈并回答他们的问题："我表现得好不好？""我能达到预期目标吗？"评估的形式将尽可能合理地回答学生的问题，并尽可能以最快的速度提供反馈。目前的研究表明，及时且相关的反馈是提高学生成绩的最重要的因素之一（见 Hattie & Timperley，2007；Hattie，2009；Marzano，Pickering & Pollock，2001）。本章第二节专门讨论形成性评估。

终结性评估 与形成性评估相比，**终结性评估**是一种"对之前的学习的概述"（见 Black，1998，p. 28）。为了完成这项任务，教师在整个教学期间通过期末测试或项目来收集学生的信息。终结性评估的核心目的是核实项目、课程和计划的完成情况。终结性评估（通常包括字母等级）的使用者不仅包括学生，还包括他们的父母，可能还包括他们未来的学校和雇主。终结性评估也可以用于形成性目的。我们将在本章后面讨论这个新概念。我们将在本章最后一节讨论评分过程，原因是所有人都认为这是学校教育的重要组成部分。终结性评估通常由教师来完成，虽然可能含在与教科书配套的补充材料中，或者可能是所在学区或州组织的大规模测试。终结性评估也有一个重要的教学维度，这将在后面的章节中讨论。

主要观点

课堂评估的目的

- 为了分班：判断学生是否具备接受新教学的必备技能。

- 为了诊断：判断学生持续出现学习问题的原因（身体的、智力的）。
- 为了形成性评估：监督学生取得的学习进展，通过提供反馈来巩固学习成果，并纠正学生学习中出现的错误。
- 为了终结性评估：为评分或证明学生的掌握程度而确定最终成绩。

7-4 教师评估的领域

既然你已熟悉教师评估的根本目的，那么了解你将要评价的行为、活动和知识的类型对你会很有帮助。阅读这一部分时，你会自问哪些领域最适合一个或多个评估目的。

> 终结性评估包含成绩

回忆一下，在第四章你学习的三个学习领域——认知领域、情感领域和精神运动领域。有效教师会对每个领域进行评估。然而，你在阅读第四章时可能会注意到很多活动涉及多个领域。比如，制作一份海报，在某种程度上这是一个精神运动活动，但是海报的质量也取决于学生有关海报的知识以及他们对制作海报的感受和动机。下面的讨论使用领域这一术语来识别你所评估的内容，每一领域涉及一个或多个知识范围（下文"教师评估的领域"专栏中再次列出了这些领域）。这些评估领域和技巧具有启发性，但不够全面。本章后面将解释每个类别使用的评估技巧。

> 有效教师评估认知、情感和精神运动领域

对知识和概念的理解 认知领域是我们通常将之与测试相关联的领域。然而，这个领域很宽泛，因此对于不同类型的知识你要采用不同的评估方法。尤其重要的是要先确定评估目标再思考评估方法（见第四章）。例如，如果目标是记忆功课——可能是数学事实——你应该测试学生对信息的记忆，可以采用口试或笔试。然而，如果测试目标是理解概念（比如光合作用的概念），那么评价这种理解的最佳方法是让学生使用自己（口头或书面）的语言来解释这一概念，或者让学生识别这个概念的例子或者为该概念举出新例子。问一下你自己："每位学生如何能够证明自己对知识和概念的理解？"

思维 我们把这一领域单列为一个类别，尽管有些教师将思维视为一项技能。人们可以提高自己的思维能力，在这一意义上思维是一项技能。但是，思维似乎远不只是一项技能，而且对思维的评估包括多项选择测试、问题解决练习和口头或书面解释。确保你有一个适合你的关于思考的定义。"我要寻找哪些指标来证明学生正在思考呢？"

技能 技能是多种多样的——身体、学习、社交、思维、数学、解决问题——而且，可以使用各种各样的工具来评估这些技能。多种纸笔测试可能适用于评估数学和解决问题的技能，而演示则是展示体育技能的合理方式。学习档案袋很可能是艺术、写作和绘图课程选择的评估工具，而表演则可能是音乐

课的首选评估工具。关键的一点是，要考虑你所有的课程领域所涉及的任何一项技能，然后问问自己："每个学生能够做什么来表明自己的进展？"

态度 特别是在培养班级的团体精神和相互依赖的意识方面（参见第九章），询问学生对彼此的感情和对学校的总体感受是非常有用的。态度调查表、轶事记录和核对表可以在不损害保密或隐私权的情况下提供大量数据。问问自己："哪些证据或学生行为显示了班级中的积极态度？"

教师评估的领域

- 对知识和概念的理解（学生如何证明对知识和概念的理解？）
- 思维（哪些指标表明学生思考的内容和方式？）
- 技能（每个学生如何显示自己的进展？）
- 态度（哪些证据和学生行为表明班级中的积极态度？）

7-5 评估与计划和教学的直接联系

你已经理解了课堂评估的几个核心概念以及课堂评估决策的基本背景，接着我们再简单浏览一下教学计划及其与评估的关系。

将评估融入教学计划

在理想的情况下，评估计划应该是整个教学计划的组成部分，而不是教学完成后的附加环节。这样的"一揽子"计划如果经过认真的策划能够确保你和学生对教学结果清晰明了，确保教学过程条理有序，确保教学和评估协同一致，以及确保评估测量了预计要测量的所有结果。回忆一下，在第四章中这一过程被称为"课程整合"。当所有三个因素相互匹配时——也就是，当教学和评估聚焦既定的教学目标时——课程整合就应运而生了。

你要牢记的另一个要点是所有这三个教学过程是相互影响的。换句话说，一旦你根据教学计划开展了实际的教学活动，并对一天的教学活动进行了反思，那你的教学决策肯定需要调整。同样，你对学生学习持续不断的观察与监督——日常的课堂评估会直接影响教学决策。学生是否已经很好地掌握了计划要掌握的概念？如果还没有掌握，问题出在哪里——是教学方法的原因、学生的背景知识储备原因，还是其他原因？你选择的哪些方法似乎使学生产生了最大的动力和兴趣？在具体领域内，学生个体分别有哪些强项和弱项？对所有这些问题的回答，通过持续的评估收集起来，都将影响到下一堂课的计划和教学工作。

这里有必要讨论一些其他有关评估和计划过程的评论。一些教师认为，在规划课程、教学和评估时牢记目标是非常有用的。简而言之，他们首先制定学习目标，然后制定评估决策，最后制定教学决策。格兰特·威金斯和杰伊·麦克泰格（Grant Wiggins & Jay McTighe，2005）将这种策略称为反向设计，包括三个阶段：(1) 确定期望的结果；(2) 确定可接受的证据；(3) 计划学习经验和教学。这一过程与传统的课程规划策略形成了鲜明对比，因为它始于目标，而不是始于教科书。此外，评估不是在教学结束时完成的工作，而是在计划制订过程中完成的工作。反向设计的一个明显优势是，教师在开始时心中就有一个目标，即学生应该知道并能够做到什么，从而相应地确定到达那里的路径和显示学生已经到达的证据。当教师明确清楚学生在课程结束时应该达到哪里时，学生作出的回应更有可能是教师所期望的那种成就。

有时，学区会采用一种独特的教学服务模式，被称为"合作教学"，即特殊教育教师与通识教育教师在同一课堂上共同授课（见 Cooke，2004）。其目的是减少特殊需求学生的教学分割现象。这种模式要求双方教师具有独特的技能和行为，还需要教师合作制订大量的计划，尤其在评估方面。必须努力确保对普通学生和特殊需求学生的评估具有可比性。关于合作教学评估的具体建议参见第三章。

当你计划单元教学和活动时，要同时计划评估。这种做法是确保所有部分相互配合和支持的最佳方式。我们现在讨论关于评估和计划的三个一般要点。

教你所测，测你所教

从成绩单开始 计划评估的一个比较实际的方法是从你最后需要准备的成绩单开始。期待成绩单上出现哪些信息？多久记录一次成绩？使用字母等级吗？你是否需要准备评语？是否有需要核实的项目？为了准备成绩单你需要哪种类型的数据？你如何获得所需要的全部信息？你的学区是否将学区标准与成绩单中的具体条目相结合？

这些问题听起来可能很简单且显而易见，但是很多次我们看到新教师直到不得不准备成绩单的前几天才问起有关成绩单的事宜——这未免太迟了！因为对于学生的进展情况，你每年至少需要做四次记录。实用性和职业责任都要求你作好充分准备。

考虑时机 安排评估时间是初步计划的下一个步骤。四种策略有助于确保测试的时间安排能够使测试对学习的贡献最大化（见 Dempster & Perkins，1993）。第一，新引入的材料应尽早进行测试。这样一来，学生们就有动力立即开始学习，而且作为教师你将尽早了解到学生的进展情况。第二，频繁的测试能鼓励持续的学习，并减少测试焦虑。这种策略有助于学生保持学习动机和达到学习期望（而不是拖延而且担心失败）。第三，测试应该是累积性的，每次测试都包括一些之前作业中的材料。第四，经常测试有助于保留记忆。

频繁测试；快速测试新材料

围绕行政管理所需的评估和为获得最大的学习成果所需的额外评估，有效教师会制定初步的日程表。

评估特殊需求学生 特殊需求学生和英语语言学习者对任课教师提出了特殊的挑战。幸运的是，大多数学区和国家教育主管部门都提供政策和其他资源（包括辅助性技术）来帮助教师评估这些学生取得的进展，包括课堂评估、大规模成就测试和高风险测试。

首先需要做的是，就如何在测试和评估情况下最有效地对待特殊需求学生，咨询你所在学校的校长。你的校长应该能够指导你的教学，以便在最大程度上支持学生，并达到学校、学区和州设定的目标期望。彼得·艾亚斯和迈克尔·拉塞尔（Peter Airasian & Michael Russell，2008）提出了各种评估特殊需求学生的想法和策略。或许其中最有意义的建议是将特殊需求学生的教学和评估纳入计划过程。请学生参考第三章，了解评估特殊需求学生的具体建议。

翻转课堂 翻转课堂虽然不是新事物，但已经成为全美义务教育教师教学中的一部分，这是有充分理由的。翻转课堂是一种高效且富有成果的教学手段，用于处理内容和追求复杂的学生学习结果。翻转课堂要求学生在课前阅读课堂笔记和其他与内容相关的材料。在课堂上，学生单独或两人一组或小组学习，以增加学生对内容的理解，并最终开展基于问题的动手学习活动。

首先，可以采取多种形式评估翻转课堂，尽管所有的评估都与某个特定目的相关联。为了使翻转课堂发挥作用，学生必须在课前阅读相关材料。因此，评估可以是测验或测试，以检查学生是否真正阅读了材料。纸笔测试、在线测试或课堂上使用点击器都可以用于此目的。其次，为了支持强化学生理解内容的课堂活动，可以向学生提出一个短文问题来检查他们的理解程度，或者学生两人一组通过同伴评估来评估彼此的理解程度。最后，学生可以在团队中处理复杂的问题，可以使用某种类型的量规来评估他们的表现或任务。请注意，支持翻转课堂的很多评估本质上是形成性评估，因为翻转课堂通过向学生反馈他们相对于期望的表现，以及以学生可以采取行动的方式，致力于向学生灌输学习过程中的自主权。滑铁卢大学卓越教学中心为有兴趣使用翻转课堂和评估学生成绩（尤其是用于形成性目的）的教师提供了很多有用的资源。这些资源通过以下网址可以获得：https://uwaterloo.ca/centre-for-teaching-excellence/teaching-resources/teaching-tips/lecturing-and-presenting/delivery/class-activities-and-assessment-flipped-classroom。

7-6 课堂评估的正确作用所面临的挑战

布鲁克哈特（Brookhart，2004）认为，教师使用一套核心的操作理论来进行教学、评估和课堂管理。虽然这些理论与教育界的很多人士产生了强烈共鸣，但在实践中这些理论可能相互冲突。认真思考教学和课堂评估。有力的证据表明，如果使用得当，课堂评估对学生的成绩有显著影响。例如，保罗·布莱克和迪伦·威廉（Paul Black & Dylan Wiliam，1998）回顾了跨越不同的年级、科目和国家的研究并发现，有效使用课堂评估可以将学生的成绩提高多达15个百分点，这是通过标准化成就测试测得的结果。这强有力地说明了课堂评估和教学之间的关系。

然而，常识表明，除非教师能够有效地管理课堂，否则教师无法教学，学生也无法学习。这一原则非常重要，因此本书使用一整章（第十一章）专门讨论这一话题。鉴于课堂生活是变化莫测的，教师必须作出重要且果断的决定来维持对课堂的控制。不幸的是，一些教师使用课堂评估方法来维持这种控制。当教师将评估用于控制课堂和惩罚学生时，这一情况就发生了——评估不是为了这些目的而设计的，也不应该为了这些目的。这类例子包括为了惩罚不遵守纪律的班级，为了让"他们安静下来"而进行"突击性"测试，以及为了惩罚一个懒散的学生而取消其在一个项目上的学分。这些策略很可能在短期内使教师掌握课堂控制权。然而，它们也会对学生产生长期的负面影响——学生逐渐学会逃避测试和其他评估形式，因为他们从来都不太确定这些评估的目标所在。作为教师你可能想将评估用于合理的教学目标，但是鉴于以往的经历学生可能会认为你出于其他目的（比如惩罚）而进行评估。

简而言之，当教师使用课堂评估时没有考虑到学生的幸福感，那么可能会损害学生的学业幸福感，并最终影响他们的学业成绩。学生们不再追求卓越，因为他们不再愿意冒险去尝试一个可能会成为武器的目标，而教师在标准化测试中可能会失去 15 个百分点的潜在成果。此外，如果你出于操纵的原因使用课堂评估，那么学生可能会开始失去对你——他们的教师——的信任以及尊重。将评估作为惩罚工具的负面后果实在是太严重了。

惩罚性测试会损害积极性

回顾与反思

这里提出的问题是关于课堂评估的重要议题。与同学组成小组来汇集你的观点，然后将结果展示给全班同学。

1. 为什么持续不断的评估是很有价值的？
2. 哪些情况会导致一次或多次课堂测试失去效度或失去信度？
3. 当你上学的时候，课堂评估发挥的作用是什么？如何将它与它应该发挥的作用相比较？
4. 列出认知、情感、精神运动各个领域内不同的评估方法。
5. 你是否能回忆起你上学的时候教师故意使用课堂评估惩罚你或你的同学？你对这种作法有何感觉？你认为这种作法如何影响了你或你的同学的学习意愿和能力？

第二节　形成性课堂评估

除了收集学生的成绩信息来评定分数等级之外，有效使用课堂评估还有更多其他用途。当然，评定分数等级是教师必须执行的一项重要任务。然而，当教师开始思考评估是为了*促进学习*而不是学习本身固有的东西时，那么作为教学工具评估的力量已经释放到了课堂之中。保罗·布莱克（Paul Black）和他的同事（2004）认为，当评估被用于提高学生成绩时，促进学习的评估就应运而生了。

> 评价不是学习本身所固有的，而是为了促进学习

形成性评估是一种完全致力于提高学生学习和成绩的课堂评估。吉姆·波帕姆（Jim Popham，2006a）认为，形成性评估是一个过程（不是一个测试），发生在教学过程之中，而且教师和学生一起参与这一过程。本小节提供了各种可用于形成性评估过程的评估策略。本节给出了反馈的定义并讨论了反馈的重要性，描述了三种形成性评估策略，将形成性评估与学生动机联系起来，以及描述了形成性评估与终结性评估的关系。

7-7　形成性反馈

已经有大量文献论述了评估和反馈的关系。对于教师和学生来说，**反馈**，尤其是形成性反馈，表明了学生当前掌握的知识和教师对于知识与理解的期待之间存在的差距。反过来，反馈被用来调整课堂教学（教师如何使用反馈）和修改学习策略（学生如何使用反馈），在每一种情况下都是以提高学生学习为目标（见Popham，2006b）。罗伊斯·萨德勒（Royce Sadler，1998）将反馈转化为教师可以在课堂上使用的简单的术语。简而言之，教师想要评估学生的学习质量并提供形成性反馈，他们必须明确学生预计达到的标准或目的，并且能够评判与该标准相关的学习质量。

莱斯利·劳德，苏珊·赫希，普贾·帕特尔和马蒂·瓦格纳（Leslie Laud, Susan Hirsch, Pooja Patel & Marty Wagner，2010）是在形成性评估实践中合作的资深教师。他们亲身体验了形成性反馈对于提高学生成绩的强大作用。他们推荐了使用形成性课堂评估的四个步骤：

1. 在每个单元开始时，帮助学生明确他们需要学习的内容。
2. 教授学生进行自我评估，目的是使他们能够监控自己的学习。
3. 与学生一起制定学习目标，以便他们能够富有成效地利用学习时间。
4. 帮助学生开发学习策略以实现学习目标。

> 学生和教师必须对学习有同样的期待

为了充分发挥反馈的积极作用，学生最终对标准的理解必须与教师的理解一致。为了达到这一标准，学生也必须能够评估自己的功课，并且能够运用多种自我监控策略来修改与完善自己的功课。

这不是一项简单的任务。教师需要经过几年的教学才能够充分理解自己对学生的正确期待，运用学业标准评判学生功课的质量，并且教授学生可用于达到标准的策略。当然，教师可以使用多种方法来发挥形成性评估的积极作用（见Hattie，2009）。

7-8 形成性评估策略

这里列出几个形成性评估的基本策略，你可以在课堂上使用这些策略来完善学生的学习（见 Black，2004）。根据班级情况、单元教学的内容、你的教学风格以及你教学过程的舒适度，你需要判断你将在多大程度上使用每种策略。

提问。形成性反馈的一个主要方面是提问。艾亚斯和拉塞尔（Airasian & Russell，2008）提出，一般有两类问题：一类是聚合性问题，只有一个正确答案；另一类是发散性问题，有很多合适的答案。此外，他们还指出，提问是一种强有力的教学策略，可以用来提高学生对教学的敏感度，控制教学节奏，促进更深层次的处理，以及诊断学生的误解。提问非常重要，因此第八章将专门讨论这个话题。

同伴评价。学生想要取得优异的成绩，最终他们需要在必要的时候能够进行自我评价，并且能够使用纠正措施以达到标准。自我评估能力通常是通过教师对学生的反馈来培养的。然而，学生（尤其是在学校里没有取得多大成就的学生）不可能总是虚心接受教师的反馈。有时学生更易于接受同伴而非教师的反馈意见，因此在学生之间开展学习任务和反馈活动能够有效地完善学生的学习。为了行之有效，教师需要向学生讲解有益反馈的方法，也可以进行示范说明。比如，假设教师给学生布置一项写作任务，并提供一系列衡量写作质量的标准。教师使用一篇以前的学生的作文来示范写作标准的使用和写作表现反馈的方法。有了这些知识和理解，学生能够互相反馈，从而说明当前作文的质量与写作标准预期的质量之间的差距。学生可能更愿意接受同龄人的反馈。

通过评分进行反馈。评分无疑是你必须了解并认真完成的一项任务。评分不仅包括判定学期成绩，还包括为各种测试、报告和学习计划评分（本章后面将讨论评分问题）。评分的弊端是它会强化学生之间的成绩差异。成功的学生将分数与自己的努力联系起来，而不成功的学生将分数看作证明自己是教育系统内的失败者的证据。如果仅提供分数而不进行其他反馈，那么上述情况则是千真万确的。

使用实践测试。一种形成性评估策略并不为人所知，但它承诺了丰厚的学习回报，这就是使用实践测试。这种被称为"测试效果"的方法，近年来出现了复苏的趋势，主要原因是最近大量的实证研究在各种背景和情况下对该方法进行了测试，结果都是肯定的。邓洛斯基（Dunlosky，2013）等人回顾了大量最新文献。简言之，这些研究者发现，在各类学习结果、学生和题材中，实践测试的效果都优于重新阅读材料（可能是学生中最常见的学习策略），并且可以与多种测试形式（如回忆、简短回答、多项选择题）并用。这个策略很容易实

施。在将某个材料介绍给学生后的某个时间，对该材料进行一次实践测试。这种方法的一个主要特点是，在进行实践测试后为学生提供正确答案，几天之后再进行一次实践测试，并再次提供正确答案。罗迪格三世、帕特南和史密斯（Roediger III, Putnam & Smith, 2011）总结了这种方法为学习和教学带来的好处，包括识别知识和理解上的差距，更好地对内容进行认知组织，并为教师提供教学反馈。阿德索普和特雷维森（Adesope & Trevisan, 2013）进一步建议，在每次授课之后都应使用实践测试，最好使测试与单元末测试在形式上保持一致，而且学生应该将实践测试作为个人工具来评估自己对材料的掌握程度。总之，实践测试作为形成性评估策略有很多优势。

研究表明，除了评分之外，有关任务表现的书面反馈是促进学生学习的有力手段。这一手段有助于鼓励学生思考自己的表现和成绩，而不是作为谁胜谁负的证据。反馈的类型（而非数量）对学生学习产生了深刻的影响。教师需要明确他们想从学生那里得到什么，需要参照期望标准客观地评判学生的学习情况，以及需要有效地传达学生的表现（见 Laud, Hirsch, Patel, & Wagner, 2010）。

提高学生成绩的一个主要贡献是使用"学生自我报告的成绩"。约翰·哈蒂（John Hattie, 2009）在对 800 多项相关研究的元分析中，将其列为 138 项影响学生成绩的因素中的第一位。

7-9 形成性评估和学生动机

为学生提供清晰的成就反馈能够激发学生取得成功的动机。特别是，明确目的或标准并帮助学生为自己重新表述这一标准，会有利于学生争取成功的主动性。如果学生理解在课堂上取得成功的含义，那么成功不再是一个神秘事物，也不再是仅有教师才掌握的事物。有了对成功的共同理解，学生不太可能因为没有达到标准而责怪你或者他们自身之外的其他原因。当他们没有达到某一单元的学习目标时，他们更可能会承担责任，并采取措施来实现学习目标。

教师评估实例

不充分的反馈（含糊不清；不能帮助学生改善学习表现）
- "非常努力"
- "做得不错"
- "需要修改"

有用的反馈（提供具体信息，学生能够将其用于改善自己的学习表现）
- "你在写下一篇报告时，考虑使用更简短的句子。这样冗长的句子会使

> 你的信息丢失。"
>
> • "求解这些方程时,每一个步骤另起一行。然后,你将能够跟踪求解方程的过程。"

这些想法在帮助成绩不好的学生方面最具潜力。例如,在一个反馈很少(除了分数)的环境中,成绩不好的学生认为成绩是徒劳的猜谜游戏,从而经常停止尝试。然而,当收到形成性评估时,他们更有可能尝试去迎接挑战。因此,形成性评估与学生动机之间的联系应该处于任何教师思考和计划课堂评估的最前沿。

形成性评估帮助成绩不好的学生领会游戏规则

7-10 形成性评估与终结性评估的关系

如前所述,终结性评估是以某种方式"总结"成绩的过程或在给定时间点对成绩进行状态检查的过程。很多种评估可以被视为终结性评估,这些评估可以是课堂、地区或州评估。这些评估包括单元末或章节末评估、学区实施的课程完结测试以及由州实施的中期基准评估,用以衡量学生在达到标准方面的进展情况。形成性评估的目的是向学生提供信息,使他们能够采取行动以缩小他们所处的位置与他们相对于标准需要到达的位置之间的差距。这两者之间的区别——通过终结性评估来评判学生和通过形成性评估为学生提供反馈来帮助和支持他们——使很多教师感到紧张。

苏珊·布鲁克哈特(Susan Brookhart,2001)发现,成功的学生通常不会鲜明地区分形成性评估和终结性评估。对他们来说,形成性评估和终结性评估既是学校经验的组成部分,也是满足教师期望的组成部分。在该研究中,学生整合了形成性评估信息和终结性评估信息。他们利用这些信息来反思他们在某个时间点的表现,以及他们可以从这些经验中获得的有助于将来学习的内容。这项研究的发现并非微不足道。这些学生的见解为缓解形成性评估和终结性评估之间的历史性紧张状态提供了一种方法。布鲁克哈特认为,尽管这项研究仅涉及高中英语课和解剖学课的一组成功的学生,但这一发现可能会被推广到其他学校环境。言下之意,这些发现也可能被推广到外部强制测试之中。达特诺和哈伯德(Datnow & Hubbard,2015)指出,很多教师对分析终结性评估数据感到不确定,特别是涉及用于形成性目的的数据。我们建议,学校和学区应开展旨在为教师提供有关数据分析的必要知识和技能的专业发展活动。当你成为一名教师时,你应该选择能够提高你终结性数据分析技能的专业发展机会。如果你需要帮助,要向学校校长或负责评估数据的地区工作人员寻求帮助。任何一种策略都有助于你通过使用终结性评估来完善教学和学生学习。

合并并综合所有的评估数据

> **回顾与反思**
>
> ● 想想高中阶段你心目中的一位优秀教师。这位教师是否使用评估来提高学生的成绩?这一点是如何实现的?
>
> ● 在这位教师的课堂上,你什么时候感觉自己好像明白了"成功"的意义?然后你是否注意到自己不同于往常的积极表现?

第三节 认识评估工具

评估工具的分类类似于动物或植物的分类——存在多种分类方法。之前,我们介绍了如何根据任课教师需要考虑的目的来组织评估并对其进行分类。在这里,我们提出一种不同的评估工具,其组织评估依据是工具的性质和特点。

7-11 教师主导的评估

正如你的经验可能证实的一样,大多数课堂评估涉及教师编制的测试。这有其充分的理由。第一,教师监督课堂上的学习过程,因此教师比其他任何人都更清楚需要评估的内容。第二,作为教师,我们根据教学内容评估学生的学习。如果我们的教学是为了记忆事实,那么记忆事实就是我们评估的内容。如果我们的教学是为了培养学生的应用能力,那么我们就评估这种应用能力。第三,教师熟悉学生和教学,这可能会影响评估的内容和方法。

教师究竟是如何进行评估的?本章的一个重要小节(第四节"建构课堂评估")详细介绍了这个评估过程。这里我们提出一些总体原则来帮助你有效且可信地衡量学生的成绩。

第一,正如我们已经提到的,一边制订教学计划一边制订测试计划,而不是等到教学结束才计划测试。提前了解评估方法和内容对教学有很大的帮助,尤其能够保持教学有所侧重,不会在某些知识上停留太长时间而忽略其他知识。

在决定评估形式时既要有灵活性又要有创造性

第二,记住课堂评估的整体环境包括各种各样的评估方法。你可以让学生使用多种有效方式——报告(口头和书面)、海报、录像、音乐、戏剧、故事、示范和表演——展示他们的技能和知识。然而,有时教师编制的纸笔测试是课堂评估最合适的选择。

第三,将课堂评估贯穿于整个教学过程中,不要将它置于教学过程之后。如果在单元教学的整个过程中对学生进行评估,那么与单元结束后的一次测试提供的信息相比,你和学生将会更了解他们对知识的理解。

正如前面所提及的,信度和效度对课堂评估非常重要。标准化测试或者大规模评估发行商使用以统计学为导向的程序来量化信度和效度。教师通常没有时间，也没有接受培训以执行这些统计程序。每年要进行多次评估，但通常不是标准化评估，有时课堂上的学生太少从而无法保证计算具有统计学意义。然而，这并不意味着教师可以免除责任，不必确保评估的信度和效度。理查德·斯狄根斯（Richard Stiggins，2008）提出了四个方面的问题来测试你的评估质量：

1. 评估的目的是什么？谁将使用评估结果？如何使用？
2. 学习的目标是什么？这些目标是否清楚明了？这些目标是否适当？
3. 如何进行评估？使用什么评估方法？评估的质量如何或者有哪些相关要素？
4. 如何传达评估结果？向谁汇报评估结果？以什么形式汇报评估结果？

> 评估是否适当？

总之，要牢记：作为教师，你在使用评估向学生传达他们的学业成绩。这些问题有利于确保你正在有效地传达这一信息。

7-12 大规模成就测试

大规模成就测试是一个很大的话题，你会发现有很多书专门讨论这一话题。萨尔维娅、伊塞尔代克和博尔特（Salvia, Ysseldyke & Bolt, 2010）的著作《评估》（Assessment）涵盖了对这些测试的技术方面的精彩描述和对几种测试分数的诠释，该著作在本章结尾处的纸质资源中被引用。下一节将讨论这些测试的优点以及如何在教学决策中使用这些测试的结果。我们还会讨论一些与标准化测试相关的问题、担忧及改革。

优势、局限性以及潜在用途　学校采用大规模成就测试的主要目的是根据全区和全州的课程设置来评估学生表现，监控学生成绩，并在高中毕业前评估学生的能力。使用这些测试时首要的考虑因素是确保教学内容（课程）与测试内容相一致。仔细研究这项测试及其补充手册将揭示其一致性程度。

在你的教学生涯中，始终牢记：没有一个测试能够（或甚至声称能够）完整地描述一个学生的成绩。测试成绩必须辅以学生功课的样本，对学生的观察，以及你为该学生创建的测验、测试和作业。只有那时你才能对他们的成绩进行专业评估。

下面的专栏中总结了大规模成就测试的优势（见 Miller, Linn, & Gronlund, 2009）。

大规模成就测试的优势

1. 问题的技术优势。标准化试题由专业人员编写，再由被测试学科的专家审查，审查是否存在偏见，并对缺陷进行实地测试。

> 2. 广泛的技术信息。标准化测试配有广泛且有用的有关测试规范、效度和信度的数据。
>
> 3. 成本效益。大多数标准化测试的开发成本早已回收，这意味着标准化测试能够以最低的人均成本提供最高的技术水平。相反，大多数替代性评估没有成本效益。
>
> 4. 易于使用的数据。标准化测试为班级记录、学生个人报告、给家长的报告，以及很多其他用途提供单独打印的文本。标准化测试提供各种分数——百分位数、等值线、标准线——用于将每个学生的分数与常模小组的分数进行比较。另外，还可以使用分数说明学生对具体技能和目标的掌握情况。
>
> 5. 管理和评分的便利性。不同于替代性测试和大多数教师编制的测试，标准化测试的实施和评分非常便利。
>
> 6. 定制化。标准化测试可以定制，以适应地区的特定目标。

问题、担忧和改革　在 20 世纪八九十年代人们对标准化测试存在诸多不满。本质上，这种不满来自对这种标准化测试的不当使用——使用测试结果驱动课程，将测试分数作为高风险决策的唯一指标，并因标准化测试结果而过分强调基本技能教学。

另一个核心问题是使用多项选择测试难以评估很多高级思维过程。比如，一个数学试题可能要求学生从四个选项中选出一个正确答案。这种做法是否表明学生进行了与计算答案相同的思维过程？很多人并不这么认为，他们认为测试这种技能唯一实际的方法是演示过程。在很多领域（包括写作、口语、外语和音乐）也存在同样的观点。

出于这些争论和一直相关的各种担忧，改革者开始要求更多地关注标准化测试运动遗漏或忽略的诸多问题——教学的重点在于思考和解决问题、地方对学习结果的判定、被测试内容和教学内容的一致性以及终身学习能力的培养，而不是强调对内容的机械记忆。教师对标准化测试的不满一直在延续，随着 20 世纪 90 年代初期的学校改革尝试，学校在教学目的、方法、管理、课程设置和评估方面都发生了重大改变（见 Linn，1998；Franklin & Snow-Gerono，2007）。

在评估和课程设置（二者在逻辑上不可分割）方面的主要变化是重点的转变。过去几十年来，学校专注于对学生进行分类——对学生进行排名，然后将其安置于不同的小组。标准化测试（全国范围内的规范化测试）有效地实现了这一目的。测试的最终结果是平均分和班级排名，这种评分制度强化了对学生分类的过程。

改革着力于舍弃使用数字分数和平均分作为成功与否的指标，继而转向强

（旁注：大规模测试的缺点）

调每个学生终身受益的技能——成为批判性思维者、掌握分析和解决问题的方法、开展富有成果的团队合作、监督自己的学习以及评价自身付出的努力。除此之外，目前很多大规模成就测试不是常模参照测试而是标准参照测试。换言之，开发这些测试的目的是反映成就目标，在全州范围内情况尤其如此。测试分数的意义不在于与常模团体进行比较，而在于与固定标准进行比较。

当今，随着改革的步伐迈入 21 世纪，大规模成就测试变得更为复杂，更具争议性。几乎所有州都要求进行全州范围的评估，并要求提供成绩结果。这些测试——被称为高风险测试（high-stakes tests）——试图激励学生追求卓越，并使教师和管理者为测试结果负责。联邦政府已经提出了自己的一套高风险测试要求（U. S. Department of Education，2002）。

> 高风险测试的价值值得怀疑

这种方法存在的问题是教与学的过程经常遭到破坏（见 Nichols & Berliner，2005；Popham，2006a）。教师过于重视测试准备，使教学侧重于应试，特别注重测试形式并按照这种形式进行教学。由于大规模标准化测试的形式主要是多项选择题，教师主要根据这种形式开展教学。具有讽刺意义的是，教育改革的动力在一开始就被削弱了。教师没有重视培养学生解决问题的能力和具备复杂的思维能力，而是重视记忆事实和通过多项选择题测试的成就目标。牢记形式不是问题所在。如果使用恰当，多项选择题是非常有用而且有效的。使用测试来对学生和教师作出高风险决策本身就是有问题的。这种测试实践迫使教师缩小课程和教学范围，着重强调当前测试的学习目标，从而将很多有价值的学习目标排除在课程之外，原因是它们不是测试的内容。

身为教师，你忙于各种事务，因此对教学以外的活动你必须认真作出选择。然而，高风险测试的使用对你和学生都有直接影响。因此，通过当地的工会了解更多有关大规模测试的实践，并了解可以采取哪些措施来改进这些测试，这个时间将花得很值（见 Popham，2006a）。确保这些测试与教学相一致，并参考规范或标准，而不是参考常模组，这是提高高风险测试教学相关性的关键步骤。

7-13 学生主导的会议

课堂评估的重大突破之一是认识到学生主导的会议对学生成绩的影响。虽然这些会议可以以多种方式进行，但它们通常在学期中期以汇报进度的形式召开，并且包括学生、教师和家长在内。这种评估方式被用于讨论学生在各种学习项目、写作、测试或测验中的表现。讨论的内容包括学生功课的质量、学生的优秀表现，以及改进学生未来表现需要采取的措施。

在学生主导的会议上，学生主要负责讨论和评价其当前相对于学习标准的成绩水平。尽管这种评价通常是学生呈现给教师和家长的口头评价，但也可以进行书面评价。

学生主导的会议建立问责制度

举行学生主导的会议的一个好处是让学生学会掌控自己的学习，并为自己的学习承担责任。另外，它加强了学生、家长和教师三个利益相关者之间的沟通，以学生的学术成就感为中心，学生主导的会议促进了这些个体之间的协调。很多教师了解这种技术的强大作用已经有一段时间了，并且已经成功地使用了很多年。

回顾与反思

- 在参观学校时，考察教师编制的各种评估。这些评估使用了哪些类型的格式？是否存在各种类型的格式？
- 访问你所在州的教育部门的网站，查看各种不同的高风险测试。同时，了解不同社会经济人群和不同种族群体的通过率或成功率。你观察到了哪些模式？
- 寻找一所正在召开由学生主导的会议的学校。寻问校长和教师你能否坐下来观察该会议。

教师感言

俄克拉何马州瓦格纳市瓦格纳高中的美国历史教师杰弗里·J.沙罗克使用的提高学生互动性和评估学生对学习目标掌握程度的复习游戏技术

不管主题是什么，教师都有一个共同的目标，即促进学生习得知识和技能。尽管定期测试可以让教师评估个人的进展，但在这些测试中表现不佳的学生通常在测试前几天都不理解课程材料，并且可能必须弥补之前的课程才能有效地继续向前。

我经常用来评估和提高学生理解力的一种方法是一个复习游戏，学生们通过小组竞争获得奖励，比如额外的学分或其他小奖励。游戏规则很简单：

学生很快组队，轮流作为发言人回答我提出的问题。各团队轮流回答指定数量的问题，在游戏结束时答案最正确的一队将获得奖励。为了让没有被问到下一个问题的团队在对手思考问题时保持专注，我给他们提供了一个机会——如果他们的对手答错过了，他们可以"偷"这个问题。因为课堂时间很宝贵，所以回答问题的时间是预先设定的（通常是1分钟），但是我允许并鼓励团队成员在回答之前进行讨论。

有趣的是，我发现，自我意识很强而不敢参与标准问答情境的学生在与同龄人协商并达成共识时会畅所欲言，而同龄人也会快速提出他们的想法，因为如果团队获胜，团队成员就会分享任何额外学分。此外，当学生知道复习游戏将在一堂讲座或其他学习机会结束再进行时，他们会表现出更好的专

> 注力。
>
> 当团队得出结论时倾听他们的讨论让我明白了很多关于学生所理解的内容，在每个问题结束后，我可以通过提供一个量身定制的解释来更有效地强化学习目标。最后，与我每天使用书面测验评估进展所获得的考试分数相比，反复使用这个活动和其他口头评估活动提高了学生定期考试的分数。

第四节 建构课堂评估

了解了课堂评估的原因、内容和设计测试的步骤之后，现在我们就掌握了编写具体测试题目的基础。测试的编写过程在某种意义上是一门艺术，但是如果有了一些基本的技术、耐力和实践，这项技能会迅速提高。本章只包括少量可用信息，但"纸质资源"中的建议可以补充你的知识。

当你规划并设计测试时，我们首先提供若干一般性指导原则来帮助你。接下来，我们较为细致地探索如何实际编写测试题目。我们将测试题目分为如下几类，并依次进行讨论：

1. 用于测量学生的知识层次的简答题、配对题和判断题。
2. 用于测量学生的知识层次和较复杂学习结果的多项选择题。
3. 用于评估复杂的、更高层次学习目标的解释题。
4. 用于评估更高层次学习结果的论述题。

7-14 建构测试的一般原则

遵循下列六个原则将极大地促进你编写具体的测试工作。

1. 对于要测试的主要话题，首先确定你的重视程度和教学时间，然后为每一个话题设计相应的测试题目。比如，你计划教授四个主题，使用相同的时间教授每个主题，那么在你的测试中，25%的问题应该与每个主题相关。然而，如果由于时间限制你没有足够重视其中两个主题，那么就降低了它们在测试中的覆盖面。当然，即使你的教学与计划存在偏差，你也应该测试你所教的内容。

2. 决定你要采用的测试形式和试题类型。一定要牢记：测试你教授的形式。如果教学内容是理解概念，不要测试记忆事实。保持一致性操作起来会更难。事实和记忆类问题比理解性问题更容易编写和评分——在测试中也更为常见。在初中阶段，大约90%的测试问题都处于布鲁姆认知分类法的最低层次（知识层次）（见 Daniel & King, 1998）。

3. 平衡可用的测试时间和试题数量。在给定的时间内一个学生能够回答多少个问题是比较合理的？这是一个变量，随着经验的积累你会理解的。在测试中，普通高中学生平均每分钟可以完成两个是非判断题、一个多项选择题或者一个简答题。论述题需要更长的时间（见 Miller，Linn，& Gronlund，2009）。然而，要记住有些学生的答题速度慢于其他学生，而且开始和结束测试都需要时间。如果你有足够的时间（即使这意味着将作业分几天完成），你就会更加了解学生成绩的全貌——这是频繁测试的另一原因。你也必须牢记特殊学生和非英语国家学生的特殊需求。

<small>测试题目的时间安排公式</small>

4. 使用一个矩阵（比如第五章中的表5-1和表5-2所示的卡普兰矩阵）有助于你制订测试计划。一个方法是在左侧栏中列出主要观点，并在顶部列出说明预期认知层次的标题。下文"教学策略"专栏中的"计划矩阵示例"通过举例说明了关于美国独立战争的单元如何使用这个方法。这个示例仅涉及类似多项选择题或配对题等客观性试题。论述题也与此相关，但是为了清楚起见，我们省去了这类题目。矩阵格式的一个优点是它能够识别主要思想，因此你可以在教学中强调并在考前复习这些思想。要注意认知层次，因此不要无意中使用太多回忆性题目。然后，估算一下完成测试需要的时间。

<small>使用矩阵来绘制内容和层次图</small>

5. 为先完成测试的学生计划一项活动。不要等到测试时才做这件事，它总是会发生的。

6. 设计测试题目（下面我们讨论这个问题）。

教学策略

计划矩阵示例

单元测试：内战的原因

主要观点	认知层次问题的数量	理解层次问题的数量	问题总数
政治因素	3	4	7
经济因素	2	3	5
地理因素	2	3	5
社会因素	3	3	6
题目总数	10	13	23

7-15 客观题

<small>客观题只有一个最佳答案</small>

之所以被称为**客观题**是因为这些题目只有一个最佳或者正确答案。对于客观题的正确答案不存在（或者几乎没有）争议。为客观题评分不需要进行专业判断。相反，其所涉及的真正技能在于另一端——认真、公平、系统地设计题目。客观题有两种类型：一是选择题，即从给定的选项中选出答案；二是补充

题，即学生补充一个简短的答案。如果测试没有具体要求是采用补充题还是选择题，那么就采用选择题，因为它能够更好地控制答案，并能够提供更客观的分数。但是，要记住测试你所教的方式。

判断题 判断题、配对题和简答题是三种比较简单的题型，通常用来测量认知层次的成就。这三种题型中，**判断题**或者**二选一**的选择题发挥的作用可能是最小的，因为这类题目只有两个选项，学生凭猜测就有50%获得正确答案的机会。表7-1中的例子说明了这些题目的形式和作用。要特别注意答题说明的具体细节。

> 判断题容易猜测

表7-1 判断题示例

答题说明：阅读每个句子。如果一个句子始终是正确的，圈出字母"T"。如果一个句子始终是错误的、偶尔错误的或者部分错误的，圈出字母"F"。
T　F　　1. 水总是在100℃沸腾。
T　F　　2. 40的51%大于20。
答题说明：阅读每个句子。如果一个句子是客观事实，圈出字母"F"。如果一个句子是主观意见，圈出字母"O"。
F　O　　1. 其他国家应该像我们国家一样拥有《权利法案》。
F　O　　2. 红灯要求汽车驾驶员停车。
答题说明：圈出以下括号中的正确选项。
1. 把它交给你喜欢的任何人（whoever, whomever）。
2. 把那些考卷交给校长或交给我（me, myself）。

配对题 配对题是判断题的一个变体，多用于评估知识记忆情况。这类题目最大的作用在于辨别同类材料中的关系。配对题和判断题有同样的缺点，使用时需同样谨慎。表7-2中是配对题示例。再次强调，需要注意答题说明。

编写配对题时一定要注意以下问题：第一，只使用同类材料——不能将人、事件、书名和地理区域混为一列。这种做法会使学生感到困惑，并倾向于为聪明的学生提供线索。将列表中的题目数量保持在八个左右，并包括更多选项，而不只是要配对的选项。最后，确保每道题只有一个最佳选项。

表7-2 配对题示例

答题说明：在A栏中每个名字左边的横线上填写B栏中最能识别某一人物的句子所对应的字母。B栏中的句子可能使用一次、多次或者用不上。

A栏	B栏
＿＿ 1. 库克	A. 第一个绕南美洲航行的欧洲人
＿＿ 2. 哥伦布	B. 他曾经四次航海抵达新大陆
＿＿ 3. 达伽马	C. 第一个沿非洲西部海岸线航行的欧洲人
＿＿ 4. 哈得孙	D. 他的主要发现位于北美洲东部地区
＿＿ 5. 麦哲伦	E. 他发现了阿兹特克人（Aztecs）并征服了他们
	F. 第一个发现澳大利亚的欧洲人
	G. 第一个在西北航道上航行的欧洲人

完形填空题能够测量学生的理解水平

简答题和完形填空题 简答题和完形填空题是补充题而不是选择题，一般要求学生补充一个单词、短语或符号。它要求学生不只是识别正确答案，而是凭借记忆给出答案——一个不同的也许是更为复杂的思维过程。自然科学和数学教师特别喜欢这种题型，因为它好像能够直接测量学生的计算技能和问题解决能力，并且能够以便捷的方式为学生提供展示学习结果的场所。表7-3的示例说明了这种题型的各种形式。

表7-3 简答题和完形填空题示例

答题说明： 在每个句子后面的横线上填写正确的单词或数字。如果需要计算，在试卷上写出计算过程，使用适当的编号。拼写将不计得分。
1. 一艘船在指南针的指引下向西南方向航行。如果它向左转90°，现在它朝哪个方向航行？ _____ 2. 核桃木家具的木料每英尺的售价为4.12美元。你需要31英尺来完成一项工程。木料的费用将是多少？ _____ 3. 写出描述电气问题中电流、电阻和电能之间关系的公式。 _____ 4. 测量电流的工具是什么？ _____ 5. 在 $2x+3=6x-4$ 中，x 代表什么数字？ _____

多项选择题 多项选择题一般被认为是最有用的客观题，它能够测量学生的知识和更高水平的学习结果。

多项选择题包括两部分：问题和一组备选答案。问题被称作题干，可能表述为一个不完整的语句或一个问题，题干的备选答案被称作**选项**。正确的选项就是答案，其余的选项叫作**干扰项**。干扰项的作用是分散没有掌握知识的学生对正确答案的注意力，但不会迷惑已经掌握知识的学生。设计有效的干扰项是编写多项选择题最具挑战性的部分。

有很多方法可以有效使用多项选择题来评估任何成绩水平（见 Bloom et al.，1971）。表7-4中的例子说明了几个认知层次上的多项选择题。第一题测试事实记忆，第二题测试对原理的理解，第三题测试对原理的运用。

表7-4 多项选择题示例

答题说明：圈出每个问题的最佳选项。
1. 谁是美国第二任总统？ 　A. 詹姆斯·布坎南 　B. 托马斯·杰斐逊 　C. 詹姆斯·麦迪逊 　D. 约翰·亚当斯 2. 玻意耳-马略特定律说明了哪两者之间的关系？ 　A. 密度和气体的压强 　B. 压强和气体的体积 　C. 密度和气体的分子量 　D. 压强和液体的温度

3. 如果在雨天湿滑的高速公路上你的车在行驶过程中突然开始打滑，你该怎么办？
   A. 顺着打滑的方向前行
   B. 使用手刹逐渐减速
   C. 向打滑的相反方向转动车轮
   D. 迅速踩刹车

7-16 论述题

论述题是评估学生高级思维的过程——理解和分析——以及组织和陈述观点的绝佳方式。

论述题的种类　通常有两种论述题：限定性回答和拓展性回答。

1. *限定性回答*。当你的目标是评估学生在说明、阐释和运用信息方面的能力时，那么选择这种题型。它侧重于具体细节，问题的措辞必须以这种方式来限定回答。注意表 7-5 中的例子（见 Verma & Chhatwal，1997）。

> 论述题能够测量复杂的学习结果

表 7-5　论述题示例

限定性回答的论述题
1. 麦哲伦在一场冲突中被害，解释引起这场冲突的两个原因。 2. 用一段话解释，当风停止时帆船是如何航行的。 3. 用不到一页的篇幅详细解释，为什么库克和其他早期探险家再次寻找他们在太平洋中"发现"的岛屿时遇到了很大的困难。
拓展性回答的论述题
1. 要铺设一条横跨华盛顿州温带雨林的四车道高速公路，长约 30 英里。讨论可能出现的生态后果。 2. 将英国在美国独立战争期间的经历与美国在伊拉克战争期间的经历进行比较。特别注意两场战争的最后阶段。

2. *拓展性回答*。如果你想抽样检查学生在选择、组织和评价思想观点方面的能力，这是很适当的题型。正如表 7-5 中的例子所示，学生在所有这些方面都有很大的自由度。然而，这也使得这种题型在测量事实性知识方面效果不佳。

为论述题的答案评分　阅读了表 7-5 中的例子（限定性论述题和拓展性论述题）之后，考虑这个问题：你会怎样评估这些问题？你的评估可能与同事的评估存在很大差异。评分的信度（不同的评分者给出相同的分数或者同一个评分者对若干试题给出相同的分数）是评估论述题的一个主要问题。大量经验已经表明，对论述题的评估难以取得一致性（信度）；然而，认真的设计和丰富的经验能够使评估达到合理的信度水平。

在编写写作题目之前，决定想要评估哪些学习结果（组织能力、选择相关资料的能力、理解能力）。然后，确保所提问题的措辞能够实现这一目标。

准备一个范例或量规

准备一个范例，其中包括你期望看到的主要知识点、恰当的格式或信息组织结构，以及每个部分或问题的分值。很多教师将这个范例拓展为一个量规，用以表明优等的、充分的或者不充分的答案应该包含的内容。

对拓展性题目使用**整体评分法**。这里的评定结果是整体性结果，包含对答案的组织结构和相关材料的选择的评价。由于每份试卷都以不同的方式表现这些内容，有必要根据整体质量判断每一个答案。根据每个问题的可接受程度将学生的试卷大约分为五个类别，这样可以尽可能获得你期望的准确度和信度。然后，通过加总每个问题的得分来确定总成绩。当这些类别得以清晰界定，而且评分者理解这些类别时，就可以获得较高的信度（见 Stiggins, 2008）。

整体评分法评估作文的整体完成情况

对限定性题目使用**分析性评分法**。由于对问题的限定，你可以直接将答案与评分量规进行比较，然后给出分数。作为评分的一般规则，比较有效的做法是使用定量分数（5 分，4 分）而不是描述性文字（优秀，需要改进）或符号（+，笑脸）。最终，你需要整合对每个试题或项目的评价，从而形成一个总体成绩评估——一个等级。我们相信，通过使用一致的数字评估方法，你的评分会更加公平。

分析性评分法采用一个评级系统

设计一个隐藏了学生姓名的编码系统，这种做法会减少依据学生个人素质或其已完成的其他任务进行评价的倾向。为了给论述题评分，一些教师给学生任意分配识别号码。不管你采用什么方法，你可能很快就会认出个别学生的试卷。尽力不要使你的评价受到影响。

如果有多个论述题，那么先阅读第一个问题的所有答案，再阅读第二个问题的答案，依此类推。这会降低**光晕效应**（halo-effect）——教师倾向于根据学生早些时候的表现来评估学生的当前表现，而不是进行客观的评估。先阅读一个问题的所有答案也会使你对错误概念、掌握得较好的知识领域和需要进一步教学的知识领域获得一个总体的印象。

回顾与反思

- 将每个评估题目与具体目标相匹配在多大程度上是必要的？
- 从学校的测试中抽取一份没有评分的论述题答案，与你的一群同伴分享。在不经过讨论的情况下对该答案进行评价和评分。比较评分结果，你们的评估有哪些相同点和不同点？
- 你可以使用什么方法来确保论述测试的评分更加公平？
- 客观题和论述题在多大程度上具有主观性？
- 与你的几个同伴一起为本章讨论的每一种测试类型制定适当的测试目标列表。
- 在这些测试类型中，你发现了哪些共同点？

7-17 评价表现和成果

对于学生成绩的很多方面，使用基于表现的作业进行评估比使用测试题效果更好。掌握方法往往和掌握内容同等重要。语言艺术教授学生听说能力，这两种能力可以直接通过观察学生的表现进行评估。科学实验程序、社会学领域的社区项目，以及健康或地球科学课程上的观察报告也是如此。体育、音乐、艺术、家庭和家庭生活都是以掌握方法为基础的。

基于表现的题目没有最佳答案。相反，学生需要在任务规定的范围内以自己的方式组织并展示相关材料。本质上，基于表现的评估要求学生以任何合理的方式展示能力。然而，这些评估确实需要教师就能力构成作出专业的判断，因而非常耗时。基于表现的评估可以评价学生完成任务的实际表现（展示），或者评价学生真实的学习成果（原创内容）。

弄清楚学生能够做什么，而不仅仅是他们知道什么

表现是学生学习情况的积极展示，比如口头报告、音乐和戏剧表演，以及动觉活动。学生可以使用多种方式展示学习目标的掌握情况。例如，口头解释是提高学生学习和理解力的主要方法。在向教师或其他学生解释已掌握的知识方面，学生花费的时间越多，他们的学习效率越高。正式和非正式的展示相结合会为学生提供很多机会。音乐、戏剧和体育教师能够给你一些非常好的建议和示范。

所有年级的学生都产出**成果**——书评、学期论文、家庭作业、展示板、壁画和海报。评估的关键在于明确告知学生将被评估的内容——形式、内容、拼写、设计——然后提供示范或量规，这样学生就会了解什么是可接受的或优秀的学习成果。

有几种评估表现和成果的基本工具：等级量表、行为检查表、轶事记录、观察、学习档案袋和指导项目的评价量规。

等级量表和行为检查表 通常，等级量表提供了需要观察的特征列表，以及显示这些特征出现程度的量表。如果它与可以观察到的学习结果有关，并且可以适当地用于评估过程或产品，那么它就是一种有用的评估工具，见表7-6中的示例。

行为检查表和等级量表为学生提供具体的反馈

表7-6 等级量表示例

说明：根据以下特征对演讲者进行评级，在每一项下面的横线所对应的地方打"×"。在评论区域，写上任何可以阐明你的评级的想法。
1. 演讲者说话的声音既洪亮又清晰，因此所有人都能够理解。
1   2   3   4   5
很难理解   理解大部分演讲内容   清晰理解全部演讲内容
评论：

2. 演讲者与全班同学保持目光交流。				
1	2	3	4	5
念稿子而没有 注视学生		大约一半的时间 保持目光交流		大部分时间 保持目光交流
评论：				
3. 演讲者使人物传记变得生动有趣。				
1	2	3	4	5
很少有"人性 化"的细节描述		有几个有趣的细节 描述		使主题生动起来。 我们了解了人物 形象
评论：				

行为检查表，又称"是非"等级量表。如果一个过程可以分为几个步骤，而且每个步骤的呈现情况又可以被检验，这时这种评估工具就发挥了作用。表 7-7 给出了示例。

表 7-7　行为检查表示例

家庭作业评分指南		
	是	否
1. 书写字迹是否清晰？	＿＿＿	＿＿＿
2. 回答是否正确？	＿＿＿	＿＿＿
3. 语句表述是否清晰？	＿＿＿	＿＿＿
4. 是否包括所有必要的数据？	＿＿＿	＿＿＿

等级量表和行为检查表在课堂上使用广泛。这两种表能够识别具体的任务和任务的各个部分，并且能指出重点和非重点的范围，从而为学生提供用以改进学习的信息。如果谨慎使用，它们将为学生提供示范和量规，其作用是具体说明什么是可接受的表现及其重要的组成部分，如表 7-7 中的行为检查表所说明的。

这些表现性评估的另一个价值是它们可以用于评分。学习包括进行实验和犯错误的自由，但是你必须充分评价学生的功课，以便监督和维持进展。此外，当需要对学生的成绩进行终结性评估时，为了尽可能准确地进行评估，你将使用所有可用的指标。比如，成绩评估可以被识别并记录：某位学生在某个项目上表现突出、在三次演讲中取得可接受的成绩、在写作上取得进步、愿意为课堂讨论作出有益的贡献、作为小组成员发挥了积极的作用等。然而，像其他形式的评估一样，等级量表和行为检查表也有局限性，它们可能是不可靠的——当不同的教师或同一教师在不同的时间使用时，会产生不同的结果。明确说明评估的目标和评估标准可以缓解这一问题。

轶事记录和观察　轶事记录记载了教师在日常上课期间，也可能是在大厅

里或在操场上观察到的学生行为。你应该观察哪些行为？要先观察你使用任何其他方式都无法评估的行为——约翰好像反应迟钝，谢里尔从未被邀请成为小组成员，阿奇大多数时间看起来身体不舒服。对于任何这些行为和类似行为而言，仅注意到一次也许意义不大，但是随着时间的流逝，不断重复和记录的观察可以提供一些见解，使你在使用其他方法可能忽视的领域帮助学生。

有四个要点制约着轶事记录的有效使用（见"教学策略"专栏）。

教学策略

保持有效的轶事记录的四个要点

1. 不要记录太多的内容。
2. 记录的内容和观察的情况保持一致。
3. 记录正面和负面的标志。
4. 不要仅从一件小事中作出推论。

第一，不要试图记录发生在每个人身上的每一件事。记录不寻常的情况，但是要系统地、简洁地、不加评判地进行记录：何事、何地、何时（如果恰当的话，记录你对此事的反映）。在午餐时间或放学后迅速记下笔记，例如："2011年4月6日，休息时间杰克打了山姆的脸，这是三天内他们第二次打架。双方都指责对方挑起了争端。根据学校对学生打架的处理方法，我已经把两个男孩子交给副校长了。"

第二，记录的内容与观察的情况保持一致。每天进行几次观察，在索引卡或者记事本上记下观察的情况，并将记录保存在文件夹或者其他某个私人场所。虽然最初这种做法可能看起来很乏味，但是很快就会成为一种习惯，并且能够快速完成。当你第一次根据轶事记录提醒家长孩子可能出现的健康问题时，你就会成为充满热情的记录者。

如果你的学生出现纪律问题——违反纪律、说脏话、在课堂上打架——这些记录可能会非常重要。

为学生（和你）寻求帮助通常取决于遵循学生权利的正当程序，也得益于对所有与问题相关的事件的注明日期的记录。

第三，记录学生成长中的正面标志，而不仅仅是记录各种问题的证据。一个乖戾的学生自愿为班级作出贡献或班级中的霸凌者对代课教师很有礼貌，这些都可以作为成长的标志，而且应该是评估的一部分。

第四，不要仅从一件小事中推论学生的行为。异常的情况仅仅是——异常的。随着时间的推移，观察到的行为方式对推断健康和行为问题是必要的。

学习档案袋是学生学习作品的集合。使用这些汇总的学习情况监督学生的

> 轶事记录能够帮助你获得学生所需的帮助

进展，并与家长和管理者共同分享，这并不是一个新概念。很多小学教师和一些初、高中教师已经有多年的实践经验。数字档案袋尽管仍处于早期发展阶段，但正在成为越来越多的人使用的工具。一些教育软件公司正在利用现有技术开发档案袋，目的是完整且有效地存储学生作品。在这些产品得到更广泛的应用和适当的测试之前，我们建议在购买前彻底了解其特点和性能。

使用档案袋的新理念是很多学生的成绩可以通过产品来证明，这比单凭纸笔测试分数更有效。如果仔细且有目的地组合这些产品的集合，它们可以成为有价值的评估工具。

作为评估工具，学习档案袋不仅仅收集学生的试卷。它必须证明学生在达到特定学习目标过程中付出的努力和取得的进步（"教学策略"专栏中列举了精心设计的学习档案袋的特征）。很多课堂内容或特定单元都包含了学习目标，可以使用作品样本随时对这些目标进行有效评估。对于社会学和历史学来说，地图和图表是基础性工具，学生通过制作这些工具来辅助自己理解。口头陈述是大多数课堂的一部分，这些陈述的评分表能够记录学生成绩。对于学习目标你思考得越多，就能够找到越多的方法使用学习档案袋来记录学习进展。

将学习档案袋聚焦于具体的学习目标

为了给学习档案袋评分，要根据指定的目标评估学生的作品。等级量表和行为检查表在这里很有用，尤其是在学生建构作品过程中将其用作指南时。

在数学课堂上，学习档案袋的使用越来越多，这在一定程度上是由于1989年国家数学委员会（National Council of Teachers of Mathematics）发布了相关标准。大多数其他领域也采用了国家标准（见第四章）。所有的新标准都强调问题解决和思维技能，相较于标准化测试，学习档案袋更准确地反映这些技能（见 Far West Laboratory，1992）。

在特殊场合，与家长分享学习档案袋能够加强家庭和学校之间的积极联系（更多有关行为表现和其他评估的观点参见 Haertel，1999；Stiggins，2008）。

教学策略

设计学生档案袋

1. 规定档案袋的使用方法。
2. 档案袋的内容应以教学目标为中心。
3. 将教学目标转化为学生表现。
4. 将学生纳入评估过程中进行规划。
5. 采取措施使档案袋审查工作更高效。
6. 进行多次观察以提高概括性。

资料来源：Oosterhof 2003，pp. 186–193.

评价量规　这种评估工具能够给学生提供易于理解的反馈，尤其是当学生参与建构评价量规时。**评价量规**包括两个主要部分：准则（实际上是描述评价对象的类别）和标准（描述成绩的水平和达到这一水平所涉及的任务）。表 7-8 说明了一种评价量规的样式。

> 形成性评估是一个积极主动的经历
>
> 评价量规：准则＋标准

表 7-8　口头或书面复述叙事的评价量规

3	2	1
特征描述		
准确回忆主要人物和次要人物。在讨论人物时使用生动、恰当的描述性词语。	只准确回忆主要人物或次要人物，而非两者。提供有限的、正确的人物描述。	人物识别错误。没有提供或提供不准确的人物描述。
场景		
回忆场景：地点和时间。	只记得时间或地点，而非两者。	提供最少的信息或不准确地描述场景。
情节		
按照故事发生的正确顺序回忆动作或情节。	按照故事发生的顺序描述一些事件。	按照故事发生的顺序描述事件，但不准确或没有按照顺序描述事件。
冲突/解决		
准确地讨论冲突和解决方案。	只讨论冲突或解决方案，而非两者。	讨论故事的片段，很少提及冲突或问题的解决方案。

学生姓名：_____
故事：_____
圈出答案类型：　　　　　　　书面的　　　　　　　口头的

资料来源：Betty D. Roe, Sandy H. Smith, and Paul C. Burns, *Teaching Reading in Today's Elementary Schools* (10th ed.). Copyright © 2009 by Houghton Mifflin Harcourt Publishing Company. 经许可转载。

下面列出编写评价量规的一些指导原则。

- 以代表每个熟练水平的学生作品样本为基础制定标准。
- 使用学生能够理解的精确措辞描述可观察到的行为。
- 避免使用否定语句，比如"不能进行预测"。
- 使用 3-、4-或 5-分量表建构量规，使用最大的数字代表最优水平。
- 将标准限定在一个合理的数字之内。

第五节　以评分促进学生学习

如何对学生的成绩（就是分数）作出终结性评估，以及如何将评估结果汇报给学生、家长、管理者及其他相关人员，通过思考这些问题我们来结束本章内容。

> 评分的意义在于促进学生成长和学习

作为一项教学工具，凭借澄清教学目标，指出学生学习的优缺点，说明学生在个人和社会方面的进步，增强学生的学习动机，评分和汇报应该注重促进学生学习和成长（见 Miller, Linn & Gronlund, 2009）。这种做法确实比传统的字母评分包含的内容多，但是使用其他定期汇报来补充9周一次的评分或学期评分有助于实现这些目标。定期报告还能够为你和家长进行交流营造良好的氛围，从而进一步巩固学生的学习并激发学生的动机。

有些中小学使用行为检查表来描述学生的学习技能、行为和态度，以取代或者补充字母分数，而有些学校使用叙述性描写作为补充方法（见 Oosterhof, 2003, p.219）。另外，一些学校定期举行"档案活动夜"活动，将档案袋提供给学生和家长，分享学生的努力，从而进一步巩固学生的学习和动机。

所有上述做法都试图提供比字母分数更多更好的学生成绩信息。即便这样，字母分数好像不可能很快被替代，原因在于除了作为一种传统工具，字母分数也是一种方便的管理工具，用于确定荣誉、晋升、奖学金和体育资格，以及向其他学校报告，这种工具不会轻易被其他工具复制。

7-18 评分原则

尽管评分问题在某些方面仍存在争议，而且评分任务仍然很复杂，但仍有一些原则可以使这项工作对教师而言更容易、对学生而言更公平。

> 评分时遵循纳入原则

没有太多的数据 评分的首要原则之一是尽可能获得更多的信息。无论你已经进行了多少次测试分数、家庭作业和班级活动评估，你可能还会觉得需要更多的信息才能作出终结性评估。通过为学生创造多种展示成就的机会，你也为自己进行公平且专业的评判提供了更多数据，同时也为每个学生提供了所有可能的成功机会。

只有你的想象力才会限制纳入评分的活动范围。对于纳入评分的活动范围至少应包含以下内容（不是按照重要性进行排序）：

- 单元测试
- 常规测验
- 课堂上完成的作业
- 家庭作业
- 学习项目——小组的和个人的
- 论文和报告

使用足够多的活动类型，其目的是使每个学生都能够找到几个领域，然后根据自己比较喜欢的学习模式进行操作并获得成功。

有些教师的评分中也包括行为表现和活动参与表现。他们认为，这些内容是重要的学习领域,尤其是在中小学。我们期望学生学会在社会场合中如何表现以及如何参与活动,因此我们应该评价学生在这些领域的进展情况。由你来作出选择(当然,这取决于学校的方针政策),但是如果你打算涵盖这些领域的评分,你应该告知所有学生,并且系统地保存这方面的资料。使用行为检查表、等级量表和轶事记录能够相当容易地进行此类评分。

选择哪些评估工具? 在确定以哪些领域和活动作为成绩依据之后,下一步就是确定哪些评估工具——学习档案袋、客观性测试、态度清单、行为检查表——能够提供有效且可信的资料。无论你选择了哪些评估工具,请使用数字系统记录资料(多数教师为每项学生作业分配分值)。这种做法会大大简化将所有评估资料转换为字母分数的工作。

> 以数字形式保存所有资料

在何处记录资料可能会使新教师感到迷惑。学区通常提供成绩记录册,但是这些记录册通常没有足够的空间来填写一切情况。很多教师在一张大纸上制作成绩表,并为不同部分标明资料类型,比如单元测试、小测验、学习项目和家庭作业。这样,你收集信息的同时也记录了所有的分数。这也便于你确定学期分数。很多教师也使用(而且有些学区要求使用)能够记录任何输入内容的电脑评分程序进行计算,然后打印计算结果。有了这个系统,你可以随时告诉学生他的成绩是多少,或者至少是由数字表示的那部分成绩是多少。使用电脑评分程序的教师经常在另一个磁盘或纸上,或同时使用两者来保存文件备份。

设计评分体系 首先决定记录的内容和方法,接下来采用一种评分体系。有几种在用的体系,但是百分制或绝对值体系很常用。它的工作原理如下:每项评分活动都有一个总的数值或分值,记下学生每一项活动的分值;在评分阶段结束时,学生的成绩是基于其可能的得分百分比计算的。

决定成绩/分值的关系,然后衡量每项活动。

A = 90%或高于90%

B = 80%～89%

C = 70%～79%

D = 60%～69%

F = 低于60%

决定了评分内容之后,接下来决定每项活动在总分中的占比。也就是说,你希望家庭作业占总成绩的90%?15%?还是其他比例?

测试和小测验:50%～60%

课堂作业:15%～30%

学习项目和论文:10%～15%

家庭作业:10%～15%

如果你的评分包括了活动参与表现和行为表现,那么也必须给这些内容分

配一个权重。例如，在使用危险机器的车间课堂上，学生的行为表现将是一个合理且重要的成绩组成部分。

避免评分错误 你应该尽力在测试和评分中避免以下错误（见 Daniel & King，1998）：

1. 在确定成绩时使用预测试分数。预测试分数应该仅仅表明教学的起点。
2. 没有充分告知学生期待的测试结果。这会使学生不得不决定哪些是重要内容，这本应该是教师应负的责任。
3. 将遗漏或不完整的作业判为零分。零分无法如实反映成绩，并且会对平均分产生深刻影响。一个方法是使用中位分而非平均分作为指标。
4. 利用成绩进行奖励或惩罚。达到学习目标是评分过程中应该考虑的唯一因素。
5. 根据进步情况确定成绩。一个学生可能取得很大的进步，但是仍然没有达到预期成绩。达到明确规定的标准应该是确定成绩的主要因素。

有了几年的教学经验后，你可能会发现其他错误。

7-19 传达评分意图

无论采用哪种评分体系，你必须在开学之初的几天中使用适当的手册和例子向学生解释清楚。教师能够而且应该教会学生记录自己的成绩，每周利用几分钟时间确保每个学生都记录了自己当前的分数。这时，学生能够讨论他们的问题和困难，并计算自己的成绩。学生将会随时了解他们的进展、学习的强项和需要注意的领域。学生在拿到成绩单的时候应该不会感到意外。很多中学教师分发含有评分体系说明的课程提纲或教学大纲，并且让每个学生和家长或监护人签字以证明他们已经收到、阅读并理解这些内容。这种传达方式防止了不必要的困惑和不满，而且达到了我们预期的目的，即在一个主观性很强的行业中使评分更加客观。

> 家长接受这个评分体系了吗？

随着学校改革的出现，成绩单已演变成了与各种州标准或地方标准平行的检查单。一个学区新分发的四年级的"学生进展报告"有 11 个不同的类别，共有 90 个项目需要以 5 分制进行评估。教师将为每个学生作出至少 450 个决定。另一个学区正在实地测试一份 11 页的成绩单。我们将有关这方面的反思留给你。本章概括了一系列步骤，我们建议你在建构自己的课堂评估方法时使用它们。"教学策略"专栏中总结了这些步骤。

教学策略

选择和使用课堂评估的指导原则

1. 明确你想要评估的学习目标。

2. 确保你选用的评估方法适合每一个学习目标。
3. 确保所选的评估方法满足学生的需求。
4. 无论何时,确保对每一个学习目标使用多个成绩指标。
5. 确保在解释评估结果的时候,考虑了评估的局限性。

资料来源:Nitko 2004, p. 6.

回顾与反思

总结性反思

● 评价艾奥瓦州的一份基本技能测试样卷或另一份常见的常模参照标准化成就测试样卷。你经常可以在大学图书馆或当地学校的前台办公室找到副本。各类问题如何与你所掌握的义务教学阶段的各种课程相一致?(确保选用适当的测试文本。)

● 考察《卡潘》(*Phi Delta Kappan*)杂志的秋季刊。每年秋季,该刊都会发布关于人们对美国学校的看法的年度盖洛普民意调查。你观察到哪些与成绩或评估有关的趋势?

● 挑选任何学区的政策手册,然后查看测试政策与评分政策。这些政策与我们已经讨论的政策有何异同?

● 设计一个向家长传达班级学习情况和活动的方案。你将会与家长共享哪些信息?采取什么共享方式?多久进行一次共享?

本章小结

1. 评估是一个持续不断的过程,其首要目的是促进学生学习。
2. 使用课堂评估的四个主要目的:确定学生的学习水平;诊断经常性问题;监督学生的进展,提供反馈,以及校正错误;评定成绩。
3. 教师应使用多种方法评估学生的行为、技能、知识、思维和态度。
4. 教师可以选择多种评估方法,而且应该选择最适合特定教学目标的方法。
5. 形成性评估是一种向教师和学生提供反馈的教学过程。教师使用这种反馈来调整教学,学生使用这种反馈来改变学习策略,两者都是为了提高学生的成绩。
6. 大规模成就测试提供了学生在特定时间点的成绩快照。当与课程和参考标准相一致时,这些测试可能更具有教学意义。

7. 评估行为表现的工具包括等级量表、行为检查表、观察和轶事记录、学习档案袋，以及评价量规。

8. 客观题包括判断题、配对题、简答题和完形填空题，以及多项选择题。

9. 论述题是评估学生更高层次思维过程的一个绝佳方法。

10. 评分的目的是通过澄清学习目标，指出每个学生的优势和劣势，评价学生个人和社会的发展，以及激发学生的动机，从而促进学生学习。

技术之窗

用于创建调查、测试和测验的基于网络的工具和应用程序

很多优秀的网络工具和应用程序可以创建交互式调查、测试和测验。这些工具的一个更强大的功能是，它们可以被配置用于分析参与者的答案并提供即时反馈。这里讨论用于此目的的三个比较流行的工具。

- **谷歌文档**（Google Docs）可用于创建表格，能将调查数据收集到在线保存的电子表格中，并可导出为 Microsoft Excel 文件。很多学区与谷歌文档签署了许可协议。

- **调查猴子**（Survey Monkey）有助于创建和分析基于网络的调查。其基本账户是免费的，并且允许用户创建包括 10 个问题的调查，可调查多达 100 名受访者。

- **Kahoot**! 是一个流行的应用程序，允许你创建和共享任何主题的学习游戏。它是免费的，但要求你注册一个账户。

在与学生使用这些工具之前，请记住，要求你共享任何有关学生信息的应用程序和网站只能在获得学校管理部门的许可的情况下使用。美国《家庭教育权利和隐私法》（Family Education Rights and Privacy Act）禁止共享特定的学生资料；在使用任何非学校或学区所有和运营的应用程序或网站之前，必须与学校管理人员核实，这一点是非常重要的。

纸质资源

学生评估领域中已有很多帮助初学者更多地了解评估过程的出版物。然而，我们试图挑选出三本能够立即发挥实际作用的出版物。

Musial, D., G. Nieminen, J. Thomas & K. Burke. *Foundations of Meaningful Educational Assessment*. Boston: McGraw-Hill, 2009, 521 pp.

这种最新的教育评估方法为新教师提供了丰富的知识和见解。将评估方法

与成就目标相结合、电子档案袋以及评估特殊需求学生是本文探讨的几个主要主题。

Salvia, J., J. E. Ysseldyke, & **S. Bolt.** *Assessment* (11th ed.). Boston：Cengage, 2004, 816 pp.

我们建议将这本教科书看作一本评估指南。其作者站在新教师的视角撰写此书。此书包括你想了解的任何有关评估的知识。

Taggart, G. L., S. J. Phifer, J. A. Nixon, & **M. Woods.** *Rubrics：A Handbook for Construction and Use.* Lancaster, PA：Technomic, 1998, 152 pp.

该书作者详细梳理了关于评价量规的实例、示范、设计和评分方法。

网络资源

● 内布拉斯加大学的布洛斯心理测试研究所（the Buros Institute of Mental Measurements, University of Nebraska）提供在线资源，帮助你获取评估标准化测试所需的信息。

http：//www.unl.edu/buros

● 有关美国教育考试服务中心（the Educational Testing Service）开发的标准化测试及其他相关产品的信息，请浏览以下网站：

http：//www.ets.org

● 美国教育部家庭政策合规办公室（the Family Policy Compliance Office of the US Department of Education）的一份备忘录指出，根据《家庭教育权利和隐私法》家长有权检查任何测试的试题册和孩子的答卷，包括高风险的州评估。

http：//www.fetaweb.com/04/ferpa.rooker.ltr.protocols.htm

第八章

课堂提问过程

学习目标

完成本章后,你应该能够:

8-1 概述对提问的研究
8-2 概述提问方法
8-3 了解如何利用学生的问题和总结
8-4 解释如何以批判性思维和更高层次思维为目标
8-5 描述聚合性提问策略
8-6 描述发散性提问策略
8-7 描述评价性提问策略
8-8 描述反思性提问策略
8-9 理解正面提问的价值
8-10 设计问题和使用等待时间
8-11 使用正面的提示技巧
8-12 处理不正确的回答
8-13 提示多种回答
8-14 进行复习环节
8-15 鼓励不主动发言的学生
8-16 培养学生提问的能力
8-17 避免教师的个人癖好

评价标准

本章涉及的标准:

标准 1:

学习者发展。教师了解学习者成长和发展的规律,认识到学习和发展的模式在认知、语言、社会、情感和身体方面因人而异,并为学生设计和实施适合发展和具有挑战性的学习体验。

标准 4：

内容知识。教师谙熟所教学科的核心概念、研究工具和学科结构，创建学习体验，使该学科的这些内容对学习者来说是容易理解的和有意义的，从而确保学习者对内容的掌握。

标准 5：

知识的运用。教师了解如何使概念相互关联，如何使用不同的观点培养学习者的批判性思维和创造性，协作解决与本地和全球相关的实际问题。

标准 8：

教学策略。教师理解并使用各种教学策略，促进学习者深刻理解知识内容及其联系，并通过富有意义的方式培养学习者应用知识的技能。

教室洞察

你的导师为你安排到另一位教师罗伯塔·琼斯的课堂上去听课，因为她非常擅长课堂提问。你很感兴趣，因为你读了最近的一份报告，该报告指出教师每天可以问 300~400 个问题。罗伯塔使用一系列问题展开教学，并且以十分认真的态度要求很多学生回答问题。她要求多达 4 个学生回答同一问题。学生们跃跃欲试。他们的回答既详细又有思想深度，而且几乎不需要教师的口头提示，他们似乎就能把事实陈述延续下去。

"哇，"你自言自语，"我想知道怎样使用这种技术。我很高兴导师建议我来听这堂课。"

整个提问过程是组织有序的活动。提问也需要计划，以便当学生开始成熟时，你开始使用符合布鲁姆认知分类法六个层次的各种问题提问。

我们在本章描述帮助你有效提问的技能。在阅读过程中思考你会如何回答以下问题：

- 为什么提问对学生的学习如此重要？
- 在口头问答期间，我如何提出各种问题？
- 我如何使用积极和尊重的方式进行提问？
- 我应该使用哪些方法进行有效的问答？
- 进行问答活动时会出现哪些常见的问题？

第一节 提问的重要性

在美国的各所学校（事实上是全世界范围内）最常用的教学方法很可能是提问。提问在教学中起着至关重要的作用。教师必须谙熟表述问题的整个过

程，以便能够用最富技巧和最有意义的方式引导学生进行思考。这意味着教师必须设计问题以帮助学生达到特定课程的具体目的（目标或结果）。尽管教科书和测试中的书面问题能够促进学习过程，但大多数课堂问题是口头的，也是教师设计的。问题是教师用来激励学生进行思考的关键要素（见BouJaoude & Tamim，2008；Harvey & Goudvis，2007；Marzano，2007；Wilhem，2012）。

8-1 有关提问的研究

对课堂问题和教师课堂提问过程的研究已经有100多年的历史了。这些研究我们在这里不一一赘述，参见下面的专栏中总结的主要研究结果和结论。

教师会提出很多问题，但他们通常没有系统地组织问题或对课堂提问的方式进行分类。在本章中，我们提供了一些经过实证检验的有效方法，这些方法易于使用，但更重要的是，它们能够为课堂口头问答注入活力。**事实陈述**是一种学习方法，教师要求不同的学生回答事实性或知识性问题，这些问题将学生的回答限制在一个"正确"答案中。为了与我们的多方法论概念保持一致，当你进行提问或事实陈述环节时，你将了解可以使用的几种模式。

有关提问的研究结果

- 提问趋向于成为一种普遍的教学策略。
- 一系列广泛的提问选择正向你开放。
- 系统地使用和开发提问倾向于改善学生学习。
- 根据一个特定系统对提问进行分类，这样你就可以确定你的班级所处的认知层次或情感层次并可以依需要进行调整。
- 通过系统性的提问，你可以识别学生在具体内容领域的入门技能和知识水平。
- 提出的问题要符合逻辑并且有顺序。
- 应该鼓励学生回答问题。
- 制订含有关键问题的书面提问计划，这种做法能够为课程提供结构和方向。
- 问题应该适应学生的能力水平。
- 应该使用能够鼓励最广泛学生参与的提问方法。
- 应该使用陈述句而不是问句来提示学生作出反应。
- 没有一种提问策略适用于所有的教学情境。
- 问题可以用作形成性评估工具。

8-2 提问方法概述

教师出于各种原因使用事实陈述和问题回答环节。一个主要目的是判断学生在完成某一任务后记住了或掌握了哪些知识。在这方面，你正在进行一个简短的形成性评估。这种评估使你了解学生知晓了哪些知识点，同等重要的是，使你了解了哪些学生不知晓或错误理解了某一要素或概念。有了这个反馈，你可以立即采取纠正措施。尽管形成性评估倾向于聚焦用事实回答的低水平问题，但可以使用认知分类法的四个高层次技能形成高水平问题。贝齐·穆尔和托德·斯坦利（Betsy Moore & Todd Stanley, 2010）举例说明了教师如何利用精选的问题来衔接概念并强化学生对概念的理解。"衔接"意味着你或者学生将之前所学的材料与正在教授的话题或概念联系起来。例如，"回想一下昨天的作业"和"我们怎样利用所学的知识解决这个问题？"这样的提示能够帮助学生衔接概念。

N. 耶鲁沙尔米和科丽娜·波林格（N. Yerushalmi & Corina Polingher, 2006）认为，学生倾向于重复犯错误，即使在课堂上讨论过这些错误。他们建议，将书面订正错误指定为家庭作业，让学生分析自己的错误，然后在下一堂课上讨论这些分析。这一策略应用形成性评估，有助于促进学生的理解。

> 为什么要提问？

仅仅提问并不能促使学生进行思考。如果你提出一个低级问题，那么你会得到一个低级回答（见 Dillon, 1982a, 1982b）。而更高水平的问题则能诱发和鼓励学生进行更高层次的批判性思维。更高层次的批判性思维技能表明学习远不止了解事实。可以教授学生学习如何分析情况，进行比较，得出结论，然后作出推论。判断或评价信息也能够促进更高层次的思维（见 Paul & Elder, 2008）。而且，如果教师系统地提高提问水平，那么学生也会相应地提高回答水平。这需要一个精心计划的提问策略，这个策略可能会贯穿于几个教学周（见 Klentschy, 2008; van Zee & Minstrell, 1997）。提出更高水平的问题也要求你调整对学生的态度。作为教师，你应该对学生抱有较高的期望。你的态度应该是：是的，你能行！

阿诺内（Arnone, 2003）建议适当提问能够激起学生的好奇心。好奇心是学习的情感维度，情感维度意味着它处理的是情绪和动机。情绪对学生表现的影响不容忽视。随着本章内容的深入，你会发现提问的艺术如何微妙地鼓励学生的好奇心、创造性和反思意识（见 Lampert, 2006）。

> 教师的期待帮助学生达到更高的水平

另一种提问方法——声明性语句——也能够激发学生的反应、好奇心和思考。这种方法会引导学生作出更长、更复杂的回答。有证据表明，当学生对陈述句而不只是对问句作出回应时，他们的口头回答质量更高（见 Dillon, 1990）。例如，教师可能会说，"写作时你使用什么时态真的不重要"。这样的陈

述句会引发学生作出各种回答，这是意料之中的。另一个例子可能是"基于实验的科学教学能够帮助学生学习"。此类陈述句要简短（也许只有一个句子），而且要在适当的时候收集学生的意见。使用陈述性发言要求一些实践经验。这种方法的一个应用范例是《独立宣言》（The Declaration of Independence）。声明性语句可以成为学生提问和后续讨论的原始材料（见 Declare the Causes, 2001）。微型教学——给一小组同龄人讲授一个概念——和同辈辅导是练习声明性语句的理想方法（见 Glickman, 2002; L'Anson, Rodrigues, & Wilson, 2003; McKenzie, 2007）。

"问题"也可以表述为陈述性发言

8-3 利用学生的问题和总结

即使提出更高水平的问题，你也不应该主导整个课堂，这一点很重要。你的课堂定位应该是给学生表达他们的观点和想法的机会，并引导他们形成自己的问题。有证据表明，教师授课和提问往往占据了大部分的课堂时间。令人沮丧的是，很少有学生在事实陈述过程中提出问题，"也没有人鼓励他们这样做"（见 Swift, Goodling & Swift, 1995, p.1）。这是故意歧视，是非常不幸的，因为鼓励学生提问能够产生更高水平的问题，能够激励更多学生相互交流，会带来正向的认知效果，以及提高学生的分析性推理能力（见 Gall & Artero-Boname, 1995; Koegel et al., 1998）。迪伦（Dylan, 2015）将这些策略定义为"铰链"问题。

不要主导口头交流

教师尽量不要主导课堂的口头交流，否则会让学生变得消极被动并对教师产生依赖。学生的被动性导致教师难以培养他们的独创性、创造力或批判性思维——这些正是我们认为可取的特质。学生的消极行为对建构主义教学方式也不合适。相反，课堂应该是高度互动的，从而营造一种氛围以确认正在发生的事情对学生是有意义的（见 Wells & Arauz, 2006）。

鼓励学生提问并进行总结

确保你不会主导课堂讨论或事实陈述环节的一个方法是以学生总结来结束所有课程的适当部分。据研究，这是最有效的九个教学策略之一（见 Wormeli, 2004）。这个简单的方法将反思和解释的重担直接转移到学生身上并提供了另外一种形式的形成性评估。

8-4 培养学生进行批判性和更高层次思维

如果你想激励学生进行批判性思维，想想你使用教科书的方式。注意教科书资料的优缺点。为了让学生更多地参与学习，你可能需要补充由出版商提供的材料。例如，教授课程内容时，你可以提出一些重点问题，要求学生比较或对比一些内容，说服其他人，确定原因和结果，甚至是质疑文本描述。这些过程对提高思维技能非常重要（见 Kuhn，2009）。你可以使用问题来诊断学生的进展，确定学生的入门能力，布置额外的学习，以及丰富一个领域的内容（见 Egan, Cobb, & Anastasia, 2009; Von Renesse & Ecke, 2015）。

莱莉娅·克里森伯里和帕特里夏·P. 凯利（Lelia Christenbury & Patricia P. Kelly, 1983）讨论了用于提出问题的七种不同的学习分类法或层次法。其中一种是布鲁姆认知分类法，其他三种同样具有"循序渐进的层次结构"，其阶段类似于前者。这样，为了我们的目的和一致性起见，我们仅仅使用布鲁姆认知分类法作为一种手段来对问题和回答进行分类。可以参考第四章来复习这六种类别。

> 课堂问题分类系统

教师感言
华盛顿州沃什塔克纳市沃什塔克纳高中教师杰克·古斯克
运用发人深省的问题

我在农村一所小高中当一名社会科学教师，这意味着我就是学校的历史系。我的大部分教学时间都用来设计帮助学生"思维"的问题。我对思维的定义是，学生"挖掘"学习材料并寻找事实以外的信息。比如，当我们讨论第二次世界大战时，我问学生一些问题，例如：（1）为什么日本袭击了珍珠港？（2）杜鲁门总统为什么下令投下原子弹？（3）我们从这场战争中能吸取什么教训？

注意，这些问题要求学生思考动机、目的、政策和其他在典型的历史课上往往不会被质疑或讨论的问题。

当我们研究美国宪法时，有关《权利法案》的问题有助于学生达到很多成年人所没有的理解水平。一个关于《第二修正案》的更高水平的问题是，"这一修正案带来哪些意想不到的后果？"我经常问学生："《第一修正案》赋予学生哪些权利？"这些问题促使学生进行思考，而且这是思维的一部分。

更高水平的问题不能确保会产生高水平的回答，它们只是为学生的批判性思维打开了一扇很重要的门。要记住"如果—那么"策略，*即如果你想在一个特定的思维层次上鼓励学生回答问题，那么你必须在合适的智力层次上提出这个问题。*这个策略同样需要同时且持续不断的决策和评估。这个策略可以适用于各级教学和各种类型的学生。

关键概念
培养更高层次思维的方法

- 提出更高水平的问题
- 不要过于依赖教科书

> - 适当地提出问题
> - 提问时使用层次结构
> - 在课堂上鼓励学生进行口头交流

将提问时使用层次结构作为事实陈述和讨论的计划。这使你在思维的框架内组织事实、概念和概括。这样，该层次结构就成为一个可见的行动蓝图（见 Greene, 2005）。注意，提问的层次结构同样可以用来设计声明性语句并可以以分层的方式组织语句，从而引发学生给出更高水平的回答。

这样你会发现自己提的问题越来越少（见 Tienken, Goldberg & DiRocco, 2009）。参考第五章的卡普兰矩阵，其中举例说明了一系列按照布鲁姆分类法的层次排列的陈述句。你的问题可以按照那个模型量身定做。

> **回顾与反思**
> - 在你听课期间，你在多大程度上听到学生对课程进行总结？这种方法有效吗？
> - 在你的一堂方法课上，练习使用声明性语句而不是提问。使用这种方法后你是否接收到了不同的反应？

第二节 提问策略

在本章的这一节我们描述四种基本的提问策略：聚合性提问策略、发散性提问策略、评价性提问策略和反思性提问策略。如果你特别重视所提出的不同类型的问题，那么你就需要使用方法来确认你正在使用预想的提问模式。我们在这里呈现的分类方法将会帮助你进行具有特定目的的事实陈述环节。

四个截然不同的提问策略

8-5 聚合性提问策略

聚合性问题导致一组共同的回答

聚合性提问策略聚焦于一个范围较窄的目标。使用聚合性提问策略时，鼓励学生将回答集中于或聚焦于一个中心主题上。**聚合性问题**通常引导学生给出简短的回答，并且关注较低层次的思维——知识或理解层次。这并不意味着使用聚合性提问策略本身是不好的。在很多情境中，你要决定学生展示他们对事实和细节的掌握；在这种情况下，较低水平的提问策略比较合适。你要记住，判断任何提问策略是否合适，必须完全基于其实现预定的目标的能力（见 Crespo, 2002）。

何时选择聚合性提问比较合适？如果你使用归纳式的教学风格（从一组具体数据出发到学生推导出结论），那么你将使用很多聚合性问题。与此相反，你会使用简答问题作为快速热身练习（例如，当你正在培养学生的单词技能时）。外语教师可能会使用聚合性的快速模式帮助学生提高口语、词汇运用和拼写方面的技能。这种方法需要所有学生都参与其中。科学教师可能会使用同样的方法帮助学生积累技术词汇。生物教师可能希望在课堂的前几分钟使用聚合性提问策略，以最大限度地提高学生的参与度，并使学生产生建设性的言语动机。

聚合性提问策略是"教师主导的教学"或直接教学模式的理想应用，在该教学模式中，课堂上所有学生异口同声地回答教师提出的问题。每个学生都要参与。对于激励学生给出发人深省的答案或激发课堂讨论而言，聚合性提问策略并不是一种合适的手段；它更注重事实性知识（见 Schiller & Joseph, 2010）。

看一看"聚合性问题示例"专栏。注意专栏内的问题全都符合两条标准：（1）它们将学生的回答限制在一个狭窄的范围内；（2）它们更倾向于回忆而不是分析。

聚合性问题示例

- 罗伯特·布朗在哪些作品中将戏剧独白作为诗歌的一种形式？
- 在什么条件下水的沸点会低于100摄氏度？
- 什么使面团膨胀起来？
- 《第一修正案》确保了哪些权利？
- 为什么在沙漠中生活的人相对较少？
- 提康德罗加堡是在何时以及何地修建的？
- 5的3次方是多少？

8-6 发散性提问策略

发散性问题与聚合性问题相反。发散性提问策略并不是在寻找一个单一的焦点，而是旨在唤起学生给出多种不同的回答。发散性问题同样能够引导学生给出较长的回答。发散性提问策略对于帮助学习困难的学生树立信心是非常理想的，因为发散性问题的答案并不总是正确的或错误的（见 Erickson, 2007）。

> 发散性问题引发一系列回答

诱发多种回答　如果你想要引出多种答案，那么就使用会引出多种答案的提问技巧。在提出一个问题后，请三四个学生回答问题，然后在接下来的讨论中扮演一个被动角色。这种方法将教会学生自己进行事实陈述活动。如果使用得当，它确实是一种高级的教学策略。能引出多种答案的提问方法同样能够训练学生的听力技能。

接受多样的答案　如果鼓励创造性地回答问题和鼓励以新颖的方法解决问题是你的教学目的，那么发散性提问策略同样适合你。但是请记住，如果你想要引导学生给出多样的答案，那么你有职责以尊重的态度倾听他们回答。为了强化合适的回答行为，你必须对每个学生的回答表现出高度的接受度（见 Rickard，2014；van Zee & Minstrell，1997）。这意味着，不管学生的观点看起来多么古怪，你都不能有些许的贬低。另外，这对学习困难的学生也是一个很好的技巧，因为他们在课堂上会变成明星。

教师和学生都要做好准备　当你使用发散性问题时，你会发现提前写好问题非常有用。然后，检查这些问题以确保它们表述清楚并准确地传达了你预计表达的意思。你可能会发现最初在课堂上使用发散性问题很困难，甚至令人失望。通常情况下，这是因为学生还没有倾向于给出更长或更高水平的回答（见 Savage，1998）。

为了引发学生更高层次的思维和更高水平的回答，需要对学生的行为模式进行大规模重塑。从小学到高中，在数千小时的课堂学习中，学生已经习惯于给出简短的、低水平的回答。当你开始提出发散性问题时，你必须让学生知道问题的水平正在改变，以及你想要他们回答问题的水平也要发生巨大改变。你很快就会发现，学生的回答将会显示出更高层次的思维——应用、分析和综合。他们甚至可能准备好自己主持讨论过程，以及给出更长和更多样化的书面回答（见 Epstein，2003）。

当你告知学生你的提问策略发生改变时，你也应该告诉他们你期待多样的回答，并且每个学生都能够从其他学生的回答中获得提示。例如，你可能通过陈述以下内容开始："今天，我们要改变陈述事实的方式。我会请三个同学回答问题，当每个同学都回答后，我会再请三个同学对这些同学的回答进行评价。准备好了吗？"这意味着，一个总的规则是，你不会为其他学生复述学生的回答，除非这个学生讲得太快或声音太小以至于其他学生难以听清，或者某一个陈述句需要澄清。不复述回答的基本原理是，如果学生知道教师会复述前面的回答，他们会变得习惯于只听教师的复述，而不认真倾听同学的原话。

使用发散性提问策略时，允许所有学生呈现他们的回答而不受你的干扰。这会对课堂产生积极的影响。在学生将他们的立场完全解释清楚之前，教师往往会打断学生。如果教师避免这种做法，学生会意识到他们的回答很重要而且他们必须对其他人的回答作出反应。其结果是整个班级的参与积极性得到提高。这种做法——教师不断提醒学生他们的注意力不集中——毫无益处可言；此类的负面评价只会使学生更不专心。通过鼓励学生倾听其他学生的回答，你会使他们以动态的方式参与其中，你也会鼓励学生之间相互强化积极的、建设性的课堂行为（见 Scherer，2015）。

为了得到最佳效果，你的重点必须是在较长时间内系统地开发问题，并且要有精心构思的适当目标（见 Wiggins & McTighe，2005）。不要指望奇迹会在一夜之间发生。将这些方法整合到常用的教学策略中需要数周,甚至是数月的时间。

使用发散性问题时,你需要帮助学生确定不同的信息来源,以便他们在课堂上能够分享各种各样的观点。阅读下面的"发散性问题示例"专栏中的内容。请注意,一些例子改编自之前的聚合性问题示例列表。

发散性问题示例

- 如果克里斯托弗·哥伦布于1492年10月12日在曼哈顿岛登陆,这可能会导致何种类型的社会和文化发展?
- 假如没有电脑或互联网,学校里的情况会是怎样的?
- 解释浪漫主义诗人对自然的态度。
- 你认为创造可持续的环境的有效方法是什么?
- 如果你是"全球变暖"理论的反对者,你会寻找哪些类型的证据来加以反驳?
- 为什么提康德罗加堡要修建在尚普兰湖畔?
- 在什么条件下会对《第一修正案》进行删减?

8-7 评价性提问策略

第三种提问策略以发散性提问策略为基础,但增加了一个要素——评价。发散性问题和**评价性问题**的根本区别在于评价性问题有一套内置的**评价标准**。例如,评价性问题可能会问为什么某事是好的或是坏的,为什么某事是重要的,或者为什么一个理论比另一个理论能够更好地解释事实。设计评价性问题时,你要强调学生作出判断依据的具体标准。和发散性问题一样,你必须接受学生所有对评价性问题的回答。

在评价性提问策略中,教师的一个重要角色就是帮助学生培养建立评价标准的逻辑基础。为了说明这一点,我们给你举一个经典的例子。你提出一个问题,学生作出回答。你接着问"为什么?"然后学生回答"因为"。根据这个回答你应该立刻意识到,学生并不理解如何构建一套符合逻辑的、一致的评价标准。另外,你绝不能持嘲笑或任何其他诋毁的态度;相反,你要在一个有助于营造符合逻辑的评价标准的环境中强化学生的能力。例如,你可能会提出一些标准:"当某人被宣判有罪时会发生什么情况?当国家处于紧急状态时会发生什么情况?"为帮助学生形成他们自己的标准,要为他们提供一套具体的标准。如果你问"为什么?"有些学生会感到害怕。有建议说不要问为什么而要问什么。例如,在一堂讨论背景的艺术课上,教师可能会问:"罗素经常使用哪种类型的背景?"相比于"为什么罗素使用这个背景?"前一种问法更合适,它以一

帮学生建立判断的标准

种微妙的方式将论证的重担从学生身上转移到话题上（见 Kelley & Clausen-Grace，2007）。介绍评价性提问策略时，你可能会尝试合作上写作课，即教师和学生小组一起合作列出标准。然后，当你提出评价性问题，学生作出回答时，你和学生可以根据从"不合适"或"不合逻辑"到"合适"或"符合逻辑"的发展对评价性回答进行分类。另一个方法是让全班学生制作一套诸如表 7-1 所列的评价性量规（见 Eppink，2002；Jackson & Larkin，2002）。

注意我们一直使用的术语是*回答*而不是*答案*。答案含有终结或完成的意思。可以肯定的是，聚合性问题可能会引导出这样的答案，但当你提出发散性问题和评价性问题时，学生不会给你明确的或肯定的答案，他们会给出相对的、暂定的或不确定的回答（见 Martinello，1998）。

> 通常没有明确的最终答案

当采用一套评价性标准进行评分时，大多数学生对评价性问题的回答表现出了思考的开阔性。你可以根据思想的逻辑发展、内部一致性和有效性对它们进行分类。我们再次建议你接受所有学生的回答。当出现明显的逻辑不一致的情况时，不要急于提出来。等到学生有机会参与课堂交流之后再讨论这些问题。

看一看"评价性问题"专栏中的示例。前面给出的部分发散性问题现在已经转换成评价性问题。记住，大多数评价性问题同样也是发散性问题。区分发散性问题和评价性问题的一个方法是，后者以既有的判断标准为基础。

评价性问题

- 为什么电脑和互联网使世界成为一个更美好的（或更糟糕的）地方？
- 为什么联邦政府对于福利改革的立场会影响社会、道德态度和行为？
- 转向使用混合动力汽车的原因是什么？
- 有什么证据表明联邦州际高速公路系统破坏了我们的城市环境？
- 支持（或批评）在阿拉斯加苔原上钻探石油。
- 为什么全球变暖是一个重要的问题？
- 为什么提康德罗加堡的选址对于早期殖民地的发展是至关重要的？

8-8 反思性提问策略

> 探究意义

提问技巧列表中新增加了反思性提问策略。这一策略的历史渊源来自经典的苏格拉底式提问法（见 Tienken et al.，2009）。正如发散性问题，反思性问题能够激发学生给出各种各样的回答。反思性问题也有评价性要素。这一策略与其他三种策略的主要区别是，**反思性问题**旨在要求学生培养高阶思维——激发动机、给出推论、推测原因、考虑影响，以及思考结果。正如评价性提问策略那样，你试图鼓励学生深思熟虑、思考含义，并寻找意外的结果（见

Moutray，Pollard，& McGinley，2001；York-Barr et al.，2001），而不是问学生"为什么"或"什么"。"使用反思性问题激发思维过程"专栏中列出了可以通过反思性问题激发的思维过程的类型。

技术之窗

利用网络和社交媒体进行回应式交流

网络和社交媒体非常有助于进行回应式交流。这样，你可以选择使用博客（blogs）和维基（wikis）的组件来开展教师主导或学生主导的讨论（通常称为"讨论主题"）。推特（Twitter）、即时电报（Instagram）和脸书（Facebook）等社交媒体为学生提供了练习提问和回答的机会。

目前流行的使用网络进行阅读和写作的方法包括维基百科、社交空间和博客。如第一章所述，维基是任何访问该网站的人都可以修改的网站。维基百科也许是维基最知名的例子。社交空间允许人们建立一个公共档案，而且可以发送和接收来自社交空间其他成员的信息。脸书是社交空间中最受欢迎的例子。推特和即时电报是目前两个最流行的基于应用程序的社交空间。博客是一种在线日志（"博客"是"网络日志"的代名词）。使用博客的人可以发布消息主题和消息以供他人阅读并回应他人发布的内容。在在线交流工具中，社交媒体可能是最易于使用的工具，但也是最难控制的，在涉及学生的安全方面它可能存在问题。博客对于学龄儿童来说可能是最安全的工具。专门为学校和学龄学生设计的博客软件可以通过 Gaggle.net 和 Schoolblogs.net 进行访问（见 Green，Brown，& Robinson，2008）。

云计算是基于网络通信的另一种选择。云计算的定义是通过互联网共享软件、资源和信息。像 Google's Drive 这样的网站允许小组通过共享文字处理、电子表格和绘图文档来创建内容和协作，所有小组成员均可进行编辑和修订。

使用反思性问题激发思维过程

- 寻找动机
- 开阔视野
- 列出含义
- 寻找意外的结果
- 识别问题
- 分析劝说技巧
- 给出独到的解释
- 推断价值

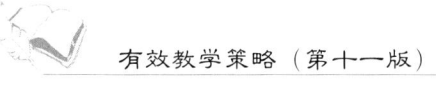

> - 挑战假设
> - 寻找意义

通过反思性问题引发的过程也可以称为*批判性思维*或*分析性思维*。如果没有仔细构建课堂环境以及教授学生该过程中需要的内容，教师就不可能使学生达到智力发展的这个阶段。吉姆·明斯特雷尔（见 van Zee & Minstre Minstrell，1997）使用了一种他称为"反思性回弹"（reflective bounce）的方法。他将问题从一个学生回弹给这个学生和其他学生，这样这个学生需要对之前的回答进行拓展——增加另一个维度。在市政学课上，学生可能会问，"我很疑惑'深喉'为什么这么久才被发现？"作为一名教师，你可以将这个问题"回弹"给提问的学生，然后再弹给另一个学生。"反思性问题"专栏中包含了几个其他反思性问题的例子。杰米·A. 麦肯齐（Jamie A. Mckenzie，2005）提出了一个很有用的"提问工具包"，其中他讨论了 17 种类型的问题。以下五个例子说明了反思性问题：*假设性的、不恭的、探究性的、挑衅性的和无答案的*。

<small>或有问题和真实问题对英语语言学习者有帮助</small>

莫琳·博伊德和唐·鲁宾（Maureen Boyd & Don Rubin，2006）收集了关于"或有"问题的影响力的数据。他们发现，英语语言学习者对真实问题的反应非常积极。这些问题似乎是基于共同经验或共同主题作业的反思性问题。通过关注重点，这种提问可以使学生作出延伸的和深思熟虑的回答。我们建议对特殊需求学生使用或有问题（见 Hill & Flynn，2008）。

相对于聚合性问题或分散性问题，使用反思性问题需要更多的计划。我们建议你写出几个与正在教和学的内容相关的反思性问题。在一些情况下，反思性策略接近于建构主义视角，即学生必须依自己的意思建构问题。你可能也会安排学生分组编写一些反思性问题。这种方法赋予你双重价值：学生合作完成任务，以及他们必须进行思考。

反思性问题

- "昭昭天命"（Manifest Destiny）对 21 世纪有哪些启示？
- 你所在高中的保安人员不能解决的问题有哪些？
- 支持校内活动的理由是什么？
- 如果代数成为所有八年级学生的必修课，你预想可能会出现哪些问题？
- 通过考察入学展示内容，我们可以推断哪些价值观在我们学校是很重要的？
- 美国政府在建设州际公路系统时作了哪些假设？
- 个人电脑对我们学校的课程有哪些影响？
- 教师在描述学校时使用了哪些比喻方式，以及这些比喻暗示了什么？
- 提康德罗加堡对划定州界线有什么影响？

> **回顾与反思**
>
> ● 为了使学生能够对评价性问题和反思性问题作出回应，你如何为学生提供内容知识？
>
> ● 你最近被朋友或同学问及并引发你进行最长时间、最深刻思考的问题是什么？它属于这四类问题中的哪一类？
>
> ● 反思此处讨论的问题并识别它们最适合的内容领域。列出在你的内容领域中使用此类问题的五个想法。

第三节 适当的提问行为

为了获得全面的提问技能，你必须了解能够引发学生作出适当回答的一系列技巧。接下来的提问技能针对在任何课堂上使用提问策略时可能出现的具体的问题。

8-9 积极地使用提问技巧

在事实陈述期间，在教师辅导期间，或在归纳式教学期间（在第六章描述的）的提问总是基于这样的假设，即有意义或有目的的学习活动会发生，从而使学生获取另一种学习经验。为了实现这一目标，必须以积极的、强化的方式提出问题，也就是说，以这样的方式学生将会享受学习、乐于回答。所有学生都应该从所问及的问题以及所引发的回答中得到积极的强化。因此，这类问题决不能用于惩罚性目的。为了惩罚学生而提问的教师会将积极的学习情境转化为消极的强化情境，其结果是教师不仅"关闭"了学习者，而且还阻断了学习的过程。避免这样的做法是非常重要的，尤其是在教授年幼学生或有学习障碍的学生时。

提问应该强化学生的乐趣

8-10 设计问题和使用等待时间

提出问题的基本原则是按以下三个步骤进行：*提问、停顿、请学生回答*。

该原则基于心理学原理——你提出一个问题，然后稍作停顿，这时所有学生都会参与当下的交流。非语言信息——停顿——传递的信息是任何学生都有可能被选中来回答问题，因此全班学生就会保持高度的注意力。如果你做了相反的事情，在提问之前请了一个特定的学生，那么其他所有学生可能会忽略这个问题。

提问，停顿，然后请学生回答

要想成为有效的提问者，你必须能够提出清晰、简明、扼要的问题。避免使用"呃"、错误的开始、不确定的停顿，以及话题间的无效转换。教师的所有这样的口头行为最终将导致学生感到不确定（见 Gettinger & Stoiber，1999）。因此，**建构**问题的完整技巧应该是提出一个清晰明了的问题，停顿，然后再请一个学生回答。甚至当你打算挑选几个学生给出回答时，你也可以使用这种技巧。此外，一旦你和学生都掌握了这种技巧，你可以将第三个要素改为仅仅指向或点头示意一个学生给出回答的非语言行为。这种技巧稍加练习就会变得易于使用。

等待时间的益处

对教师
- 减少教师讲话
- 减少重复的问题
- 减少每个时段的问题
- 增加有多种回答的问题
- 减少低水平问题
- 更多的探索
- 减少重复学生的回答
- 更多应用层次性的问题
- 减少纪律方面的行为

对学生
- 更长的回答
- 更多的学生话语和提问
- 更少的无回应的学生
- 更多的学生参与课程学习
- 答案更加复杂，推理更加合理
- 更多来自速度较慢的学生的回答
- 更多的同伴间的交流，更少的同伴间的干扰
- 更少的困惑
- 更多的信心
- 更高的成就

资料来源：Tobin 1987.

等待时间 1 提出第一个问题和请学生回答问题之间的时间是**等待时间 1**。为什么需要等待？使用这个停顿有几个理由。首先，它给了学生思考如何回答问题的机会。当你提出更高水平的问题时，这个停顿尤为重要（见 Van Es，2006）。此外，英语语言学习者或特殊需求学生将有时间思考这个问题，以便他

们能够给出恰当的回答。

其次，这个停顿给了你观察学生举止的时间。只需一些练习，你就能够轻松地观察到暗示高兴、理解、害怕、兴奋、快乐或害羞的非语言信号。当你更加关注课堂上的人性化因素时，教学的这一维度对衡量学生的幸福感将变得十分重要。这也使你能够了解学生的准备情况或者他们对材料的理解程度。

> 对于非语言提示等待打开了一扇窗

等待时间 2　在该学生对问题作出第一个回答后，再次等待。**等待时间 2**是学生回答问题之后的停顿。这个停顿同样重要，因为它给该学生额外的思考时间或允许其他学生回答问题（见 Bianchini，2008；Walsh Sattes，2015）。如果教师在该学生第一次回答问题之后等待一会儿再作出反应，那么该学生就会在没有提示的情况下继续回答问题。图 8-1 举例说明了如何使用等待时间。

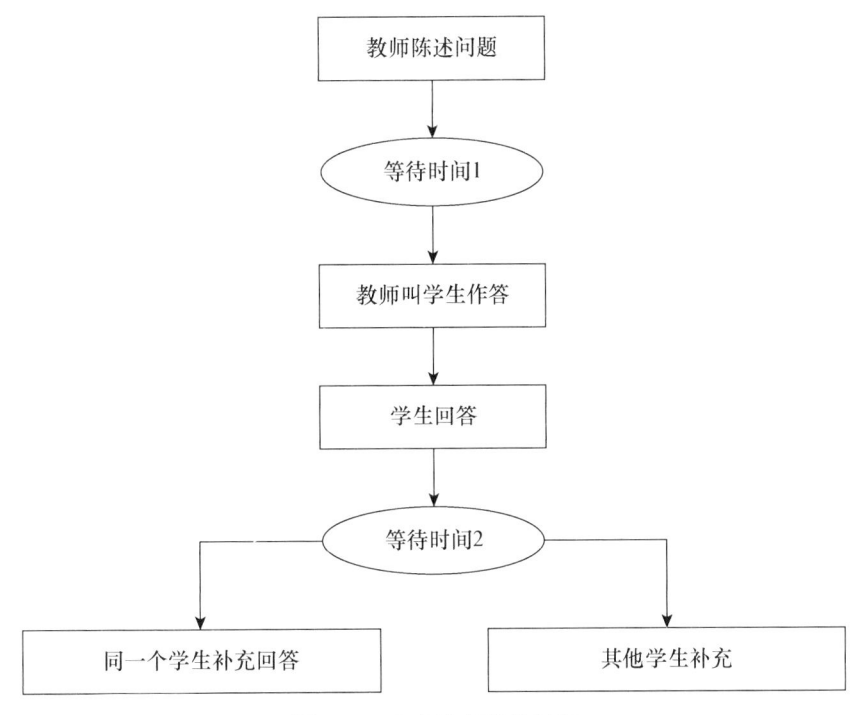

```
           教师陈述问题
                │
                ▼
            等待时间1
                │
                ▼
           教师叫学生作答
                │
                ▼
            学生回答
                │
                ▼
            等待时间2
            ╱       ╲
           ▼         ▼
  同一个学生补充回答    其他学生补充
```

图 8-1　如何使用等待时间

等待时间——甚至是五秒钟——的效果已经得到了充分的证明（见 Egan，Cobb，& Anastasia，2009）。然而，很多教师在提问时对学生缺乏耐心（见 Rowe，1974，1978）。研究表明，提问和学生回答或请另一个学生回答问题之间的等待时间通常不到一秒钟。有些学生害怕被要求回答问题，这不是令人奇怪的现象，他们担心被要求回答问题会招致教师的不耐烦，他们还担心自己会再次处于"水深火热"之中。尽管等待时间对学生回答较低水平的问题没有效果（见 Riley，1986），但它对回答更高水平的问题有显著的影响。意识到这一点非常重要。提出更高水平的问题却没有等待时间，这只会使学生给出低水平的回答（见 Gipperlich，2006）。

记住，课堂上的沉默并不总是坏事，甚至当你提问时（见 Sangster，2007）。因此，如果学生正在相互交流，那么就要作出等待的决定——不止一次，而是两次，甚至是三次。通过练习你就能够掌握保持沉默的艺术。

8-11 使用正面的提示技巧

一旦你提出一个问题并请学生回答这个问题，该学生可能不会以你想要的方式作出回答，或者他根本就不作任何回答。当发生这种情况时，你应该提示该学生，手段包括进一步澄清这个问题，引导出一个更完整的回答，或引导该学生给出额外的回答，以此来确认他是否理解了所学的材料（见 Koechlin & Zwaan，2006）。随着你不断学习提示技巧，你可以遵循很多规则。然而，为了化繁为简，牢记一条最重要的规则：*以正面的方式进行提示*。

重视部分正确的回答

在提问期间，为了引发更完整或更符合逻辑的回答，你可能得多次提示学生。始终提供正面的强化措施，以便鼓励学生补充不完整的回答或修改不正确的回答。在很多情况下，学生的回答只是部分正确。当你听到这样的回答时，立即提示学生，让学生重新审视问题，那么学生的回答可能会更加完整，并更符合逻辑，或陈述得更恰当。

"教学策略"专栏举例说明了一种提示模式。注意，学生的回答是对问题的重塑。教师应尝试利用学生回答的某一个方面来保持问答过程的积极一面。

教学策略

提示技巧示例

教师：同学们，现在让我们查看我们在吸收和放射实验中收集的数据。根据你的观察，有盖的和无盖的光亮锅有什么不同？（3～5秒钟的停顿）安吉拉？

安吉拉：有盖的锅中水的温度是96摄氏度。

教师：在实验中的哪个时间测得这一温度？

安吉拉：盖上锅盖10分钟后。

教师：你第一次读表的时候水的温度是多少？

教师以一种非胁迫性或中性的语言来提示这个学生（包括第十一章提及的所有非语言提示）。这个过程一直在持续，直到该学生给出一个恰当的结论所需的全部信息。

8-12 处理不正确的回答

不管教师多么擅长激励学生，教师都应提供充分且相关的教学材料，以及提出高质量的问题。一个持续出现的问题——学生不正确的回答将有损课堂提问环节的智力和人际关系。

避免负面回应

正如我们前面讨论的，当学生的回答部分正确或陈述不完整时，你可以使用提示技巧。提示技巧易于掌握，因为你可以强化学生回答正确的部分，同时忽略错误的或不完整的部分。然而，当学生给出一个完全错误的回答时，一个更复杂的人际交往情境就此出现。首先，在这种情况下很难采取正面的强化措施。但是，要避免使用诸如"不"、"你大错特错"或"这是不正确的"这样的评语，因为它们都是负面的强化手段，而且可能会降低学生参与课堂口头互动的兴趣。这一点非常关键，尤其是对母语是非英语的学生。

其次，如果你对学生的不正确的回答给予负面的反应，那么**涟漪效应**（ripple effect）发生的可能性就会非常高（见 Kounin, 1970）。这种效应描述了这样一种情况：学生本身不是教师负面行为的目标，但仍然受到教师在纠正另一个班级成员时的言行的负面影响。所以，当学生给出不正确的回答时，试图转向中立的提示技巧，而不是回以"不，这根本就不正确"。

你应该如何做到这一点？因为这种技巧旨在强调积极的一面，所以首先你需要分析学生的口头回答以判断是否任何部分可以被归类为有效的、合适的或正确的。当你作出这一瞬间的决定后，你就可以采取正面的强化措施或表扬正确的部分。例如，当你问了一个普通的数学问题后，一个学生给出了一个完全错误的答案，那么你可以说，"你的回答很接近答案，所以请重新计算一下"，"你能告诉我们你是怎样得到答案的吗？"或"你能否重新考虑你的解决方案，再试试看？"这些回答是*中性的*，不是负面的。

奖励部分正确的答案。如果你不能给出正面的回应，那就保持中立

另一个策略是重新表述问题，不让学生承担错误回答原问题的责任。你可以使用一系列聚合性问题从而小心谨慎地引导学生给出一个正确的回答。

始终避免讽刺或惩罚的态度。贬低策略会导致负面强化，并最终产生令人不快的残留效应，因为它会致使学生忽略口头回答的机会。学校办学主要是为学习提供积极的和激励的环境。然而，教师的侮辱和负面回应可以阻断学习。学生从羞辱中学不到任何知识——除了鄙视教师和讨厌学校。言语辱骂从来都不是恰当的或专业的回应。

老师的贬低态度使学生讨厌学校

使用这种策略时，你必须注意非语言提示——如皱眉——不要因为不正确的回答而表现出心烦意乱或生气。处理不正确的回答时，你必须保持语言和非语言行为的一致性（参考第十一章有关积极的语言和非语言回应列表）。

帮助学生纠正回答的另一个策略是立即评估你所问的问题的类型和水平，

然后向学生提出一个类似的但难度较低的问题，而不作任何其他评论。要始终灵活应对；给学生机会来展示他们知道某个答案。

教师和学生间的人际关系是很微妙的，而且需要时间来建立这种关系。在评估了每个学生的性格类型之后，你可能会发现对某些学生使用一些负面以及正面的强化措施很合适。成绩较好的学生在教师面前扮小丑，或和教师开玩笑，捉弄教师的情况也并不少见。当你看到这样的情形时，你可以相当准确地预测某一个学生会如何反应，然后和那个学生开个玩笑。例如，如果一个成绩最好的学生给出一个你认为离谱的回答，你可以评论说："你是在骗我吗？"然后微笑或大笑。这样紧张气氛就会得以缓和。

下面的"教学策略"专栏显示了不正确的回答示例。注意，在这个例子中，教师的回应不是批评这个学生。我们希望你将在课堂上营造一种支持性的氛围——在这种氛围中，学生可以自由地作出反应，而不必担心出错。

教学策略

处理不正确的回答

教师：直角三角形的斜边和直角边之间有什么关系？(停顿) 莎拉？

莎拉：我们把三角形的一边平方。我忘记了。

教师：好的。现在回想一下课堂上我们建构的模型。你能在脑海中想象它吗？那些建筑看起来像什么？

回顾与反思

● 回忆你学生时代的经历。你的教师们在何种程度上使用了此处讨论的正面行为？

● 和一组同伴进行角色扮演练习。你们轮流对学生不正确的或完全没有逻辑的回答作出回应。你发现给出正面提示困难吗？为什么？

第四节　提问如何创造动态的学习环境

本章的第三节中，我们讨论了一些你可以用来帮助学生更加成功的提示技巧。现在让我们将重点放在你如何能够增加学生的口头交流并减少你的口头交流。我们的目的是希望你的学生回家时因思考和学习而感到疲惫——而你回家时则神清气爽。

8-13　提示多种回答

如前所述，教师通常通过连续提问的方式来组织事实陈述环节：他们请一个学生回答问题，然后再请另一个学生回答问题，依此类推。因此大部分时间都是教师在讲话。很少有学生（如果有的话）认真倾听他们同伴的回答，因为任何时候的交流都是两个人之间的闭环交流：教师和一个学生。我们建议避免使用这种封闭的方法，而是使用**多种回答的问题**，即至少三四个学生回答的问题。增加每个问题的回答人数的关键在于重视发散性问题和评价性问题。这些类型的问题允许很多不同的回答。在多种回答技巧中，你提出问题，停顿，然后请三四个学生回答问题。

当然，在你使用多种回答技巧前，你必须仔细地向全班解释这种技巧。同时提醒学生你不会重复任何学生的回答。这样，学生必须认真倾听他们同伴的回答，这样他们的同伴不必重复回答。

多种回答的策略可使教师少说话。观察学生的行为，引导问题环节，管理课堂，并设计合适的问题，同时做这些事情是非常困难的。因为你不可能边听边讲。然而，如果你使用发散性问题或评价性问题并结合多种回答问题策略，你就会有时间分析学生给出的回答。简而言之，你能够对每个学生的回答作出质性评价。

> 把更多的活动转移给学生

你可以修改这个技巧——将全班分为三个、四个或五个学生一组的小组，从而增加小组内的基于团结和认同的激励因素。一旦分好小组，你就可以向全班提出一个发散性问题或评价性问题。每个小组展开讨论，然后选派一个发言人回答问题。这种情形增加了学生与学生之间的口头交流（你可以调整他们的课桌从而为他们的交流提供便利）。任何课堂上的竞争都是以同伴为导向的，而不是教师和学生之间的竞争。通过在课程中加入一些游戏，可以建立友好的课内竞争（见 Adams，2015；Mackenzie，2001）。

通过使用历史画册，凯·A. 奇克（Kay A. Chick，2006）已经能够激励学生进行思考、合作以及探索不同的观点。她注意到，有问题的学生会充分参与课程学习。我们建议使用图片来培养学生的提问技能。

教师在奖励方面往往很吝啬。但通过使用多种回答策略的这一个变体，你可以奖励提供最新颖的回答的小组，奖励从百科全书中得到最佳回答的小组，奖励提供最好的非语言回答（图片、卡通画、海报）的小组，奖励使用最佳多媒体呈现方式的小组。这样的激励策略有助于使课堂成为一个令人愉快的、富有创造性的，以及充满兴趣的场所。下文的"教学策略"专栏举例说明了这种技巧。教师应注意如何构建一个问题，然后请三四个学生回答这个问题，从而使学生能够系统地对论点、立场或陈述进行分类。

多种回答技巧使学生更加活跃

使用多种回答技巧时，你也可以培养学生的其他交流技能。例如，当你开始使用这个技巧时，你可以让学生为同伴的每个回答写一个一句话的总结。思考这个简单的教学技巧对以下内容的启示：提高听力技能，建构符合逻辑的讨论，辨别口头交流中的要点，使学生能够系统地对论点、立场或陈述进行分类，以及学习写提纲。由于提问是课堂上广泛使用的交流技巧，因此教师应该最大限度地发挥提问的作用，使其能够提高学生的其他认知技能和认知过程。与使用反思性问题一样，我们强烈建议你提前写出多种回答问题。通过提前撰写问题，你可以使用清晰且学生能够理解的方式来表述问题（见 Kindem, 2006）。作为教师，撰写发散性的、评价性的、反思性的，以及多种回答的问题能够帮助你掌握这些技巧。

培养多种交流技能

多种回答策略使学生的回答更长、陈述更深入，对所有学生的挑战更大。这是学生主导的**讨论**的合理的前奏（见 Chin, 2007）。由于很多学生没有展示出所需的行为或技能，因此学生主导的讨论很难有效地进行。通过使用多种回答的问题，你可以巧妙地使学生承担更多倾听对方的责任，并根据以前的回答来修改他们的回答，从而为学生主导的讨论铺平道路。然而，我们建议教师和学生在都掌握了多种回答技巧时再进行这样的讨论。

教学策略

多种回答技巧

教师：今天我要使用一种新技巧，并且从今往后，我们会一直使用这个技巧。我会问一个问题，停顿几秒，然后请三四个学生回答问题。仔细听清楚，因为我不会重复这个问题。而且你们要倾听同学的回答，因为我也不会重复他们的回答。有问题吗？可以开始吗？假如克里斯托弗·哥伦布从伦敦出发并向西航行，那么他可能会在哪里登陆？（停顿）莉萨、拉斐尔、兰迪、汤米。

莉萨：他会在加拿大登陆。

教师：（微笑，然后指向拉斐尔，没有任何评价。）

拉斐尔：我想他会错过加拿大而在波士顿附近登陆，因为朝圣者在那个地区登陆了。

教师：（点头，然后指向兰迪，没有语言评价。）

兰迪：他们两个都不对。他会被风吹到格陵兰岛。

汤米：那也不会发生。克里斯托弗·哥伦布会被墨西哥湾暖流正好吹回英格兰。

教师：这些都是有趣的想法。同学们，让我们查看一下墨西哥湾暖流和气流的方向。海伦，你能从柜橱里拿出那张大的海洋和气流图并给我们解读一下吗？

海伦：好的。

8-14　进行复习环节

你如何使用提问策略来复习以前教授过的概念？一个成功的方法就是在呈现新材料的情境中重新介绍以前讨论过的概念。例如，如果你即将教授有关运输的单元，你希望复习已经学完的有关铁路的话题，那么你可以将飞机场和汽车站的选址与火车站的选址进行对比，并将其作为讨论运输基础设施的部分内容。通过提问，你可以引导学生陈述事实——大多数铁路终点站和飞机场一样，最初都建在城市的边缘地带。当学生注意到运输终点站随着城市的扩张被吞没了，而这又引发了一系列城市和交通运输业特有的问题时，他们就有机会展示他们对城市发展的理解。

我们建议，对于独立的且不连续的复习环节，一个可行的替代方案是不断地进行复习。可以在布鲁姆分类法的任何层次上进行这样的复习。当学生开始将前面学过的技能或概念与新的技能或概念相结合时，他们开始意识到新旧材料之间的关系。如果你想使用真正基础的文科方法，那么你应该将一个学科的观点与其他学科的观点联系起来，但不要告诉学生学科间的微妙关系，你可以引导他们去图书馆或在互联网上自己探索并向全班汇报成果。对于已经完成任务且"无事可做"——除了打扰其他同学——的学生来说，这个方法特别有效（见 Bond，2007）。

内置持续审查

为了使用**概念复习提问技巧**，你必须始终留意一些例子，这些例子有助于你建立富有意义的关系、强化以前所学的概念或综合学生的知识，从而创造额外的动机。更重要的是，你可以使用"思想支架"或"衔接"技巧，即在黑板上绘制一张概念地图并且说明其他想法或概念如何与它相关联。

阅读下面"教学策略"专栏中的有关处理不正确回答的举例说明。这个班级的学生是一组学习情感领域的新教师。

教学策略

概念复习提问技巧

教师：上个月我们学习的认知领域的分类与情感领域的分类有什么不同？（停顿）凯文？

凯文：认知领域涉及学习的智力方面，而情感领域更多的是关于情绪的结果。

教师：不错。你们能举出几个"情绪的结果"的例子吗？（停顿）妮科尔？

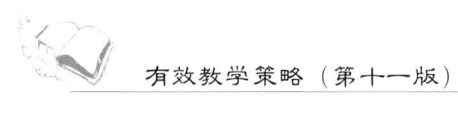

妮科尔：态度和价值观？

教师：很好。现在，回到我最初的问题上，这两种分类法有哪些相似之处？（停顿）阿曼达？

阿曼达：嗯，因为它们都被称作分类法，都是分类系统，所以两者在本质上都具有层次性。

教师：很好。本质上都"具有层次性"是什么意思？（停顿）凯文？

凯文：我想它的意思是每个类别都建立在它下面的类别之上。

教师：好的，你能否给我们举一个其他分类的例子来证明你的观点？

凯文：可以，动物世界的分类。每个门类都与它下面的门类有某种进化上的关系。

教师：好的。是不是每个人都明白了那个例子该怎样应用于布鲁姆分类法？好，让我们花点时间，试着把有关分类法的单元与前面的单元联系起来。换句话说，我们怎样将这个分类法用于我们讨论过的其他想法？（沉默时间不长）让我说得再具体点。如何将分类法更好地应用于制订课程计划？（停顿）吉姆？妮科尔？

吉姆：你可以用分类法来考察你的表现目标，然后确定你的过程是否与最终的行为相关联。

妮科尔：（很激动）你也可以用分类法来判断这一堂课是否值得讲。

教师：你的意思是什么呢，妮科尔？

妮科尔：嗯，如果一堂课只传递很多事实，也许教师会问在一个更高的类别中是否会再次使用这些事实。如果这些事实很重要，除了事实陈述以外应该有更有效的方法使学生掌握它们。

教师：不错。还有其他想法吗？（停顿）讨论单元呢？你们能将讨论单元与分类法联系起来吗？（停顿）艾伦？

艾伦：有点像我们谈论过的教学计划，分类法可以为教师提供讨论话题的新思路。

教师：你能详细说明吗？

艾伦：有时我们很容易陷入一种困境。尽管教师不太可能在知识层次上使用与表现目标相关的讨论，但他们可能没有意识到讨论话题的全部可能性。

教师：很好。还有其他人吗？

蒂娜：同样，分类法对于分析讨论为什么会陷入僵局很有用。

教师：在哪方面？

蒂娜：如果学生尝试在更高层次上进行思考，而没有较低层次的知识背景，那么学生可能会有很多困惑，因为他们不"知道"或"理解"他们正在讨论的内容。

8-15 鼓励不主动发言的学生

大多数情况下，在鼓励学生回答问题这方面你不会有太大困难。诚然，如果你认真记录回答问题的学生，你就会发现有几个学生主导了事实陈述环节。而且，对于任何课堂的观察似乎都表明，有若干个学生不愿意主动回答问题，这往往是因为教师会请反应速度快的学生回答。如果你的目的是鼓励学生进行口头回答，那么你必须鼓励不主动发言的学生回答问题。这样的鼓励在新学期之初是最困难的，因为你对学生比较陌生。当你逐渐了解学生的兴趣时，提示不主动发言的学生就会变得容易一些，因为你可以提出一些反映他们个人兴趣领域的问题。那么，在提问环节有哪些有效策略可以用于激励不主动发言的学生？

1. 对不主动发言的学生保持高度积极的态度。每次请他们回答问题时，允许他们恰当地或正确地回答问题。换言之，对不主动发言的学生提出的问题应该是他们可能擅长回答的问题。一旦学生的回答是正确的，应该给予慷慨的、积极的反馈以鼓励他们继续回答。提出一些需要简短回答的问题，但这些问题能够引出一个需要较长回答的问题。这样你可以从聚合性问题逐渐过渡到发散性问题。你甚至可以使用简单的评价性问题开始提问，因为大多数学生很容易回答有关判断、标准或观点的问题。

2. 试图确定每一个不主动发言的学生保持安静的原因。这个学生是否只是害羞，或者是否有语言障碍？我们并不是说你应该扮演业余心理学工作者的角色，但是你应该确定某个学生是否显示出语言缺陷，如果有必要，应该进行适当的转诊。

3. 偶尔可以通过游戏方式进行提问。例如，将学生的名字写在卡片上，随机抽取卡片来挑选回答者。或者，如果你提问时有些学生总是举手，那么你可以得体地要求这些学生"在接下来的三分钟内不举手"，这样其他学生就有机会回答问题。对于已经通过口头参与活动得到充分锻炼的学生，你可以通过这种方式塑造他们的行为，从而使其他学生能够回答问题。

4. 在事实陈述环节的前一天发给每一个不主动发言的学生一张写有问题的卡片，这种方法是可取的。悄悄地将卡片递给他们，并告诉他们要复习作业，以便他们能够在下堂课上总结出他们的回答。这种方法开始在教师和学生间建立一种相互信任的关系。

> 提供提示以鼓励害羞的学生

这种技巧暗含了这样的任务——系统地记录谁在课堂事实陈述环节中积极发言，并且在什么课堂情景下积极发言。如果时间允许，最好每天记录每个学生的语言活动。你可以指定班级中的一个学生每天做这样的记录。在一周结束的时候，你可以了解每个学生回答问题的规律。

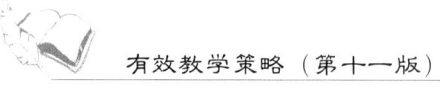

请不主动发言的学生回答问题绝不应该是一种惩罚。学校教育应该是一种积极愉快的经历，使学生愿意学习。一般来说，鼓励不主动发言的学生的最有效方法是真诚地对待每一个学生，把他们当作常人来对待。很多不主动发言的学生已经学会——有时以痛苦的方式——不在课堂上发言，因为教师会贬低他们或取笑他们。所以，任何时候教师都要关怀和鼓励学生。

8-16 培养学生的提问技能

到目前为止，我们讨论的所有技巧都是为了提高你的提问技能。然而，使学生掌握如何表述他们自己的问题具有很大的价值。

遗憾的是，在很大程度上，教师既不鼓励也不教授学生提出问题。当学生真的提问的时候，有些教师甚至感到心神不安（见 Commeyras，1995）。尽管如此，作为一名教育工作者，如果你想要鼓励学生进行批判性或反思性思维，或任何其他类型的思维，那么你必须培养学生表述问题的技能（见 Koechlin & Zwaan，2006）。一种技巧是玩一个叫"二十个问题"的游戏。在这个游戏中，参与者通过提问来识别事物。教师抛出某个问题、概念、地方或历史人物，学生试图通过提问来猜测。例如（假设是某个地方），"它的原名是否还存在？"或者"它是否有一个民主的政府？"教师只能够使用"是"或"不是"来回应。开始时，教师主持这个环节，但是当学生掌握了技巧和他们自己的提问技能时，你可以让他们主持整个环节。这可以使你有时间分析他们之间的互动。

"二十个问题"的游戏

另一种技巧是展示某个现象，让学生针对现象提出问题。教师扮演一个消极的角色，而学生积极地提出问题，教师必须回答这些问题。例如，在讲解动能和势能转换概念时，教师可以将弹珠排成一排，放在一个盘子中。教师将一颗弹珠滚向一排弹珠的一端，然后另一端滚出一颗弹珠。学生开始提问，教师给出可能的解释。对于每一个问题教师只会给出"是"或"不是"的回应。这种技巧促使其他学生继续提问，直到学生能够正确描述动能和势能转换概念为止（见 Suchmann，1966）。

开始使用这种技巧时，学生往往不会提出符合逻辑的问题，因为很多学校教育很少涉及逻辑概念，这导致最初的结果令人失望。尽管如此，教师应该回顾每一堂课，然后为学生提供精确和详细的说明，帮助他们提高提问的逻辑性。作为替代方法，如果不是太慢的话，教师可以将每个学生的问题写在黑板、白板或透明板上。这种做法可以使学生逐渐且系统地积累知识和技能（见 Schmid，2009）。

为学生示范有效提问

当然，为了培养有效的提问技能，学生需要针对具体问题而不是某个模糊的问题来表述问题，这项能力非常必要。教师可以从一般到具体来展示如何培养这种能力（换言之，使用演绎逻辑提问法并鼓励学生使用相同的方法）。

培养学生提问技能的第三种技巧是要求学生提前准备好关于将要学习的主题的事实陈述问题。每天挑选几个学生让他们为他们的同伴准备一系列问题。你甚至可以与学生分享几个这里讨论的提问技巧，例如遵循布鲁姆分类法。大多数学生只会以他们的知识水平为导向，因为这是他们在学校教育中得到最多强化的内容。但是熟练的教师会持续不断地强化针对更高层次思维技能的问题，并最终帮助学生准备好恰当的、更高水平的问题。

当你开始鼓励学生互相提问时，你会发现责任微妙地从教师身上转移到了学生身上（见 Rallis et al.，1995）。这种转变暗示责任是一种习得的行为。作为教师，你应该帮助学生成为善于表达和思考的人。当你把更多课堂提问的责任转移到学生身上时，你会有一个绝佳的机会来实现这一目标（见 Richetti & Sheerin，1999）。另外，你将为学生主动学习创造必要的条件（见 Callison，1997；Commeyras & Sumner，1996）。

在进行大量的研究之后，辛西娅·T. 里切蒂和本杰明·B. 特里戈（Cynthia T. Richetti & Benjamin B. Tregoe，2001）提出了五个原因，说明学生为什么应该表述他们自己的问题。下面的专栏中列出了这些原因。

尽一切努力鼓励学生提问

培养学生提问能力的理由
- 增强学习动机。
- 提高理解力和记忆力。
- 鼓励创造和创新。
- 教授如何思考和学习。
- 提供解决问题和作出决策的基础。

和所有的新技巧一样，必须向学生仔细解释这种技巧，并操练几个课时。接下来，学生可以一周一次或多次自己主持提问环节。这种技巧是学生在开展学生主导的讨论前必备的经验。如果你教的是有学习障碍的儿童或特殊儿童，可以让他们在卡片上展示回答（和问题）（见 Heward，1996）。

创造更具互动性的提问过程的一个新颖的技巧是让学生向阅读课文的作者提问。伊莎贝尔·L. 贝克和玛格丽特·麦基翁（Isabel L. Beck & Margaret Mckeown，2002）通过举例证明了教师如何鼓励学生这样做，就好像课文作者正站在课堂上一样，向学生展示如何以三种形式提出问题：

1. 作者想说的是什么？
2. 作者说了什么使你有那样的想法？
3. 你认为作者的意思是什么？

当学生构建作者意图时，这些问题会跟随其他学生的问题而出现（见

Kucan & Beck，1997）。当你讲解复杂的话题或当教科书难以理解时，这种技巧非常好用。现在你又多了一种在传统枯燥的学习环境中营造积极活跃的学习环境的方法！

你可以和全班学生一起制定一套学生表述问题所依据的标准。这套标准也可以应用于更广泛的情境中。为了提高学生收集和解释数据的技能，一个手段是要求学生就电视知识竞赛节目中的问题作出评价。

思考-配对-分享法 我们以下内容结束这一小节：另外一种以学生为主导的鼓励学生回答问题的方法。弗兰克·莱曼（Frank Lyman，1981）描述了这种方法的三个步骤：

第1步：*思考*。你向全班同学提出一个问题，然后给他们短暂的时间来"思考"如何回答问题。

第2步：*配对*。指定伙伴（同桌、好朋友）进行配对，然后讨论最佳的答案，甚至是最新颖的可能答案。在一些情况下，你甚至可以让他们写下各自团队的回答。

第3步：*分享*。请几对学生与全班同学分享他们的想法。可以将回答记录在黑板上。

对于英语语言学习者或有特殊需求的学生来说，"思考-配对-分享法"是他们以有意义的方式参与事实陈述环节的另一种方法。此外，请记住辅助性技术可用于帮助特殊学生。我们鼓励你与你的校长核实这些技术。

> 你的单元计划中应包括学生提问的时间

所有我们合作过的教师对于此处描述的技巧带来的结果都非常满意。更重要的是，他们很惊讶地发现他们在很大程度上低估了学生的潜力。我们并不是说这些技巧易于实施；这些技巧需要大量的工作和计划。然而，随之而来的回报使教与学都更有价值。

回顾与反思

● 和一小组同事一起讨论，在你工作的第一年，你可能会尝试哪些提问技巧。你是否有其他想法？在你同事身上试试。

● 对于允许学生在课堂提问和讨论中承担更多的责任，你有哪些恐惧、担忧或保留意见？你如何才能克服这些顾虑？

第五节 提问的常见挑战

8-17 避免教师的个人癖好

至此，我们一直在讨论与提问相关的、正面的和具有鼓励性的教师行为。

我们希望我们并没有使你有这种想法：只需要一些伎俩和一个微笑就能够取得立竿见影的效果。遗憾的是，每个教师特有的不恰当的行为会干扰课堂上流畅的语言交流。这些行为或*癖好*包括：重复问题、重复学生的回答、自己回答问题、不允许学生完成较长的回答、不倾听学生的回答，以及总是挑选同一批学生回答问题。接下来讨论如何以及为什么要避免这些陷阱。

> 对识别和根除可能有害的习惯保持警惕

- **重复问题**。这种习惯使学生有意或无意地形成了依赖"重新播放"的问题，而不是一开始就认真倾听。这也会浪费宝贵的时间，而且也不利于教师有效管理课堂。有时需要适当重复问题，例如当在一间很大的、音响效果很差的教室上课时，当问题涉及很多方面时，当问题第一次没有得以充分阐述时（新教师经常遇到这个困难），或口述问题要求学生写下问题时。但是，在大多数情况下还是要避免重复问题。

- **重复学生的回答**。一个同样分散注意力和浪费时间的习惯是重复学生的几乎所有的口头回答。如果你对学生树立正面的自我形象的需求很敏感，那么你就不想成为口头交流的中心，你会将注意力集中于回答问题的学生身上。如果请学生回答问题很重要，那么倾听学生的回答同等重要。

  对于在座位安排不合理的教室里进行大班授课，以及碰到声音非常柔和的学生，在这些情况下可以重复学生的回答。但是，要记住如果学生要发展讨论前的行为，那么他们必须学会相互间获得提示。

- **自己回答问题**。教师仔细表述了一个问题，稍作停顿，本来要请学生回答，然后教师自己回答了这个问题。你见过或参与过这样的课堂吗？这种癖好挫伤了学生的士气。

- **不允许学生完成较长的回答**。一个极易分散学生注意力的、不恰当且粗鲁的教师癖好是在提出问题后要么自己回答问题，要么给出个人意见，结果打断了学生的回答。这样的行为会打击学生的参与积极性，也不利于培养学生符合逻辑的答题套路。

- **不倾听学生的回答**。请一个学生回答问题时，要表现出你正在倾听他的回答。你必须为学生养成良好的倾听习惯做榜样。

- *表现出偏袒*。一个经常听到的学生的抱怨是"我的老师从来不请我回答问题"或"老师经常请一些受宠的人回答问题"，这些陈述代表了学生的挫折感，他们看到偏袒现象时会意识到它的存在。

> 以公平为目的

很多教师对成绩不好的学生表现出强烈的偏见。下面的"教师如何对待低分学生"专栏中列出了几个教师对这些学生表现出的故意歧视的行为。

请经常主动回答问题的学生和会给出"正确"答案的学生回答问题，这样你看起来是一个有效教师，这确实让人难以抗拒。但如果你希望鼓励所有的学生都成为赢家，那么你必须给予他们平等的机会来回答问题。一个快速确定你是否表现出偏袒的方法是指定不同的学生列出每天你请每个学生回答问题的次

数。一周结束时对记录进行快速统计,你就会得到所需的数据。如果学生回答时表现出犹豫的神情,你必须根据他们的需求和能力调整问题,这样他们才能享受成功的喜悦和正面的强化。

教师如何对待低分学生

- 给他们回答问题的时间很少。
- 给他们答案或请其他人回答问题,而不是提供线索或重新表述问题来改善他们的回答。
- 奖励他们不恰当的行为或不正确的答案从而实施不恰当的强化。
- 以公平为目的。
- 相对于其他学生,批评他们失败的次数更多。
- 相对于高成就学生,表扬他们成功的次数更少。
- 对他们的公开回答没有给予反馈。
- 给予他们更少的注意力或与他们交流的频率更低。
- 请他们回答问题的次数更少或请他们回答比较容易的、无须分析的问题。
- 将他们的座位安排到距离教师较远的地方。
- 在与他们的交流中,使用更少的目光交流和其他传递关注与回应的非语言手段(比如身体向前倾和点头)。

资料来源:Good, T. L., & J. E. Brophy. *Looking in Classrooms*, 10th ed. Published by Allyn and Bacon, Boston, MA. Copyright © 2008 by Pearson Education. 经出版商许可改编。

回顾与反思

总结性反思

- 描述你在教师教育课程中观察到的提问技巧。它们与此处描述的技巧相比有何不同?
- 安排微课来练习提问的艺术。关于提问的艺术,你有何心得体会?
- 哪种类型的课程分别适合聚合性问题、发散性问题、评价性问题和反思性问题?
- 为什么将分类法应用于你的问题是有用的?
- 通过收集学生回答问题的数据,考察课堂上等待时间1和等待时间2对学生的影响。等待时间对更高水平的回答有何影响?

- 回顾有关教师如何回应学生不正确的答案的研究。你是否能从中发现与本章观点相异的结论？
- 列出一些你自己关于如何在提问中实现教学公平的想法。

本章小结

1. 聚合性提问策略引导出简短的甚至是一个字的回答。
2. 发散性提问策略引导出各种不同的回答。
3. 评价性提问策略引导出发散性回答和基本原理。
4. 反思性提问策略帮助学生积极掌握概念。
5. 层次结构或分类法可以用于对问题进行分类。
6. 应该鼓励学生在课堂上提问和总结课文。
7. 使用等待时间是辅助学生学习的有用技巧。
8. 教师需要培养以下方面的技能：提示、处理不正确的回答、提示多种回答、复习，以及鼓励不主动发言的学生参与问答环节。
9. 对不正确答案的正面回应将鼓励学生继续参与问答环节。
10. 强调积极的一面，教师应避免讽刺、愤世嫉俗，以及妨碍学生学习的癖好。
11. 提供公平回答问题的机会。

纸质资源

这里有四个精心挑选的资源，它们将为你提供关于提问艺术的扩展知识库。

Cotton，K. *Classroom Questioning*. Portland，OR：NWREL，Close-Up # 5，2001，16 pp.

通过短短几页书，凯瑟琳·科顿提炼了课堂提问的精髓。这是丰富你的档案袋的优秀资源。

Mckenzie，J. A. *Learning to Question to Wonder to Learn*. Bellingham，WA：FNO，2005，180 pp.

这可能是关于提问过程的最全面的书。"提问工具箱"巧妙地讨论了这个技巧的范围。

Walsh，J. A.，& B. D. Sattes. *Quality Questioning：Research Based*

Practice to Engage Every Learner. Thousand Oaks, CA: Corwin. 2005, 192 pp.

本书作者详细讨论了几乎所有与使用课堂提问有关的话题。

Wormeli, R. *Summarizing in Any Subject: 50 Techniques to Improve Student Learning*. Alexandria, VA: Association for Supervision and Curriculum Development. 2004, 226 pp.

这是一本实用手册,说明了如何轻松地实施总结策略以提高学生的理解力。

网络资源

ASCD Express 的一期特刊专门讨论了提问策略。这一期包括一些关于充分利用提问进行教学的文本和视频资源。

http://www.ascd.org/ascd-express/vol4/418-toc.aspx

杰米·麦肯齐(Jamie Mckenzie)提供了大量与问题有关的材料。

http://www.fno.org

第九章

小组讨论与合作学习

学习目标

完成本章后，你应该能够：

9-1 确定讨论方法
9-2 教授良好的倾听技能
9-3 确定小组讨论的关键要素
9-4 理解小组的基本概念
9-5 理解在小组环境中如何提供正面反馈
9-6 确定小组讨论的优点
9-7 描述培养头脑风暴技能的技巧
9-8 描述辅导讨论小组
9-9 描述任务导向型的讨论小组
9-10 在小组环境中使用角色扮演
9-11 在小组环境中使用模拟讨论
9-12 组织以调查为中心的讨论
9-13 识别合作学习的原理
9-14 识别合作学习的特点
9-15 在课堂上发起合作学习
9-16 观察和评价个人和小组的进展
9-17 识别对合作学习的批评

评价标准

本章涉及的标准：

标准 2：

学习差异。 教师通过了解个体差异、多元文化和社区以确保孕育包容性的学习环境，使每个学习者达到较高标准。

标准 4：

内容知识。 教师谙熟所教学科的核心概念、研究工具和学科结构，创建学习体验，使该学科的这些内容对学习者来说是容易理解的和有意义的，从而确保学习者对内容的掌握。

标准 5：

知识的运用。 教师了解如何使概念相互关联，如何使用不同的观点培养学习者的批判性思维和创造性，协作解决与本地和全球相关的实际问题。

标准 8：

教学策略。 教师理解并使用各种教学策略，促进学习者深刻理解知识内容及其联系，并通过富有意义的方式培养学习者应用知识的技能。

教室洞察

亚历山大·丹尼尔斯想去听一堂有学生互动的课。当亚历山大跟他的导师提出这个要求时，导师邀请他去林肯中学听一位教师的课。林肯中学的校长跟他打招呼并允许他听两个班级的课。

课堂讨论的话题是手机。亚历山大注意到学生的课桌成圆形摆放，8人一组。教室里传来一阵有意义的嘈杂声。教师们在教室里四处走动，与每个小组成员坐在一起，时间为几分钟，但不进行语言交流。讨论结束后，学生们开始向全班汇报讨论结果。然后，学生们在新闻纸上写摘要，之后参与更多的互动。

下课时，学生表现出的责任意识和控制水平以及他们准备的批判性分析给亚历山大留下了深刻印象。他想知道如何在今后的课堂上组织类似的小组活动。

采用小组形式是课堂上促进学生自我管理、合作和学习的最好的方法之一。本章将介绍如何组织讨论、小组活动以及合作学习体验。

阅读时请思考以下问题：
- 我如何组织班级进行小组讨论？
- 有哪些类型的小组？我如何在课堂上运用这些小组类型？
- 我如何在课堂上开展合作学习？

第一节　组织和发起讨论小组

建构主义教育哲学的一个主要原则强调了积极主动的学习氛围。然而，如果所有学生在课堂上始终保持活跃的状态，那么很快就会出现一片混乱的局面。因此，最有效的实施主动学习的方法是将班级分成不同的小组，这样学生能够融洽地合作，探索他们自己的学习策略，并且营造信息共享的氛围。

9-1 讨论方法的定义

在学校教育背景中"讨论"的确切含义是什么？正如我们在上一章所说的，讨论是一种教学方法，涉及思想的交流，要求所有相关人员主动学习、积极参与。

讨论的方法要求教师形成一个观点，并能够容忍和促进各种思想的交流。讨论是在课堂环境中学生和教师都积极参与的过程（见 Brookfield & Preskill, 2005）。讨论使学生发现并陈述自己的观点或立场，而不仅仅是重复教师或者课文所呈现的内容。在胡克（Hug，2006）报道的一个例子中，高中生物课的成绩进步要归因于计划得当的课堂讨论。在讨论小组中，学生都是主动的学习者。

> 讨论是一种有目的的学习交流，而不是事实陈述

为了进一步说明问题，先前跟踪的高级英语班向所有感兴趣的学生开放，因此教师改变了讨论方法，转而采用分小组、辅导、角色扮演（后面讨论这几个内容）这几种形式。这些过程赋予学生更多的学习责任，并且为一些学生创造机会，让他们体验以前被剥夺的学习经历（见 Cone，1992）。这是有意而为的一个例子。

除了增进富有意义的人际互动之外，讨论还能促进内容、技能、态度和过程等多方面的学习。这是提高学生思维和表达技能的一个正确方法。讨论同时也是提高学生分析能力的一种手段（见 Furinghetti, Federica & Domingo, 2001; George & Becker, 2003; Rex, 2001）。如果你希望不同的学生在同一时间完成不同的任务或参与不同的活动，而且所有的努力都富有意义，那么讨论就是适当的方法。如果你想要间接控制学生的学习，那么讨论也是一种可用的方法。

在我们讨论课堂讨论和小组方式讨论的特定关系之前，我们先关注为了参与有效讨论你和学生必须培养的一项基本技能。

9-2 教授良好的倾听技能

所有的讨论都涉及语言交流。这意味着，没有良好的倾听者就不可能进行富有意义的讨论。要成为一个好的倾听者，既需要积极的态度，又需要良好的倾听技能，所以你和学生需要在这两个方面加以练习。从我们与学生以及其他人（见 Christenbury et al., 2009）的合作中，我们已经收集了几个能够帮助你在课堂上系统且全方位培养倾听能力的技巧。

> 可以通过示范教授倾听技能

1. 首先为学生示范良好的倾听习惯。留意你自己：你是否身体前倾、进行眼神交流、表现出对学生的兴趣？或者你是否烦躁不安、转移目光、显得厌烦或在教室里四处走动？前面的行为是倾听的表现，而后面的行为则表明你一点也不在乎。与学生交流时，你必须给他们非语言反馈。这种反馈是他们判断你是否真正听见并理解他们所说内容的唯一方法。而且，你也要留意你是否促进

了学生间的相互倾听（见 Smith，2003）。

2. 示范时辅以合理的操作说明。第一，使用简单扼要的说明。低年级的学生通常只能记住一两条说明。如果你一次性给出太长或一系列说明，即使高年级学生也会感到困惑（在纸上写下具体的说明细节，然后分发给学生）。第二，不要一直重复和解释这些说明，以期待学生第一次就能够听懂说明。第三，为了帮助学生成为良好的倾听者，检查周边以确保最大限度地降低背景噪声（比如说话和设备噪声）（见 Owca，Pawlak & Pronobis，2003）。

3. 当学生明白需要倾听的具体原因时，他们就会取得进步。如果你让他们亲自体验倾听，他们所学的一些倾听技能将会在他们的讨论活动中出现。磨炼学生的倾听技能将会提高他们所有学科领域的学习成绩。艾莉森·库克-萨瑟建议教师也应该培养这些技能（见 Alison Cook-Sather，1998）。

4. 倾听是一种习得的行为，教师的态度向学生表明倾听是非常重要的（见 Jalongo，2008）。"教学策略"专栏中描述了更多有助于学生提高倾听技能的方法。

教学策略

教授倾听技能的方法

- 作一场简短且有条理的演讲，让学生列出演讲提纲，然后阅读演讲内容并确定主要话题和观点。
- 提问。让学生对该问题进行同义转述，并且在课堂上背诵这些内容。
- 频繁地进行口语测试。
- 限制甚至是避免重复指示说明、问题和评论。
- 让学生主持事实陈述环节。
- 让学生概括他们看过的电视节目。
- 在黑板上列出良好的倾听习惯（每堂课结束时，每个学生都能够列出一个良好的倾听习惯）。
- 在公告板上展示与倾听技能有关的内容。
- 指定一名课堂记录员（学生）来概括事实陈述或讨论活动的大意。
- 指定一两名学生听课堂发言中的任何语法错误。
- 要求一名学生同义转述指令、操作说明或者一个学生之前对某一问题的回答。

讲座 在我们开始介绍讨论之前，我们先简单谈谈"讲座"这个概念。毫无疑问，在你的教育之旅中你已经聆听过一些优秀的讲座，同时我们愿意推测你也听过一些糟糕的讲座。想要进行一流的讲座，第一，你需要有明确的目标。在大多数情况下，在义务教育阶段这意味着你可能只讲 10～15 分钟。然

后，使用等待时间提问模型发起事实陈述环节。第二，在黑板、白板或投影仪上使用先行组织者提纲。第三，寻求学生的反馈。第四，反思之前讨论过的内容和即将讨论的内容。这种做法增加了"衔接"的要素，即将已知内容和未知内容连接起来。第五，评估努力的程度。第六，记住一个讲座应该是信息的综合，或者使用例子进行进一步的解释，而不仅仅是重复教科书上的材料（见Aarabi，2007）。

9-3 小组讨论的关键要素

因为小组讨论能够鼓励学生间的互动，所以小组情景尤其适合交流思想和关注过程。简言之，小组讨论是课堂讨论的理想选择。本部分主要分析成功的**小组讨论**（在四至八名学生的小组中进行关于思想和信息的语言交流）所涉及的因素。我们必须先将这个话题纳入你所处的语境中，并描述你通常可能期待这个过程需要多长时间。正如你将会看到的，这个过程并不是一蹴而就的（见McCann，2006）。

在有效实施学生主导的讨论技巧之前，教师和学生逐渐掌握所需技能是一个需要时间的过程。我们与教师的合作表明，大概需要八周的时间来练习小组讨论的所有要素（尽管最快可以在四周内完成）。然而，采用小组讨论的最初几个步骤要基于我们在第八章考察的发散性和反思性提问策略。因此，学生必须识别所需技能并加以反复练习，以便他们能够理解常规步骤，并在学习中相互支持。通过让学生实施这个过程，教师可以更好地发现问题并有效地解决问题。

> 掌握讨论技巧可能需要八周时间

让我们来看看在你的课堂上组织小组讨论的四个关键因素：目的和目标、理想的小组规模、空间安排、话题的选择及应用。

目的和目标 小组可以从多种活动中学习，例如制定时间表、旁听开庭审理、实地考察博物馆。体验就是价值所在。在一些活动中最重要的学习成果是过程本身而非最终的结果，事实上小组学习尤其适合这样的活动。为了取得这样的成果，教师应制定要求学习者参与某种技术、互动和策略的**过程目标**。我们在第四章讨论的表现目标表明了具体的预期成就，而过程目标通常要求逐渐地、以更开放的方式掌握技能和态度。

为了计划以过程为导向的有效的学习活动，首先需要制定一套长期的优先事项或目标。这样你就可以明确过程目标，这将有助于你集中注意力上好每一堂课。每个过程目标反过来需要精心计划的学习体验以及足够的练习时间。例如，希望培养学生的写作能力的教师必须为学生提供指导、反馈和重复练习写作的机会。这也适用于培养学生的讨论技能。为了掌握在这些领域获得成功的必要技能，学生需要在一个精心设计的框架中进行练习并积累经验（见Glasgow，Cheyne & Yerrick，2010）。

> 将过程技能整合到你的单元计划中

理想的小组规模　在这一章，我们区分关于小组讨论和班级的事实陈述。小组规模是影响学习者参与的一个重要变量。在成功的小组讨论中，小组人数的最小值和最大值都没有绝对的限定。小组人数可以是 3~15 人（见 Miller，1986）。一些人认为 2~5 人是理想的规模（见 Cohen, Lotan & Holthuis, 1997; Schmuck & Schmuck, 2001）；另一些人则认为不能超过 6 人（见 Johnson, Johnson & Holubec, 1994, 1998）。而我们的观察表明，小组的最佳规模是 6~8 人。在 4 人或 4 人以下的讨论小组中，参与者可能会两两结伴，而不是与所有成员进行互动（有关研究小组规模的研究，请参考 McCann et al., 2005, 2006; Pendergrass, 1973; Wells, 2001）。

> 小组规模影响参与效果

然而，威廉·W. 威伦（William W. Wilen, 2004）确实为全班讨论提供了一个理由。他注意到，在这些大组中教师的主要作用是尽力使所有学生参与互动（复习第八章讨论的用于使学生参与活动的"思考-配对-分享法"）。

空间安排　在一间大教室中，小组讨论的最佳空间布局是设置若干讨论中心区域。你可以使用书架或折叠式房间隔板将这些中心区域与教室其他部分隔开。另一个更简单的方法就是调整课桌的方向，以便同组的学生可以面对面交流而且不受教室中其他活动的影响。当每个小组围成一个封闭的圆圈时，他们通常可以屏蔽来自其他组的噪声，这样学生只与本组成员进行目光交流。通过将教室分为几个中心区域，你可以同时开展不同类型的活动且不受干扰。

> 很容易重新布置教室，以促进讨论

话题的选择及应用　讨论的主题可以来自正在进行的课堂作业，或在选定的领域内根据学生的兴趣而定。讨论的有效性在很大程度上取决于小组成员界定有待解决的问题的能力和意愿。

可以针对合适的主题内容在任何教室面向任何年龄或发展水平的学生开展小组讨论。选择的话题应该与课堂学习相关并且应该能够保持学生的兴趣。讨论的问题应该有足够的难度以维持学生的兴趣，并要求学生进行认真且富有创造性的思考。简而言之，讨论话题必须和话题讨论人相关。为了保证讨论能够持续进行，小组成员应该获得足够的信息（纸质的或来自网络的）（见 Bennet et al., 2010）。有争议的问题和道德困境是极好的小组讨论话题［参见索亚和许尔塔（Soja & Huerta）2001 年设计的一个巧妙的模型］。

学生需要掌握如何有效表达观点并有效运用讨论技能。例如，全国数学教师理事会（the National Council of Teachers of Mathematics）发表了一系列案例研究和问题——适合于幼儿园至 5 年级儿童讨论（见 Bush, Dworkin & Spencer, 2001）。这个资源为年幼学生提供了拓展思维的体验。在同一学科中，苏珊·H. 蔡平、凯瑟琳·奥康纳和南希·卡拉万·安德森（Susan H. Chapin, Catherine O'Connor and Nancy Caravan Anderson, 2003）举例说明了促进数学推理和理解的具体讨论思路。数学不一定只是一种纸笔活动，反思来自互动（见 Marshman, M. & Brown, R., 2014）。

为小组引入新话题是非常恰当的，如同寻求同一问题的替代解决方案或者尊重他人对争议性问题的观点（见 R. Wade in Levstik & Tyson, Eds., 2008）。

你希望学生有什么样的分享体验？你可能会立即将注意力集中于多元文化体验，例如分享与服饰、游戏和娱乐、家庭活动和宗教有关的风俗习惯。或者你会思考学生展现和分享他们独具天赋的需求，或者思考分享社会经济贫困学生或特殊学生的经验的益处（见 Sapon-Shevin, 2001）。通过使用世界七大奇迹的图片，来自各种背景的儿童都可以参与讨论。例如，在观看埃及金字塔时，重点问题可以是："他们是如何建造这些巨大的建筑的？"提出开放式的问题可以得到各种各样的回答。关键是使每个学生都参与其中。

学习如何开展小组活动很重要，因为很有可能你任教的学校的传统或政策强制要求将特殊学生安排在正常的教学班级中（参见第一章）。或者你将会教授资优班。无论所处何种教学环境，你都会面临这样的挑战——为学生提供无性别歧视的、多元文化导向的教育。而成为处理小组讨论的能手将有助于你应对这些挑战。

> 小组讨论最早可以在幼儿园阶段开始

> 讨论促进教学公平：每个学生都参与其中

回顾与反思

- 当为班级设计小组讨论的活动时，过程技能和内容是如何共同作用的？
- 在你将教授的年级中，你会为小组讨论提出哪些伦理或道德困境？
- 开展讨论活动时，最有利于促进学生互动的空间布局是什么？除了我们已经讨论过的方法，你是否能够想出其他方法？画一张可行的空间布置草图。

9-4 有关小组的基本概念

当你发起小组讨论时，你需要理解四个基本概念：过程、角色、领导力和凝聚力。

主要观点

与小组讨论方法有关的四个基本概念

- 过程：组内互动
- 角色：每个成员在组中的具体责任
- 领导力：在小组环境中引导和领导他人的能力
- 凝聚力：小组成员彼此间的支持

过程　正如本章前面几节所讨论的,小组讨论过程的本质就是语言互动。对于有效的讨论来说,交流过程是至关重要的。应该教会并鼓励学生倾听每个人的说话内容并作出恰当的回应。每一个人的参与就是这个过程的一部分。

角色　讨论小组中的每个成员都有一个**角色**。组员的角色可以由教师指定,或由不断发展成熟的小组指定。每个角色都有具体的权利、义务、责任和权力。辅助者这个词最适合描述你作为教师的角色。为了使学生能够指导他们自己的学习经历,**辅助者**要为学生提供他们所需的技能、材料和机会。作为辅助者,你需要在教室中四处走动,同时倾听、观察并鼓励所有学生参与讨论(见 Ngeow & Kong,2003)。

> 让学生轮流担任领导角色

在大多数讨论组中,其他角色通常包括一个领导和一个记录员;另外的角色可在需要时指定。全班学生都必须在所有的角色中轮换一遍,以使每个人都能够获得扮演领导和其他角色的体验。为所有学生提供承担各种不同角色的机会,是你的责任(见 Schmuck & Schmuck,2001)。本章第三节将深入地讨论角色这一概念。

主要观点

讨论小组中领导的作用

- 发起:当小组讨论陷入困境或停滞不前时,保证小组讨论持续进行(例如,通过澄清某些陈述或提出不仅仅使用是或者否来回答的问题)
- 管理。通过概括大意或指出时间限制来控制讨论的节奏。
- 通告。为小组带来新信息,但不是通过讲座的形式。
- 支持。协调对立的观点,表达小组成员的感受,调整成员在小组中的位置以及帮助小组成员熟悉彼此,从而使小组成员更容易为讨论作出贡献。
- 评价。测试意见的一致性或注意小组在某领域的进步,从而帮助小组评价过程目的。

领导力　小组中最重要的角色就是领导角色。领导具有权威,是小组的代言人。领导力是一种习得的素质。所以,作为教师你需要为学生示范作为领导者该如何发起讨论、呼吁参与者、澄清发言以及寻求每个组员作出评价。必须教会领导者如何计划讨论、最有效率地组织小组、引导讨论以及协调不同个体。

当你开始实施小组讨论时,你可以根据在课堂情境中对学生领导力的观察来挑选最初的一批小组领导。增强领导力的特质包括个人受欢迎的程度、学习成绩的好坏、性情或社交能力、思维能力和口头表达能力。

在理想的情况下,要在体验中培养领导力。但是比较明智的做法是,在学期初与学生一起讨论为了使小组协调运作小组领导应该具备哪些品质。最初，可指定小组领导。当新领导崭露头角时，应该让他们轮换角色。你负责帮助学生培养预期的领导行为和能力。比如，小组领导需要时间学习如何提问、如何进行总结汇报、如何使不积极发言的组员参与讨论，以及如何使用得体的方法限制主动发言的组员主导讨论。最后，所有学生都应该有机会学习这些技能并担任小组领导。你必须强调小组领导的主要作用并为他们提供特殊培训（见 Miles，1998）。

凝聚力："我们"的态度　最后一个概念是小组**凝聚力**——小组团结在一起并支持其成员。一个有凝聚力的小组展现了一种"我们"的态度：组员间相互支持并以这种归属为荣。在这方面教师定下的基调非常重要。事实上，对于你在促进小组讨论方面的能力而言，最重要的预测因素可能是你自己的各种态度和感受。掌握小组讨论的方法要求你关注课堂氛围或课堂上的情感环境。作为教师，你必须相信学生能够承担责任并且你的行为与他们作出回应的方式紧密相关。小组可以以最喜欢的运动队或最喜欢的动物名字命名。此外，记录员和评估员的角色有助于小组更有凝聚力。

> 态度始于教师的信念

9-5　小组环境中的评价：提供正面反馈

在小组环境中为什么要使用正面反馈？首先，正如我们在第八章看到的，正面反馈可以促进学生回答问题。很多学生没有作出回答就是因为他们担心不正确的回答会招致教师负面的回应。如果他们的回答是部分正确的，那么你的正面反馈通常会激励学生再次进行尝试（参见第八章和第十一章）。这种反馈同样也可以来自小组领导。对很多学生来说，尤其是在中学阶段，同伴的认可或反馈甚至比教师的认可更重要。

其次，学生需要学会合作和相互支持。学生能够并且愿意相互之间给出正面反馈，但是条件是他们有提供反馈的机会，这样，逐渐将提供反馈的责任转移给小组。这种做法有助于促进小组的活动和组内的和谐，同时使学生有机会锻炼自己为他人提供正面反馈的领导技能（见 Weissglass，1996）。

评价过程应该就组员在讨论技能和过程方面的进展给出正面反馈，并且也应该告知教师小组在过程目标和小组整体目的方面取得的进展。你（或者小组领导）和每个学生都需要对小组成员个体的进展作出评估。评价应该是非胁迫性的以及多样性的，同时也应该基于具体的学习目标。在讨论或小组项目之前，学生应该知道评价标准（见 Beach，Appleman，Hynds & Wilhelm，2006）。

> 评价应该基于学习目标

表 9-1 和表 9-2 展示了我们在讨论中收集反馈时所使用的表格。这是一个循环的过程。你收集数据，将数据制成表格，概括数据，然后与全班分享结

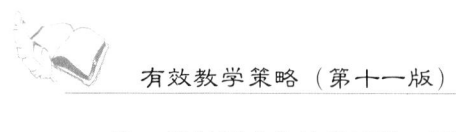

果，用以征求集体的反馈。要记住，在任何情境下都需要运用计划、时间和经验来培养运作顺畅的小组。

表9-1　个人数据检查工具

个人数据检查表
姓名：_____ 说明：记录你口头参与小组讨论的次数，将总数填在表格的第一项。讨论结束后，在每个问题中最符合你的选项前打×。 1. 统计你口头参与小组讨论的次数。 　　_____你的记录 2. 你在多大程度上参与了讨论？ 　　_____（a）我完全主导了讨论。 　　_____（b）我同其他人的参与程度一样。 　　_____（c）我的参与没有我期望的多。 3. 你希望在多大程度上为小组讨论作出更多（或更少）的贡献？ 　　_____（a）我期望作出更多贡献。 　　_____（b）我的贡献同我期望的一样多。 　　_____（c）我期望少贡献一些。 4. 你如何评价你的小组鼓励所有成员充分参与讨论的程度？ 　　_____（a）小组鼓励每个人充分参与讨论。 　　_____（b）小组能够鼓励其成员更多地参与讨论。 　　_____（c）小组不鼓励个人参与讨论。

根据你的过程目标对表格进行修改。

表9-2　讨论评价表：个人参与的等级评定

讨论评价表
小组_____ 你的姓名_____ 说明：在最能说明你的感受的回答前打×。 1. 你认为在讨论小组中你是否充分利用了你的时间？ 　　_____（a）完全不是 　　_____（b）差不多正确 2. 你们组员之间的讨论是否充分？ 　　_____（a）完全不是 　　_____（b）差不多正确 3. 你们小组的讨论内容是否足够丰富？ 　　_____（a）完全不是 　　_____（b）差不多正确 建议或意见_____

像这样一个简单的表格能够提供数据，以便作出改进。

> **主要观点**
>
> **讨论形式的属性**
>
> - 主动学习可以在小组内（以 6~8 人为宜）实施。
> - 实现过程目标要求学生主动参与并展开互动。
> - 讨论是高度互动的经历，而不是教师引导的背诵。
> - 讨论并不适用于任何话题——应该有选择性地将其融入单元教学中。
> - 良好的教室环境是合作学习的必要条件。
> - 小组中的每个人被都分派了一些责任。

9-6 小组讨论的优点

学生受益于小组讨论，这一点已得到证明，尤其当小组参与的任务需要更高层次的思维作出决策、解决问题，或是展现积极的社交行为和态度时。若干研究的总结表明，学生在小组合作中受益匪浅（见 Fillmore & Meyer，1992）。

而且，小组讨论可能是重新点燃厌学学生的热情的一种方法，因为小组学习要求多样的活动与互动，这为学生获得成功创造了更多的机会。例如，一个没有成功发起讨论的学生可能具有良好的洞察力，可以让他作出分析或者拟定一个折中方案。一个阅读能力不佳的学生可以在报告或想象方面表现出色（见 Berne & Clark，2006）。

为学生提供更多证明自己的机会

目前，美国人力资源研究所（HumRRO）开展的一项经典的研究发现，讨论给学生带来五点好处（见 Olmstead，1970），如"讨论对学习者的益处"专栏中所列的。"主要观点"专栏中概括了我们所涵盖的关于小组讨论的部分要点。

> **讨论对学习者的益处**
>
> - 对课程内容更深入的理解和掌握。
> - 更强烈的参与课程学习的动机和更多的参与。
> - 对之后使用课堂中呈现的材料有更积极的态度。
> - 获得针对课程内容的问题解决技能。
> - 练习在实际问题中运用概念和信息。

> **回顾与反思**
>
> - 作为小组的辅助者，你的角色与传统的教师角色有何不同？

> - 家长通常担心小组学习会破坏个人的主动性。你将如何处理这个问题？
> - 设计一个可以通过讨论进行教学的单元。这个计划与你使用其他方法进行教学的计划有何区别？
> - 你将如何计划使所有学生都参与讨论？

第二节 小组讨论的六种基本类型

本节我们将呈现小组讨论的六种基本类型：头脑风暴讨论、辅导讨论、任务导向讨论、角色扮演讨论、模拟讨论和调查主导讨论。在任何给定的时间内，你都能够从这些类型中找到至少一种符合你的教学目标和过程目标的类型。

你期望在多大程度上实施控制？

一种归类（并记住）讨论类型的方法就是利用控制或支配变量。实施小组讨论时，你必须确定教师对活动进行适度的控制：你可以几乎完全控制小组活动，也可以以一种平等的方式参与活动，或者还可以选择根本不参与活动。同样地，你也必须决定你希望小组领导在组内的控制程度。表9-3举例说明了我们已经确认的小组讨论的基本类型。这些类型被视为从较多控制（在顶部）到较少控制（在底部）的连续体。

当选择适合特定情境的讨论类型时，除了决定合适的控制程度，你还要作出两个重要决定：预期的过程，将要掌握的技能和预期的讨论结果。小组合作总是有目的的，比如完成指定任务。这个目的就是*结果*。小组成员在讨论中如何进行互动就是*过程*。学生必须学习这两个目标，请牢记这一点。我们接下来详细讨论每一种讨论类型。

表9-3 小组讨论的类型

讨论类型	一般教学目标	导向	知识、技能和控制连续体
头脑风暴讨论	创造性、模仿、形成观点、角色确定、倾听	过程	需要最少的讨论技能，教师控制的可能性不大
辅导讨论	个人技能、提问、基本能力	过程和结果	
任务导向讨论	责任授权、主动性、成就、计划技能、小组学习、情感影响、反思、评价	结果和过程	
角色扮演讨论	评价、反思性思考、价值分析、情境展现	过程	
模拟讨论	咨询、决策、技能运用	过程和结果	
调查主导讨论	分析、综合、评价、学生自主性	过程	需要最多的讨论技能，教师控制的可能性最低

9-7 头脑风暴讨论

当需要高水平的创造力时,头脑风暴是一种简单有效的技能培养方法。所有班级成员都可以参加头脑风暴活动,但是讨论的时间越短,参与者的人数就应该越少(在任何情况下,人数都应该控制在5~15人)。

小组领导首先简要陈述正在考虑的问题,然后开始头脑风暴环节。可以是简单的问题,如"这学期本小组希望讨论哪些话题?"也可以是复杂的问题,如"如何布置学校的午餐室才能最大限度地提高其效率?"每门学科都有一些要素要求学生进行自由式思考,这时你就可以采用头脑风暴讨论了。

自由式思考的结构

在话题陈述后且在互动开始前,选择记录讨论内容的方法也是很重要的。可以录音,也可以选择一两个书写速度快的学生来记录。小组领导应该强调,小组需要表达所有的与话题相关的观点。所有参与者都需要意识到获得尽可能多的建议是最重要的。参见第六章,复习先行组织图,因为先行组织图能够有效地展现和组织参与者的建议。

头脑风暴环节需要遵循一些重要规则。"头脑风暴的规则"专栏对这些规则进行了概括。应该让所有的学生提前了解这些规则,此外小组领导也应该强化这些规则。

头脑风暴是一个起动过程,随后必须有其他活动。例如,小组可能将在头脑风暴环节产生的想法作为另一种讨论类型的基础。在头脑风暴环节之后,应该对所有想法进行归类、评价,并在随后的活动中尽可能地加以利用。小组可以按照优先顺序排列这些想法,例如,小组成员可以根据所建议的话题对未来学习的重要性进行评价。

头脑风暴的规则

- 除了显而易见的玩笑,所有的想法都应该得到认可并记录下来。
- 不要批评任何建议。
- 小组成员应该互相借鉴彼此的想法,共同进步。在最后的分析阶段,没有任何想法属于任何个人,因此要鼓励"鼎力相助"。
- 小组领导应该使沉默型的成员贡献想法或观点,并给予他们正面反馈。
- 数量胜于质量,但是这并不说明学生不必进行富有创造性和智慧的思考。

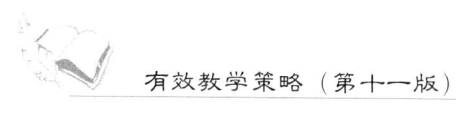

9-8 辅导讨论

辅导讨论小组最常用于帮助在学习和处理信息方面有困难的学生。这种小组的规模很小（通常是 4 人或少于 4 人），并且学习的材料范围很窄。阅读、数学、家庭和家庭生活、艺术和商业学科的教师通常使用辅导讨论小组进行补习教学。在社会科学、语言艺术、数学和科学学科中，此类小组常用于帮助学生掌握概念，其目的同样是帮助学习困难的学生（见 Berry，2002）。体育教师和小学教师常在运动技能训练中采用辅导模式。它是辅助学生操作工具的绝佳方法，有助于教师评估学生的运动技能，也有助于帮助学生理解运动和身体功能之间的关系（见 Davies，1999）。对于全纳课堂来说，同伴辅导也是非常奏效的方法。

辅导讨论的小组领导履行三个主要职能：提问学生以查明阻碍学习的问题，提供反馈或技能以辅助学习，以及鼓励学生提出问题并自己寻找答案。事实证明，学生经常相互学习，如同他们向教师学习一样（见 Cracolice & Deming，2001）。然而，我们要提醒你的是，在采用同伴辅导模式前，你必须确保每个潜在学生辅导员已经具备了必要的能力——例如，提问的技能、给予正面强化的技能，以及分析工作任务的技能。

很多学区目前采用学生辅导员模式，并发现学生辅导员是任课教师的宝贵资源。虽然这种方法常用于补习目的，因为很多有天分的学生发现向其他学生解释他们的项目是一种挑战，但辅导小组讨论也是鼓励独立项目和进阶学习的绝佳方法。

引导辅导讨论的人需要具有提供反馈和鼓励措施的技能，其必须保证小组不断向目标迈进，接受学习速度较慢的学生的反馈，并激励没有贡献想法的成员。给各学生领导者复习一下第八章中谈到的提问技巧，是很有帮助的［参考贝里（Berry）2002 年关于构建辅导项目的详情］。

将反馈和正式评价结合起来的辅导手段是一个极其有效的教学策略，其效果如下：成就测试显示，接受辅导的学生比传统课堂下的学生多取得 98% 的学习收益（见 Bloom，1984；Walberg，1999）。这个重要发现证明了辅导讨论在教学方面的成效。其他教学变量——家庭作业、先行组织者、传统课堂——在提高成绩方面都无法与辅导讨论相提并论。

> 同伴、高年级学生、成人和电脑都可以成为辅导员

我们已经讨论了成人、同伴或高年级学生作为辅导员的情形，作为程序化教学的一种形式，也可以提前准备辅导课，这样学生可以私下独立学习。使用程序化教学的纸质练习册有助于教授很多题材。程序化教学的另一种形式是使用电脑软件帮助学生进行操练、练习或补习（见 Grabe & Grabe，2007）。电脑软件的优点在于可以完全重复使用（而纸质资料则通常要求学生完成填空练

习)。此外,如果设计得当,电脑软件在学生眼中等同于真实的辅导员。

9-9 任务导向讨论

任务小组是讨论小组中最简单的一种类型。任务小组中的每个学生都可以为讨论作出重要贡献。使用任务小组的先决条件是为所有组员划定具体的任务。任务小组有清晰界定的目的,而且每个组员也有明确的任务和角色——例如,记录员、资料研究员、美工、领导和评价人。教师有必要帮助各小组制定工作时间表,确定小组内部监督成员成就的方法,以及甚至在最开始为参与者提供完成规定任务所需的各种学习资料(见 Hanze & Berger,2007,运用拼图技巧的实例)。

拼图技巧是这样一种方法:每个小组成员都会得到一份特定的文本信息;然后,每个小组成员必须为小组作出贡献,以便所有人都能够学习整个文本内容。因此,每个成员必须帮助其他成员学习。

> 设定目的,确定个人任务以及制定时间表

任务小组最初往往是教师主导的讨论小组,因为教师通常会选定任务并指定每个组员完成一个具体的角色任务。你会发现,这种小组尤其有助于学生在小组学习中学会积极互动。你也可以观察选定的学生相互间合作的情况以及他们倾向于完成指定任务的责任感。我们在第八章介绍过的反思性策略是与任务小组搭配使用的理想方法。激励每个小组提出一个反思性问题,供全班同学以个人或小组形式进行思考。

必须提醒的是,尽管你给任务小组的每个成员都指定了具体的任务,但是不要假设他们将会完成全部任务。最终学生必须学会承担责任,但是帮助他们设定合适的目标,激励他们,并监督他们的活动以便所有学生都能够达到指定的目的,这些都是你的工作职责(见 Anderson,2001)。

9-10 角色扮演讨论

角色扮演是一种以过程为导向的小组讨论技巧,要求学生表演或模仿现实生活中的情境。尽管 7~10 人是理想的小组规模,但几乎任何数量的学生都可以参与角色扮演。为了采用这种类型的小组,你应该谙熟有关角色扮演的各种技巧。为了有效实施这一技巧,学生也需要一些指导。"角色扮演的步骤"专栏中列出了角色扮演的基本要素。

角色扮演的步骤

- 向学生介绍情况:使用简单的语言向每位学生解释话题并建立情境

> - 实施表演：在描述过的情境中像演员一样表演
> - 任务报告：分析如何给定角色并明确从中掌握的概念

充分的准备将帮助学生享受角色扮演的过程和体验。需要对整个班级强调的要点是，他们不应该过于关注这样的互动——在其他情况下可能被看作人身攻击。对于参与者来说，理解常规表演和心理剧之间的差异是尤其重要的。角色扮演者和随后参加讨论的所有学生都应该避免对任何人进行心理分析或者假设自己是心理学家。在角色扮演（正如我们所使用的术语）时，重点不在于任何参与者的心理，而在于使一个情境再现或戏剧化，并且展现不同人物在那种情境中的反应。

不是进行心理分析的机会

每一次角色扮演讨论都是一次独特的体验。你可以根据以下一些常见的标准来评价小组的工作：一贯比较安静的学生是否扮演了一个活跃的角色？角色扮演是否使学生对正在调查的问题有了更深刻的理解？问题是否得到解决（如果学习的话题包含了一个问题）？参与者是否认真对待他们的角色？在讨论阶段他们是否避免作出自私的评论？

角色扮演允许在课堂上进行一些戏剧表演

角色扮演适用于所有年级和各种学习成绩水平的学生，也可以用来调查几乎所有的情境和话题（见 McCormick，1998）。例如，在有关环境问题的单元中，当学生探索科学和数学问题的复杂性时，可以给他们分配具体的角色（见 Mesmer，2003；Resnick & Wilensky，1998）。《美国宪法》是一个很棒的话题，尤其是《第一修正案》及其对学校教育的影响（见 Vessels，1996）。一个完整的教案如果采用了《独立宣言》中陈述的不满，则可以很容易地被改编并使用角色扮演或者其他讨论技巧（见 Declare the Causes，2001）。角色扮演也有助于培养学生的社交技能（见 van Ments，1999）。角色扮演可以帮助教师评估学生的能力水平，尤其是在文学课堂上（见 Peterson & Belizaire，2006）。你和学生的创造力是制约角色扮演成为有用的学习和评价工具的唯一因素。

9-11 模拟讨论

模拟是对真实的物体、问题、事件或情境的再现或者再创造。尽管模拟是对现实的映射，但模拟消除了使参与者受到伤害或遭遇风险的可能性。然而，学习者仍然可以是积极的参与者，通过模拟演示一种行为或先前习得的技能或知识。互动式模拟可能是角色扮演的特例。模拟可用于激励学生、提供信息、促进观念的发展、改变态度、评估表现，以及提供跨学科的活动（见 Alsup & Altmyer，2002；Lauer，2003；McGee，Corriss & Shia，2001；Verkler，2003）。

长期以来模拟小组被用于军事、商业、医疗和行政规划领域，尽管如此，将其引入学校还是最近的事情。但是，我们应该记住，多年来，教师一直使用游戏商店和学生会作为教学手段来反映现实的某些方面。

> **模拟的目的**
> - 促使学生改变态度。
> - 改变具体的行为。
> - 使参与者为将来承担的新角色作好准备。
> - 帮助个体理解他们当前的角色。
> - 提高学生应用原则的能力。
> - 将复杂的问题或情境简化为可控的要素。
> - 举例说明一些角色,这些角色可能会影响学生的生活,但学生可能永远都不会承担这些角色。
> - 激励学习者。
> - 促进分析过程。
> - 使个人对其他人的生活角色有敏感的认识。

应该根据适合的且具体的学习目标来选择模拟练习。通常你很难通过一个模拟练习实现上面所列的所有目的。所有的模拟练习都应该激励参与者通过独立学习或研究来学习更多内容。而且,当学生做相关模仿练习时,他们可能开始意识到在一种情境中掌握的知识在其他不同情境中可能也很有价值。有一个对比了美国和欧洲的情况的例子,它所提供的五套数据在以下方面进行了比较——气候、经济、政治、人口和生活质量。在这个过程中,思维、分析和交流技能得到了强调(见 Richburg & Nelson,1991)。

<aside>选择适合学习目标的模拟练习</aside>

在使用模拟练习的过程中,我们发现学生几乎能立刻沉浸于活动之中。对于多样化的学生群体来说,模拟练习是很好的破冰工具。对于所有的参与者来说,也有一定的冒险因素。尽管没有对"错误"答案的惩罚,但参与者还是倾向于以严肃的、个人的方式来看待模拟练习,尤其是需要进行决策的模拟练习。例如,初中和高中学生模拟投资决策,而蒙大拿州的 D. A. 戴维森公司(Davidson,2008)却提供现金资助西北部的几所大学,以帮助学生学习股票投资。在这些例子中,参与者赚钱(或亏钱)成为现实。从模拟课堂学习到真正的投资只有一个年级的距离。简·洛普斯和丹尼斯·普拉科内(Jane Lopus & Dennis Placone,2002)发现了一个模拟股票市场的网站。

<aside>应用包括投资实践</aside>

相比于对过程的研究,模拟似乎更容易应用于对问题的研究。模拟也鼓励学生使用自己的语言针对一个问题的各个方面来表达基本的论点(见 Boston,1998)。

也许计算机技术的一个更好的应用是使用角色扮演游戏(role-player game)模拟软件。有两款简单且经典的角色扮演游戏模拟软件,分别是"俄勒冈小道"（The Oregon Trail）和"模拟都市"（Sim City）。如果教室是联网的，角色扮演游戏模拟可以由一名或一组学生完成。学生甚至可以同其他几个教室的学生共同进行模拟。

关于模拟这个话题，重要的是要注意到，在线交流为人类互动提供了另一个维度。互联网使学生可以参加地方性的、区域性的甚至国际性的讨论。学生可以通过使用Facebook Chat、Skype和Google Hangouts等即时通信客户端与他人进行同步（实时）互动。他们也可以通过阅读和回复短信息与他人进行非同步互动，这些短信息是更大的连续讨论的组成部分［例如，在网站和社交媒体（如Twitter和Instagram）上的线程讨论］，但不是在已预定的上课期间。

模拟小组是否适合于你取决于你的目的和目标。如果你想要教授与决策相关的过程，那么模拟小组提供了常规课堂之外的其他方案。如果你想要促进人际互动，模拟小组也是很合适的。如果你想要为学生提供难以从学习技能或原则的日常运用中获得的体验，那么模拟小组就能够达到这个目的。运用独创性、你的学科知识、主动性和想象力，你也可以设计有效的小组模拟讨论（见Brown，1999）。

9-12 调查主导讨论

如果你希望注重解决问题，那么你会发现调查小组很有价值。这类小组不限定人数，但是理想的规模是每组六名学生。**调查小组**的目的在于通过发现和分析过程来激发科学思维，培养解决问题的技能和获得新的事实（见Sparapani，1998）。教师可以是小组领导。然而，如果有学生表现出良好的提问技能，并且理解正在考虑的概念，那么可以让这名学生成为领导。

> 重点在于问题

调查小组激励学生成为娴熟的提问者，也使得学生有机会检验假设的有效性——通过亲身体验来判断假设是否有效。调查小组最适于致力于解决问题的学科，例如自然科学和社会科学（见George & Becker，2003；Yell，1998）。

在引入调查小组方法前，学生应该已经具备了观察和推断的技能。为鼓励学生掌握这些技能，可以让学生根据观察到的现象提出问题，让他们收集数据、进行概括并得出结论。你和学生在确定了将要探讨的问题之后，将班级划分成几个调查小组，以便对每一个问题展开调查。下面提出了几个关于调查小组讨论话题的建议。

调查小组的选定话题

- 如何将电视广告呈现给观众——哪些视觉表现手段可用于传递信息？
- 现在哪些主要问题或话题占据了报纸头条？

- 学校食堂有多少食物被消费（或被浪费）？
- 学生到校或离校时，学校的哪些十字路口最繁忙？
- 寻求政治前途的人经常挂在嘴边的主题有哪些？

为了使调查小组练习更富有成效，你需要策划一个有一定真实性的活动。例如，当学生正在学习有关人权和公民权利的一般主题时，调查小组方法就可以得以有效运用。一个小组可以选取一个片段来进行角色扮演，其中一种公民权利受到侵害，然后通过调查讨论来对权利侵害事件进行抽丝剥茧或者通过其他方式解决问题。学生的假设应该是可验证的。因此，能够直接影响学生的情境就是优质的材料来源。例如，调查小组可以探究某一个具体的学生的权利被认为受到侵害的领域。

如何评价调查小组是显而易见的。你和学生都需要明确学生提问的质量的好坏。他们是否能够问出更高水平的问题，还是旨在提出假设并进行验证？当然，你也想要知道他们是否已经掌握了正在讨论的概念。你可以就学生的提问情况制作表格，列出更高水平的问题、低水平的问题（参见第八章）、正式的假设表述，以及杂项说明。我们建议简化评价过程，请参考"教学策略"专栏中的建议。

> 计划评价每一个讨论

教学策略

评价调查小组的三种方法

- 在讨论过程中，当每个参与者发言时，持续做好记录（类似于在会议上做记录）。
- 录制讨论过程，然后利用回放来评价学生的表现。查看学生的提问技能和信息交流的准确性。
- 邀请一名同事或者培训一名学生，负责将讨论中选定的行为制成表格。

回顾与反思

- 在模拟体验中，你会使用哪些方法来评价学生的表现？
- 在你计划教授的年级中，你会建议哪些情境适合角色扮演？你会避免哪些角色扮演？为什么要避免？
- 在什么情况下，你在教学中会采用这些讨论方法中的任何一种？

第三节 合作学习

到目前为止，我们已经介绍了多种经过检验的讨论方法。所有这些方法的

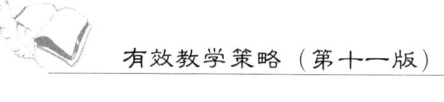

目的都是使学生积极参与需要深思熟虑的口头交流活动。合作学习与前面探讨过的方法有很多共通之处。**合作学习**基于小组教学方法，该方法使学生对个体和小组的成就负责。这一实践是一个非常热门的话题。在 21 世纪的前十年，在线教育资源信息中心（ERIC）收录了超过 3 000 条与合作学习相关的引文。阿瑟·K. 埃利斯（Arthur K. Ellis，2005，pp. 173-182）详细讨论了与该方法相关的各种模式，并提供了一组实证结果以证实其应用（见下面"实证研究对合作学习的支持"专栏中的概括）。

实证研究对合作学习的支持

- 教师为使用该模式作好准备是成功的先决条件。
- 小组和个人的责任感对于提高学生成绩至关重要。
- 明确的小组目标是学生取得成就的必要条件。
- 几乎所有年级和科目都取得了积极的成绩。
- 积极的态度属性与合作学习有关。
- 合作学习有助于学生解决问题。

> 学生应该对自己和小组的成就负责

"主要观点"专栏中列出了合作学习的五个特征（见 Johnson & Johnson，2004）。

主要观点

合作学习的特征

- 使用由 3~4 名学生构成的小组（微型小组）。
- 专注于有待完成的任务。
- 要求小组开展合作和互动。
- 规定了个人学习的责任。
- 支持分工合作。

9-13 合作学习原理

在课堂中合作学习的形式多种多样。合作学习最基本的特征就是使学生学会在小组环境中共同工作和学习，从而培养积极的相互依赖的精神。传统的合作学习小组由 3~4 名学生组成，他们共同完成一个任务或项目，每个小组成员都对学习过程作出贡献，从而掌握所有正在学习的基本概念。合作学习为学生提供了独特的学习体验，并为竞争性的教育模式提供了另一种选择。对于非常适合群体学习和小组学习的学生（包括大量来自不同文化和不同国籍的学生，他们的学习通常发生在社会环境中）来说，合作学习尤其使其受益。它为学生提供了在听说过程（口头语言）和读写过程（书面语言）中学习的机会。

合作学习有很多益处：它可以提高学生的学业学习能力和社交技能，也可以辅助教师管理课堂及实施教学（见 Cohen，Brody & Sapon-Shevin，2004；Evertson，Emmer & Worsham，2006）。合作学习提高了学生的学习热情，也坚定了他们在学业上获得成功的决心（见 Mueller & Fleming，2001；Roman，2007）。合作学习已被证明能够提高所有能力水平的学生（见 Stevens & Slavin，1995a，1995b；Yamarik，2007）。合作学习可在以下方面提高学习成绩：阅读、写作、数学计算及应用、理解、批判性思维以及体育（见 Bramlett，1994；Dyson & Grineski，2001；Hart，1993；Megnin，1995；Nattiv，1994；Stevens & Slavin，1995a；Webb，Trooper & Fall，1995）。在合作学习的环境下，完成任务的时间增加了，参与度也提高了，因为每个学生都是整个小组取得成功的必要组成部分（见 Mulryan，1995）。

合作学习非常适合社会研究课堂（见 Chick，2006；Morton，1998）。为确保学习小组的有效性，学生必须学会尊重彼此的差异，在学习过程中相互支持，进行有效沟通，并在必要时达成共识或相互理解。这样，合作学习可以提供极富价值的技能训练，这些技能对于成为优秀公民、参与问题解决小组，以及获得和保持就业是必不可少的。合作学习也被证明可以改善人际关系并提高化解冲突的技能（见 Gillies & Ashman，2003；Megnin，1995；Zhang，1994；Zuckerman，1994）。它可以改善学生的情绪健康、自尊、应对技能，以及对学校工作的态度（见 Patrick，1994；Patterson，1994）。参与过合作学习的学生已经能够发现他们在自身知识、自尊、同伴的信任、解决问题、沟通技能（见 Elliott，Busse & Shapiro，1999），以及技术熟练程度（见 McGrath，1998）方面上的提高。

> 提升公民身份和社交技能

非裔美国人、西班牙裔美国人和美国本土儿童通常在与他们的大家庭和社区成员的交往中学习。很多文化也有深厚的口头交流传统，这种传统可以培养创造力、讲故事的能力和语言的肢体表达能力，这些技能在学校环境中不被认可，因为学校期望学生以个体形式完成书面学习。尽管大多数文化都重视合作、群体忠诚，以及关心大家庭和社区成员，但这些价值观可能会与主导美国学校和工作场所的自我实现、竞争、生产力，以及效率相冲突。合作学习已被实践证明可以提高西班牙裔学生的学业成绩（见 Losey，1995）。合作学习和社会学习也是很多欧洲裔美国学生偏爱的学习风格。显而易见，学生仍然以自学的方式进行学习，但是一些学生在能够分享信息、提问和收到反馈的情境中学习效果更佳。

> 发掘不同的文化价值观

经验也证明，当教师小心翼翼地建构来自不同文化（见 Allison & Rehm，2007；Gallego & Cole，2001）和不同身体需求与能力水平（见 Stevens & Slavin，1995b）的学生小组时，合作学习可以改善不同学生之间的关系。

合作学习有利于教师实施课堂管理和教学。当你教授整个班级却又不允许

解放了教师，增加了学习时间

学生进行互动和相互帮助时，有的学生没有理解给定的概念，很难遵循指示，缺乏开展任务的必要技能，或者很难遵循课堂惯例，那么为他们提供个别化的帮助就是你的责任。于是，教师在教室里逐一解答问题的时候学生必须等待，因此很多宝贵的学习时间被白白浪费了。合作学习的整体模式对于有英语语言学习者的班级也很有用（见 McCafferty, Jacobs & DaSiva, 2006）。此外，你的班级里很可能会有学生被诊断患有注意力缺陷多动障碍（ADHD），在合作小组中工作有助于这些学生在学业上取得成功（见 Simplicio, 2007）。

合作学习在多元文化课堂中效果显著

合作学习为各内容领域提供了令人兴奋的学习机会。学生可以在合作小组中研究话题，撰写报告，策划并实施课堂讨论、辩论和小组讨论。学生也可以利用合作小组来阅读材料、撰写概述、发现具体信息以及回答问题。他们可以一起复习备考、记忆信息和阐明概念。学生也可以接受来自同伴的反馈和改进的帮助。他们可以参与实践项目、实验和实际应用。他们也可以设计并实施学校和社区的服务项目（见 Coelho, 1998；Johnson & Johnson, 1996；Lord, 2001；Marzano, Pickering & Pollock, 2005；Slavin, 1995；Webb, Trooper & Fall, 1995）。

合作学习可以提高学生的学习技能、管理技能和社交技能

教会学生在学习和组织任务方面互相帮助，并监督彼此的进展，这可以使你增加学生的学习时间，也可以减轻你的压力水平和工作负荷。这使你成为学习的辅助者，也鼓励学生为自己和同伴的学习承担责任。下面的专栏列出了合作学习的其他益处。

合作学习的益处

1. 增强对基本学习内容的理解。
2. 强化社交技能。
3. 使学生有机会自己作出决定。
4. 营造积极主动的学习氛围。
5. 增强学生的自尊。
6. 提倡多样的学习风格。
7. 增强学生的责任感。
8. 专注于每个人的成功。

9-14 合作学习的特点

合作学习的传统模式具有五个明显特征（见 Jacobs, Power & Loh, 2002；Johnson & Johnson, 2004）：积极的相互依赖、面对面互动、个体责任、社交技能的培养，以及小组评价。

积极的相互依赖 传统的课堂强调竞争，学生体验到的是**对相互依赖的否**

定,它是一种鼓励学生为了获得教育资源并在学业上获得认可而进行竞争的管理系统。竞争鼓励好学生将知识据为己有,并以其他学生为代价庆祝自己取得的成功。在合作学习的课堂上,学生一起学习以确保每个学生取得成功。**积极的相互依赖**是这样一套管理系统:鼓励学生一起学习,并且教会学生懂得当每一个学生都获得成功时学校生活才能更加精彩。

面对面互动 在合作学习情境中,学生进行互动,通过互相帮助来完成学习任务,并促进彼此取得成功。小组环境使得学生直接同他人合作,分享观点和想法,达成共识,以及以团队的形式工作从而确保每个成员都取得成功、获得认可。

个体责任 在合作学习情境中,每个学生除了要完成小组整体的任务,还要对自己的学习进展和任务完成情况负责。合作学习的传统模式还要求个体签署声明,描述自己为小组具体项目所作的贡献。同时,使个体承担责任的手段还包括基于个人学习成绩和社交技能的评分以及由教师、同伴或者自己实施的评价。

社交技能的培养 合作学习为学生提供了掌握人际交往技能的机会,这些技能对于在学校里、在工作中,以及在社区中取得成功是非常必要的。人际交往技能主要包括有效沟通、理解并欣赏他人、作出决策、解决问题、化解冲突和作出妥协。作为教师,你必须主动教授这些技能并监督学生运用这些技能的情况。每天你需要主动教授社交技能,要求学生在合作小组中练习这些技能,并且让学生针对小组互动情况和社交过程提供反馈(见 Abruscato,1994;Kagan,1999;Wolford, Heward & Alber, 2001)。

小组评价 学生小组需要评价和讨论以下内容:他们实现目标的情况、促进小组活动的行为,以及似乎破坏小组互动的行为。他们应在课堂讨论中阐明这些评价,或者向教师提交书面进度报告。学生也应该有途径提醒教师关注小组的问题。因此,作为教师你应该制订计划,从而使学生能够解决问题并化解冲突。

9-15 在课堂上发起合作学习

提供合作学习机会并不仅仅是将学生安置在小组中并给他们指派任务。教师必须精心划分学生小组,计划合作学习活动,为小组设定学习和社交目标,以及监督学生个体的进展、小组学习和社交进展。你大概需要一年或更长的时间来掌握这种模式(见 Ishler, Johnson & Johnson, 1998)。

需要有耐心

划分学生小组 组建合作学习小组时需要考虑若干细节。可以根据学习技能水平、兴趣、性格特征、社交技能或综合这些因素来组建小组。小组通常包括不同能力水平的学生,他们可以以多种方式互相帮助。一般来说,合作学习小组里有一名高于平均水平的学生、两名平均水平的学生和一名低于平均水平

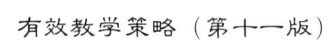

避免公然按照能力进行分组

的学生。这种分组方法的难度在于，尽管所有学生都有能力较强和较弱的领域，但它公然对学生进行了归类。另外，该方法忽视了将每个学生视为全人的重要性，也忽视了以下事实——应对技能和社交技能会影响学生的学习表现，而且基于情绪因素的表现每天都会变化。

你也可以根据学生的兴趣组建小组，然后让他们开展不同的活动。一组可能画画，其他组可能策划一场演出、设计一个演讲、做实验或者进行小组报道。在科学领域，每个小组可能决定带头发起一个不同的项目来提高环境意识；在家庭管理领域，每个小组可能创造家庭预算的不同部分；在艺术领域，每个小组可能设计一个不同的项目来美化城镇。要注意多元智力是如何应用于以上活动的，这是第六章所强调的内容。

多元智能活动发挥作用

第一次组建合作学习小组时，一定要认真划分学生小组，这样，学生的体验才会是积极的和强化的。随着时间的推移，学生逐渐习惯了集体合作，小组成员身份对于小组是否能够取得成功的影响将逐渐减弱。学生应该尝试尽可能多的角色。这样，他们才能够分享他们的强项，跟同伴学习新的技能，并在小组环境中加以尝试。

合作学习小组通常要持续 2~6 周。在此期间，小组成员的身份会发生变化，使得学生可以体验到合作以及对同伴的关心。小组持续的时长取决于学生的性格和他们正在合作的任务或项目的性质。

你也可以给每个小组成员指定角色。典型的角色包括：小组领导（为小组讨论服务并确保小组设定目标，并为完成目标而付出努力）；监督员（监督任务时长并确保所有成员都有同等的参与机会）；资源管理员（收集和组织材料）；记录员（对小组活动进行书面或录音记录）；报告员（在全班讨论中分享小组的结论和计划）。

为学生指定角色使教师可以影响小组的工作，利用学生的强项，并且鼓励学生勇于通过担任新角色来承担风险。然而，小组角色经常发生变化，学生会自然而然地进入角色。尽管可能会由此产生即兴的和自然的互动，但这也可能将学生限定在基于行为和社会地位的消极角色之中。要记住，需要经历 3~9 周的时间一个班级才能够最大限度地利用合作学习。

计划活动 在合作情境中可以开展多种类型的学习。很多学习活动可以是个人学习和合作学习，或是小组互动，随后全班进行讨论和分析（见 Zuckerman, Chudinova & Khavkin, 1998）。例如，学生个人可以先阅读历史文本，然后以小组为单位回顾材料，讨论大萧条的原因，并与全班分享他们的发现，以便完成全面的原因列表。随后，你可以要求学生撰写个人论文以阐述他们对大萧条原由的理解。

设定学习和社交目标 你必须审慎地为合作小组设定学习和社交目标，并每天、每周向学生阐明这些目标，尤其是当学生首次运用合作学习时，他们将需要具体的训练和监督。有多年教龄的教师建议，在合作小组开始工作之前，有必要在课堂上教授社交技能并作出示范。同其他类型的小组工作一样，帮助学生掌握沟通技能是很重要的。据报道，不擅长沟通的学生较少从合作学习中获益（见 Kramarski & Mevarech，2003）。另外，每天或每周强调一两种社交技能并提醒学生在小组中练习这些技能，也是很有帮助的。"主要观点"专栏中列出了有关这些技能的例子。

主要观点

主要社交技能

- 知道如何与他人一起进行头脑风暴。
- 确保每个人都有平等的参与机会。
- 以合作的方式解决问题。
- 当一名小组成员没有作出贡献时，知道如何应对。
- 知道如何处理与其他小组成员之间的冲突。
- 挑选角色。

必须将学业学习和社交学习细分为有意义的任务和目标。如果想要学生选择项目、进行研究、撰写报告并向全班呈现结果，那么教师就必须教授学生如何设定目的、利用头脑风暴集思广益、选择一个可行的话题、为小组成员布置任务、发现和获得资源、撰写有意义且条理清晰的论文，以及进行有效的口头展示。

跟踪学习和社交技能的从属目标

教师感言

堪萨斯州肖尼市肖尼教会西北高中教师、全国教师名人堂入选者（1999级），罗纳德·W. 波普劳

所有学生不论种族、年龄或能力，都要学习一门通用科目。这个科目就是社区服务。为他人服务不是课程的附属品；为他人服务必须是学生日常生活不可或缺的一部分。所有的研究都清楚地表明，总的来说参与社区服务的学生的分数比没有这种经历的学生高出整整一个学分。维多利亚·塞昆达（Victoria Secunda）的研究揭示了学生的道德和伦理发展在多大程度上取决于成人参与他们的生活。我的学生每天在小学做家教、参观养老院，并开展各种活动来改善他人的生活。所有这些活动都是在成年人的监督下进行的。我们班的使命宣言是六个简单的字：**行善者变善良**。每个学生每天必须服务一小时，然后每学期必须独自服务 50 小时。社区服务并不具有多样性，没有需要掌握的外语。可以肯定地说，我们所有人都希望自己的孩子和我们的学生变得更优秀（也就是说，成为优秀的、有爱心的个体）。善良不能作为一

> 门学术学科来教授——善良只能通过**实践**习得。一旦学生们发现了服务他人的乐趣，这将成为他们余生的一部分。很多学生每学期服务数百小时——一个学生在两年内的服务时长实际上超过了1 000小时！南非人有一个词可以用来概括我们的班级：UBUNTO，翻译成英文是：你在故我在。只有为他人的所作所为最终才有意义。为他人服务能够改变、丰富和美化学生的生活。

技术洞察

多媒体制作与合作学习

多媒体项目容易激发学生的兴趣。各年龄段的学习者都认为多媒体制作项目令人满意且富有趣味性（见 Green & Brown，2002、Peck，2016）。利用诸如 PowerPoint、Prezi 或 Animoto 等软件制作的动画和幻灯片、数字视频以及班级网页是非常好的体验，可以鼓励学生在小组和大班里进行合作学习。

格林（Green）和布朗（Brown）2002年提出了计划涉及多媒体项目的关于合作学习活动的指导原则：

- 为一个或多个小组设定明确的目标。小组要完成的任务必须具体。一定要将重点放在呈现的内容上。例如，不要说"你们要做一个关于乔治·华盛顿·卡弗（George Washington Carver）的PPT演讲"，而是要说"你们小组要做一个演讲来介绍乔治·华盛顿·卡弗对科学和社会所作的贡献"。这将帮助学生避免掉进这样的陷阱：制作一个花哨且没有实质内容的演讲。

- 让个体在小组中担任具体的角色。小组可以像一个生产团队一样运作，而每个个体都对生产过程的不同方面负责。这些角色包括文员、事实核查员、图表设计员、检验员（确保产品如预期一样发挥作用），以及生产管理员。

- 为小组成员提供与本组以外的学生交流他们的体验的机会。这种交流可以基于角色：让所有的文员见面讨论他们的体验，也让所有的产品经理见面展开讨论。让学生能够看到并听到其他小组如何解决和本组类似的问题，这一点是很重要的。

- 仔细监督一个或多个小组。学生正在学习如何在全新的环境中开展合作。要确保没有任何单个学生或小组正在负责整个项目。确保所有的学生正在以建设性的方式处理他们之间的差异。

- 想办法为表现优秀的小组提供正面反馈。寻找机会对学生掌握新的能力和成功解决问题予以认可并表达祝贺。

- 合作活动和多媒体项目都需要花费一些额外的时间，因此要确保提前为其制订计划。另外，要计划炫耀一下学生的成果。邀请学生的父母、朋友和学校管理者来参观学生创造的成果，并给学生一个让他们的工作得到认可的机会。

9-16 观察和评价个人和小组的进展

监督和评价学生个人和小组整体的进展是非常有必要的。你既需要评估学生个人的学习进展、社交功能和情绪状况，也需要评估学习小组的生产力和社交功能。个人的学习进展可通过评估该学生完成小组项目的比例来测量，或者在小组工作之外对学生进行个人评估。个人的社交功能和情绪状况可以通过教师观察来完成，或者由小组（就小组成员在组内的作用给出反馈）或自我进行评价。对小组生产力的评价可以通过评价时间日志、过程报告和最后的小组项目成果来进行。对小组社交功能的评价可以通过教师观察、小组会议、小组自评或者请求教师协助来进行（见 Johnson & Johnson，2004）。

合作学习支持真实性评价过程，在真实性评价中，学生撰写终结性论文，制作具有创造性的作品，并完成项目。这些项目使得学生运用批判性思维及应用、综合、分析和评价技能（见 Crotty，1994）。学生可以撰写论文、摄影日志或者期刊，可以设计公共信息手册、海报、视频或主页，可以创造视觉或行为艺术作品，或者设计和实施社区服务项目（见 Hubbard，2015；Tate，2003）。

9-17 对合作学习的批评

有一些批评是针对将能力各异的学生组合在一起的理念展开的。支持天才学生的人认为，异质分组可能会妨碍最有学习天赋的学生。支持学习困难学生的人认为，当学习困难学生接受很多同伴的帮助时，他们可能没有机会提高其阅读、写作和数学技能。有研究倾向于反对这些意见，研究显示，在合作环境中有天赋的学生和有学习障碍的学生都在学习方面受益颇丰（见 Johnson & Johnson，1992；Slavin，1990；Stevens & Slavin，1995a，1995b）。

另外，也存在一些与以上担忧相反的观点。第一，*所有学生都有自己擅长和不擅长的领域*。例如，有学习天赋的学生可能缺乏基本的社交技能，可能因其独特的能力而与同伴疏远，或者害怕在课堂上发言；而有阅读障碍的学生可能会有出众的口语交际和听力理解技能。合作学习使得学生能够分享多样的才能并学习新的技能。

第二，合作学习不仅使学生在学习上受益，还培养学生在家庭、学校、社区和工作场所中所必需的社交技能。所有学生都受益于合作学习的过程和社交技能（见 Baloche，1998；Gabriele & Montecinos，2001）。

第三，*分配的任务类型影响学生是否都能够从合作学习环境中受益*。着眼于找寻信息的任务通常不会使天才学生受益太多。但是，如果这一任务同样需要理解基本概念、探索新的意义、批判性地思考和综合信息，那么每个小组成

用于衡量个体和小组的进展的方法

应该给合作小组提出真实的挑战

员都会提供有助于自发性和建构性学习的想法（见 Kagan，1994；Vermette，1998）。

> 只有典型的学生才会受益吗？

第四，学生是否从小组学习中受益似乎取决于一种课堂氛围，这种氛围必须是支持、信任和关爱的氛围。最受关注的是学生是否正在形成效能感和自尊感，两者都是学生持续取得学习成功的先决条件。

> 研究显示所有学生都受益

第五，合作学习小组不应该总是一成不变的，也不应该总是基于异质分组的原则。毋庸置疑，有天赋的学生需要有机会共同工作、思考和学习；有特殊需求的学生也需要时间共同掌握阅读、写作和数学技能。

经常听到另一种有关合作学习这一传统模式的批评声音，其关注的是基于小组任务的完成情况对学生进行分级、评分或奖励。家长曾列举过这类情况——一名学生在小组工作中完成了自己的任务却得到一个很低的分数，原因是小组中某个学生没有完成任务。这种机制似乎营造了一种责备的氛围。另外，根据小组表现授予特权再一次促成了竞争过程，从而微妙地削弱了所有人进行合作并取得成功的伦理（见 Kagan，1996）。然而，通过对小组和个人分别采用具体的评价标准，教师可以分别为小组和个人评分。并且，尽管一些学生确实因其所完成的工作需要外在的奖励，但大多数学生能够学会欣赏从小组学习中获得的内在益处。

回顾与反思

总结性反思

家长通常担忧合作学习会破坏个人主动性。你如何阐释这个问题？

设计一个可以通过合作学习来教授的单元。这个计划与你使用其他方法进行教学的计划有何不同？

分别列出支持你和阻止你尝试运用小组讨论的因素。

本章小结

1. 采用小组讨论能够提高学生的自主性，促进合作与学习。
2. 小组讨论和合作学习是达成过程性目标的理想方法。
3. 小组的理想规模是 6~8 名学生。
4. 学生通过在组内扮演各种角色来进行学习和获得体验。
5. 小组讨论技巧的六种基本类型是头脑风暴、辅导、任务导向、角色扮演、模拟和调查主导。
6. 合作学习需要大量的时间、组织和结构。理想的方法是让小组工作聚焦于特定的任务，并规定个人应该承担的负责。

7. 合作学习要求积极的相互依赖、面对面互动、个人责任、社交技能的培养，以及小组评价。

8. 收集反馈用于分析小组付出的努力。

纸质资源

我们列出了一些参考资料，可用于拓展你在合作学习、模拟和讨论方面的知识。

Chapin, S. H., C. O'Connor, & N. C. Anderson. *Classroom Discussions: Using Math Talk to Help Students Learn*, Grades 1–6. Sausalito, CA: Math Solutions, 2003, 232 pp.

作者提出了五种讨论策略，用于帮助学生建立数学概念之间的联系。数学不一定是单纯的背诵活动。

Jacobs, G. M., M. A. Power & W. I. Loh. *The Teacher's Sourcebook for Cooperative Learning: Practical Techniques, Basic Principles, and Frequently Asked Questions).* Thousand Oaks, CA: Corwin, 2002, 168 pp.

这是一份汇编，对任何使用合作学习的人都非常有帮助。

Johnson, D. W. & R. T. Johnson. *Assessing Students in Groups: Promoting Group Responsibility and Individual Accountability.* Thousand Oaks, CA: Corwin, 2002, 206 pp.

对于想要了解以下内容的教师来说，这是一本必备手册：关于发起和维持合作学习，以及在评价学生时确保公平。

Jones, K. *Simulations: A Handbook for Teachers and Trainers* (3rd ed.). East Brunswick, NJ: Nichols, 1995, 145 pp.

对于想要在课堂中采用或设计模拟活动的人来说，这个修订版的手册就是一个微型图书馆。

Kagan, S. *Cooperative Learning.* San Clemente, CA: Kagan, 1994.

这部经典是论述合作学习的权威著作。

Lord, T. R. (2001). "101 Reasons for Using Cooperative Learning in Biology Teaching." *American Biology Teacher* 63 (1): 30–38.

如果将这篇必读文章的题目中的"生物"一词丢掉，那么你就会拥有一份备忘录，你可以将其邮寄给关注这个方法的学生家长。这篇文章中有一页清单，列出了101个总结了有关合作学习的研究结果。

Race, P., & S. Brown. *500 Tips for Tutors* (2nd ed.). London: Routledge Falmer，2005，136 pp.

如果你想要快速了解辅导过程，那么这本书可以提供方便。

Van Ments，M. *The Effective Use of Role-Play：Practical Techniques for Improving Learning*（2nd ed.）. London：Kogan Page，1999，196 pp.

角色扮演的全部内容在其中都以便于采用的格式呈现。

网络资源

● 罗杰·T. 约翰逊和戴维·W. 约翰逊（Roger T. Johnson & David W. Johnson）负责管理明尼苏达大学合作学习和评估资源（The University of Minnesota's Cooperative Learning and Assessment Resources）的合作学习中心（Cooperative Learning Center）。这个中心出版了《合作学习协会简报》（*The Newsletter of the Cooperation Learning Institute*）。

http：//www.co-operation.org

● 约翰斯·霍普金斯大学的学习新视野（New Horizons for Learning at Johns Hopkins University）提供了有关合作学习的概述。

http：//education.jhu.edu/newhorizons

第十章

探究式教学和更高层次的思维

学习目标

完成本章后，你应该能够：

10-1 定义思维（和更高层次思维）

10-2 概述国家在思维教学方面取得的成就

10-3 为成功的思维教学组织教学

10-4 描述探究式教学的基本要素

10-5 理解归纳式教学模式

10-6 描述问题解决法

10-7 描述发现学习法

10-8 识别培养批判性思维技能的方法

10-9 评估更高层次思维活动

评价标准

本章涉及的标准：

标准 3：

学习环境。 教师与其他教育者一起营造支持自主、协作学习的环境，鼓励学生积极参与学习和社交活动，形成自我激励的氛围。

标准 4：

内容知识。 教师谙熟所教学科的核心概念、研究工具和学科结构，创建学习体验，使该学科的这些内容对学习者来说是容易理解的和有意义的，从而确保学习者对内容的掌握。

标准 5：

知识的运用。 教师了解如何使概念相互关联，如何使用不同的观点培养学习者的批判性思维和创造性，协作解决与本地和全球相关的实际问题。

标准 6：

教学评价。 教师能理解和运用多种方法评价学生的成长，引导学习者进步，指导教师和学习者作出决策。

标准 8：

教学策略。 教师理解并使用各种教学策略，促进学习者深刻理解知识内容及其联系，并通过富有意义的方式培养学习者应用知识的技能。

标准 9：

专业学习和伦理实践。 教师不断提高自身的专业知识和教育教学实践能力，注重教师自身行为对他人（学习者、家庭、其他专业人士和社区成员）的影响，通过自身实践，尽可能地满足每个学习者的要求。

教室洞察

戴安娜·肖的社会科学课是为你安排的校内听课内容。当你走进教室时，你听到一些有意思的嗡嗡声。学生3~5人一组，正在学习。几个学生在计算机中心，计算机中心整齐地安置在教室远处的角落里。教师正在帮助有学习障碍的学生小组在一张大海报上排列他们的数据。教室的墙壁上贴满了学生的作品。他们的项目类似于专业会议上的海报。

一名学生邀请你加入学习小组。你观察学生的分工情况。大约30分钟后，肖女士召集学生坐在一起，接下来三个小组的记录员向全班作了简短的口头汇报。学生们向小组的呈现者提出质疑，一场生动的言语互动开始了。然后，教师在黑板上写下一些具体的任务，之后学生开始在各自的位置上工作。

"哇，"你心里想，"我想知道我能否驾驭这种风格。"

在传统意义上，教师向学生呈现知识，学生被动吸收知识。这种模式逐渐成为教育手段和教育目的。这样，学生怎么会不厌倦呢？作为常规讲座和事实陈述的替代方法，我们提供一种教学策略，这种教学策略看起来是全新的，但实际上已有几百年的历史。这种策略的通用术语是探究式教学，即一个调查式的学习过程，要求学生提出问题，分析数据，再得出结论或总结。它也可以被称为发现、解决问题，反思性思维和归纳式教学等。与它相关的教学技巧和方法有一个共同点：鼓励更高层次思维。在本章中，我们讨论这些技巧并描述其主要特征。完成学习后，你将能够回答以下问题：

- 我们是否真的能够教授孩子如何思考？
- 什么是探究式教学？
- 如何将其运用到我的课堂？
- 哪些技巧与探究式教学相关？

第十章 探究式教学和更高层次的思维

第一节 帮助学生成为更善于思考的人

将学生教育成善于学习的学习者和有责任心的公民意味着他们也必须是善于思考的人,尽管很少有人会反对这一观点,然而通向这个目的的道路并不是自然存在的。帮助学生实现这一目的需要时间、知识、意识和教师制订的计划。我们在第一节中探讨有效教授思维技能的三个主要方面。首先,我们探讨思维概念本身;其次,我们探讨学校在鼓励培养思维技能方面已经取得的成就;最后,就如何更好地实现这个基本目的提出我们自己的框架。

10-1 定义思维(和更高层次思维)

什么是思维?它是一种概念或标签,用于我们仅能间接通过行动或结果观察到的过程。换言之,当某个人的举止非常小心谨慎时,我们推断这个行为是刻意思考的结果。当我们观察解决复杂问题的例子时——例如太空飞行——我们的推断需要大量推理。

由于心理学立场的差异,定义思维(超越诸如"推理"或"形成观点"之类)的尝试会变得模糊不清。尽管对思维的定义缺乏共识,但我们仍然可以描述其特征并提出使思维更加有效的建议。

我们认为,思维是知识、技巧或过程和态度的综合,必然会涉及知识,因为思维需要对象,一个人一定会对某一事物进行思考。对任何领域来说,掌握的知识越多,就越能对其进行更加有效的思考(见 Noddings,2008;Shayer & Adey,2002;Sternberg & Spear-Swerling,1996;Van Tassel-Baska,Bracken,Feng & Brown,2009)。

知识、技巧和态度的组合

促进有效思考的态度

- 在呈现充分证据前不急于作出判断的意愿。
- 对模糊性的容忍度。
- 质疑而不是简单接受权威的倾向。
- 相信可靠证据的意愿。

有效思维对特定的态度(例如以特定方式感知并与周围环境建立联系的倾向)提出要求。例如,一些人对他们所处的环境很好奇,另一些人则并非如此。态度这一情感特质在一定程度上决定了我们思考什么以及以什么方式进行思考(参见下面的专栏)。

综合所有这些信息之后我们得出以下定义：**思维**是一个由态度、知识和技能构成的复杂行为。相比于单凭直觉而言，思维使个人能够更加有效地塑造其所处的环境。教授学生如何思考是一段旅程，而不是一个事件。

> 思维是一个多方面的过程，而非单一的过程

现在，让我们聚焦更高层次的思维技能。回想我们关于布鲁姆认知分类法的讨论（见第四章）。布鲁姆分类法中的两个最高层次是分析和综合。**更高层次思维技能**（也被称为批判性思维）包含对这两个层次的应用以及评估——也就是确定价值。批判性思维是对意义的多阶段建构，是理性的、符合逻辑的，也带来了高水平的学生成就（见 Marzano, Pickering, & Pollock, 2001; Moore & Stanley, 2010）。利用本书前几章介绍的一些技巧，提出以有趣且实用的方式通过利用在线问题来提高批判性思维技能（见 Carol B. MacKnight, 2000）。她建议，保持有重点的讨论，寻求含义或结果，并澄清问题。要学习批判性思维技能，学生需要练习"批判性思维的要素"专栏中列出的技能。

批判性思维的要素

- 识别问题。
- 识别要素之间的关系。
- 推断含义。
- 推断动机。
- 综合独立要素以产生新的思维模式（创造性）。
- 给出独到的阐释（创造性）。

10-2 我们在思维教学方面取得了哪些成就？

国家数据 识别和定义思维和更高层次的思维技能是一回事，而成功地将它们传授给学生则是另一回事。关于这一话题的标准化和在全国范围内收集数据的唯一最佳来源是国家教育进步评估（NAEP）。自 1969 年以来，在公民、科学、数学、阅读和写作方面，国家教育进步评估对 4 年级、8 年级和 12 年级的学生进行了间歇性测试。

我们认识到，对于布鲁姆分类法和国家教育进步评估体系中的三个较高层次所提出的形式思维问题，4 年级学生的认知发展可能使他们还难以处理。4 年级学生在两个较低的认知层次上表现良好，这两个认知层次在发展上与具体的操作层次相对应。8 年级和 12 年级的学生在前两个层次上的表现确实很出色。

《国家成绩单》（美国教育部，2009）中的数据显示，9 岁和 13 岁学生（分别为 4 年级和 8 年级）的阅读成绩呈长期进步趋势；然而，17 岁学生（12 年级）的阅读分数比较稳定（仅上升了 1 分）。报告中有关数学的发现有些相似，

自 1996 年以来没有显著变化（见 NCES，2009，pp. 47）。

还有一些好消息。2001 年 7 月 11 日，美国大学理事会（the College Board）宣布，"国际数学与科学评测（TIMSS）国际研究中心的一项新研究表明，（在美国）在物理和微积分测试中取得三分或更高分数（以五分制评）的大学预修课程学生在数学和科学方面的表现优异，超过来自美国和其他国家的物理和高等数学专业的学生"（见 *College Board News*，2001）。大学理事会预修课程项目的执行理事李·琼斯（Lee Jones）这样说道，"这些结果表明，在微积分和物理预修课程测试中表现优异的学生确实在学习成就方面处于世界领先地位"。

由此可见，教师们一定在做正确的事情。接下来，我们将花时间探讨以下内容，即当你思考教授思维技能时，作为教师你能够并且应该做的正确的事情（关于不适合发展阶段的测试的批判性分析和有趣的观点，参见 Orlich，2000，2002，2003）。

10-3 为成功的思维教学组织教学

首先，教授思维意味着什么？几乎所有学者都认同"核心思维技能"专栏中所强调的思维的五个一般方面（见 Lyons & LaBoskey，2002；Wallace & Bentley，2002；Weinbaum et al.，2004）。这五个技能是核心技能。培养这些技能需要精细的教师计划、合理的排序和对认知与态度因素的持续建设。

核心思维技能
- 感知问题或议题。
- 收集相关信息的能力。
- 组织数据的能力。
- 分析数据模式、推论和错误来源。
- 交流结果。

可以识别并教授学生思维的方面有三个——知识、技能和态度。当然，这里的假设是，学生能够更有效地思考是学习这三个方面的结果，即相比于其他方式，他们将能够更好地适应和改变他们所处的环境。大量的实证研究证据支持这一观点（见 Selwyn & Maher，2003；Wakefield，1996）。事实上，我们甚至可以说，如果学生能够从学校学习中受益，那么帮助学生识别并运用这些技能必定是*所有课堂教学的一个基本的部分*。

因此，更确切地说，当我们说你可以帮助学生成为更善于思考的人，我们的意思是什么？教师是否需要在课程设置中加入一门新的思维课程？教师是否需

教授知识、技能和态度

要教授一个全新的内容领域或者一组新的过程技能?

答案并不简单。相反，我们相信教师需要采用三重方法来进行思维教学，尤其是在教授更高层次的思维或批判性思维时。

第一，你需要培养一种整体意识——一种在任何课堂上时刻都要关注思维的需要。换言之，你必须系统地并且持续地指导学生，鼓励他们进行更有效的思维。思维教学必须贯穿所有科目和所有年级。教师必须强调意义，必须教会孩子们如何理解和思考（为寻求丰富的资源，可参见 Jones，2003）。例如，你可以让学生在读完一篇给定的文章后提出一个反思性问题（见第八章）。或者，在你介绍一些概念（比如*推断*、*分类*和*假设*）之后，你可以向全班学生提出挑战，即在悬而未决的任务中运用这些技能。通过持续地复习思维技能，你能够建立一个知识基础和探究态度（见 Shayer & Adey，2002）。

第二，采用探究式教学策略可能会极大地促进你的思维技能教学（见 Yager，2007）。这种方法的核心是强调学生的探索和理解。

第三，你应该知道如何运用一些具体的方法和教学技巧，它们本身就是探究模式的分支或与其类似。我们在本章结尾处罗列了几种方法（见 Martin-Hansen，2002；Spangler，2009）。

你应该始终牢记，在思维教学中教师是最重要的因素（见 Shayer & Adey，2002）。备好课的课文、工作簿、预先计划好的项目以及练习可能是有用的教学辅助工具，但是凭借这些工具不足以增强思维能力。对商业营销思维技能项目的实证研究很粗略，主要是轶事记录。然而，通过使用我们描述的一些技能，学生将掌握这些技能（见 Ellis，2005）。最有效的教学要求教师谙熟学科内容和思维过程，持续地展示与思维相关的技能和态度，并要求学生在口语和写作中都要进行系统而严谨的思考。在这方面，教师拓展了意义的范围。要让学生思考他们可能从学校教授的科目中获得哪些意义，你的责任就是在介绍新话题和新概念时为这些意义提供基础。例如，洛雷·迪卡米洛（Lorrei DiCamillo，2001）表明运用美国历史知识非常易于培养学生的批判性思维能力。

教师为材料增添意义

除了列出思维技能和思维特性之外，R. 布鲁斯·威廉姆斯（R. Bruce Williams，2007）还提供了五个额外的标准，用于旨在提高学生思维能力的教学设计。

- 关联性
- 丰富性
- 相关性
- 严密性
- 递归性

思考你如何能够将多元方法理念融入探究性思维和批判性思维的整个范围中，你可以运用的关于有效的教学策略的方法是无穷无尽的（见 Miri, Ben-Chaim & Zoller，2007）。

> **回顾与反思**
> - 在你的教学领域中,哪些话题或单元适用于强调思维过程?
> - 就选定的科目,检查你所在州和学区的国家教育进步评估数据。对于所显示的思维技能层次,你能够得出什么结论?
> - 如何设计课堂问题从而促进学生思维技能的发展?

第二节 探究式教学

在本节,我们首先展示探究式教学的若干基本依据,并简要讨论其与建构主义哲学的关系。然后,我们详细探讨如何在你的课堂中运用基于探究策略的两种不同的教学模式。

10-4 探究式教学的基本要素

探究方法的理论依据 所有的探究方法都是基于对学习和学习者的特定假设。"探究式教学的基本原则"专栏中提供了一些学者对这一主题的综合观点(见 Bigge & Shermis, 2004; Holcomb, 2004; Joyce & Calhoun, 1998; van Zee et al., 2001)。

> **探究式教学的基本原则**
> - 探究方法要求学习者掌握与探究相关的各种过程。
> - 教师和校长必须支持探究式教学的理念,并且知晓根据该理念来调整他们的教学和管理风格。
> - 对于发现新事物,或为悬而未决的问题提供解决方案或替代方案,所有年龄和阶段的学生都应该真正感兴趣。
> - 很难在教科书中找到学习者提供的解决方案或替代方案和回答。在探究式课堂上学生利用参考资料和教科书学习就像科学家和专业人员利用书籍、文章和参考资料开展工作一样。
> - 探究式教学的目标通常是过程。在很多情况下,探究活动的结果同得出该结果的过程相比并不重要。
> - 所有的结论必须被视为相对的或暂时的,而不是最终的。学生发现新数据时必须学会修改他们得出的结论。
> - 探究式学习不能用时间来衡量。在现实世界中,人们的思考或创造通

常不会在 50 分钟内完成。

- 学习者负责计划、实施，以及评价他们自己的努力。对教师来说，重要的是只扮演支持的角色，而不是积极的角色（教师不应该代替学生工作）。
- 应该以系统的方式教授学生与探究式学习相关的过程。每当遇到"教学时刻"，教师都应该利用好这个时刻，以便进一步建构探究过程。
- 因为探究式的教与学会产生很多互动，所以探究式学习使教师的工作复杂化并扩大了他们的工作范围。
- 行政支持是必要的，因为批判性思维要求学生具有批判性。

教师和学生作为探索者和提问者

探究式教学要求学习者、教师、教学材料、内容和环境之间存在高度的互动。探究方法最重要的方面可能是它使学生和教师成为执着的提问者、探索者、质问者、发问者和思考者。学生提出每个诺贝尔奖获得者都曾经提出的问题"我想要知道如果……将会发生什么"，这时最终结果就出现了。通过探究才能发现新知识；通过参与探究过程学生才能够成为历史学家、科学家、经济学家、艺术家、商人、诗人、作家或研究者——即使在你的课堂中只持续一两个小时。

回忆一下，在第八章中我们敦促你培养所有学生的提问技能。在本章中，我们使提问更进一步，因为在与探究式学习相关的教与学中提问的作用至关重要。探究式学习的调查过程使学生参与形成性问题以及限制性问题，选择最佳方法回答问题，并开展研究活动（见 Soter et al., 2008）。

探究的基本过程 探究式学习的基本过程按照复杂程度列于下文的专栏中。

要注意，每个**探究过程**都需要渐进式的智力提高，并且一个过程的提高还会促进其他过程的提高。例如，观察、分类和测量技能的提高会加速推断技能的提高。

这些过程存在于探究活动的每个片段。探究并不仅仅是提出问题，探究也是彻底调查的过程，因此，它适用于所有知识领域。

"探究过程"专栏中列出了 13 个过程。每一个过程都必须认真规划并系统地实践。这意味着，你必须决定每堂课中多少时间用于培养认知技能，以及多少时间用于掌握过程——正如你计划小组讨论时所做的（见第九章）。

探究过程

1. 观察。识别物体、物体特征和物体在不同系统中的变化；进行受控观察；对观察系列进行排序。
2. 分类。进行简单和复杂的分类，对观察结果进行制表和编码。
3. 推断。基于观察得出结论，建构情境以检验这些结论。

> 4. *使用数字*。识别集合及其成员，然后进入更高级的数学过程。
>
> 5. *测量*。进行长度识别并排序，然后是面积、体积、重量、温度和速度。
>
> 6. *使用空间-时间关系*。识别运动和方向，学习有关位置变化的规则。
>
> 7. *沟通*。通过创建图形和图表来描述简单的现象，然后描述更复杂的现象，呈现书面和口头报告。
>
> 8. *预测*。从数据中进行内插和外推，形成验证预测的方法。
>
> 9. *给出操作性定义*。区别操作性定义和非操作性定义，为新问题建构操作性定义。
>
> 10. *形成假设*。区别假设与推断、观察，以及预测的差别，建构并验证假设。
>
> 11. *解释数据*。描述数据和基于数据得出推断，通过建构方程式来表示数据，将数据和假设联系起来，根据实验结果进行概括。
>
> 12. *控制变量*。确定独立和非独立变量，进行实验，描述如何控制变量。
>
> 13. *实验*。解释对科学实验的描述，陈述问题，进行假设，进行实验过程。

建构主义与探究教学　在第二章中我们介绍了建构主义理论。我们认为，建构主义哲学与探究式学习之间存在密切联系（见 Ronis，2008 and Li, L. & Guo, R., 2015）。

"建构性的"意味着学生学会运用上述 13 个过程。作为教师，你必须邀请学生通过探究进行学习，并引导他们使用正确的工具。在第九章中，我们提到了世界地理的一堂合作课，其中学生对比了美国和欧洲（见 Richburg & Nelson，1991）。尽管练习是为合作学习小组编写的，但也可以对其进行调整，以便适应探究式和建构主义教学。这些练习鼓励主动学习。学生必须综合数据，对信息进行分类，作出推断，将个人得出的结果传达给班里其他同学，并评估他们的想法或结论。

建构主义不是一种教学模式（如直接教学），也不是一种具体的学习方法，认识到这一点很重要。建构主义是关于学习者如何逐渐获得知识的理论模型（见 Airasian & Walsh，1997）。需要提醒的是，与过去几百年来科学领域中使用的探究方法不同，建构主义并不需要一套程序步骤。

探究式教学需要时间，也需要教师付出大量的精力。在我们的经验中，我们从未见过以探究为导向的教师坐在办公桌旁——他们在忙碌，而且他们的学生也在忙碌。建构主义教师的行为与之相同（见 Powell & Kalina，2009）。我

探究——建构主义和积极学习

们认识到，人们对这两种方法有不同的解释，但这是另一本书的话题。弗吉尼娅·理查森（Virginia Richardson，2003）对建构主义教学法进行了批判性分析，展示了它的很多解释和实践。有关建构主义教师和探究式教师之间的一系列共性，见"建构主义和以探究为导向的方法的共识"专栏。

建构主义和以探究为导向的方法的共识

- 重心在学生身上。
- 教学节奏是弹性的，而非固定的。
- 鼓励学生寻找含义。
- 鼓励学生形成多种结论。
- 学生必须为解决问题而调整方法。
- 对于任何内容来说，建构主义和探究教学都不将自身视作单一的学习模式。
- 自然界提供了物体，而人类对其进行分类。

回顾与反思

- 找到一本关于建构主义教学哲学的书。将本节"探究式教学的基本原则"专栏中的列表与建构主义研究者开发的列表进行比较。你发现了什么？
- 向正在学习艺术、历史或文学的同伴展示13个过程列表。请他们将这些过程同各自所学的科目联系起来。

10-5 归纳式教学模式

作为一种教学策略，我们已经确立了探究的基本原理。现在，让我们考察**经验认识论**的模式：通过观察或实验获得知识。我们在第六章中介绍了归纳性教学。要记住：归纳是一种思维过程，在这个过程中每个人观察所选事件、过程或者物体，然后根据这些有限的体验构建概念或关系的特定模式。**归纳式探究方法**是一种教学方法，即教师要求学生从一组数据或事实中推断结论、概括或关系的模式。

至少有两种不同的归纳式探究方法：有指导的方法和无指导的方法。如果你提供了具体信息，即数据或事实，却希望学生进行概括，那么你实施的就是**有指导的归纳式探究方法**（见 Hood & Gerlovich，2007）。如果你让学生在进行概括前自己去发现具体的信息，这个过程就是**无指导的归纳式探究方法**。大多数情况下，你会从有指导的体验开始。使用这种方法时，你会知道可以合理推断的概括或结论的数量是固定的，因此你能够帮助学生从可用数据中得出这些概括或结论。这种有指导的方法有助于轻松地实现从解释性的教学向更少解释性的教学的过渡。你也可能会发现一些研究者或小组将这个过程分为：(1) 定向探究；(2) 有指导的探究；(3) 全面的探究。而我们将其分为四个部分——将前两个称为"问题解决"和"发现"——使应用每一个部分更加便捷，也使它们的区分更加清晰。

> 有指导的（你提供了具体信息）或无指导的方法

归纳式探究方法适用于各阶段的教学——从学前教育到大学研究生教育。在任何一个阶段，观察、推断、分类、形成假设，以及预测的过程都将在学生的体验中得以磨炼（或强化）（见 Haury，2002）。

有指导的归纳式探究方法 图片通常是最简便的引入归纳式探究概念的方法。教授低龄儿童时，将同一场景的不同图片展示给全班同学，要求孩子们讲述他们在图片中看到的内容，然后再让他们描述他们观察到的模式，让他们以概括的方式陈述这些模式。以问题的形式要求学生自己进行概括，比如"什么能够在雪里留下这种痕迹"或者"我们以前曾在哪里看见过这个"。

明确区分基于观察的陈述和基于推断的陈述。上课之初，可以讲解和示范观察与推断之间的差异。当学生回答你的问题时，可以问他们，这是推断还是观察？

归纳性思维是逐渐发展的过程。随着课程的进展，在黑板上准备一个简易图表或列表来展示学生所作的观察和推断。学生对每个过程的理解都会通过学习这些例子逐渐加深（见 Marek，2008）。

在所有教育阶段中，要求学生列出他们的观察，在旁边列出他们的推断或概括。"教学策略"专栏中列出了通过有指导的归纳式探究方法进行概括的步骤（见 Jeong, Songer & Lee, 2007; Maniotes, L. K. & Kalthau, C. C., 2014）。

教学策略

有指导的归纳式探究方法的步骤

1. 确定在一个特定的单元学习中学生应该进行的概括。
2. 通过向学生展示概括的线索或部分内容来组织学习活动和学习材料。
3. 要求学生写内容摘要，作为概括的基础。
4. 要求学生识别学习内容中的事件、物体或者其他数据的顺序或模式。
5. 要求学生使用一句话来概括这些顺序或模式。
6. 要求学生通过将他们的陈述应用于其他事件、物体或数据中来证明他们的陈述事实上是概括。

资料来源：Adapted from Brandsford, J. D, et al., Eds., *How People Learn: Brain, Mind, Experience and School* (Expanded Edition). Washington, DC: National Academy Press, 2000, *passim*; and Jeong, Songer & Lee, 2007.

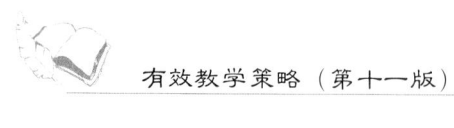

时间要求 当你首次在课堂中采用任何一种探究活动时，计划的时间至少是平时每堂课所花时间的两倍。这些时间用于学生对内容进行深入的分析。探究方法要求学习者和学习材料之间，以及教师和学生之间有更多的互动（见 Songer，Kelcey & Gotwals，2009）。

与此同时，准备好减少你将要讲授的内容，因为你将利用更多的时间培养过程技能，并且利用更少的时间讲述事实。你不能在最大化思维技能的同时，最大化内容覆盖率。如果你希望培养更高层次的思维技能，那么必须削减一些内容，并以过程教学取代之（见 Eylon & Linn，1988）。然而，通过这种方式你可以提供重要的学习体验，学生可以将其应用于所有科目。

回顾与反思

- 通过搜索文献或互联网，找到两种你可以运用到教学中的归纳式探究体验。
- 查阅过去三年中出版的一本教科书。其作者提供了哪些探究式练习或体验？
- 解释这句引言："当你采用探究式教学时，你教得越少，学生学得越多。"

探究式学习不能一蹴而就

有指导的归纳式归纳探究方法的步骤 图 10-1 显示了探究式教学体系中的六

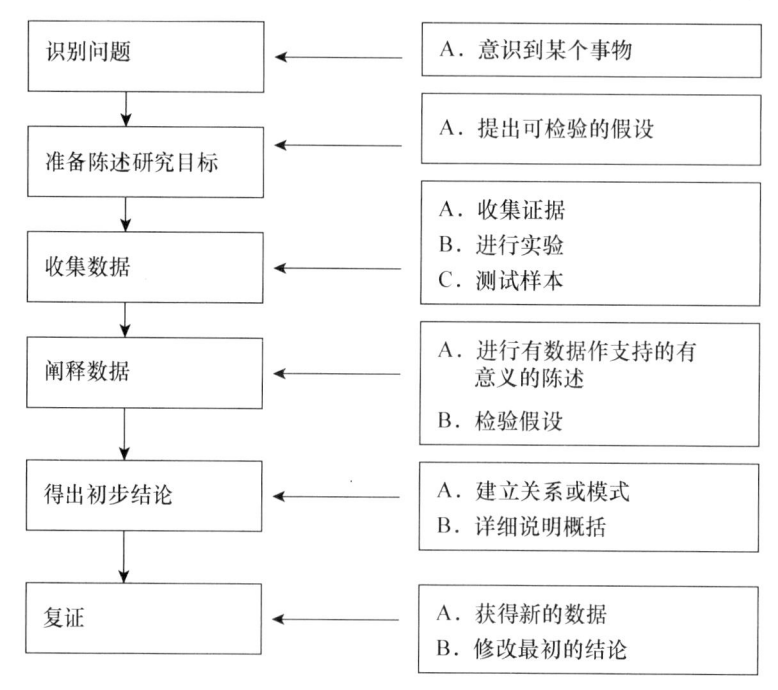

识别问题	A. 意识到某个事物
准备陈述研究目标	A. 提出可检验的假设
收集数据	A. 收集证据 B. 进行实验 C. 测试样本
阐释数据	A. 进行有数据作支持的有意义的陈述 B. 检验假设
得出初步结论	A. 建立关系或模式 B. 详细说明概括
复证	A. 获得新的数据 B. 修改最初的结论

图 10-1 一般的探究模式

个主要步骤:(1)识别问题;(2)准备陈述研究目标;(3)收集数据;(4)阐释数据;(5)得出初步结论;(6)复证。这种模式可适用于其他探究模式,例如解决问题模式(后面将讨论这个模式)。这些步骤形成了被称为"科学方法"的基础[严格地说,我们的模式改编自卡尔·R.波珀先生(Karl R. Popper)1975年提出的"假设-演绎"模式]。

通常,你将会遵循这些步骤来教授有指导的归纳式入门课程。记住,过程目标是观察、推断和沟通。在这种情况下,问题就是在一系列事件或物体中发现一种有意义的模式。所有的推断必须有证据——观察或数据——支持。可以从一些标准参考来源获得数据,比如《美国统计摘要》(*Statistical Abstract of the United States*)、年历、年册、报告或百科全书。数据成为探究环节的重点,因此应该作为全班的共同体验(见 Holcomb,2004;Orlich,1989)。有指导的归纳式探究方法包括下面专栏中列出的七个特点。

> 学生必须发现模式

有指导的归纳式探究方法的特点

1. 学习者经历从具体的观察到进行推断或概括的过程。

2. 目标是学习(或强化)以下过程:检查事件或物体,然后根据观察得出恰当的概括。

3. 教师控制课程的具体内容:事件、数据、材料或物体,因而扮演班级的领导者角色。

4. 每个学生都对这些内容作出反应,并尝试根据自己及课堂上其他人的观察建构有意义的模式。

5. 课堂应被视为学习实验室。

6. 通常,学习者会得出一定数量的概括。

7. 教师鼓励每个学生向全班同学交流他的概括,以便其他人从中获益。

这时你可能会想,"对我来说,这确实听起来像建构主义"。在很大程度上,你是对的。建构主义基于这样的理念——学习者在自身的思考、活动和体验中建构知识。学习者的理解可能完全不同于教师的理解。为学生安排时间提出问题并与他人分享他们的观察,这样你将会使他们通过更多体验来感知现实。通过运用探究方法,你可以激励学生提出问题并寻求答案(见 Patrick,2003b)。此外,对于英语语言学习者来说,该模式非常有助于他们扩大词汇量和基础知识。参与学习体验是关键。

有指导的归纳式探究方法的例子 题为"将有指导的归纳式探究方法用于与消费者相关的问题"的"教学策略"专栏中展示了此类探究的一个例子。这个例子是一个巧妙的练习,它使学生通过亲身观察来了解纸巾的质量。这个活

动表明，将此类探究方法的要素运用于与消费者相关的问题非常容易。莎伦·布伦泽尔（Sharon Brendzel，2002）提出了样本问题、讨论话题和在经典的归纳式体验中判断吸收性的方法。

教学策略

将有指导的归纳式探究方法用于与消费者相关的问题：
关于纸巾辨别的最佳方法

1. 教师提供不同品牌的纸巾。
2. 教师要求学生设计一个吸收性测试。
3. 学生组成探究小组并开展工作。
4. 学生基于数据得出结论。
5. 学生分享结果。

提问在有指导的归纳式探究方法中的角色　我们已经注意到，教师提问在探究方法中作用显著，因为探究的目的就是要开展调查工作。因此，教师变成提问者，而不是回答者。谙熟此类探究方法的教师都表明，他们将时间用于与学生互动，但很少提供答案（见 Phillips & Germann，2002）。

问题适用于所有学科领域

教师应该提哪些类型的问题？以下两个专栏中列出了相关的题干或导入问题，以便为更加注重探究式课堂氛围的教师提供参考（见 Orlich & Migaki，1981）。这些题干适用于社会科学、文学、科学和数学——或教师想要强调探究过程的任何课程。需要注意，第一个专栏注重动态情境。这些题干可能最适合被归类为提示性问题，类似于第八章中描述的问题。如果你正在考察更多静态的生命或非生命物体，那么第二个专栏中的题干将更为有用。还有，需要注意的是这些提示性问题有助于学生考察各种情况的相互关联性，这是探究式教学和建构主义想要达到的目标之一。

题干：动态主题

- 正在发生什么？
- 已经发生了什么？
- 现在你认为将会发生什么？
- 这是如何发生的？
- 这为什么会发生？
- 这是什么原因造成的？
- 在这发生前出现过什么情况？

- 你在什么地方见过类似的情况?
- 你在什么时候见过类似的情况?
- 你如何使这种情况发生?
- 这与你看到或经历的情况相比,有何差异?
- 你如何能够更容易地做到这一点?
- 你如何能够更快地做到这一点?

资料来源:Orlich, D. C. & J. M. Migaki, "What Is Your IQQ—Individual Questioning Quotient?" *Science and Children*, vol. 18, 1981, pp. 20-21. 版权归国家科学教师协会所有。经国家科学教师协会许可转载。

题干:静态主题

- 它是哪种物体?
- 它被称作什么?
- 它是在哪里被发现的?
- 它看起来像什么?
- 你是否见过任何与它类似的东西?在哪里?什么时间?
- 它与其他东西一样吗?
- 你如何才能辨认或识别它?
- 它是如何得名的?
- 你如何处理它?
- 它是由什么构成的?
- 它是如何制成的?
- 它的用途是什么?
- 它是如何工作或运作的?
- 它还有其他什么名字?
- 它与其他物体有何区别?

资料来源:Orlich, D. C. & J. M. Migaki, "What Is Your IQQ—Individual Questioning Quotient?," *Science and Children*, vol. 18, 1981, pp. 20-21. 版权归国家科学教师协会所有。经国家科学教师协会许可转载。

表 10-1 提供了四个不同年级的社会学课程中有指导的归纳式探究方法的例子。2 年级、7 年级和 10 年级的例子是静态的,但是需要思考这些例子如何与采用动态例子的课程相关联。对于 12 年级的美国政府课程来说,时事考查是动态探究教学情节的简单应用。需要注意的是,表 10-1 中的几个示例与 1994 年国家教育进步评估美国历史评估的真实测试题目非常相似(见 Beatty et al.,

1996)。那份报告的作者也表明,"1994年国家教育进步评估美国历史评估非常严格,很多题目要求被试者掌握有关复杂事件和概念的知识,以及分析和解释的能力"(p.74)。

表 10-1 有指导的归纳式探究方法:社会学课程

年级	材料	问题	过程
2	世界各地房屋的杂志图片	在这些图片中你能够识别哪些特点?	观察、推断、沟通
7	关于二战的手册和海报	这些资料传达了哪些明确的信息?	推断、假设
10	政治漫画	这些漫画传达了哪些主要思想和含义? 这些漫画的背景是什么? 这些漫画透露了哪些偏见?	推断、假设、参考语境
12	一个有争议的法庭判决	哪些行为导致这个案件发生? 你认为接下来将会发生什么情况? 我们是否学习过与该案件类似的事件?	分析、预测、比较

回顾与反思

- 想一想你熟悉的一堂课,为教授这堂课设计一个有指导的归纳式探究体验。
- 你如何调整课程材料,以使其对学生更具有探究性?
- 有指导的归纳式探究方法如何强化思维能力?

无指导的归纳式探究方法　正如我们所看到的,在有指导的归纳式探究过程中,作为教师,你在提问、提示回答、组织材料和情境中起重要作用。而且,采用有指导的归纳式探究方法非常有利于促进解释性或演绎性教学转向结构化程度较低、更易于接受其他解决方案的教学。一旦全班学生掌握了有指导的归纳式探究技巧,你就可以引入学生发起的情境,使学生在检查数据、物体和事件中承担更多责任。因为教师的作用最小化了,所以学生的活动增加了。"主要观点"专栏总结了无指导的归纳式探究方法的主要要素。

主要观点

无指导的归纳式探究方法的要素

1. 学习者经历从具体的观察到进行推断或概括的过程。
2. 目标是学习(或强化)以下过程:检查事件、物体和数据,然后得出若干恰当的概括。

> 3. 教师可能仅控制可用的材料，或者鼓励学生编写材料。教师提出问题，例如，"你能从……中得出怎样的概括"，或者"在检查这些……之后，告诉我关于 X 的所有内容"。
>
> 4. 在使用可用的材料但没有教师进一步指导的情况下，学生自己提出能够想到的所有问题。
>
> 5. 材料是使课堂成为实验室的必不可少的要素。
>
> 6. 学生通过个人观察、推断，以及与他人进行互动，从而得出有意义的模式。
>
> 7. 教师不限制学生得出的概括的数量。
>
> 8. 教师鼓励所有学生交流他们得出的概括，以便所有学生都能从个人独特的推断中获益。

当开始使用无指导的归纳式探究方法时，你必须实施一套新的教师行为方式。你必须扮演**课堂澄清者**，引导学生逐渐掌握逻辑思维技能。当学生开始进行概括时，学生在逻辑方面的严重错误必然会出现：他们的概括可能过于宽泛，当若干因果关系并存时只推断出一种因果关系，当不存在因果关系时感知到因果关系。当发生这样的错误时，你必须耐心地以毫无胁迫的方式向学生提出问题，促使他们修改结论或概括。如果学生的逻辑或推断存在错误，需要指出这些错误。但是你不应该告诉学生正确的推断是什么，因为这样做会违背任何探究活动的目的。这种类型的错误也可能出现在有指导的探究活动中，但在这种模式中教师控制信息的流动，能够通过提问微妙地提供指导（见 Hoge，2003）。在无指导的归纳式探究活动中，教师的直接引导作用要小很多。

> 由学生发起的活动多于由教师发起的活动

我们建议，在无指导的归纳式探究体验之初，让学生单独工作，这样他们倾向于自己完成大多数工作。当他们在未经训练的情况下两三人一起工作（如第九章所讨论的）时，小组中的某个人通常会承担领导角色，主导小组的思考，结果是小组中只有一个参与者和两个旁观者。在使用无指导的方法的过程中，当学生表现出成功运用归纳性方法所必需的能力时，你可以将他们分成小组来工作。

这些特征都属于通常被称为**面向问题的学习（PBL）**。其本质是学生提出有待检查的问题，或者学生与教师合作提出问题（见 Ronis，2008）。问题可以由小组、全班或学生个人来解决。英特尔（Intel）和西屋电器（Westinghouse）公司资助的学生奖励计划是以面向问题的学习项目为前提的。

> 教师只澄清问题，但不作出推断

回顾与反思

- 查看有指导的和无指导的归纳式教学模式。二者有何异同？

- 运用互联网在教育资源信息中心（ERIC）数据库中搜索以下内容：有关将报纸作为归纳式探究课程材料来源的想法。
- 如何使艺术、体育、社会学和文学学科的课程和活动对学生更具有归纳性？

无指导的归纳式探究方法的技巧　如果想要将合适的、归纳式的、无指导的学习体验整合到正在进行的课程中，那么教师有哪些经过验证的想法可以作为原型来使用？表10-2给出了一些想法，可以将其拓展为一个学生任务矩阵。

表10-2　无指导的归纳式探究方法：任务矩阵

内容领域	课程目标	材料	学生的问题	学生的总结、模式和推断	学生的概括
社会研究	理解美国文化中的地域差异	回收的电话号码簿	波士顿、塔尔萨、纳什维尔或盐湖城有多少个不同的教堂？	1. 黄页上的名单 2. 不同教派的名单 3. 计算的比例 4. 列出的推断	学生列出概括内容并展开讨论
历史、艺术	解释一个经典的艺术作品	贝叶挂毯、百科全书	展示了哪些事件？挂毯的布局是什么顺序？	1. 列出事件 2. 计算场景并归类 3. 识别人物种类 4. 判断年表	1. 学生解释主题 2. 学生得出结论 3. 全班讨论历史事件 4. 全班比较交流的方法
科学	学习天气模式	回收的报纸、电视新闻	天气系统通常如何影响美国？喷气流对天气系统有哪些影响？	1. 绘制地图，显示主要的界线 2. 列出模式 3. 搜集有关北方和南方喷气流路径的数据	1. 学生绘制天气图 2. 全班学生分析天气模式 3. 学生得出结论并向全班汇报

第三节　发展高层次思维的技巧

到现在你应该意识到，作为任课教师你对思维技能的理解再怎么深刻也不为过。在你的教学过程中，始终鼓励学生进行积极的观察和探索，这样你不仅是在传递信息，也是在提高学生的思维能力。你已经了解了探究式教学的基本要素，那么你现在可以在课堂探究体验中扮演直接的（有指导的探究）或者间接的（无指导的探究）角色。

在所有这些以探究为基础的教学背景中，你应该也了解了这个主题的若干变体——或者与探究方法直接相关，或者自身被视为探究方法的具体教学方法和技巧。我们关注的三种方法被证明在很多学科领域中都是有效的。这三种方法是问题解决法、发现学习法，以及培养批判性思维技能的方法。最后，我们简要回顾一下课堂评估，这是我们在第七章中深入讨论的内容。

10-6 问题解决法

问题解决法以约翰·杜威（John Dewey，1916，1938）的思想为基础。他对教育的主要贡献之一就是提倡*面向问题*的课程体系。他将问题定义为任何能够产生疑问和不确定性的事物。杜威认为，一个问题要成为适当的研究话题必须满足两条严格的标准：它必须对文化具有重要性，而且它必须对学生具有重要性和相关性。

> 杜威对问题的定义

1958—1970年间，科学、数学、社会学学科开设的很多课程项目都是基于杜威的问题解决法。另外，大多数当代的课程和绝大多数教科书都建议，应该由学生来解决问题。一些你可能会接触的课程将会强调探究、发现或解决问题的要素。当代的课程，尤其是跨学科课程（例如环境科学），都非常依赖杜威最早提出的两条标准。如果你给学生布置研究报告，那么你正在运用问题解决法的要素或面向问题的学习。

与其他探究方法一样，这种方法需要精心制订的计划和系统性的技能培养。隐含在问题解决式框架中的是**体验**的概念，或者是这样的思想：作为计划的学习过程的组成部分，学生在学校指导下开展的全部事件和活动都将会产生某些令人满意的特点或者行为方式，而这些特点或行为方式将更有助于他们在我们的文化中发挥作用。此外，由学校提供的体验应该阐明学习的内容和过程。对于学习者来说，知道已掌握的*内容*和掌握内容的*方法*都是重要目标（见Webb et al.，2009）。

> 通过体验来解决问题

教师感言
蒙大拿州比尤特市比尤特高中教师桑迪·舒蒂

给学生提出真正的问题

当今，对动手和动脑的科学的注重往往使人在试图想出活动或问题时精神疲惫。通过先提供活动，然后再强化概念，学生必须真正开始理解概念，而不是简单地记忆概念。这种教学方法对学生和教师都提出了更高的要求。

二月是"工程月"，当地的电气工程师喜欢来到我们的物理课堂。在做一个有趣的电气项目时，他们鼓励学生培养对科学和工程领域的兴趣。教师经常使用动手活动以便使学生掌握词汇和数学技能。然而，大多数教师并不具备工程师的实际现场经验。因此，工程师来到课堂上提高了教学的兴奋度、趣味性和真实性。

> 电气与电子工程师协会（IEEE）是世界领先的技术进步专业协会。该协会邀请了四位工程师来到我的课堂上。除了制作调频收音机的资料，他们还带来了调频收音机套件、焊枪、电线和制作收音机的其他所有材料。在课堂上，学生组装好收音机，然后给学生一周的时间写一篇技术论文，由工程师进行评估。学生们将他们的收音机"包装"成不同寻常的形状，包括过去的玩具割草机、毛绒玩具、各种各样的球、电话、帽子，甚至还有工具。电气与电子工程师协会会在主办的比萨派对上颁发设计奖和写作奖。
>
> 每年，工程师们都会给课堂带来一些新东西，从水晶收音机到调频收音机。明年，一个新项目似乎将会从学生提出的问题中诞生。

这样的描述就表明，问题解决法包含了建构主义模式的很多要素。正如我们这里使用的概念一样，**问题解决法**是指探究式学习过程。在此过程中，学生探寻与自己及他们的文化相关的问题的答案。建构主义哲学要求学习者积极地参与到学习过程中。通过所有这些要素的互动，学习者能够理解某事物。作为教师，你通过为学生营造一种氛围，使学生能够参与常规的课堂活动或网络活动并进行互动。

记住澄清的作用

教师的角色 作为澄清者或者界定者，你的角色是帮助学习者精确定义正在学习的内容或正在解决的问题。问题解决法聚焦于系统性的调查：学生设置问题，澄清议题，建议获得必要信息的方法，然后检验或评价他们的结论。在多数情况下，学生将作出书面假设以进行验证。学生需要你对他们进行持续的监督。在问题解决模式中，学生参与调查过程，你必须持续接收学生的进展报告。

在这个模式中，学生并不能随心所欲。问题解决法要求师生之间建立亲密的关系（见 Canter，2004）。问题解决法也需要对问题进行系统的调查并提出具体的解决方案。

学生的自由和责任

问题解决法的步骤 问题解决法意味着一定程度（探索一个问题）的自由和（得到一个可行的解决方案的）责任。人们处理问题是为了达到目标，而不仅仅是为了运用探究过程本身。题为"问题解决型教学策略的步骤"的"教学策略"专栏中列出的步骤就是问题解决技巧，尽管学生可能不会严格按照线性方式进行学习。请将这些步骤同表 10-1 中的探究模式的步骤进行比较。

教学策略

问题解决型教学策略的步骤

1. 意识到被标记为问题的情境或事件。
2. 使用精确的术语确定问题。
3. 定义所有的术语。

4. 界定问题的边界。
5. 进行任务分析，以便问题可以被细分为可供调查的、独立的要素。
6. 搜集与每个任务相关的数据。
7. 评价数据以便找出明显的偏见或错误。
8. 将数据整合为有意义的关系。
9. 进行概括并提出多种解决问题的方案。
10. 发布调查结果。

如果你决定在课堂上采用问题解决法，那么你必须意识到，这一过程通常会持续数天甚至数周。在此期间，学生还要完成其他的学习任务——使用参考书，索取资料，解释数据，向全班同学展示进度报告，并负责执行任务。

展示师生在真实生活中如何运用问题解决法的例子很多。例如，全班学生可能观察到学校当前的问题——不够用的车位、吃午餐时长长的队伍、拥挤的更衣室、噪声——然后，带着改变现状的目的进行调查。或者，你可以在高中英语课堂上提出问题：提出至少三个标准用以判断美国文学中的哪些作品应该加入课程中或在课程中保留。学生将会了解与标准设置、价值观和课程决策相关的难度所在（见 Carbone，2009）。

珍妮弗·纳尔逊（Jennifer Nelson，1998）让学生研究与自己学校的历史有关的问题，运用了问题解决法的调查技巧。同样，卡罗尔·E. 墨菲（Carol E. Murphy，1998）展示了如何利用地理的五个主题——地址、迁移、位置、地区和人类环境来解决与学校位置相关的问题。约翰·哈勒尔、埃德温·柯林斯曼和杰弗里·莱曼（John Harrell，Edwin Christmann，Jeffrey Lehman，2002）举例说明了如何将互联网融入探究式课程中。无论你与学生是否正在开展一个志存高远的大型问题解决项目或者稍小的项目，我们都建议你在第一天就开始培养学生的问题解决式技能。这种做法可以使在校学习成为令人愉悦的、兴奋的，以及值得拥有的经历（见 Wakefield，2001）。

回顾与反思

- 问题解决法的哪些要素可以应用于学校教授的任何话题？
- 选择一个有待解决的问题。为了最有效地运用问题解决法，草绘一张任务分析表，并显示学生所需的技能。
- 准备一堂课，教学内容包含一些真实的问题以供学生解决。

10-7 发现学习法

真正发现美洲的人是谁？美洲土著人已经在这里生活了超过 13 000 年。尽

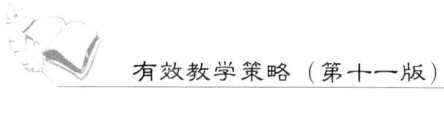

管利夫·埃里克森（Leif Ericson）好像是到达美国海岸的第一个欧洲人，但是克里斯托夫·哥伦布仅仅因为最先宣布发现了美洲而功成名就（见Strike，1975）。然而这片领土是以地图绘制者阿美利哥·维斯普西（Amerigo Vespucci）的名字命名的，因为他知道哥伦布到达的地方是一个全新的大陆而不是印度。在这方面，斯特赖克（Strike）的综合分析方法可能是有用的，这种方法与**发现学习法**相关。后者是一个探究过程，即学习者提出问题并寻求答案。斯特赖克（1975）提出了两种发现类型：绝对的发现和相对的发现。*绝对的发现*是指传统意义上的"第一次"，即某种东西被发现了，属于全人类，例如，发现DNA分子的再生机制，或发现新的星球、新理论或新的合成材料。*相对的发现*是指一个人第一次以自己的眼光了解或发现了某个概念或事实，尽管它已经被他人所知。

> 绝对的发现和相对的发现

斯特赖克（1975）还提出了四种发现模式：

1. 知道是什么。
2. 知道如何。
3. 发现是什么。
4. 发现如何。

最后，他提供了一个基本标准用于判断任何行为是否属于发现。发现者必须向他人说明"是什么"和"如何"这两个问题。因此，如果你在亚利桑那州发现了"消失的荷兰人金矿"（the Lost Dutchman Mine），但是没有告诉任何人，那么你就没有发现。

斯特赖克的四种发现模式由本章描述的13个主要的探究过程组成。例如，沟通是一种主要的探究过程，并且在很大程度上属于发现。而且，斯特赖克描述的模式隐含这样的意思：学习者在他们能够"发现"某物之前必须对某物有所"了解"。内容、知识、事实和过程在很大程度上都是发现策略的组成部分。

尽管发现有很多运气的成分，但是路易斯·巴斯德（Louis Pasteur）的名言"机遇青睐有准备的人"仍然有效。科学家（包括社会科学家和行为科学家）的重要发现都是仔细观察和系统研究的结果。发现与我们描述的归纳式探究和问题解决法使用相同的过程和技能。这应该也是理所当然的，因为探究要求系统的行为，而不是随意的粗劣行为。

> 真实示例：太空实验

环境教育对于发现学习法和问题解决法来说是一个丰富的舞台。学生可以通过使用标准的、可接受的科学方法来收集有关水质的数据，然后分析和讨论他们获得的结果。他们从数据中构建意义（见Orlich et al., 1999）。

2007年8月，爱达荷州山家镇的教师兼宇航员芭芭拉·摩根（Barbara Morgan）乘坐奋进号航天飞机进入太空时，一个真实的片段发生了。她回答了学生们提出的有关太空的问题。这些学生中有18人参加了在博伊西探索中心（Boise's Discovery Center）举行的美国国家航空航天局（NASA）奋进号联谊会（见 *Idaho Statesman*，2007）。

要让学生挑战探索选自历史（见 Wilson，2002）、遗传学（见 Echevarria，2003）或其他领域（见 Kalayci & Cohen，2003）的主题。重要的一点是批判性思维要先于行动。并非所有的发现学习法都需要像美国国家航空航天局的实验那样引人注目。探究的机会是无限的。阿瑟·L.科斯塔（Arthur L. Costa，2008）建议教师应该将思维主题贯穿于整个课程中。他还补充说，教学应该是反思性的、复杂的，并且是相关的。这些特质在本章中都有所提示。

整个探究和思维的领域（包括问题解决法和发现学习法）会自然走向技术应用。

> **回顾与反思**
> - 比较和对比发现学习法和问题解决法。
> - 准备一堂课，并运用发现学习法。

10-8 培养批判性思维技能的方法

本节呈现的方法隐含以下假设：信息处理心理学（information-processing psychology）和图式理论（schema theory）能够最有效地解释学生如何学习。**信息处理心理学**认为，学习是学习者和环境之间的互动过程，二者对过程都有各自的贡献，即学习者不只是刺激的被动接收者（见 Snowman，McCown & Biehler，2009）。如同我们看到的，图式理论认为，我们根据模式或*图式*来组织我们学习的内容，从而帮助我们理解不断接受的多种刺激。学习成为个体建构意义的过程，在这个过程中学生或将新数据与已有的模式联系起来或创造新的图式。这些假设都是建构主义方法的内容。从教学假设的基础出发，"教学策略"专栏中的教师行为能够帮助学生改进其思维过程。在小学到研究生的各个科目中，这些方法已被证明是有效的（见 Bentley，Ebert & Ebert，2007）。

> **教学策略**
> **鼓励思维技能的十种教师行为**
>
> 1. 制订思维教学计划。基于概念和概括设计单元和课程教学。
> 2. 为意义而教学。使每堂课与学生的体验相关联。
> 3. 提出发人深思的问题。"你如何知道？""主要观点是什么？""我们还能想到什么替代方案？"
> 4. 使学生意识到他们的心理过程。"根据你对图表中的价格的观察，我

们可以对供求关系作出什么推断?"

5. 经常解释你的思维过程。"在这盒磁带里,我录下了我计划今天这堂课时的想法。你们听磁带的时候,识别以下关于思维技能的例子。"

6. 在学生面前记录数据。在黑板上或幻灯片上总结和记录学生的答案。

7. 请学生给出解释。经常给学生解释他们理解或不理解的内容的机会。

8. 鼓励以可信度作为标准。"这样有意义吗?""为什么没有意义?"

9. 保持一致性。每天每堂课的内容都应该包括思维教学。

10. 保持耐心。显著的变化至少需要一个学期才能显现。

第一种行为是最重要的行为,就是设计教学时要突出思维过程。由此产生的计划可能与标准的内容大纲没有多大关系。例如,大多数历史课文都按照时间顺序组织历史事实。然而,这样的结构并不符合人们批判性思考历史的方式。一个更有效的组织者将会围绕已选定的基础概念和概括(例如选举、经济周期、事件或技术发明)来组织历史事实。当历史事实与更广泛的概念或概括相关联时才有意义。因此,有效的教学计划首先应该确定与该单元或课程相关的主要概念和概括。这些概念和概括都将成为独立课程的主题,围绕理解每个概念所需的事实来计划。如果你仔细且始终如一地使用教学策略,同时强调学生的理解而不是死记硬背,那么你将会有效地培养他们的思维技能,并且你的内容教学对学生来说将是一个有意义的模式(见 Wiggins & McTighe,2008)。

<small>围绕思维过程设计教学</small>

策略性学习技能 批判性思维技能也被称为**策略性学习技能**,意思是学生逐渐掌握加快学习的能力(见 Gettinger & Stoiber,2009,p. 781)。下面的专栏中列出了我们在培养学生的策略性学习技能时所依据的四个主要假设。

关于学习者和学习的假设

1. 新的技能、知识、能力和兴趣都建立在相应的原有基础之上。
2. 当信息是有意义的并通过主动且愉悦的学习获得时,信息才会被记忆。
3. 当学习者感到有能力时,动机就会得以加强。
4. 必须为学习者提供各种形式的机会来练习学习者的批判性思维和问题解决法。

你可以使用以下三个具体方法来帮助学生掌握批判性思维技能和策略性学习技能。

1. **综合方法** 思考一个以殖民时期为重点的高中美国历史单元。将内容和思维技能结合起来的一种方法是让学生在墙上准备一幅大图表,在上面列出若干殖民地的具体特征,包括地理特征、经济特征或社会背景和态度。从这些数据中,学生可以推断和假设殖民者对未来事件(例如,宣布独立、提供免费的公共教育或取消奴隶制）所持的态度。类似地，科学课教师能够帮助学生通过观察、推断和概括而不仅仅是通过学习一个给定的例子来解读元素周期表。

需要注意的是，这些活动都倾向于强化本章前面列出的很多思维技能。根据教学重点，学生可以参与几乎所有的思维过程，从更低层次的技能（观察和分类）到更高层次的技能（区分相关的陈述和不相关的陈述）。这种整合方法的支持者认为，这种灵活性——应用几乎任何题材教授完整的思考过程——是其主要优势（见 Gore，2004；Jones，2003）。

2. 有声思维示范　另一个方法是将你的思考过程作为示例，这种做法将帮助学生关注他们自己的思考过程（参见"教学策略"专栏中的第四种和第五种教师行为，以及本章后面关于元认知的相关讨论）。与学生分享你在设计一堂课、得出结论或开展任何相关活动时所遵循的思维步骤。让学生识别你运用的特定技能，并建议你可以遵循的其他策略。这种演示可以采用纸质讲义、录音带的形式，甚至是对学生的问题进行未经排练的问题解决式探索。

为避免你认为这个想法仅仅只是个理论，我们以荣誉教授格伦·克罗斯比（Glenn Crosby）为例。他在教授研究生物理化学课时，一边在黑板上演算问题，一边讲述他的思考过程。你可以使用这种方法解读欧·亨利（O. Henry）、巴拉克·奥巴马（Barack Obama）总统，或兰斯顿·休斯（Langston Hughes）的著作，也可以用来解读化学。

> 向学生展示你是如何思考的

一旦学生理解了有声思维过程，他们就能够使用与课堂问题和正在学习的题材相关的选题来进行配对和练习。对两人一组的学生来说，一个有益的练习是让他们相互解释彼此对任务的理解和彼此对他们完成任务将要遵循的步骤的理解。通过这个练习可以发现任务中的模糊之处，并且帮助学生识别有效的思维和学习策略。不过，在所有有声思维练习中有两个考虑因素是最重要的：每个学生必须有尽可能多的练习，*而且思维过程必须比思维结果更重要*——练习的目标是识别有效的思维步骤，未必要找到一个特定的解决方案。这种方法是开放性活动的理想选择（见 Hattie，2009）。

3. *学生的总结* 另一个被认为对鼓励思考行为普遍有益的方法是让学生进行总结。让学生概述解数学题的步骤，列出社会状况的原因，对大会发言人作出反应，等等。你的想象力是唯一限制你选择的因素。总结可以是书面的，也可以是口头表述。

大量证据（见 Wormeli，2004）表明，写作行为本身既能够练习思维技能，又能够创造思维技能。因为我们必须思考如何写作；此外，写作时我们以前没有想到的新的表达和想法频繁涌现。因此，任何写作都可能对学习有所帮助，撰写总结尤其有效，因为它使得学生制定**标准**——用来组织或评价观点或结果的特征——目的是识别一些观点比其他观点更重要（见 BouJaoude & Tamim，

2008）。这个活动能够激发并强化最高层次的思维技能（见 Hattie，2009；Nickelsen & Glasscock，2004）。

> 摘要挑战学生对观点进行评级

口头总结也能够有效帮助学生提高口语技能，这种技能随时可以转移到校外环境中。而且，口头总结可以成为课堂讨论的一部分，而后者也是培养批判性思维技能的必要活动（见 Patrick，2003；Paul & Elder，2009）。当你将学生的口头总结融入教学中时，需要记住，当班级成员承担主动角色时，要巧妙地将你的重心转移到一个不活跃的教学角色上。只有你能够体会到这个差异。当你给学生布置一个总结性活动时，遵循此处专栏中列出的四个原则。

总结的规则

- 为了促进对总结材料的理解，坚持让学生使用自己的话，而不使用引语。
- 限制总结的长度（书面总结或口头总结），以确保学生已经判断过各观点的相对重要性。
- 让学生讨论他们所作的总结，尤其要讨论他们接收和排除信息时使用的标准。
- 让学生讨论总结的过程：他们遵循了哪些步骤？他们走到了哪些死角？出现了哪些问题？

回顾与反思

- 为了使用有声思维技能，你会如何组织课堂？
- 为了鼓励思维、反思和总结技能，如何使用学生期刊？

元认知技能 在思考时认识到自己的思维过程叫作**元认知**（关于这个话题的深入讨论见 Waters & Schneider，2010）。有声思维就是一个例子。研究表明，能够有效解决问题的人都会默读；也就是说，他们自言自语，不断重述情况，重复检查他们的进展，并且评价他们的思维是否在朝着正确的方向发展。你的班级里很有可能会有一些有特殊需求和多样需求的学生。哈维特·M. 罗伯逊、比利·普里斯特和哈里·L. 弗伍德（Harvette M. Robertson，Billie Priest，Harry L. Fullwood，2001）提出了一系列元认知方法来帮助所有学生。

以下方法有助于学生逐渐习惯于进行思考并陈述他们的想法。

描述自己的思维过程 可能最有效的方法就是让学生描述他们思考时头脑中发生了什么（见 Block，2004）。让学生结对练习这种方法，一周几次，每次 3~5 分钟，以便克服对这种方法的不适应（并练习合作学习）。一旦习惯了这

个过程，他们就能够在更大的组里或在全班面前回忆起他们的思考过程，从而保持这种技能水平。当然，你也应该尽可能多地示范这种行为。将这种方法与第八章中的提问技巧结合起来。不只是说，"你的回答不正确"，你可以问这个学生，"你是如何得出这个答案的？"这个问题就涉及元认知行为（见 King，2002）。

思考思维过程

识别已知的和未知的内容 实施元认知教学的另一种方法是让学生辨识关于一种情况或问题的已知的内容，建议需要学习的内容，并列出获得信息的必要步骤（见 Wray，2003）。例如，韦伊在课堂上通过采用这种方法来判断科学是否属于年轻人的活动。他让学生考察了 24 位具有开拓精神的科学工作者，进而判断相比于年长的科学工作者，年轻的科学工作者是否更容易作出重要发现。经常进行这样的练习并着眼于识别相关过程，这种做法将帮助学生在他们自己的思考中遵循类似的步骤。

学生确认已知的和需要知道的

交互教学法 另外一种有助于掌握各项元认知技能的方法是**交互教学法**，即学生和教师在课堂上互换角色。安玛丽·沙利文·帕林卡萨（Annmarie Sullivan Palincsar）是这一模式的设计者（见 Gettinger & Stoiber，2009）。她的方法已被成功用于初中学生，而且能够提高其阅读理解能力（记住第五章讨论过的为了理解而教学的概念）。需要注意的是这种策略综合了讨论、探究、思维和元认知的若干方面。

采用交互教学法时，教师要根据学生已读的材料引导讨论或事实陈述环节。这时，给学生布置四个任务：（1）预测课文中接下来将出现的内容；（2）提出自我测试问题；（3）总结提供的信息；（4）澄清任何存在误解或不清晰之处。遵循这些步骤，教师将成为课堂参与者，而学生将承担起"教师"的角色。这也是促进人际互动的一种有效方法（见 Hattie，2009；Silver & Perini，2010）。

分析他人的思维 让学生学习他人（尤其是以思考著称的人）如何思考，这也是鼓励元认知技能的一种方法。学生可能会惊讶地发现，高智商并不一定与成就相关；对智力的运用才是关键所在。学生可以探索并讨论居里夫人或莫扎特是如何工作的，他们采取哪些步骤，以及什么事情对他们来说是重要的。学生可以采访他们社区中有成就的人，或者这些人可以来到课堂上与学生分享他们在画画、参加赛跑或撰写新闻稿件时头脑中的想法。

学生会认为自己是一个伟大的成功者

监督学习行为 教授元认知技能也包括让学生观察他们自身的学习行为。他们有应试策略吗？这些策略是否有效？是否可以改进这些策略？学习策略的情况如何？他们是否知道视觉、听觉或动觉刺激可以使他们取得更好的学习效果？他们是否在每个领域都有有效的策略？所有这些问题都与学生的在校经历相关。当你帮助学生彼此分享并提供有用信息时，所有这些都是你可以与学生一起探索的领域（见 Marzano & Marzano，2010），其结果就是元

认知技能得以改进，而且选定的思维过程会得以应用。

技术之窗

思维和探究：基于网络的资源和活动

对于教师而言，最美好的事情之一就是你可以在整个职业生涯中持续学习，并且你还可以帮助学生成为终身学习者。合理地使用网络使终身学习得以强化。因为了解网上的所有可用内容是不可能的，所以一个人必须坚持学习。尽管我们涵盖了很多不同的话题，但是这些话题都是在探究或思维技能的范畴内，有一些网络资源为探究、思维技能和元认知提供了信息和资源。

圣迭戈州立大学的网络探索网站（http://webquest.org/）有可能提供了最著名的基于网络的、以探究为导向的课堂活动。伯尼·道奇（Bernie Dodge）一般被认为是这个网站的负责人，他深受教师和教师教育工作者欢迎。

西北教育网（http://educationnorthwest.org/）是优质的教学与学习信息的来源。例如，来自西北地区教育实验室（Northwest Regional Educational Laboratory）的凯瑟琳·科顿（Kathleen Cotton）开发了一系列材料，可以用于帮助教授与思维相关的技能。

乔治·卢卡斯基金会（The George Lucas Foundation）的 Edutopia 网站（www.edutopia.org）为将技术融入课堂提供优质资源。请查看"核心策略"部分，以了解有关六种核心教学策略的想法，这些策略包括项目学习、综合研究和综合评估等。

10-9 评估更高层次思维活动

我们把最有难度的部分留到最后。使用任何更高水平的策略——探究式教学、问题解决法、批判性思维——的挑战就是，在大多数学习期间内可能没有一个正确的答案。因此，你必须评估过程。

在第七章，我们介绍了使用评价量规评价学生功课的方法。使用评价量规时，你需要设定一套标准，用于评价产品、论文、论证、结论或方法（见 Moore & Stanley, 2010; Quinlan, 2006）。总体的探究方法就是互动。第九章提供了两个表格（见表 9-1 和表 9-2），你可以对其进行修改以适应更高层次思维课程。也许，评估最重要的一个方面就是为所有学生提供反馈，旨在促使他们将持续改进逻辑应用，并且更加系统地解决问题。

在本章结束时，我们承认，将思维教学作为课程的一个组成部分将会花费不少时间和精力，尤其是面对所有基于标准的模式相互冲突的要求时。我们希望，每个教育工作者都将会开始系统性地、不辞辛苦地将最好的教学和思维策略整合到他们的课程中。我们相信，你会将此视为吸引人的挑战。

> **回顾与反思**
>
> **总结性反思**
>
> ● 你如何将不同类型的探究与各种与思维相关的技能整合到课堂教学中？
> ● 元认知技能以何种方式帮助学生进行思考？
> ● 复习鼓励思维技能的十种教师行为列表。你如何将这些行为融入已经非常密集的课程中？
> ● 如果你想在教学中重点培养思维技能，在你的学校或社区你必须使其他哪些人参与其中？你如何使他们参与其中？

本章小结

1. 探究方法的目的在于鼓励学生提出问题、寻找信息，并成为更善于思考的人。

2. 探究式学习的基本过程包括观察、分类、推断、测量、沟通、预测、提出假设、阐释和实验。

3. 探究式教学的两种方法是有指导的归纳式探究方法和无指导的归纳式探究方法。两者都基于归纳式推理，即从具体到一般的思维方法。

4. 探究式教学的其他三种方法是问题解决法、发现学习法，以及培养批判性思维的方法。所有这些方法都可以用于将批判性思维技能融入课程中。

5. 课堂上使用任何探究模式或方法都会增加学生完成课程所需的参与时间，并增加单元或课程计划的复杂性。

6. 采用综合方法、有声思维示范和学生总结能够帮助学生培养批判思维技能和策略性学习技能。

7. 描述自己的思维过程、识别已知的和未知的内容、交互教学法、分析他人的思维，以及监督学习行为，所有这些方法都有助于学生逐渐习惯于思考和陈述自己的想法。

纸质资源

这个主题的内容非常丰富，以至于我们发现很难指定几个参考资料作为

"必读"材料。在运用探究或思维策略前,你也许想要阅读这些材料。

Campbell,J. R.,K. E. Voelkl,& **P. L. Donahue.** (1998). *Report in Brief:NAEP 1996 Trends in Academic Progress* (NCES 98-530). Washington,DC:National Center for Educational Statistics,29 pp. 又见 **Aud,S.,Hussar,W.,Planty,M.,Snyder,T.,Bianco,K.,Fox,M.,Frohlich,L.,Kemp,J.,Drake,L.** (2010) *The Condition of Education 2010* (NCES 2010-028). Washington,DC:National Center for Education Statistics,Institute of Education Sciences.

国家教育进展评估(NAEP)倡议发起了一系列关于英语、数学、科学、艺术、写作、公民学、历史科目的测试,并抽样测试了4年级、8年级、11年级、12年级的年龄分别为9岁、13岁、17岁的学生。我们认为,这些测试是衡量学生思维水平和教师教学水平的最佳指标。查阅最新的报告,以便理解我们对更高水平的教学以及对如何达到这个水平的想法的诉求。

Educational Leadership 65(5):February 2008.

全部问题都集中在"教授学生思考"这一主题上。

Hattie,J. A. C. (2009). *Visible Learning:A Synthesis of Over 800 Meta-Analyses Relating to Achievement*. London & New York:Routledge,Taylor & Francis Group.

哈蒂教授根据效应大小对学校行之有效的方法进行排序,这将为有关哪些方法有效、哪些方法无效的争论提供答案。这是一本必备书。

Marzano,R. J.,Ed. (2010). *On Excellence in Teaching*. Bloomington,IN:Solution Tree Press,380 pp.

编辑挑选了几位作者来分享他们的研究。研究内容是与第十章密切相关的各种教学策略。

Shayer,M. & **P. Adey.** *Learning Intelligence:Cognitive Acceleration Across the Curriculum from 5 to 15 Years*. Buckingham,England:Open University Press,2002,209 pp.

作者积累了大量的发展研究成果,对于任何希望培养适龄学生的认知技能的教师来说,这些研究将会提供参考。

Sternberg,R. J. & **L. Spear-Swerling.** *Teaching for Thinking*. Washington,DC:American Psychological Association,1996,163 pp.

这本小书为新教师准备了思维草图,但作者在书中批判性地审视了思维和创造力。

Wormeli,R. *Summarization in Any Subject:50 Techniques to Improve Student Learning*. Alexandria,VA:Association for Supervision and Curriculum Development,2004.

该书作者是一位经验丰富的教师。作者举例说明了你如何在任何科目中使用一个更有效果的学习方法。

网络资源

● 批判性思维基金会（The Foundation for Critical Thinking）有一个网站，该网站是开发各种批判性思维方法和含义的"必读"资源。
http：//www.crticalthinking.org/
● 国家科学教师协会（NSTA）的网站上有按照年级组织的各种教学资源。
http：//www.nsta.org
● 中部北美大陆教育和学习研究所（McREL）有一个网站，该网站涵盖的话题包括从建构主义教学到技术整合。请参阅网站主页上的"资料"链接下方的"解决方案入口"。
http：//www.mcrel.org/
● 教学时刻（The Teachable Moment）网站提供了很多有用的教学理念，可以用于培养批判性思维技能。
http：//www.teachablemoment.org/
● 特拉华大学（University of Delaware）有一个优质网站，该网站提供了面向问题的学习资源。
http：//ww.udel.edu/inst/
● Edutopia 为教育工作者记录并传播了各种各样的资源。
http：//www.edutopia.org/

第十一章

管理课堂环境

学习目标

完成本章后,你应该能够:

11-1 概述纪律的历史
11-2 理解课堂管理的变量
11-3 理解实现合作的重要性
11-4 解释如何促进性别和种族平等
11-5 促进家长参与
11-6 描述学生自我管理策略
11-7 描述外部管理策略
11-8 计划和准备你的课堂
11-9 建立课堂规则和常规
11-10 有效记录学生档案
11-11 了解开学第一天的重要性
11-12 提供有效的指示
11-13 监控课堂环境
11-14 管理课堂干扰
11-15 管理施虐学生的态度和行为

评价标准

本章涉及的标准:

标准3:

学习环境。教师与其他教育者一起营造支持自主、协作学习的环境,鼓励学生积极参与学习和社交活动，形成自我激励的氛围。

标准 4：

内容知识。 教师谙熟所教学科的核心概念、研究工具和学科结构，创建学习体验，使该学科的这些内容对学习者来说是容易理解的和有意义的，从而确保学习者对内容的掌握。

标准 6：

教学评估。 教师能理解和运用多种方法评价学生的成长，引导学习者进步，指导教师和学习者作出决策。

标准 7：

教学计划。 教师借助于学科领域的知识、课程设置、跨学科的技能和教育学知识，以及有关学习者和社区环境的知识，制订教学计划来支持所有学生达到严格的学习目标。

标准 8：

教学策略。 教师理解并使用各种教学策略，促进学习者深刻理解知识内容及其联系，并通过富有意义的方式培养学习者应用知识的技能。

标准 9：

专业学习和伦理实践。 教师不断提高自身的专业知识和教育教学实践能力，注重教师自身行为对他人（学习者、家庭、其他专业人士和社区成员）的影响，通过自身实践，尽可能地满足每个学习者的要求。

标准 10：

领导力与合作。 教师候选人寻求适当的领导角色和机会，承担学生学习的职责，与学习者、家庭、同事、其他学校专业人士和社区成员合作，以确保学习者的成长，并促进专业的发展。

教室洞察

是什么为所有的学习者营造了良好的环境？

今天，戴维斯先生的四年级数学课的内容是三位数加法。所有的学生都忙着为彼此写出要求解的数学题。当每个学生给出解题方法时，戴维斯先生都会检查其准确性，然后学生拿这个问题去挑战其他同学。学生逐渐投入这个活动中，他们在教室里四处走动，挑战其他人并接受别人的挑战，这时教室内的嘈杂声越来越大。持续的嘈杂声不时地被叫喊声打断——"让我试试！""你做出来了吗？""谁想试试这道题？""哇！这不是我想出来的解题法，但是你做得也对！"

教室里发生了什么情况？

来听这堂课的人可能认为这个课堂失控了。在这样一个声音嘈杂、气氛活跃的场合，戴维斯先生是不是在课堂管理方面存在问题？他是否正在使用一种课堂管理模式？这对所有学生来说是否是良好的环境？他的方法是否适合男孩，也适合女孩？如果出现紧急情况或突发的干扰事件（例如，火警或课堂来访者），戴维斯先生会如何应对？

在本章我们将帮助你评估并学习如何利用积极的课堂管理模式和策略来获得令人满意的学习结果。阅读本章内容时，思考如何回答以下问题。

- 为了给所有学生营造公平的学习环境，你将如何管理你的课堂？
- 学生家长对于实现你作为教师的目的有多重要？
- 你如何通过分析课堂管理方法来判断其对学生学习的影响？
- 你将如何建立这样的课堂环境：鼓励恰当的行为并阻止不恰当的行为？
- 教师指示、教室布置和教师听课会如何影响学生学习和学生行为？

第一节 课堂管理的目的

本节的目的是使你成为有效的教学环境管理者。

准教师们倾向于将注意力放在教学计划和题材上。因此，很多教师感到在维持课堂秩序和纪律方面没有作好充分准备，甚至很少有人认为自己有能力满足来自多元文化背景的学生的需求（见 Baker，2005）。为什么课堂管理问题如此具有挑战性？

你可能不太熟悉最高法院对"戴维斯诉门罗县学校董事会案"（Davis v. Monroe County School Board）的判决和哥伦比亚高中枪击案。在过去的一段时间，这两起事件引起了教育机构的注意。在"戴维斯诉门罗县学校董事会案"中，一名来自佐治亚州一所小学的五年级女孩遭受一名同班同学的恶意身体接触和性语言骚扰，而该学校没有采取措施保护这个女孩。在该案中美国最高法院裁定，根据联邦反歧视法，有意无视学生之间的性骚扰行为的教育工作者可能承担法律责任（见 Greenberger，1999）。作为教师，如果你将他人视为性骚扰的行为看作"孩子之间的"行为，从而对其置之不理，那么你可能会担负法律责任。

> 最近发生的事件使课堂管理成为新闻

在1999年哥伦比亚高中枪击案中，来自科罗拉多州杰弗逊县的两名学生枪杀了12名同学及1名教师。该案件暴露了教育机构对蓄意谋划的暴力行为的重视程度严重不足。美国教育部的国家教育统计中心（Education's National Center for Education Statistics，2010）的数据显示，在2008学年，在12~18岁的学生中有大约150万非致命犯罪（包括826 800起盗窃罪和684 100起暴力犯罪）的受害者。此外，22%的学生报告，他们在学校里很容易得到毒品。在同一年龄段的学生中，32%的学生报告，自己在过去的12个月里在学校受到欺负。这些都是美国学校面临的挑战。接下来，让我们看看有关学校纪律和学校管理的历史变化。

11-1 纪律的历史

纪律通常被定义为维持秩序和控制。秩序和控制是课堂管理方法的两个传统结果。然而，关于纪律的这一观点未免过于狭隘。教师们必须在现场作出快速决策，而且必须同时对课堂中出现的问题作出反应。如图 11-1 所示，课堂管理方法注重教师—学生—情境三者之间的互动。学生在课堂环境中形成的态度是教师课堂管理方法的结果。你对于课堂面貌及其功能的看法将决定你的课堂环境的面貌。回想一下戴维斯先生的课堂上的学生活动和精力水平。

> 管理课堂气氛和学生行为是教师的责任

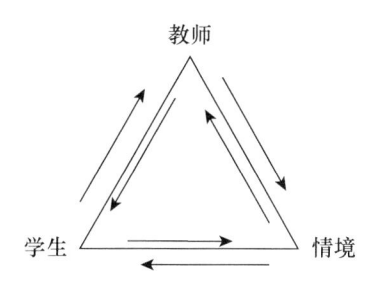

图 11-1 三个因素的相互作用决定了课堂秩序和学习

在教师预备课程的早期阶段，主要强调维持课堂控制。人们普遍接受的关于"思想纪律"、体罚、秩序和服从的思想为学校提供了一致的参考依据。后来，到了 20 世纪 50 年代，学校管理者们开始更多地将创建课堂环境和管理学生行为的重担转移给个体教师。当责任发生转移时，社会学和行为学科学人员关于纪律的早期研究结果开始在学校中运用。责任向教师转移，以及社会学及行为学领域的研究，都为实行民主化纪律奠定了基础。

在课堂上实施民主化纪律管理方式，需要遵守两个至关重要的原则：
1. 作为班级中的成年人，教师必须在制定小组规则时加入理性因素。
2. 教师实施的规则应该体现决策者的智慧、公平和耐心。

20 世纪七八十年代，课堂经历了更为深刻的变化。在那段时期，有四个方面的变化对课堂管理产生了显著影响。

第一，家庭的流动性非常大，甚至一些相当稳定的学校每年都有 25% 的转学率，这种情况并非罕见。如此高的转学率对学习环境和学生行为**模式**都有影响。因此，当今的课堂趋向于成为相对不稳定的社会系统。

第二，传统家庭的破裂。与单亲父母一起生活的学生多于以往任何时期，而且这个数字还在上升。让我们看一下美国有孩子的家庭人口，在 2013 年大

> 学生的行为受到社会趋势的影响

约三分之一的孩子生活在单亲家庭之中（2015 Kids Count）。

第三，很多学生开始将学校视为一个"跳板"。社会升级（即使没及格的学生也能与他们的同龄人一起升级）的思想已经根深蒂固，因此学生们觉得有资格获得升级。如果对失败没有惩罚，对成功也没有奖励，那么教师如何才能激励学生？

第四，市区学校遇到了一系列独特的问题（帮派、暴力、高辍学率、贫困），这些问题与郊区及农村学校所面临的问题迥然不同。各州和各学区不可能再强制推行单一的课程和学生行为准则，并期望它适用于所有学校。

我们在本章中使用纪律和**课堂管理**这两个术语。下面的专栏中描述了这两个概念在操作上的不同。关于纪律的列表显示的是被动的教师行为。关于课堂管理的列表显示的是主动的教师行为。积极主动的教师负责管理课堂环境，并且为教学活动营造氛围。

教学策略

纪律和课堂管理：被动管理和主动管理

纪律：被动

给予校内停课处分

将行为不端的学生送到办公室

联系学生家长

使用记过制度

剥夺特权

没收手机或其他学生物品

课堂管理：积极主动

积极的行为干预和支持（PBIS）方法

在学年之初强调规则

为平稳过渡制订计划，在活动之间留出最少时间

关注全体学生，不断扫视整个群体

有效安排活动节奏

给出清晰而简明的指示

精心设计课堂环境

提前组织活动

资料来源：根据丽塔·西多夫（Rita Seedorf）提供的资料。经过许可使用。

11-2 理解课堂管理的变量

我们的课堂管理法是基于对课堂环境的**人文导向**。因此，我们将学生视为寻求认可及成就的多个个体。教师需要注意这个事实——年轻人的思想和态度是由显性的和隐性的行为塑造的。在这一部分中，我们将讨论三个概念，这三个概念是课堂管理原则的核心，并且对学生的学业成绩和行为产生重要影响。它们是规范、权力和意识。

规范是人们普遍接受的行为准则或模式。例如，在发言之前举手是很多课堂上的规范。虽然这些规范通常不会像一个国家的法律那样被强制执行，但是对此学生心中存在一个理想的标准，指导着每个成员在特定的情况下应该如何表现。这种共同的标准为他们的社会交往引入了高度的规律性和可预见性（见"主要观点"专栏）。可察觉的偏离标准的行为通常会导致负面反应。

> 规范＝公认的行为准则

主要观点

规范的重要性

- 规范对师生互动和课堂合作非常有价值。
- 规范减少了教师维持纪律的需要。
- 教师在不行使权威的情况下，规范控制着个人和群体的行为。

随着时间的推移，规范会发生变化。例如，新技术可以改变学校和教室的规范。值得注意的是，小学教师花费大量时间来制定课堂规范，而中学教师则受益于这些已确立的行为规范。

作为教师，你在课堂上的角色和地位决定了你的权力。然而，无限制地使用这种权力将使学生产生不安全感和抵抗情绪，从而对他们的学习态度产生负面影响。学生可能通过成立小集团、制造恼人的干扰或威胁来报复教师（和其他同学）（见表 11-1）。为了成为一名卓有成效的课堂管理者，你必须学会使用最少量的权力来营造理想的学习环境（见 Leriche，1992）。

表 11-1 报道的针对学生的犯罪（2013 年）

报道的犯罪行为	男女比例（%）
使用武器威胁或伤害	7
携带武器	18
参与肢体搏斗	19
被欺凌而受伤	32

注：虽然在全国范围内针对学生的犯罪报道有所减少，但对学校犯罪的宣传却有所增加。
资料来源：National Center for Education Statistics, Indicators of School Crime and Safety 2015（NCES 2015-072），2015.

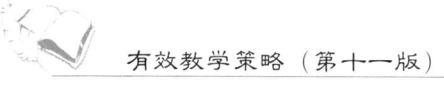

意识是指教师对课堂环境的关注和洞察。全班学生总是不断地给教师语言和非言语提示。孩子们的行为为学生与学生之间的互动提供了见解（见 Power，1992）。此外，教师与个别学生以及教师与全班学生之间都会产生交流互动。有经验的教师知道如何阅读这些复杂多样的交流。通过能否识别可以忽视的交流和需要关注的交流能很快区分出专业教师和新教师。当你有机会聆听"高级教师"讲课时，观察他们的语言和非语言交流，以及他们对课堂环境的影响力。

> 意识＝使用眼睛和耳朵阅读学生给出的提示

教师首先必须确定自己的课堂如何呈现这些提示。如果教师仅仅抱怨说，"今天我的课堂特别糟糕"，那么这位教师还没有对课堂所呈现的信息进行充分的分析。这位教师必须准确定义其所指的"糟糕"意味着什么。学生是否背诵错误？学生是否不专心？学生是否没有按要求完成功课？他们是否一般都没有完成任务？他们是否还没有作好准备？他们是否秩序混乱？他们是否很吵闹？教师必须能够具体说明学生所表现的行为（提示）。接下来，教师必须作好准备以陈述符合要求的行为（或结果）（见 Evertson，1995）。

> 科技会分散一个学生或全班学生的注意力

例如，现如今手机已成为我们生活中的附属物品。学生和教职员工携带手机，就像携带快速拔出的手枪一样——在第一声下课铃响起时条件反射性地将其拔出。校方和教师们都必须了解手机的普遍程度，以及手机对注意力和学习的影响（见 DeLisio，2007）。教职员工应该商讨在学校里恰当的和不恰当的手机使用行为，包括在何时和何地可以使用手机。在理想情况下，上课期间所有的手机（包括教师的手机在内）都应该关掉并放置在一个安全的位置。这应该是一项全校性的政策。

回顾与反思

- 深入了解最高法院对"戴维斯诉门罗县学校董事会案"的裁决。对于这一案件法院的裁决是什么？你是否认同这一裁决？为了处理这类情况，教师应该接受哪些培训并获得哪些信息？

- 深入了解学校暴力。本节讨论的四种全国范围内的变化趋势可能导致校园暴力发生率上升，对此你是否同意？学校和教师应该采取哪些措施来减少这种情况的发生？

- 在多大程度上教师有责任在任何情况下保证课堂管理，即使结果与某些社区成员的意愿相悖？

第二节 社会对教学和课堂的影响

课堂既是一个社会环境、情感环境，也是一个学习环境。作为教师，我们需要确定所有学生都以平等的方式参与学术和非学术活动。如果要求男生先走，女生则跟在后面；如果男生抬东西，则女生打扫卫生；如果座位上的工作和安静的工作占主导地位，如果强调的是语言能力而不是解决问题的能力，那么我们可以预期女孩和男孩会满足于一种期望，而这种期望无法使他们为更广阔的世界作好准备。我们必须小心谨慎，不要将性别或种族偏好制度化，或降低对某些学生的期望。

教师使所有学生参与学习的方式具有潜在的学习意义和成就意义。这意味着，你必须有意识地管理你自己的个人态度和习惯，因为这些态度和习惯可能会强化社会障碍和刻板印象。帮助所有学生感受成功的喜悦和归属的价值，这才是有效教学的全部意义所在。

> 教师的行为可能会无意间包括或排除学生

在本节中，我们通过两个话题来探讨社会对课堂的社交环境和情感环境的影响：实现多样性和合作，以及促进家长的参与。

看看表11-2中列出的指标，你会注意到有一些支持成就和合作的指标，比如任务时间和友好的氛围。在与家长讨论学习和行为预期时，这些指标很有帮助，可以用作衡量课堂管理成功与否的标准。

表 11-2　加强多样性、合作和参与的指标

学术指标
- 明确的教学重点
- 对任务投入高效的研究时间
- 经常监控学生的进展
- 来自学校的较高期望
- 适当的奖励体系
- 积极的教学
- 学生很少缺席

学校气氛指标
- 安全有序的环境
- 最少的教学干扰
- 很少的管理问题
- 很少的时间用于课堂管理
- 友好的氛围
- 没有乱涂乱画
- 经常与学生家长接触

资料来源：Bickel 1999，pp. 959-983；Teddlie & Stringfield 1993.

11-3　实现多样化与合作

当你建立课堂管理规则时，需要记住在很大程度上学生急于将课堂变成充满合作氛围的、令人愉悦的环境（见 Johnson & Johnson，1989）。在让学生参与制定课堂活动和规则（民主纪律）时，你可以采取以下三种方式避免出现课堂管理问题。首先，体现尊重和理解的规则制定过程，为课堂的平等打下基础。

有效教学策略（第十一版）

拥有规则的学生遵守规则

其次，如果学生参与规则制定，那么他们往往对维护规则更感兴趣。最后，当学生参与制定课堂规则时，他们能够更好地理解规则的必要性及其含义。

11-4 性别和种族问题

我们常常意识不到我们的行为会表现出对他人的偏见。教育工作者的这种偏见已经导致科学和数学课堂上女生和少数族裔学生的比例较低（见 Chang, 2003; Graham, 2001; Wood, 2000）。而且，低期望值和角色模式的缺失导致男生和少数族裔学生的辍学率很高（见 Greene & Winters, 2006）。

几项研究显示，在中学科学课堂上教师与男生的互动多于与女生的互动。这些研究突出了以下结论：在科学活动中女生的主动参与率在中学期间呈下降趋势；教师的期望值偏向于男生，而少数族裔学生往往遭到教师拒绝的次数更多（见 Good & Brophy, 2008）。这些情况对女生与少数族裔学生来说都是倾向性的。有意思的是，男性教师和女性教师被发现同样有这种倾向行为。

我们如何意识到自己的倾向行为并且在课堂中避免这些行为？首先，请一名学生助理绘制你与学生的互动图，将以下内容制表：积极和消极的反馈、非语言提示、对男性代词的使用，以及偏向男生的行为。如果偏见十分明显，那么根据学生名单来选择应该定期背诵的学生。改变口头及书面交流模式，使用包容性语言。公开的谴责和强烈的语气在一些文化中被认为是"贬低"行为，通常应该避免（如果你需要一个这样的模式，这本教科书是使用包容性的、中性的语言编写的）。让男生、女生、少数族裔学生，以及特殊学生轮流担任领导职务。总而言之，使课堂环境对所有学生都有吸引力，这种做法将使你在课堂管理方面变得积极主动。

参与对学生的自信和学业成功很重要

为促进平等、提高成绩，萨姆·科曼（Sam Kerman, 1979）完善了一系列策略，这个系列由15个策略构成，统一命名为"教师期望和学生成就"计划（TESA）（见下面的专栏，以及 Phi Delta Kappa, 1993）。在查看这15个策略时，你会发现，除了有关抚摸的策略，其他所有的策略我们在这一章都强调过。年幼的小学生确实抚摸他们的教师，而他们的教师也抚摸他们。但是，我们建议从中学阶段开始教师需要时刻谨慎对待师生之间的身体接触。最美好的意图可能会被曲解，并可能招致性骚扰或体罚的指控。第三章针对影响性别及种族平等的问题已提出了更多见解。最重要的一点是公平、公正，并有意对所有学生产生吸引力。

如何成为一名积极的教育工作者

"教师期望和学生成就"计划（TESA）

重视公平的教师将这些策略运用到课堂中。

> **回答问题的机会**
> 公平分配参与机会
> 对个人的关注
> 暂停以便学生思考
> 问清楚情况
> 提出更高水平的问题
>
> **反馈**
> 验证正确的回答
> 称赞参与行为
> 提供反馈
> 倾听所有学生
> 接纳不同的感受
>
> **个人方面**
> 教师与学生之间的距离
> 礼貌
> 个人兴趣和赞美
> 抚摸（作为一种积极的姿态）
> 教师权力和权威的运用

教育平等和学生分轨 已有大量的文章或支持或反对学生分轨的做法，但是最多的担忧涉及被安置在"较低"轨道上的学生。成就上的种族或性别不平等可能是学术分轨的结果（见 Slavin，1991）。一旦一个学生被打上"表现较差"的标签，那么这个标签往往会在整个学业生涯中跟随这个学生。

在小学和中学阶段，支持分轨的证据在很长时间内都没有定论（见 Oakes，1992）。然而，教师们报告，他们并不喜欢教授水平较低的班级，对于这样的班级他们会花更少的时间备课，以及安排不太有意思或不太具有挑战性的活动（见 Good & Brophy，2008）。低轨班级的学生只是被迫忙于单调的、不相关的学习内容。不足为奇，高轨班级的学生对学校有更正面的态度、有更好的学习习惯，而且他们也会更频繁地担任领导职位。

我们意识到，某些特定的课堂（如大学预科微积分、外语、音乐理论，以及艺术史课堂）会自动吸引有动机的学生。当然，这些课堂的一些教师可能在鼓励一些学生参与活动的同时无意间打击了另一些学生。教师为他们教授的每一个学生和班级（而不只是积极性很高的优等生）提供最好的教学和管理策略，这一点至关重要。

> 低轨道＝低期望值＝丧失动机

11-5　促进家长参与

你是否想要提供一个愉悦的、充实的、成功的课堂学习体验？通往这种学习体验的道路众所周知：使家长参与课堂教学（见 Bennett，2007）。积极的家长关注孩子的成长，提高对学校的期望，并监督孩子的行为和参与情况。使家长进入学校十分重要，它甚至成为 1994 年制定的《目标 2000 年：美国教育法》中的第八个目标，其原文是："所有学校都将促进家长的参与，以促进学生在社会、情感以及学术方面的成长"。

问题学生的家长很少及时关注其子女的学业成绩。家长在决定他们应在子女的学业生涯中扮演什么角色时，他们可以遵循的模式非常有限。这种缺乏指导，加上双职工家庭和单亲家庭的情况，使得家长的参与度降低（见 Amato & Maynard，2007）。

在职家长　教师可能会遇到父母都有工作的家庭。这种情况使父母几乎没有时间，甚至没有多少精力监督孩子的在校学习情况。如今的家长往往不会向学校索要成绩单、检查课堂作业或参加学校的活动。如果你是一名小学教师，那么你将有很好的机会鼓励家长与他们的孩子一起积极参与学校的活动。但是，你必须不停地打电话！打电话！打电话！不要等着家长来参与活动，你需要主动去争取机会。这也是教师和学校利用互联网的机会。学校网站可以为家长和社区成员提供机会，让他们了解学校的活动和要求，查看学校的日程安排，并监督孩子的进展。如果可能的话，电子邮件交流对于繁忙的教师和家长来说可能是一件两全其美的事（更快速的接触和积极的反馈）。教师应该利用这些机会传递正面的和负面的消息。这些额外的工作将会减少课堂干扰，并使你在一年中取得更好的成绩。

> 主动联系在职父母

很多中学教师会面临多年来家长的冷漠态度而无法得到家长的支持。然而，你仍然有义务让家长了解情况。一些负责任的家长积极为子女寻求优质的教育。这些家长会要求你关注他们，而你则需要学会如何关注他们。为这一罕见的情况感到高兴吧。家长们希望了解哪些信息？在一项针对义务教育阶段教师开展的全国性调研（见 Horace Mann，2001）中，有五个问题最常被问到。我们在"家长最常问的问题"专栏中列出了这几个问题。

家长们最常问的问题

- 我的孩子在学校里表现如何？
- 我的孩子与同龄人的交流互动情况如何？
- 了解我的孩子的生活有多么重要？
- 你能否告诉我更多有关家庭作业的信息？
- 我的孩子在学校学习有多努力？

单身家长　在城市地区，单身家长很常见。安妮·E. 凯西基金会（Annie E. Casey Foundation）发布的 2015 年《儿童统计报告》(*Kids Count*) 指出，2013 年美国有 33% 的儿童生活在单亲家庭中（2015 *Kids Count*，Table 1, p. 15；NCES，No. 2010-012）。这些单身家长需要加倍工作，以满足工作、育儿和个人生活的需要。不要妄下结论说单身家长总是女性或是年轻人，很多父母共同拥有孩子的监护权。因此，你会在接连不断的学校活动中见到孩子的父亲或母亲。这可能经常使你和学生感到困惑。为了确保家庭中每个人都了解孩子的情况，当你和学生的父亲或母亲见面时，作好准备为他/她提供足够的信息，使其了解前几次你与另一位家长交谈的内容。如果可能的话，使用电子邮件使父亲和母亲都了解最新情况。确保他们知道学校和学区的网址。

大家庭　很多孩子是由大家庭中的某个成员抚养大的，这个成员可能是祖母、叔叔、姐姐或表哥。不要问有关家庭的问题；要与任何一个关心孩子、承担"父母"角色的人建立联系。在此处，"关心"是一个很重要的词，如果这个人参与并关心孩子的教育，那么他/她就是孩子的"父母"，而且你应该像对待其他"父母"一样对待他们。

有效地与父母当面沟通　大多数学校都有某种形式的家长指导之夜活动。这是与家长建立教育关系的良好时机。在第七章我们讨论了让学生将其课堂作业给家长过目的方法。如果某个问题看起来是长期存在的，那么就组织一次家长会。当然，一个在职的单亲家长可能无法于在校期间与你见面，所以你可能需要作出一些调节，比如通过电话、信件或电子邮件与其进行交流。

教学策略

召开家长会

如何准备家长会，以及如何确保家长会能够顺利进行？以下是一些技巧。

- 首先，查阅学校和社区有关家长会的政策指导。向资深教师和学校顾问请教有关行为和学习问题的处理方法。
- 为家长提供准确的会议通知，包括时间、地点及目的。如果有可能，为父母提供你希望讨论的问题的书面例子。
- 遵循以下会议流程：（1）问题；（2）目的；（3）可能的解决方案；（4）家长发言；（5）达成一致。在会议开始前向家长介绍整个流程。
- 鼓励提问。强调你和家长为了共同的目的——孩子的幸福——而努力。
- 在实施任何计划或步骤之前，确保家长理解所讨论的问题。通过协商达成一致。对于理想的结果达成共同承诺，在明确共同承诺之前，不要采取任何其他步骤。

- 记录会议的成果和后续的步骤，然后允许家长阅读会议纪要并签字。如果你担心可能会出现的一些后果（例如诉讼或投诉），那么就最后这个步骤和学校领导讨论后再作决定。

教师感言

加利福尼亚州曼哈顿比奇市曼哈顿比奇中学教师凯文·波斯特

处理剽窃行为

我正在批阅八年级英语班的一组学生作文，这个作文是关于小说《动物庄园》（Animal Farm）的。当我阅读某篇学生作文时，我发现这篇作文有问题。文中的措辞是职业作家的措辞，而且我知道这不是学生应具备的特点。于是我想知道："这是克利夫的笔记？是斯帕克的笔记？还是来自互联网？"无论来源是什么，都无关紧要。经历了20多年的教学，"剽窃"这个词总是会跃然纸上。

在课程介绍中，我总是很谨慎地与全班学生讨论剽窃问题，并在每次布置写作作业之前经常提到这个概念。我也意识到，互联网很容易让人产生抄袭的念头。

我已经阐明剽窃的后果。根据纪律条文，作为负责教师我要在与学生会面之后会见这位学生的家长。当我拿起电话致电这位学生的家长时，我想知道家长是否会维护或接受自己孩子的判断失误。

回顾与反思

- 你认为考试作弊和家庭作业作弊之间有区别吗？
- 你将如何筹备和组织家长会？
- 你认为会见家长最简单、最愉快的方面是什么？
- 你认为会见家长最困难的方面是什么？
- 与你的导师讨论与会见家长和家长会有关的事宜。谈谈好的和不好的经历，以及他们从中收获了什么。

第三节　课堂管理模式

当你致力于将学生的学习时间最大化时，你可以在大量的课堂管理模式中进行选择。我们将这些模式排列成一个连续体，从依靠学生自我管理的模式到涉及施加外部管理的模式（见图 11-2）。*自我管理*是指自觉遵守规范，这既能促进学生的自身利益，又能保护他人的利益。外部管理是指由教师或学校为了获得学生个体以及整个班级的最佳利益而制定的一套行为准则。在自我管理和外部管理模式之间，还有诸多选择。

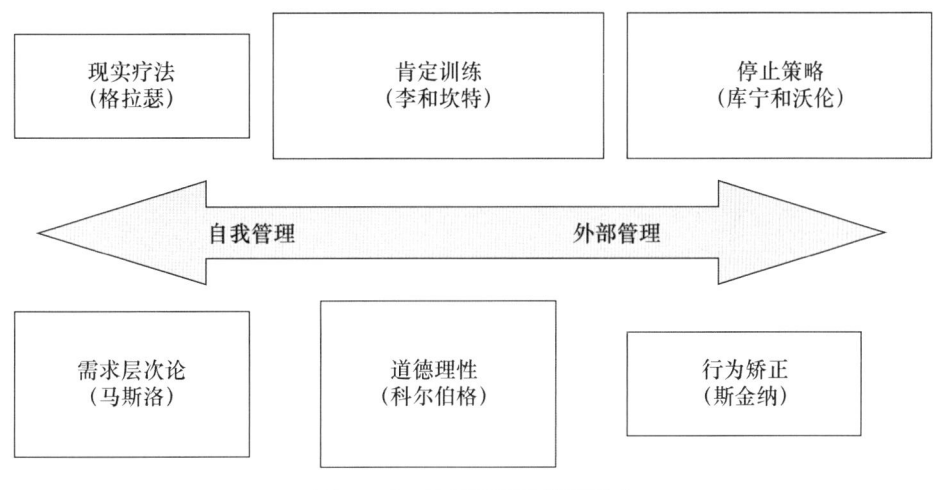

```
┌─────────────┐  ┌─────────────┐  ┌─────────────┐
│  现实疗法    │  │  肯定训练    │  │  停止策略    │
│ （格拉瑟）   │  │ （李和坎特） │  │（库宁和沃伦）│
└─────────────┘  └─────────────┘  └─────────────┘

    ⟵──────── 自我管理      外部管理 ────────⟶

┌─────────────┐  ┌─────────────┐  ┌─────────────┐
│ 需求层次论   │  │  道德理性    │  │  行为矫正    │
│ （马斯洛）   │  │（科尔伯格）  │  │ （斯金纳）   │
└─────────────┘  └─────────────┘  └─────────────┘
```

图 11-2 连续的课堂管理模式

为了概述所选的课堂管理模式，我们讨论三种倾向于自我管理的策略：需求层次论、道德理性和性格发展、现实疗法。在外部管理连续体上，我们讨论积极的行为干预和支持、果断纪律、停止策略，以及行为矫正。我们重点讨论现实疗法、果断纪律和行为矫正，原因是它们是通用型的（也就是说，其他管理策略都以它们为基础）。

> 学生可以效仿或树立榜样

11-6 学生自我管理策略

自我管理策略基于这样的假设：学生的自我管理主要取决于教师与学生以及学生与学生之间的各种关系。提倡将自我管理作为班级管理策略的人认为，为了促进教学，教师需要提高自身的参与度，这种参与度要求教师对学生表现出真诚与同理心，接纳并信任他们。

成功是通过参与来实现的，教师的参与也意味着与学生进行一对一的合作，以解决学生的行为问题或学习问题。在保持"教师角色"的同时，教师应帮助学生制订、执行与修改计划，以及为获得成功而不断努力。参与意味着，教师通过让学生不断陈述自己正在做的事情来帮助学生对自己的行为承担更多责任。参与还意味着与家长或监护人见面，有可能的话，还要寻求与他们开展合作。另外，参与还意味着与其他教师讨论特定学生的需求。

自我管理还需要教师拥有*积极的视角*和*积极的期望*。正面反馈可以使学生产生期望并实现自我管理（见 Cotton，2001）。了解了这些前提条件，我们来探讨关注自我管理的课堂管理策略。

马斯洛的需求层次论 在过去的几十年里，亚伯拉罕·马斯洛的人文主义方法（1968）对教育理论和课堂管理产生了深远的影响。马斯洛的需求层次论（见图11-3）假定，在任何时候个体的行为都是由其需求决定的。例如，一个饥肠辘辘的学生就很难集中精力学习新技能。马斯洛的理论表明，教师应该确定何种需求会造成一个行为问题，进而了解这个需求。教师自然更喜欢使用自尊和自我实现需求来引导学生的行为，因为这样学生才能够真正做到自我管理，而且教师也无须在管理课堂方面花费时间。

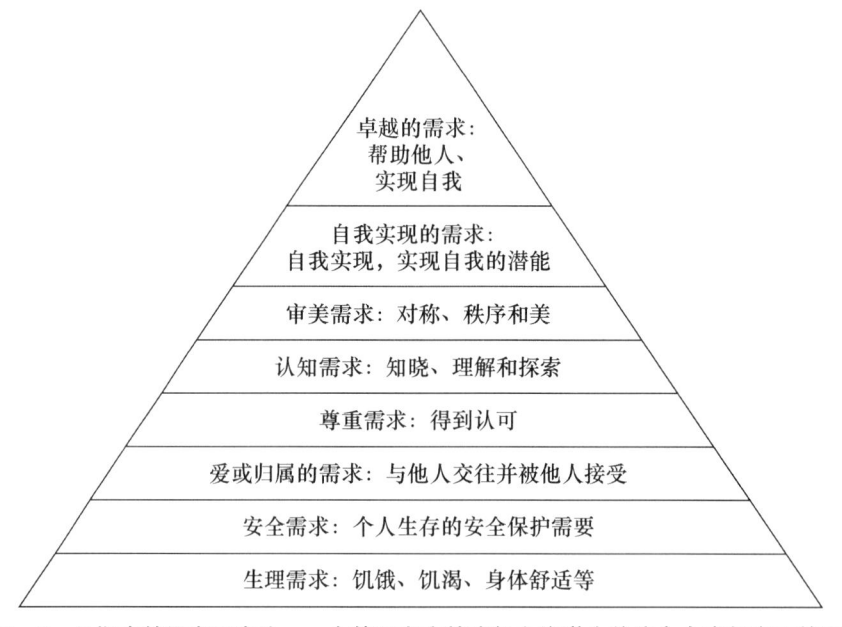

```
                  卓越的需求：
                  帮助他人、
                  实现自我
              ─────────────────
              自我实现的需求：
              自我实现，实现自我的潜能
          ─────────────────────────
          审美需求：对称、秩序和美
      ─────────────────────────────
      认知需求：知晓、理解和探索
  ─────────────────────────────────
      尊重需求：得到认可
  ─────────────────────────────────
  爱或归属的需求：与他人交往并被他人接受
  ─────────────────────────────────
  安全需求：个人生存的安全保护需要
  ─────────────────────────────────
  生理需求：饥饿、饥渴、身体舒适等
```

图11-3 马斯洛的需求层次论。一个管理有序的班级允许学生关注个人成长方面的需求，而不是安全需求和归属需求

为了运用马斯洛的观点，你必须真正地信任学生。需要向学生展示他们是被重视的、被尊重的，并且他们在课堂上起到了重要的作用。结构、常规和一致性都是这一策略的特点。帮助所有学生树立积极的、建设性的自我形象。营造支持性的课堂环境。当有学生"惹麻烦了"，需要纠正的永远是行为，而不是这个学生。你需要强调每个学生的内在价值，并试图激励所有学生尽可能做到最好。实施马斯洛的理论体系既需要长期致力于课堂管理，也需要学生的与自我实现相一致的常规坚守。

关注行为，而不是关注人

道德理性和性格发展 最近很多关于教育改革的呼声来自家长和社区负责人，他们认为学校忽视了对学生性格和道德价值的培养。研究人员也认为，学校应该更多地关注学生的道德理性和性格发展（见 Noddings, 2002; Ryan & Bohlin, 1999; Simon, 2002）。还有人认为，公立学校在性格培养和道德教育方面没有责任，而且学校应该只重视培养学生的认知技能。我们认为，学生在校学习的过程必然会影响学生判断是非的方式，因此有目的地处理这些问题是很重要的。

劳伦斯·科尔伯格提出了以"道德困境"为载体的自律模式，即在道德困境中学生面临个人选择（见 Lawrence Kohlberg，1975；Power, Higgins, & Kohlberg，1989）。其中一个困境可能是一群学生意识到一个学生一直在给另一个学生发送威胁性电子邮件，并担心后者的安危。完成这样的练习，要将全班分成小组进行讨论。教师可以向每个小组提出以下问题：是否有学生收到过类似的电子邮件？或者是否有学生知道有人收到过类似的电子邮件？小组/个人可以采取哪些行动？如果有人受到伤害，学生们会有什么感受？如果学生们收到了这样的电子邮件，他们会有什么感受？这样的练习迫使学生运用自身的价值观，建立并应用他们的道德标准。

科尔伯格认为，这些讨论将帮助学生增强意识，并能够更好地理解他人的动机。他强调，课堂应该是一个"公正的社会"。显然，所提出的困境必须适合班级成员的成熟程度（见 Liu，2014）。

我们需要就道德发展和积极的课堂环境达成大量共识。考虑到这一点，2010 年波士顿大学伦理与品格促进中心（Boston University Center for Advancement of Ethics and Character）针对美国各所学校颁布了《品德教育宣言》（Character Education Manifesto）。

以下声明改编自《品德教育宣言》的七项指导原则。

1. 教育是一项道德事业，应该引导学生认识并追求什么是好的和有价值的。

2. 学校有义务培养学生的个人美德和公民道德，例如正直、勇气、责任感、勤奋，以及尊重所有人的尊严。

3. 品德教育主要是培养学生的美德（习惯和性情），使学生成为有责任心的、成熟的成年人。

4. 学校里的所有成年人都必须体现和反映其家长和社区赋予他们的道德权威。

5. 学校必须成为美德的社区，在这里责任感和善良得以示范、传授、期望、赞美，且不断得到实践。

6. 教师和学生必须从人类社会的道德智慧宝库中汲取营养。大多数道德智慧存在于我们伟大的故事、艺术作品、文学作品、历史著作，以及传记之中。

7. 年轻人需要意识到铸造自己的品德是一项必要而艰巨的人生任务。

正如波士顿大学中心网站（2010）的主页所示，品德教育是优质教育的基本层面（关于这个主题的详细讨论参见 Sizer & Sizer，1999；Soder, Goodlad & McMannon，2002）。

现实疗法　第三个基于自我管理的策略是现实疗法。现实疗法也将责任放在学生身上。现实疗法需要积极的、真诚的、人类的参与，从而人类意识到自己所处的现实，并开始重塑自己的行为以符合所选定的需求，而没有任何威胁或暗示的惩罚。

> 学生拥有属于自己的失败和成功

最基本的前提是，一个人必须承认自己的失败，并为自己的成功负责。为达到这个目标，教师必须避免给不当行为贴上标签，如弱势的、功能障碍的或残疾的。另一个前提是，对家庭或个人历史的审查不是发生改变的必要因素。现实疗法的基础有七个重要原则。

原则1：表明人的参与　在课堂环境中，这一原则是指建立便于教师与学生以及学生与学生参与的结构。教师表达关爱与关心，学生直接参与，这些都是可以解决课堂管理问题的方式。因此，小组教学或自我规范的学习与现实疗法非常吻合。

原则2：关注当前行为　虽然现实疗法没有否认情感及其重要性，但这一疗法的成功之处取决于关注当前行为，即关注学生现在正在做的事情。因此，教师应该询问一个违纪的学生正在做什么。取代回想之前的行为（例如，嗯，这是你今天第七次不举手就打断别人了），教师应该这样问，"你在做什么？"注意，突出强调这句话中的代词（你）。这样，谁该为这个违规行为负责就清楚无误了。

原则3：检查当前的不当行为　这一原则是指必须让不断违规的学生讨论自己的行为，并得出结论——另一种行为可能更为恰当。教师不应该评价或为行为贴上好或坏的标签，但应该说明这些行为在课堂上是否是恰当的。

原则4：制订改变的计划　学生可以在教师的帮助下制订计划来帮助自己实现个人或教育目的。这一计划将变成学生和教师之间达成的协议。例如，教师可以让一个从来不学习的学生开始每晚学习两个小时。但每次学习15分钟，每周几次，这样的安排可能更恰当。但是，一定要确保补习计划对特定的学生是切实可行的。

原则5：要求学生证明自己的承诺　必须执行已经制订的合理计划。通常，你要要求学生准备一份书面计划并签字确认，这是一种鼓励自己坚持完成计划的手段。这种承诺方式能够强化并促进学生改变行为。

原则6：重新评估计划　如果学生制订的计划在某种程度上不得当，而教师和学生都愿意重新检查这个计划并作出更新或改变，那么这种做法就是很有必要的。这并不意味着教师原谅了学生的失败。但当学生失败了，教师和学生双方都应该意识到责任在于学生，或因为学生没有完成计划，或因为学生最初制订的计划不得当。

> 最好的目的和计划是能够不断检查和修改的

原则7：不要惩罚　威廉·格拉瑟（William Glasser, 1972, 1998）认为，惩罚阻碍了个人的参与行为，而这种行为对于教师和学生而言都是至关重要的。

惩罚是为了通过恐惧或痛苦来改变个体的行为。格拉瑟建议，不要惩罚，而是要使用一种积极的反馈方案来获得成功。使用现实疗法时，教师对学生的成功的认可能够促进教师和学生的参与，并使学生对自己的行为承担更多责任。

主要观点

现实疗法的原则

- 教师与学生以及学生与学生的参与是至关重要的。
- 重点在于当前的学生行为。
- 学生审视和评价自己的行为。
- 学生设计改变计划。
- 学生作出改变的承诺。
- 计划的成败掌握在学生手中。
- 正面的强化方案是至关重要的。

现实疗法和整个班级　　现实疗法也可以通过班会的形式应用于整个班级（见 Styles，2002）。集体问题解决型班会涉及对课堂问题的集体讨论，目的在于达成一个所有人都认可的解决方案（详见"教学策略"专栏）。对于看起来较棘手的全班性问题，这种班会可能是有效解决问题的第一步。教师可以使用很多个体和小组方法来实施现实疗法方案。但是，对于所有这些方案来说，有一个要求是至关重要的：教师的参与。而教师的参与要求对教师进行训练，要求教师的耐心，最重要的是教师要具有坚持不懈的精神。

教学策略

集体问题解决型班会的要素

　　所有班级问题或个人问题都适于在班会上讨论。班会集中精力解决问题，而不是挑错或明确说明惩罚措施。

　　开会时，所有人紧挨着围坐成一个圆圈，便于进行互动。

　　主题示例：一个特殊学生被分配到布罗考女士的科学课上。布罗考女士观察了其他学生与这个学生之间的互动，发现所有的学生都感觉不自在，而且很少有学生像她预计的那样投入。此外，这个特殊学生有很多正在试图完全靠自己来克服的物理障碍。在与学校工作人员、这个学生和她的家长讨论之后，布罗考女士安排了一次会议来解决这个问题。

　　布罗考女士开始说："我已经注意到，在过去一周的时间里桑迪在使用实验室和拿到实验材料时遇到了很多困难。我觉得我们需要为班级营造一个积

> 极向上的环境，而且我们需要找到帮助桑迪获得成功的解决方案。首先，让我们找出桑迪遇到的各种障碍，然后找到可能的解决办法。桑迪，你愿意先开始吗？"在缓慢的开始之后，全班学生最终列出了六个问题和几个解决方案。一个重要的想法是为桑迪找到一个队友，并且每周班级成员交替承担这个责任。在班会结束时，布罗考女士建议一个月后再开一次会议，以便确定是否还需要做更多的事情。

如果你从理性视角出发不赞同使用惩罚措施，那么现实疗法可能会成为你应该进一步探索的班级管理策略。

11-7 外部管理策略

由学生以外的人设计并实施的**管理策略**是基于教师和学校公认的权威在班级和学校中设定标准，并针对适当的课堂行为和不良行为的后果设定预期。教师或学校的权威来自州和地方法律，以及社会期望。当教师或学校的责任受到挑战时，教师和学校有权使用奖励或惩罚措施来维持课堂秩序，并实现教育目的。

接下来我们描述四种外部管理策略：*积极的行为干预和支持、停止策略、果断纪律和行为矫正*。其中每一种策略都使用多种方法来使教师行使在课堂上的权力。

积极的行为干预和支持（PBIS） 积极的行为干预和支持是一种在全校范围实施的管理方法。该方法基于这样的理念，即全校范围的行为预防和支持措施可以在很大程度上减少所有问题行为（见 Horner, et al., 2015; Sugai & Horner, 2010）。有时，这种方法被称为"全校性的积极行为支持"。很多管理模式强调教育工作者在应对问题行为时应该做什么，而该预防性方法不同于这些管理模式。该方法强调积极主动地制定全校性的行为期望，并为鼓励和期望积极的行为提供支持。

该方法基于一个由三个层次构成的框架。你是否还记得我们在第三章讨论过的干预-反应，以及用来显示干预层次的金字塔模型？积极的行为干预和支持使用一个类似的框架，其中针对所有学生的、有效的行为管理策略构成第一层次。也就是说，在预防和支持的第一个层次，学校确保所有教师和工作人员在所有情况下使用基于证据的预防和支持策略。学校实施该方法的一个重要方面是所有员工（例如维修人员、教师、校车司机、辅助专业人员等）必须接受专业培训，以便为所有学生提供有效的、第一层次的预防和支持。教师和工作人员根据普遍的行为期望（第一层次）指导学生。要为教师和工作人员提供专业发展机会，使他们能够帮助学生展示预期的行为。通常，第一层次的预防和支持对 80% 的学生是有效的。

第二层次的干预措施面向使用第一层次的行为支持和期望无效的学生。在第二层次，学生接受有针对性的干预，目的在于减少行为问题。即使正在接受第二层次的支持，学生仍继续接受第一层次的干预（因为这些干预面向全校所有学生）。如果第二层次的干预仍然不能解决学生的行为问题，那么在第三层次要对学生进行更密集的行为干预（通常通过个体化的行为干预计划）。

该方法强调：在各个层次上采用经过科学验证的预防和干预管理；在第一层次进行全面筛查；利用收集的数据来确定向学生提供哪些干预和分层支持措施；持续收集数据，用于监督进度；以及为筛选、诊断和学生进展目的进行评估。有关积极的行为干预和支持方法的详细描述以及实施该方法的实用例子，请访问网站 www.pbis.org。

停止策略　在我们讨论的外部管理策略中，停止策略是最传统的策略。这一术语源于雅各布·S.卡尼恩以及保罗·V.冈普（Jacob S. Kounin, Paul V. Gump，1959）提出的各种"停止技巧"。**停止策略**是教师系统地表达希望学生停止或改变行为的手段。教师在表达这个希望的同时可能还会伴随一个指令（如"停止那种行为！"）或一个眼神、一个动作（见 Lasley et al.，1989）。在你的个人经历中，父母的权威和惩戒很可能就是停止策略的例子。

基本概念　停止策略为教师使用权威以维护群体规范提供了系统的框架。停止策略的技巧涉及两个基本概念。第一，施加的强制力有三个级别，分别为低级、中级和高级。第二，教师有两种表达期望的方式——公开的和私下的。

在处理课堂管理问题时，通常最好使用低级别的而不是高级别的强制力，而且私下的传达方式总是胜过公开的传达方式。但是偶尔，某一情况需要使用高级别的、公开的强制力。在教室内打架斗殴即是一例。然而，在大多数情况下，你会发现最好是使用私下的传达方式和低级别的强制力来处理"正常"的管理问题。表 11-3 和表 11-4 进一步解释了停止策略。

> 在大多数情况下，最好是私下纠正学生的行为

表 11-3　停止策略

强制力的级别	释义	停止策略
低级	非语言的，一个信号或动作	瞥视学生一眼，摇头，在教学活动中悄悄走到孩子身边
中等	语言的，对话的，没有使用强制手段	要求学生举止合理，移除干扰物，命令学生停下来
高级	语言的和非言语的，改变音调，可能使用强制手段	提高音量并命令学生停下来，将学生从小组中拉出来，威胁，惩罚，对学生进行身体限制
传达方式	释义	停止策略
公开的	有意让全班大多数学生看到	以引起注意的方式做事或说话

续表

传达方式	释义	停止策略
私下的	有意仅让小部分学生看到	使用不引人注意的动作或一边说话一边走向一个学生

注：总的来讲，教师应该依靠低级别的强制力和私下的传达方式。

资料来源：From Wallen 1968, Appendix A, p.15.

表11-4 停止策略：强制力和交流传达的结合

强制力的级别	私下传达	公开传达
眼神（低级）	教师摇头示意，目的是只有一两个其他学生可以注意到这个动作	教师夸张地摇头，目的是全班大部分学生能够看到这个动作
要求（中等）	教师走近这个学生，要求他举止合理，并使用只有一两个其他学生能够注意到的声音和方式	教师以一种全班大部分学生都能够注意到的方式要求这个学生举止合理
威胁（高级）	教师走近这个学生，告诉他如果继续违规行为的话会有什么后果，并使用只有一两个其他学生能够注意到的声音和方式	教师使用洪亮而威严的声音告诉这个学生如果继续违规行为的话会有什么后果，全班大部分学生都能够注意到

资料来源：From Wallen 1968, Appendix A, pp.15-16.

停止策略的概念可以归纳为卡尔·沃伦（Carl J. Wallen）于1968年首次提出的两条原则：

1. 如果即将开始一个班级活动，而你之前并没有为学生行为和你的期望制定标准，那么在活动开始前向学生明确说明你对他们的期望以及行为标准。

2. 在一个持续的活动中，如果一个学生或一组学生的举止与具体的期望相悖，那么需要使用停止策略，旨在达到期望的水平，同时尽可能减少对教学环境的干扰。

对于一个特定的活动，需要向学生具体说明合理的行为，这是十分重要的。例如，在测试时你可以决定让学生除非举手或被叫到，否则不准说话。在小组活动过程中，可以允许学生低声说话。你口头陈述的恰当行为就是你期待的规范。

惩罚措施 与自我管理模式相反，停止策略允许对无反应的学生采取某种形式的惩罚措施。

惩罚所带来的后果会降低未来不良行为的发生率（见Skinner, 1953, 1974）。丧失权利是最常见的惩罚形式（例如，失去休息、使用运动通行证或集会的权利）。

> 惩罚：减少不良行为的结果

但是，乔治·苏盖（George Sugai）强调："我们也清楚，提高惩治力度并且开除违反规定的学生并不能解决问题。如果只使用惩罚性的惩戒措施，行为问题往往会增加"（1996，p.10）。

关于停止策略的观察 在结束讨论停止策略前，我们应该简要介绍有关本话题的一个非常重要的著作。卡尼恩（Kounin, 1970）的经典研究报告指出，超过一半的（55.2%）观察到的学生违规行为可以归类为说话或其他吵闹的行为；17.2%的违规行为属于任务外行为，如嚼口香糖；其余27.6%的违规行为属于偏离公认规范的其他行为，如迟到、未完成作业、未经允许在教室里四处走动。根据卡尼恩的归类，大多数的学生违规行为都可视为低级别管理问题。

然而，在应对以上违规行为时，当教师有权选择惩罚、适当的制止或是指定另一种形式的富有成效的活动时，超过半数的教师都会选择高级别强制力，并公开制止违规行为。最有意思的或者可能是最令人伤心的是，卡尼恩的研究显示，在92%的案例中，教师没有给出理由就判定学生的行为是不良行为。此外，在95.6%的案例中，教师完全没有向全班学生传达所期望的行为标准。这些研究结果当然是对教师的控诉，而不是对学生的控诉。

卡尼恩（1970）在另一项研究中注意到，当个别学生或一群学生违规时，教师所采取的惩罚或制止方式将会如何影响全班学生。通过观察幼儿园到大学的学生，他在实验条件下收集的数据显示，教师制止行为的方式实际上伴随着对全班所有成员的影响，卡尼恩称之为"涟漪效应"。当学生观察教师面对明显违规的学生时，所有其他班级成员也会受到负面影响。卡尼恩的报告说，愤怒的制止方式并没有激发其他学生表现得更好或是专心完成任务，反而使他们感到焦虑和冷漠。

> **回顾与反思**
>
> 将惩罚作为课堂管理工具是有争议的。停止策略和果断纪律的支持者一致认为使用惩罚手段是恰当的，是否会有这样的情况？你是否认为在我们的学校中存在允许使用惩罚手段的情况？

果断纪律　一种叫作果断纪律的外部管理策略旨在辅助教师管理有序的、由教师负责的课堂环境。与众多学校系统合作之后，李和马琳·坎特（Lee & Marlene Canter, 2009）提出了最初的果断纪律方案。根据他们的研究和观察，以及行为管理理论，他们提出了一种方法，用于在积极影响学生行为的同时帮助教师成为课堂的管家。

一个纪律计划　果断纪律的核心就是*课堂纪律计划*，这个计划使教师能够详细说明课堂准则及相应的学生行为期望。另外，这个计划反过来也详细说明了学生对教师的期望。这个计划的目的在于使用公平、一致的方式来营造安全、有序、积极的教师教、学生学的课堂环境。一个纪律计划包含以下三个部分。

> 果断纪律详细说明了教师和学生的行为责任

1. **课堂准则**。果断的教师要清楚无误地说明课堂准则，并对需要行为管理的学生提供坚定、清晰、简洁的指示。有效的准则在数量上是有限的（最多五条），是可观察的（不是含糊不清的），在全天任何时候都适用，但只适用于行为而不是学术，并且是在学生参与的情况下编写或选择的。

2. **正面认可**。在计划的这一阶段，教师应着重建立积极的师生关系，以及强调合作行为对每个人的重要性。正如下文所讨论的行为矫正，正面认可可以采取很多种形式，而且应该适合学生的年龄和教授的课程。正面认可可能包括经常性给予表扬、给家长寄送写有积极内容的便条或是使用某些特权来激励学生。

3. **后果**。当破坏性行为发生时，教师必须镇定、快速地作好处理的准备。从学生第一次违规到第五次违规之间，后果应该按照层次排列。最常见的第一个后果是教师的警告，而联系家长并作出行政转介应该出现在处理层次的末端。这个层次结构中应该包含一个"严重条款"，用于处理严重的违规行为，如打架斗殴或欺凌他人。

果断纪律强调一个观念，即教师可以通过正面认可和承担后果培养学生控制自我行为的能力。但是，我们必须指出核心术语是"纪律"。

回顾与反思

根据你选择的年级水平和学科领域，根据本节提供的指南，采用正面认可和后果分层策略，制定四项课堂准则。

行为矫正 奖励所期望的行为，忽略或惩罚所不期望的行为，通过这一手段来改变行为的过程被称为**行为矫正**，它是我们讨论的最后一个外部管理策略。在对学习和学生使用人文方法时，任课教师可以选择该行为策略的某一部分。这里讨论这一方法的基本操作步骤（节选自 Salvia，Ysseldyke，Bolt，2010）。

第1阶段：绘制基线行为 在绘制基线行为期间，教师要观察并记录下有关目标行为（需要改变的行为）的事例。这一阶段可以提供证据以证明是否确实存在问题。系统的观察和图表分析可以揭示，一个被贴上"破坏性的"标签的学生并不比其他学生表现出更多的破坏性行为（见图11-4）。

第2阶段：干预或试验 图表可以作为选择合适的策略以及确定策略有效性的参照基线。例如，在学生默读期间，如果这个行为只出现了两三次，那么你可以选择一些提高学生默读能力的方法。安排好一天的时间，以便在这些时间段里，当这个学生表现出适当行为（进行默读）时，你可以站在这个学生身边对其进行口头表扬。在你对其加强注意后的几天里，如果在默读期间该学生与邻桌学生说话的次数减少了，那么你就可以断定这个策略产生了积极的效果。在大多数情况下，你会试图强化适当的行为，同时对不当行为忽略或是不作任何反应。

有时，语言强化手段足以改变学生的行为。你可能需要通过试验来确定一组在最省力的情况下改变学生行为的强化手段。在一些情况下，你需要一些可见的或物质的强化手段，比如，在学生试卷上画星号，将学生的名字列在班级

"荣誉榜"上，给予标志、铅笔或特权。无论奖励是什么，必须在适当行为发生后立即进行奖励。

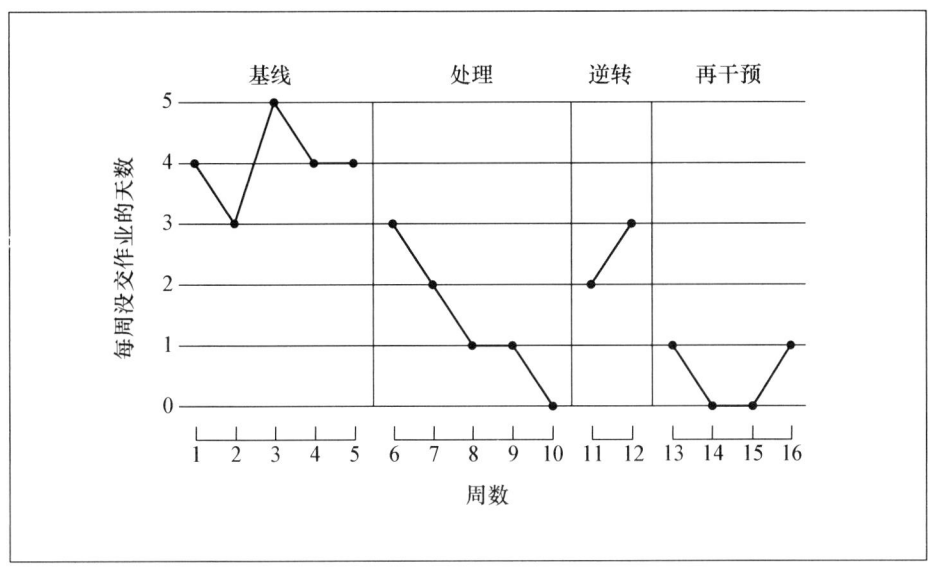

图 11 - 4　为"交作业"绘制一个有效的行为矫正策略

教学策略

记录课堂行为：使之得以简单

系统地观察：在课堂上绘制图表时，结合这里建议的简单步骤。

- 创建一个确定学生身份的座位图。
- 为你希望记录的行为创建一个速记代号：
  - "不参"表示不参与任务
  - "参"表示参与课堂学习
  - "违"表示违规行为
- 记录至少三个课时的行为。
- 根据结果数据分析趋势。"不参与任务"和"参与课堂学习"之间是否有关系？你能否通过将问题转给不参与的学生来改变结果？

强化被定义为提高行为未来发生频率的结果。使用强化手段或奖励来鼓励学生重复正确的行为是行为矫正理论的重要组成部分。如果你在较长的时间内一直使用同一套强化手段，那么你会发现其收效越来越小。在研究了这一问题后，罗杰·艾迪生和唐纳德·T. 托斯蒂（Roger Addison, Donald T. Tosti, 1979）编制了一个系统和一系列强化手段，可以和各种激励策略一起运用于教育环境中。

> **强化手段：适合学生、行为和课堂**
> - 认可（如教师的赞许）。
> - 有形的奖励（如学校用品）。
> - 课堂学习活动。
> - 班级和学校的责任。
> - 地位指示。
> - 奖励性反馈。
> - 个人活动。
> - 社会活动。
> - 解除限制性政策或程序（例如在教室里四处走动的自由）。
> - 解除限制性课堂环境（例如独立学习或以小组形式学习的自由）。

对于大多数教师来说，目的是达到所期望的行为

强化手段是非常个性化的。对于一个特定学生教师在没有发现最有效的方法之前，可能需要尝试多种不同的强化手段（见 Addison & Tosti, 1979; McElroy, 2000）。很显然，没有一个通用的强化手段。上述的一些激励性活动已经归类为学生认可方案的一些方面，这样的方案重点关注学生的成功。认可有助于建立一个积极的氛围，并有意使得学校教育具有吸引力。

第3阶段：回到基线条件 对于大多数教师来说，一旦达到了预期的行为，就不需要进一步的后续行动了。然而，为了完全遵循行为矫正的程序，你应该回到原来的课堂环境。教师经常不愿接受这一要求，因为这意味着回到最初的环境，而这种环境似乎鼓励其所不期待的行为。

第3阶段的执行时间通常只够使行为发生逆转。当你再次观察到目标行为时，请进入第4阶段。

第4阶段：恢复干预条件 最后一个阶段需要恢复第2阶段使用的条件。如果第2阶段的干预致使学生改变行为，那么在这一阶段也会出现相同的结果。但是，如果没有发生所期待的行为改变，那么你在第2阶段仅仅是走运而已，接下来你必须找到更有效的干预手段。现在你能理解为什么教师不喜欢第3阶段了吧。

使用行为矫正的一般原则 **强调积极的一面**。学校已经被批评为太"不友善"，而教师则已经被批评为对学生的态度太过消极。为了改变这一形象，教师必须要表扬学生，哪怕是为了一件最无关紧要的事情。不可否认，表扬一个不断扰乱课堂的学生可能很难，但事实已经证明，仅仅靠告诫学生并不能减少不当行为。表扬学生行为中积极的方面更容易使学生改变行为（见 Ellett, 1993）。

教师如何使用不同形式的表扬或社交强化手段？强化手段包括语言的、非语言的以及触觉强化手段。"教学策略"专栏中列举了一些积极的语言和非语言的例子。我们在下文将讨论触觉强化手段。

识别对班级有益的行为。表扬不仅对被表扬的学生，而且对整个班级都会起到强化作用。表扬为学生提供了一个明确的模式，说明你对他们的期望。然而，公开的表扬可能会使人感到尴尬，也同样会使人得到强化。因此，你必须了解对每个学生以及对整个班级来说哪一种方法的效果最好。

从小事做起。在大多数情况下，学生认为较大的行为改变是无法实现的。如果一个学生只提交了大约25%的要求完成的家庭作业，那么强化手段几乎不可能使他立刻完成100%的家庭作业。然而，你仍然可以通过与学生签订行为契约来建立一个明确的应急日程表。在第一周学生可能会完成2/5的作业，如果情况确实是这样，那么在第二周将要求提高到3/5。记住，学生目前的不理想状况可能不是一下子造成的。因此，不要指望学生跨一大步就能够解决这个问题。通过增加数量或质量，一开始从小步迈起，直到这个学生达到一致认同的标准，这个过程要求你有耐心，同时不断给予这个学生正面反馈。

保持一致。当你开始在课堂上（无论是基于个人还是小组）使用行为矫正法时，确保你自己的行为前后一致，并且是可预见的。如果你对学生的刺激保持一贯的反应态度，那么你就能够更准确地预测全体学生的反应。例如，要求每个学生总是先举手，然后等待教师点名回答问题，而且总是要等到学生举手之后再点名。

主要观点

行为矫正的基本步骤

- 收集基线信息来验证问题行为。
- 使用策略来促使行为发生改变。
- 通过停止使用所选策略以恢复到基线问题。
- 再一次，重新引入改变策略。

教学策略

积极的语言和非语言示例

语言表扬

• 好吧	• 非常好	• 激动人心的	• 非常有趣
• 太棒了	• 做得不错	• 继续保持	• 极好的
• 好极了	• 了不起的	• 很酷的	• 令人难以置信的
• 非常棒的	• 聪明的	• 获胜者	• 表现非凡的

- 很棒的
- 精彩绝伦的
- 真漂亮
- 完美的
- 不错
- 很不错
- 好样的
- 对的
- 哇！

非语言表扬
- 笑
- 微笑地指着学生
- 微笑
- 饶有兴趣地看着学生
- 举手与学生击掌
- 竖起大拇指
- 走向学生
- 点头赞同
- 抬起眉毛

回顾与反思

从六种课堂管理策略中选择一种，并简要说明选择这个策略的原因，以及在你的课堂中实施这个策略的几个步骤。

第四节 课堂管理常规

绘制行为图表来支持预感！

课堂管理**策略**为管理课堂教学互动与行为互动提供了**工具**（见表 11－5）。我们在这里重点关注三个关键要素（参见下面的专栏），高级教师使用这些要素有效地制定课堂规则和课堂常规。

有效课堂管理的三个重要因素
- 计划并为课堂教学作好准备。
- 选择和制定可用的规则。
- 坚持记录学生行为。

表 11－5 课堂管理问题的来源

动机问题
学生活动量不足
学生态度冷漠
很难让学生参与
学生态度消极
做白日梦
学生没有取得成功

续表

动机问题
教师态度消极
教学问题
教学方法缺乏多样性
对目的和目标的沟通不充分
糟糕的节奏（太快或太慢）
缺乏必备技能，导致学生失败
学生对评价感到苦恼或愤怒
学生不遵循指示
未能完成所有作业
程序问题
作业不明确
将班级转移到另一个教室
程序性活动缺乏系统性的常规
没有为某项活动预定专门的教室或空间
忘记检查投影仪或视听设备
没有预览媒体材料，导致呈现不正确的材料
课堂上没有必要的材料
未能提前计划讨论小组
破坏性问题
上课开始时讲话过多
传递纸条
作弊
偷窃
破坏公物
寻求关注
上课迟到
人际关系紧张
教师对学生的衣着、家庭生活或父母作出价值判断
教师进行无法实施的威胁
学生使用淫秽的语言或手势

注：如果你在课堂中观察到了这样一些问题，那么你可能会发现学生成绩下降，而且士气也较低落。

11-8 计划和准备你的课堂

制订计划是有效管理时间的重中之重。制订详尽的计划最初很耗费时间，但是有了明确的计划，教师则更有条理，能够更快地达到教育目标（见 Walsh，1992）。制订计划并向学生说明其所期望的目标的教师有助于打造积极的学习环境。因此，制订了有效计划的教师清楚他们的教学内容、教学对象，以及教

学方法。他们为学生准备好材料，他们为课堂和活动之间的平稳过渡作好准备，而且他们还为提前完成任务的学生准备额外的活动（见 Starr，2005）。

多年来，资深教师在制订计划和准备策略方面不断取得进步。一开始，你可能觉得这是很随意的，但实际上他们的方法是在经历了成功与失败之后才逐步形成的。不要错误地认为制订计划是一蹴而就的事情。

准备充分的教师反思每天的课堂教学

准备充分的教师的课堂始终保持轻快的节奏，但他们也不会忽视有困难的学生。他们不允许课堂上出现干扰情况，并且强调每一堂课的重要性。他们习惯于反思自己一天的工作。他们在教案本上草草记下一些笔记，作为今后的课堂提示。他们的教案非常简短，而且是概括性的，但是他们确实是在执行正式的教学计划（见 Martella & Nelson，2003）。

11-9 建立课堂规则和常规

哪一个会最先出现：糟糕的规则、不明确的指示或违规行为

建立规则的目的是提高学生的学习成绩和社会能力（见 Marzano, Marzano & Pickering, 2003）。能够实施有效管理的教师会解释每条规则的重要性和必要性，指导学生如何遵守这些规则和程序，并且从最重要的规则开始（我如何获得离开教室的许可？我如何提出问题？）。他们清晰地陈述规则并且始终如一地执行这些规则。时断时续地执行规则会导致学生出现行为问题。

介绍、强化和应用规则必须保持一致

有效教师也会制定一些与课堂管理无关的规则，包括一些课堂惯例，例如分发材料、转换到新的活动、上课和下课、获得离开教室的许可，以及完成诸如削铅笔之类的任务（规范）。简单是有效规则的标志（见 Kentucky Department of Education，2010）。如果你制定的规则比较复杂，那么你将无法执行这些规则，而且学生也会感到迷惑不解。因此，简单使你能够很轻松地解释并执行你的规则。

有效的课堂规则的特征　有效教师可清晰地陈述课堂规则，并且在适当的时候对这些规则进行坚定、清晰、简明的强化。有效规则的特征是：
- 数量有限。
- 可观察的（不是含糊不清的）。
- 适用于所有学校的所有时间。
- 只适用于行为，而不适用于学术。
- 在学生的民主参与下选定。

回顾与反思

你认为教师或学生的性别在多大程度上影响课堂规则的选择？举一个例子。

11-10　有效记录学生档案

所有教师都面临以下任务：记录分数、记录出勤情况、记录学生的课堂参与情况、记录纪律行为，以及记录课堂生活的其他方面。为了保持合法性、公正性，以及一致性，你需要使用一个全面系统的记录方法。

档案管理是维护公平公正的评分制度的一个非常重要的部分。在你为标准、质量、延迟的任务、缺交的作业、奖励性任务、补考、课堂参与情况制定了合理的准则之后，你必须作好以可信的、一贯的方式记录每个学生在每个方面的表现的准备。

除此之外，你还要进行客观的轶事记录（有关学生行为的简短客观的笔记），以便记载课堂上发生的各种小事件，比如打架、不当行为以及作弊。当然，你也应该记录具有勇气、独创性和创造力的行为。如果你发现学生在着装、交朋友、语言或态度方面出现急剧的变化，那么你也应该记录并密切监控这种变化。这种行为改变经常代表某种性质变化（如身体、帮派或滥用毒品）。当这些行为发生时要记录下来。这样这份记录将为你提供一份纪要，在今后某个时间可能成为支持或对抗某个学生的证据。

> 良好的记录对于公正评分和家长会至关重要

第五节　管理课堂环境

每天在每堂课上，你都会发现自己面对一群对你的一举一动都有所期待的学生。一些学生渴望学习，而另一些学生则不是这样。在前面的章节中，我们介绍了管理课堂学习目标的策略。现在，你需要面对教学的实际情况：管理空间、学生与你的互动，以及所有发生并影响学习结果的外部影响。你是教师，因此你负有责任。现在我们来讨论成功管理日常教学流程的五个基本要素。

管理课堂教学流程的要素
- 有一个良好的开始。
- 提供有效指示。
- 监控课堂环境。
- 管理课堂干扰。
- 管理施虐学生的态度和行为。

11-11 有一个良好的开始

有效教师在学年开始时与学生讨论课堂流程，并且为学生提供练习机会以确保学生理解这个流程（见 Lombardi，1992；Tauber，2007）。在学期开始的前几天，你需要频繁地为学生提供反馈。经常陈述你的期望并且给予学生肯定的或是矫正性的回应。到了学期的第三周或第四周后期，你可以预见学生的过渡会更顺利，也更短暂，而且你提醒学生课堂常规的次数也会大幅减少（见 Evertson, Emmer & Worsham, 2008）。如果你在一开始就坚定而准确地执行课堂流程，然后当你发现学生已经采用你的规则时你就可以放松一下，这样做会容易得多。而课堂一旦陷入混乱，想要重新获得控制权几乎是不可能的。

开学的第一天是一个测试期。学生会测试你的规则、你公平地应用这些规则的决心，以及你维持这些准则的承诺。正确的管理对学习以及学生的安全至关重要。执行规则要及时、公正，而且要有决心。要介绍、解释、强化，以及重复规则。第一天也是你创建课堂常规的最佳时机，在这一天，你需要建立一个积极的、充满关怀的、务实的环境。

11-12 提供有效的指示

有效：陈述所期望的行为，而不仅仅是命令

给出指示是一个核心技能（见 Anderson，2002）。不管这些指示是与教学相关还是与课堂流程相关，都需要清晰地给出指示。更重要的是要始终使用积极的语气。给捣乱的学生的指示，如"停下来"或"别说了"，但这忽视了最重要的内容：学生停止捣乱行为之后他需要做什么？给学生提供一个建设性的指示。你可以建议学生回到学习状态，或是提供一些与教学相关的活动来代替捣乱行为。例如，你可以说，"萨姆，把书翻到 72 页，完成今天的阅读问题。十分钟后我会检查你的答案"。

教 学 策 略

给出有效指示的步骤

给出指示

- 引起全班学生的注意。
- （以口头或书面形式）使用简洁的步骤传达指示。
- 解释对学生的期望——学生将在什么时候产生什么行为？
- 要求一位学生重述指示和期望。
- 重复指示。

> **跟进指示**
> - 密切监督所选定的学生个体,直到他们理解并执行指示。
> - 如果全班学生或是个体学生遇到了困难,那么指出一个积极的例子作为解决问题的可选方案。

11-13 监控课堂环境

有效教师在课堂上监控学生的行为,让每一个学生在学习活动中承担一定的任务,并且观察学生是否确实完成了这项学习活动。这些教师是学生强大的激励因素(见 Sheffield & Waller,2010)。

教室布置 教室的布置是监控策略的一个重要部分(见 AFT,2010)。教室中的讲桌和课桌布置得井然有序有助于形成良好而又务实的环境,进而促进有效使用教学时间。有效的教室布置有两个标准:(1)你能够在所有时间看到所有的学生;(2)你制定的教室通行模式——在讲桌及其他任何你可能出现的区域你都能够监控所有学生,这一点很重要。仅仅在视觉上接近学生也能够预防很多问题,而这也是你阻止骚扰和欺凌行为最有力的手段。

始终保持对整个班级的关注

如果教室的物质条件允许你重新布置学生的座位,那么你可以考虑按照各种小组形式来布置座位:圆形、U形,或是平均分成两部分。通常,重新布置教室能够改变视角,也可能激励学生从不同的视角看待所学材料和学习本身。

提问 另一个有效的监控策略是提问(参见第八章)。在学习活动中,有效教师提出问题并在环顾教室之后邀请某位学生回答。他们邀请主动举手的学生和其他似乎每一名学生,但是以一种不可预测的方式进行。有效教师会在小组回答之余寻求个人回答,偶尔还会抛出一句具有挑战性的话:"我不相信有人理解这个内容!"最后,有效教师要求学生对其他学生的回答作出反应,从而监控全班学生。这样的监控策略能够促成流畅的、具有高互动性的学习环境,而且学生按时完成任务的比例很高。

观察 有效教师经常观察学生的活动。要做到这一点,你需要始终将自己置于观察和被观察的位置上。如果学生知道你正在观察他们的行为和互动,那么你就可以避免很多问题,这可能被称为"四处走动式课堂管理方法"。这个概念在企业管理中很受推崇,但是我们相信任课教师是最早使用这一概念的人。在教室里走动使你可以检查在小组或个人任务中遇到困难的学生,并阻止由于接近想要违规的学生而引起的不良行为。在课堂上及早发现问题并纠正学生的误解,这对学生的学业成绩很重要。

警惕的目光是对不当行为的威慑

11-14 管理课堂干扰

干扰窃取了教学和学习时间

教师花费大量时间制订教学计划：准备教案、挑选辅助资料、设计学生活动、计划测试等。然而预期的教学时间往往因为受到干扰而大幅减少。时间常被浪费！研究表明，经常有30%或更多的教学时间被浪费在可预见的和不可预见的干扰上。这些干扰的范围从学生的违规行为到内部广播通知（我们听说过这样一个例子，即一天听到了30次这样的通知）。不管干扰的原因是什么，浪费的时间对学生的学业成绩有负面影响，同时也诱发了学生行为问题（见Ysseldyke & Elliott，1999）。

大多数干扰完全在教师的掌控之中（见Leonard，1999）。你只需要预见干扰情况并为之制订计划。你必须为教学的过渡（可预见的干扰）作好计划，而且你必须对学生的行为建立坚定的期望，旨在减少不可预见的干扰对教学的影响。表11-6列出了可预见的干扰和不可预见的干扰的一些例子。

表11-6 最优秀的教师应准备好应对教学干扰

可预见的干扰
教学片段之间和教学过程中的过渡
设备的开启和关闭
材料的分发/收集
从以教师为中心的活动转变为以学生为中心的活动
课堂或学校日开始/结束

不可预见的干扰
学生生病
来访者
通知/消息
学生课堂行为问题
仪器故障
火警/教室疏散
材料短缺

做好准备：预见教学干扰情况，并为其制订计划

可预见性的干扰 21%的课堂时间用于教学过渡（见Gump，1982；Smith，1985）——结束一个活动，然后开始新的活动。有效教师通过使用预先提示（"5分钟后我们开始数学小测验！"）使学生为过渡作好准备（见Cotton，2001）。除了从一个活动顺利过渡到下一个活动，教师还需要特别注意，不要结束一个活动，开始第二个活动，然后又回到第一个活动。突然结束活动为很多行为问题埋下了伏笔。为了使过渡更为有效，教师需要发出信号、限定时间，并且提供非常清晰的指示，同时根据需要进行示范（见Gump，1982）。

在教学中或干扰出现前后教师给出的指示不一致，经常是导致课堂管理问题以及丧失教学机会的原因。教师经常受制于课程设置或故障、材料处理以及

学生评估的客观要求。当教师专注于这些任务时，课堂就会处于闲散状态，而这经常会诱发纪律问题。因此，教师必须为管理课前、课中及课后的过渡作好策略规划。在这些策略中，教师需要计划使用"填充活动"——学生活动或课堂常规活动，用于填补教学和管理活动之间的过渡所产生的间隙。

1. *课前过渡*。只要可能的话，将管理任务委派给学生。要建立并遵循惯例——用于管理出勤、通知、材料的发放和收集，以及特殊活动。例如，你可以制定这样的惯例——学生的作业由同学或教师助教检查，并保存在学生档案中。轮流挑选学生参与这些管理支持活动。很多教师利用课堂开始后以及结束前的几分钟鼓励学生参与创造性思维活动，并且每天重复进行这些活动。谜题、思考题、电脑游戏或相关的艺术和媒体项目可以快速启动，也可以快速结束，都是非常好的"填充活动"。当然，通过给学生评分从而赋予这些活动一定的价值是十分重要的（关于这一理念见 Scofield，2000，2001）。

2. *课中过渡*。学生很少能够在统一的时间跨度内完成一项活动。有准备的教师意识到了这种可能性，并且为动作快的学生准备补充活动或额外的资源。很多教师使用同伴导师策略，或者让动作快的学生协助完成管理任务（比如，批阅测试卷），或者为下一个教学片段作好准备。教师必须仔细考虑如何从常规活动过渡到补充活动，而且必须提前向全班学生解释活动流程。如果你已经设计了可以定期进行的活动，那么要确保向学生说明你对活动的期望，并且强化恰当的学生行为。

3. *课后过渡*。在教学结束时，教师很容易失去对课堂的控制力，因为这时教师必须处理很多细节。通常你需要负责收集资料、管理仪器、为个别学生布置任务或管理其他杂务。你可以通过计划学生的日常活动来为此类需求作好准备。为每堂课或教学片段的最后 5 分钟建立一个常规，这个常规可以给你时间使你从一堂课或一项活动转换到另一堂课或另一项活动。这个结束活动应该是由学生自定进度和自我安排的。当你宣布"幕布"（结束）活动开始时，所有学生都应该知道要做什么。这样的"幕布"活动最好禁止学生四处走动、发放资料或组队。相反，这些活动应该关注个体，并提供机会让学生进行一些放松的探索活动。阅读、写作、画画、学生制订计划或写日记，这些都是课堂结束时较为恰当的活动选择。避免选择严格的、活跃的和参与性强的活动。放慢速度，和你一样，学生也需要在进入下一个教学片段前得以喘息。

不可预见的干扰　在典型的一天中会发生很多不可预见的事件。引发这些事件的人可能是学生、学校工作人员、来访者或其他人。这些事件包括火警、内部广播通知、仪器失灵、学校建筑自身问题、办公室传达的消息，以及其他未被告知的引人注意的事件。你可以预见这样的事情每天都会发生，但是你无法预见它们什么时候会发生或持续多久。例如，断电总是一个有趣的、需要解决的教学干扰事件。你能够做的就是和学生一起为这种不测事件作好准备。在

> 快速学习者可以在过渡期间成为有效的同伴导师

学年刚开始的几周里，你应该向学生说明你期望他们如何应对这些不可预见的干扰。当学生遇到紧急事件（火灾、受伤、化学物品溅出、事故、停电、地震）时，他们应该如何应对，对此你要给出具体的指示。当有来访者（家长、学生、其他人）时学生应该怎么做？当你需要处理其他事情或需要离开教室时，班级应该如何自控？你可能想模拟这些事件。你所期望的学生行为应该成为课堂规范的组成部分。

来访者模拟　一个预期的来访者进入你的教室想进行短暂的听课活动。你应该对来访者进行介绍并解释你的课堂正在做什么。在继续上课之前，向来访者推荐一个有利的听课位置。在合理的时长之后，你停止授课，并让学生就与此次来访相关的问题和学生行为展开讨论。讨论结束后，邀请这位客人就如何为来访者提供更好的环境提供意见和建议。

在解释如何处理干扰和过渡时，你需要详细解释规范行为和持续为学习付出努力的重要性。经常会出现这样的情况：教师制定一套班级规则，但却没有解释这些规则对课堂成员及学习的重要性。

> 始终解释一条规则及其重要性

你处理干扰计划的具体方式取决于班级学生的成熟程度。个别计划将有助于减少由可预见性干扰所造成的时间损耗；但是很多不可预见的干扰是全校范围内普遍存在的，甚至是教师无法控制的（如内部广播通知、不妥的来访者）。学校教师必须联合起来来共同应对此类干扰问题，并且提出彻底解决或大幅减少此类问题的办法。

回顾与反思

作为一名新教师，很多人可能会来观摩你的课堂。为了迎接观摩活动，如何准备你的课堂教学？如何将这些观摩活动变成机会而不是让你分心的事情？

11-15　管理施虐学生的态度和行为

酗酒、吸毒、骚扰、欺凌或网络欺凌是教师可能遇到的一些虐待性和破坏性的学生行为。由于教学是我们的主要关注点，我们经常在课堂上忽略出现这些问题的信号。哥伦拜恩高中的家长和学校工作人员否认有任何迹象表明后来会发生谋杀事件。然而，科罗拉多州州长办公室的一份报告清晰地揭示了很多信号，这些信号对于任何愿意关注此类问题的人来说都是可见的（见 The Report of Governor Bill Owens, 2001）。了解课堂和学校环境并努力确保其安全性和包容性，对于所有教师来说都是非常重要的。

虐待儿童　如果虐待儿童事件被教师发现或被报告给学校工作人员，那么就会受到关注，因为所有学校都有严格的书面政策，规定了所要采取的步骤。这些政策和各级法院一起保护我们最脆弱的市民。教师除了遵循这些政策几乎没有其他办法。大多数学区都会向新教师介绍处理此类情况的政策和流程，并期望所有学校工作人员都严格遵守这些指导方针。一些州（如华盛顿州）的法律要求所有学校工作人员报告疑似虐待儿童事件。在你成为教师的第一天与校长讨论这一内容。

> 大多数学校在报告虐待儿童行为方面有具体的指导性政策

酗酒和吸毒 在当今学校里，你肯定会接触到一些可能会吸毒或酗酒的学生。根据国家药物滥用研究所（National Institute on Drug Abuse）2014年的数据，37.4%的受访高中毕业生在过去的12个月内曾饮酒，34.9%的受访者曾吸食大麻。国家教育统计中心（National Center for Education Statistics）2015年指出，2013—2014届学生的辍学率为7%。如果缺乏帮助，沉溺于酒精和毒品的年轻人将会辍学，并且可能面临失业和贫困的生活。

> 教师应该强化法律的重要性

作为一名教师，你有责任鼓励学生理解并且重视我们的政府和法律体系。你的角色要求你表现出高尚的道德标准，因为社区将年轻一代交由你管理。而且，职业道德也不允许你支持学生酗酒和吸毒。就个人而言，我们都必须更好地倾听学生的想法，并为他们留出时间。定期安排课后会议时间与学生交谈。鼓励有问题的学生参与课后活动。有太多的时候孩子们是自己管理自己，放学后他们独自一人，这时最危险的行为就会出现，包括吸毒、酗酒、性骚扰和犯罪活动。下面的专栏列举了关于酗酒和吸毒的几个早期预警。

酗酒或吸毒的早期预警

- *行为突然发生变化。* 作业丢失、不交作业、抄袭作业或作业质量下降。学生经常迟到或旷课。
- *态度发生变化。* 说出伤害他人感情的话，或者出现一种"我不在乎"的态度。
- *在校问题。* 成绩下降，与教师和学校工作人员发生矛盾，打架和争吵时有发生。
- *社会关系发生变化。* 学生抛弃老朋友，加入一个不同的社会群体。
- *自残行为。* 学生因"跌倒"或"打架"而受伤，但他难以描述受伤过程。
- *逃避。* 学生回避或拒绝与他人交流，独处的时间超过正常时间。

所有教师在处理疑似学生吸毒或酗酒的情况时都必须谨小慎微。对学生的指控可能会导致该学生或其家长提起诉讼。我们建议，向学校管理人员了解处理此类问题的公认协议（见 Zabel & Zabel, 1996）。管理酒精和毒品问题不仅对学习是至关重要的，而且对班级、学校和社区的健康和福祉也是至关重要的。

欺凌、网络欺凌和骚扰　在2007年，12～18岁的学生被问及是否在学校遭受欺凌（被捉弄或被迫做他们不想做的事情）。大约32%的学生称他们遭受过欺凌（见 National Center for Education Statistics，2010）。欺凌行为助长了学校中的恐惧和恐吓气氛。加利福尼亚州研究校园犯罪和暴力行为的一个非营利团体——国家学校安全中心（National School Safety Center）的执行董事罗纳德·斯蒂芬斯（Ronald Stephens）说（见 Wicker，1999），"欺凌是当今学校中最严重的问题之一，但却很少被报道"。

教育工作者正在重新定义校园暴力，旨在涵盖校园欺凌者惯用的所有历史悠久的手段——嘲笑和玩笑、卑鄙的把戏和排斥。欺凌属于权力问题（见 Jacobson，2007）。虽然很多不良行为发生在浴室、走廊、操场和教室，但这种行为很快在数字媒体上安家落户（参见"技术之窗"专栏中有关网络欺凌的内容）。很多孩子只是偶尔欺负他人，但少数孩子则经常欺负他人。男孩主要使用武力欺凌他人，而女孩则经常通过排斥和说闲话以侮辱的方式欺负他人。在《怪女孩出列》（*Odd Girl Out*）一书中，雷切尔·西蒙斯（Rachel Simmons，2002）讨论了女孩对其他女孩实施的隐蔽的侵犯行为。埃米莉·怀特（Emily White，2002）描写了关于其他女孩的所谓性生活的标签和谣言是如何造成社会性排斥和孤立的。在小学阶段，欺凌者一般会选择同性作为目标；然而，早在五年级时欺凌者开始以异性为目标。如果不对年少的欺凌者加以管教，那么他们长大后很可能会转向性骚扰或身体暴力行为。看起来没有朋友的孩子极易受到欺凌，哪怕仅仅有一个朋友，情况也会改变。作为一名教师，你需要注意欺凌行为最微妙的社会表现形式（见 Faucher C.，Casidy W. & Jackson M.，2015；Garbarino & deLara，2003）。

> 女孩和男孩欺凌他人的方式各不相同

教师的干预必须是一贯的、考虑周到的，并且是熟练的。教师应该建立关于欺凌和骚扰的课堂规则，并且执行这些规则。不当行为应该得到立即、冷静的处理。使恃强凌弱的孩子离开当时的环境，并私下告诉这个孩子欺凌行为产生的后果。无论什么原因导致了这种行为，都要向学校的管理人员、辅导员、心理工作者，以及其他教师寻求帮助，旨在强化这些后果。记住，欺凌者在其他情况下经常是受害者。

教学策略

解决欺凌行为的策略

- 告诉学生，面对卑劣的行为比起反抗更需要勇气。
- 悬挂写有反欺凌口号的横幅。
- 敦促旁观者为受害者维护正义，告诉教师，并确保不鼓励欺凌行为。
- 当看到欺凌或戏弄行为时，应该进行干预。

> - 丝毫不容忍不受欢迎的触摸、口头议论、辱骂、有关性的谣言，以及粗鲁的手势、笑话或漫画。
> - 指派年龄大一些的学生与新同学和在学生活动中表现出孤立无援倾向的学生成为"书友"。
> - 为新同学组织早饭俱乐部活动，以帮助他们建立友谊和支持网络。

任何课堂管理策略的有效性都取决于你投入的时间、精力和信心。一个可能的陷阱是快速转换方法，而没有花费足够的时间和精力使每个策略都取得成功。这样的努力可能会适得其反，从而使学生困惑不解，也使课堂管理问题变得更加严峻。任何一种策略或策略组合的最终选择和实施都完全取决于你，但是最终的标准是学生的成功。

只有你才能够使课堂成为有趣而又积极的学习环境。构建这样的环境，使所有学生都有很强的学习动力，这是你能够做的最起码的事，也可能是最重要的事。

回顾与反思

- 如果你在校园外看到欺凌事件，你是否应该采取行动？其他成年人或家长会有何种反应？
- 如果你怀疑一名学生服用了非法药物，并认为这会造成伤害，那么你会（或必须）采取什么行动？

技术之窗

学校里的网络欺凌

"网络欺凌"是指一个人（通常是十几岁的孩子）遭受来自使用网络计算工具或移动通信设备（比如，智能手机）的个人或群体的威胁、骚扰、羞辱或恶意攻击。近年来网络欺凌受到极大的关注。来自美国国家教育统计中心和司法统计局（Bureau of Justice Statistics）的报告称，2013—2014年7%的6~12年级的学生经历过网络欺凌（见Robers S., Zhang A., Morgan R., & Musu-Gillette L., 2014）。随着年轻人花费越来越多的时间在网上和移动设备上与他人交流，这些场所发生欺凌行为的潜在威胁也在增加。虽然网络欺凌对一些成年人来说可能是微不足道的，但被欺凌的经历却给他们带来极大的压力，而且在情感上令人难以忍受。

以下是一些积极应对网络欺凌行为的建议。

教授网络安全

使用 Facebook 等社交网站对于学生来说是一种常见的活动。然而，年轻人可能并不总是知道在设置隐私限制或采取行动对付网络欺凌者方面有哪些选择。向学生解释流行软件和设备中的隐私设置选项，以及对付网络欺凌者的行动方案。可以在卡马隆研究所（Kamaron Institute）的网站（http://kamaron.org）上找到有关预防网络欺凌的课程和活动。

开展网络欺凌意识活动

学校是与家长开展合作制止和纠正网络欺凌情况的非常有效的中介方（参见网址：www.cyberbullying.org）。学校可以对学生进行网络伦理和法律方面的教育。在学校开展一场网络欺凌意识活动可以帮助学生、家长、教师和管理人员更加了解如何识别并解决这个问题。

调整学校或地区的可接受使用政策

大多数学校都有可接受的计算机使用政策。可以在学校的可接受使用政策中增加一项规定，即如果学生在校内或校外的行为对校内或校外其他学生的安全和福祉造成不利影响，学校则保留对学生进行惩戒的权利。

让父母了解

《学校里的性短信和网络欺凌》（Sexting and Cyberbullying in Schools）（见 Hooker，2016）这篇文章提供了学区应对网络欺凌行为的一个很好的例子。可以在 http://www.techlearning.com/blogentry/10204 找到这篇文章。这篇文章呈现了得克萨斯州的伊恩斯学区寄给全体中学生家长的一封信。这封信提供了有关网络欺凌的信息，解释了一些流行的应用程序如何被错误地用来欺凌和骚扰学生，并让家长知道他们能够做些什么来提供帮助。

回顾与反思

总结性反思

- 在开学的第一周，你可以采取哪些（三四个）步骤来建立一个奖励适当行为和阻止不当行为的课堂环境？
- 你如何评估管理策略对课堂学习的潜在影响？
- 在第一周，你会使用哪些"标准"来判断你的课堂管理技能的有效性？

本章小结

1. 积极的课堂管理策略是基于遵守规范以及你对课堂环境的认识和洞察。

2. 家长的参与有助于实现学习期望，并且强化课堂规范和行为。

3. 基于学生自我管理的课堂管理策略包括需求层次论、道德理性和现实疗法。这些策略强调学生个人的责任。

4. 基于外部管理方法的课堂管理策略（比如停止策略、果断纪律和行为矫正）强调教师/学校的权威和控制力。

5. 在课堂上应用行为矫正策略要求识别学生的积极行为并坚持使用奖励措施。

6. 积极的环境基于以下内容：制订计划、建立规则、有一个良好的开始、提供有效指示、监控课堂环境、管理课堂干扰，以及持续记录。

7. 积极的课堂使课堂环境适应学生的个体需求，并抑制虐待行为的发生。

8. 教师必须学会识别虐待儿童、吸毒和酗酒，以及欺凌（包括网络欺凌）的迹象，以便阻止虐待行为并且使学习效果最大化。

纸质资源

Algozzine, B., A. P. Daunic, & **S. W. Smith.** (2010). *Preventing Problem Behaviors: Schoolwide Programs and Classroom Practices* (4th ed.). Thousand Oaks, CA: Corwin, 248 pp.

这个版本涵盖了各种各样的行为问题和解决方案。

Brainard, E. (2001). "Classroom Management: Seventy-Three Suggestions for Secondary School Teachers." *Clearing House* 74 (4): 207–210.

如果你只是想找一份简单的参考资料，那么这就是你要找的资料。作者提供了多种清单，内容涉及以积极的方式与学生相处、防止不当行为、处理纪律问题、课堂领导力。

Burden, P. R. (2010). *Classroom Management: Creating a Successful K-12 Learning Community* (4th ed.). Hoboken, NJ: Wiley, 277 pp.

作者分析了学校管理的不同模式，并展示了如何与家长进行合作。

Emmer, E., & **C. Evertson.** (2008). *Classroom Management for Middle and High School Teachers* (8th ed.). Upper River Saddle, NJ: Pearson, 256 pp.

作者帮助教师计划并实施平稳的课堂教学。

Evertson, C. M., & **C. S. Weinstein** (Eds). (2006). *Handbook of Classroom Management: Research, Practice and Contemporary Issues*. Mahwah, NJ: Erlbaum.

这本巨著从历史的角度对美国课堂管理实践和研究进行了广泛的讨论。

Jones, V. F., & L. **Jones**. (2010). *Comprehensive Classroom Management: Creating Communities of Support and Solving Problems* (9th ed.). Upper Saddle River, NJ: Pearson/Merrill Publishers, 453 pp.

这本书绝对是与时俱进的。该书讨论了有关教师和学生的全部问题。

Rigby, K. (2001). *Stop the Bullying: A Handbook for Teachers*. Portland, ME: Stenhouse, 64 pp.

在仅仅 64 页的篇幅中，作者提供了一个实用的、基于研究的行动指南。

网络资源

- 积极的行为干预和支持（Positive Behavioral Intervention & Supports）网站上有大量关于循证管理和预防策略的信息。

www. PBIS. org

- 鲍勃·基兹利（Bob Kizlik）博士概述了果断纪律方法。

http://www. adprima. com. /assertive. htm

- 波士顿大学伦理与品格促进中心的网站上有丰富的与道德和品德教育相关的信息。

http://www. bu. edu/education/caec

- 网络欺凌问题研究中心（Cyberbullying Research Center）是一个非常有用的网站，可以用来制定在课堂上安全使用技术的策略。

http://www. cyberbullying. us

- 在《教育周刊》（*Education Week*）的这篇文章中，阿尔菲·科恩（Alfie Kohn）探讨了果断纪律方法及类似方法的负面影响。

http://www. alfiekohn. org/teaching/edweek/discipline. htm

- 卡马龙研究所（Kamaron Institute）提供了大量的有关学习问题的解决方案和义务教育阶段的课程计划。

http://kamaron. org/Teacher-Lesson-Plans-Activities

- 这是一个非常有用的网站，可以用来制定在课堂上安全使用技术的策略。

http://www. stopcyberbullying. org

参考文献

第一章

Anderson, M. (2015). Smartphone, computer or tablet? 36% of Americans own all three. Pew Research Center Fact Tank. Retrieved from htp://www.pewresearch.org/fact-tank/2015/11/25 device ownership/

Association of American Educators (2010). *Code of Ethics*. Author: Mission Viejo, CA.

Aud, S., W. Hussar, M. Planty, and T. Snyder. U.S. Department of Education. National Center for Education Statistics (2010). *The Condition of Education 2010*. NCES 2010-028. Washington, DC: US Government Printing Office.

Bloom, B. S. (1984). "The 2 Sigma Problem: The Search for Methods of Group Instruction as Effective as One-to-One Tutoring." *Educational Researcher* 13(6): 4–16.

Dewey, J. (1998). *How We Think*, revised and expanded ed. Boston: Houghton Mifflin. (Originally published in 1910 and republished in 1933 as *How We Think, A Restatement of the Relation of Reflective Thinking to the Educative Process*, by D. C. Heath, Boston.)

Dischler, P. A. (2010). *Teaching the 3Cs: Creativity, Curiosity and Courtesy: Activities that Build a Foundation for Success*. Thousand Oaks: CA: Corwin.

Eisner, E. W. (2003, July). "Artistry in Education." *Scandinavian Journal of Educational Research* 47(3): 373–384.

Ellis, A. K. (2005). *Research on Educational Innovations*, 4th ed. Larchmont, NY: Eye On Education.

Erdman, P., and K. M. Ng, eds. (2010). *Attachment: Expanding the Cultural Connections*. New York: Routledge, Taylor & Francis Group.

Erwin, J. C. (2010). *Inspiring the Best in Students*. Alexandria, VA: ASCD.

Field, J. (2008). *Social Capital*, 2nd ed. New York: Routledge.

Goldman, D. (2006). *Emotional Intelligence*. New York: Bantam.

Hattie, J. C. (2012). *Visible Learning: For Teachers*. London and New York: Routledge, Taylor & Francis Group.

Kluckhohn, C. (1949). *Mirror for Man: The Relation of Anthropology to Modern Life*. New York: Whittlesey House.

Kozol, J. (2007). *Letters to a Young Teacher*. New York: Crown.

Margolis, H., and P. P. McCabe. (2003, Summer). "Self-Efficacy: A Key to Improving the Motivation of Struggling Learners." *Preventing School Failure* 47(4): 162–169.

Marzano, R. J. (2007). *The Art and Science of Teaching: A Comprehensive Framework for Effective Instruction*. Alexandria, VA: ASCD.

Maslow, A. (1970). *Motivation and Personality*, 2nd ed. New York: Harper and Row.

Mathews, D. (2006). *Reclaiming Public Education by Reclaiming Our Democracy*. Dayton, OH: Kettering Foundation.

MetLife Survey of the American Teacher, "Challenges for School Leadership," 2010.

National Board for Professional Standards. Arlington, VA 22209.

National Commission on Excellence in Education (1983). *A Nation at Risk: The Imperative for Educational Reform*. Washington, DC: Author.

Noddings, N. (2005). *The Challenge to Care in Schools: An Alternative Approach to Education*, 2nd ed. New York: Teachers College.

Orlich, D. C. (2010). "A Metric to Analyze State and National Education Curriculum Standards." *Leadership Information* 9(2): 45–51.

P. L. 107-110 (2002, January 8). "No Child Left Behind Act of 2001." Washington, DC: 107th Congress, 1st Session.

Purkey, W. W., and J. M. Novak (2009). *Inviting School Success: A Self-Concept Approach to Teaching, Learning and Democratic Practice*, 4th ed. Belmont, CA: Wadsworth.

Putnam, R. D. (2000). *Bowling Alone: The Collapse and Revival of American Community*. New York: Simon and Schuster.

Reiser, R. A., and J. V. Dempsey (2012). *Trends and Issues in Instructional Design*, 3rd ed. Saddle River, NJ: Pearson Education.

Riggs, E. G., and C. R. Gholar (2009). *Strategies that Promote Student Engagement: Unleashing the Desire to Learn*, 2nd ed. Thousand Oaks, CA: Corwin.

Schlechty, P. C. (2009). *Leading for Learning: How to Transform Schools Into Learning Organizations*. San Francisco: Jossey-Bass.

Svendsen, G. T., and G. L. H. Svendsen, eds. (2009). *Handbook of Social Capital: the Troika of Sociology, Political Science and Economics*. Northampton, MA: Edward Elgar.

U.S. Congress (2015). "HR5 Every Student Succeeds Act." Washington, DC.

U.S. Department of Education (2015). *Projections of Education Statistics to 2008*. Retrieved from http://nces.ed.gov/pubs98/. See Tables 1, B8, 34, 37, and chap. 6.

Vandevoort, L. G., A. Amrein-Beardsley, and D. C. Berliner (2004, September 8). "National Board Certified Teachers and Their Students' Achievement." *Education Policy Analysis Archives* 12(46), 1–46. Retrieved July 13, 2005, from http://epaa.asu.edu/epaa/v12n46/.

第二章

Adams, G. L., & S. Engelmann. (1996). *Research on Direct Instruction: 25 Years Beyond DISTAR*. Seattle: Educational Achievement Systems.

Adey, P., & M. Shayer. (1994). *Really Raising Standards: Cognitive Intervention and Academic Achievement*. New York: Routledge.

Agran, M., M. E. King-Sears, M. L. Wehmeyer, & S. R. Copeland. (2003). *Student-Directed Learning. Teachers' Guides to Inclusive Practices*. Baltimore: Brookes.

Alvarado, A. E., & P. R. Herr. (2003). *Inquiry-Based Learning Using Everyday Objects: Hands-On*

Instructional Strategies That Promote Active Learning in Grades 3–8. Thousand Oaks, CA: Corwin.

Amrein, A. L., & D. C. Berliner. (2002, March 28). "High-Stakes Testing, Uncertainty, and Student Learning." *Education Policy Analysis Archives* 10(18): 1–52. Retrieved from http://epaa.asu.edu/epaa/v10n18.

Ashman, A. F., & R. M. F. Conway. (1993). *Using Cognitive Methods in the Classroom*. New York: Routledge.

Bandura, A. (1977). *Social Learning Theory*. New York: General Learning.

Bandura, A. (1997). *Self-Efficacy: The Exercise of Control*. New York: Freeman.

Berns, R. M. (2010). *Child, Family, School, Community: Socialization and Support*, 8th ed. Belmont, CA: Wadsworth/Cengage.

Bredekamp, S. (2010). *Effective Practices in Early Childhood Education: Building a Foundation*. Upper Saddle River, NJ: Merrill.

Campbell, L. (2003). *Mindful Learning: 101 Proven Strategies for Student and Teacher Success*. Thousand Oaks, CA: Corwin.

Carnine, D., J. Silbert, E. J. Kame'enui, & S. G. Tarver. (2009). *Direct Instruction Reading*, 5th ed. Upper Saddle River, NJ: Prentice Hall.

Cunningham, J., C. Kroll, N. Land, & S. Russell. (2000). *Motivating Students to Be Self-Reflective Learners Through Goal-Setting and Self-Evaluation*. Chicago: Master of Arts Action Research Project, St. Xavier University, ED 446 872.

Elliott, S. M., R. T. Busse, & E. S. Shapiro. (1999). "Intervention Techniques for Academic Performance Problems." In C. R. Reynolds & T. B. Guthin, Eds. *The Handbook of School Psychology*, 3rd ed. pp. 664–685. New York: Wiley & Sons.

Ellis, A. K. (2005). *Research on Educational Innovations*, 4th ed. Larchmont, NY: Eye on Education.

Hunter, R. (2004). *Madeline Hunter's Mastery Teaching: Increasing Instructional Effectiveness in Elementary and Secondary Schools*. Thousand Oaks, CA: Corwin Press.

Kise, J. A. G. (2007). *Differentiation Through Personality Types: A Framework for Instruction, Assessment, and Classroom Management*. Thousand Oaks, CA: Corwin Press.

Kohn, A. (2006). *Beyond Discipline: From Compliance to Community*. Alexandria, VA: ASCD.

Kolb, David A. (2015). *Experimental Learning Experiences as a Source of Learning and Development*, 2nd ed. Upper Saddle River, NJ. Pearson Education Inc.

Kozloff, M. A., L. LaNunziata, J. Cowardin, & F. B. Bessellieu. (2001). "Direct Instruction: Its Contributions to High School Achievement." *The High School Journal* 84(2): 36–54.

Marlowe, J. (2000). "Learning Alone." *American School Board Journal* 187(12): 56–57, 62.

NAEP Data Explorer. Retrieved from http://nces.ed.gov/nationsreportcard/nde/viewreults.asp.

North American Council for Online Learning. (2008). *Fast Facts About Online Learning*. Retrieved June 21, 2008, from www.nacol.org.

O'Neil, Harold F. Jr. (2010). "Learning Strategies." In: Kevin Ryan & James M. Cooper, Eds. *Kaleidoscope: Contemporary and Classical Readings in Education*, 12th ed. 249 pp. Belmont, CA, Cengage Publishers, 249 pp.

Orlich, D. C. (2010). "A Metric to Analyze State and National Education Curriculum Standards." *Leadership Information* 9(2): 45–51.

Piaget, J. (1969). *Psychologie et Pedogogie*. Paris: Denoel/Garnier.

Richardson, V. (2003). "Constructivist Pedagogy." Teachers College Record 105(9): 1623–1640.

Scoresby, J., & B. E. Shelton. (2010). "Visual Perspectives Within Educational Computer Games: Effects on Presence and Flow Within Virtual Immersive Learning Environments." *Instructional Science*, doi:10.1007/s11251-010-9126-5.

Shayer, M., & P. Adey. (1981). *Towards a Science of Science Teaching: Cognitive Development and Curriculum Demand*. London: Heinemann Educational.

Shayer, M., & P. Adey, Eds. (2002). *Learning Intelligences: Cognitive Acceleration Across the Curriculum from 5 to 15 years*. Buckingham, UK: Open University Press.

Skinner, B. F. (1938). *The Behavior of Organisms*. New York: Appleton-Century-Crofts.

Taber, K. S. (2011). "Constructivism as Educational Theory: Contingency in Learning, and Optimally Guided Instruction." In J. Hassaskhah, Ed. *Educational Theory*, pp. 39–61. New York: Nova Science Publishers.

Tarver, S. G., Ed. (2003). "Direct Instruction News: Effective School Practices, 2003." *Direct Instruction News* 3(1–2): 1–78.

Tate, M. L. (2003). *Worksheets Don't Grow Dendrites: 20 Instructional Strategies That Engage the Brain*. Thousand Oaks, CA: Corwin.

Tomlinson, C. A., & J. M. Cooper. (2006). *An Educator's Guide to Differentiating Instruction*. Boston: Houghton Mifflin.

Tyler, R. W. (1949). *Basic Principles of Curriculum and Instruction*. Chicago: University of Chicago Press.

U.S. Department of Education, National Center for Education Statistics. (2005). *The Condition of Education 2005*. Washington, DC: U.S. G.P.O. (NCES 2005-094).

U.S. Department of Education, National Center for Education Statistics, National Assessment of Educational Progress (NAEP). (2008). *The Nation's Report Card*. NCES 2009-479.

U.S. Department of Education, National Center for Education Statistics, National Assessment of Educational Progress (NAEP). (1998). *Report in Brief, NAEP 1996 Trends in Academic Progress*. Revised 1998, NCES 98-530, Tables 1, 2, 3 & 4, pp. 9–12.

Vygotsky, L. S. (1962). *Thought and Language*. Cambridge, MA: MIT Press.

Wells, G., Ed. (2001). *Action, Talk, and Text: Learning and Teaching Through Inquiry*. New York: Teachers College Press.

第三章

Adedokun, O. A., Hetzel, K., Parker, L. C., Loizzo, J., Burgess, W. D., & Robinson, J. P. (2012). "Using virtual field trips to connect students with university scientists: Core elements and evaluation of zipTrips." *Journal of Science Education and Technology* 21(5): 607–618.

Banks, J. A. (2015). *Cultural diversity and education*. New York: Routledge

Barrio, B.L., Lindo, E. L., Combes, B. H., & Hovey, K. (2015). Ten years of response to intervention: Implications for general education teacher preparation programs. *Action in Teacher Education* 37: 190–204.

Bauermeister, J., Johns, M., Sandfort, T., Eisenberg, A., Grossman, A., & D'Augelli, A. (2010).

Relationship trajectories and psychological well-being among sexual minority youth. *Journal of Youth and Adolescence* 39(10): 1148–1163.

Beck, I. L., McKeown, M. G., & Kucan, L. (2008). *Creating robust vocabulary: Frequently asked question and extended examples*. New York: Guilford Press.

Behnke, A., Plunkett, S., Sands, T., & Bamaca-Colbert, M. (2010): The relationship between Latino adolescents' perceptions of discrimination, neighborhood risk, and parenting on self-esteem and depressive symptoms. *Journal of Cross-Cultural Psychology* 40(1): 150–158.

Berlan, E. D., Corliss, H. L., Field, A. E., Goodman, E., & Austin, S. B. (2010). Sexual orientation and bullying among adolescents in the growing up today study. *Journal of Adolescent Health* 46(4): 366–371.

Berliner, D. C. (2005). Our impoverished view of educational reform. *The Teachers College Record* 108: 949–995.

Bouck, E. C., Courtad, C. A., Heutsche, A., Okolo, C. M., & Englert, C. S. (2009). The Virtual History Museum: A universally designed approach to social studies instruction. *Teaching Exceptional Children* 42: 14–20.

Bransford, J. D., Brown, A. L., & Cocking, R. R. (Eds.) (2000). *How people learn: Brain, mind, experience, and school*. Commission on Behavioral and Social Sciences and Education, National Research Council, Washington, DC: National Academy Press.

Centers for Disease Control (2012). Prevalence of current depression among persons aged >12 years, by age group and sex. *Morbidity and Mortality Weekly Report*. Retrieved February 2, 2016 from http://www.cdc.gov/mmwr/preview/mmwrhtml/mm6051a7.htm.

Centers for Disease Control (2015) *Suicide: Facts at a Glance*. Retrieved February 3, 2016 from http://www.cdc.gov/violenceprevention/pdf/suicide_factsheet-a.pdf.

Chamot, A. U. (2009). *The CALLA handbook: Implementing the cognitive academic language learning approach*, 2nd ed. New York: Pearson/ Longman.

Children's Defense Fund (2014). *State of America's children 2014 report*. Retrieved January 11, 2016 from http://www.childrensdefense.org/library/state-of-americas-children/2014-soac.pdf?utm_source=2014-SOAC-PDF&utm_medium=link&utm_campaign=2014-SOAC.

Clark, K. (2010, February). Helping the environment helps the human race: Differentiated instruction across the curriculum. *Science Scope*, 36–41.

Cohen, A. B. (2010). Just how many different forms of culture are there? *American Psychologist* 65: 59–61.

Craig, S. L., & Smith, M. (2011). The impact of perceived discrimination and social support on the school performance of multiethnic sexual minority youth. *Youth and Society* doi: 10.1177/0044118X11424915: 46(1), 30–50.

Cummins, J. (1984). *Bilingualism and special education: Issues in assessment and pedagogy*. Clevedon, UK: Multilingual Matters.

Cummins, J. (2012). How long does it take for an English language learner to become proficient in a second language? In E. Hamayan & R. Freeman Field (Eds.), *English language learners at school: A guide for administrators*, 2nd ed. pp. 37–39. Philadelphia: Caslon.

Echevarria, J., & Graves, A. (2007). *Sheltered content instruction: Teaching English language learners with diverse abilities*, 3rd ed. Boston, MA: Pearson/Allyn and Bacon.

Echevarria, J., Vogt, M., & Short, D. (2010). *Making content comprehensible for English learners*, 3rd ed. Boston, MA: Pearson.

Egbert, J. L., & Ernst-Slavit, G. (2010). *Access to academics: Planning instruction for K-12 classrooms with ELLs*. New York: Pearson/Allyn & Bacon.

Ernst-Slavit, G., & Wenger, K. J. (2016). Surrounded by water: Talking to learn in today's classrooms. *Kappa Delta Pi Record* 52 (2016): 28–34.

Every Student Succeeds Act (2015). Public Law No. 114-95. US Congress Retrieved February 12, 2016 from http://edworkforce.house.gov/uploadedfiles/every_student_succeeds_act_-_conference_report.pdf.

Frey, N., & Fisher, D. (2010). Reading and the brain: What early childhood educators need to know. *Early Childhood Education Journal* 38: 103–110.

Friend, M., & Cook, L. (2013). *Interactions: Collaboration skills for school professionals*, 7th ed. Boston: Pearson.

Fuchs, D., Fuchs, L. S., & Vaughn, S. (Eds.) (2008). *Response to intervention: A framework for reading educators*. Newark, DE: International Reading Association.

Gardner, H. (1983). *Frames of mind*. New York: Basic Books, Perseus Book Group.

Gardner, H. (2004). Audiences for the theory of multiple intelligences. *Teachers College Record* 106: 212–220.

Gay, G. (2010). *Culturally responsive teaching: Theory, research, and practice*, 2nd ed. New York: Teachers College Press.

Gottlieb, M., & Ernst-Slavit (2013). Academic language: A foundation for academic success in mathematics. In M. Gottlieb & G. Ernst-Slavit (Series Eds.), *Academic language in diverse classrooms*, p. 138. Thousand Oaks, CA: Corwin.

Gottlieb, M., & Ernst-Slavit, G. (2014). *Academic language in diverse classrooms: Definitions and contexts*. Thousand Oaks, CA: Corwin.

Hamayan, E., & Freeman Field, R. (2012). How do English language learners acquire a second language at school? In E. Hamayan & R. Freeman Field (Eds.), *English language learners at school: A guide for administrators*, 2nd ed., pp. 53–56. Philadelphia: Caslon.

Hinton, C., Miyamoto, K. & Della-Chiesa, B. (2008). Brain research, learning and emotions: Implications for education research, policy, and practice. *European Journal of Education* 43: 87–103.

Howard, T. C. (2015). *Why race and culture matter in schools: Closing the achievement gap in America's classrooms*. New York, NY: Teachers College Press.

Individuals with Disabilities Education Improvement Act. (2004). 20 U.S.C., 1400, *et seq*.

Kirk, S., Gallagher, J., Coleman, M. R., & Anastasiow, N. J. (2011). *Educating exceptional children*. Belmont, CA: Cengage.

Klingner, J., & Eppolito, A. M. (2014). *English language learners: Differentiating between language acquisition and learning disabilities*. Arlington, VA: Council for Exceptional Children.

Ladson-Billings, G. (1995). Toward a theory of culturally relevant pedagogy. *American Educational Research Journal* 32, 465–491.

Levine, M., Serio, N., Radaram, B., Chaudhuri, S., & Talber, W. (2015). Addressing the STEM gender gap by designing and implementing an educational outreach chemistry camp for middle school girls. *Journal of Chemical Education*, 92: 1639-1644.

Lynch, E.W. (2004). Developing cross-cultural competence. In E. W. Lynch & M.J. Hanson (Eds.), *Developing cross-cultural competence*, 3rd ed., pp. 41-77. Baltimore: Brookes.

Murphy, P. K., & Benton, S. L. (2010). The new frontier of educational neuropsychology: Unknown opportunities and unfulfilled hopes. *Contemporary Educational Psychology* 35: 153-155.

National Center for Education Statistics (2012). *The condition of education: Indicator 47*. Retrieved February 6, 2016 from http://nces.ed.gov.

National Center for Education Statistics (2014a). *The condition of education: Enrollment and percentage distribution of enrollment in public elementary and secondary schools by race/ethnicity and region (Table 203.50)*. Retrieved January 5, 2016 from https://nces.ed.gov/programs/digest/d13/tables/dt13_203.50.asp.

National Center for Education Statistics (2014b). *Children 3 to 21 years old served under Individuals with Disabilities Education Act (IDEA), Part B, by type of disability: Selected years, 1976-2012-13 (Table 204.30)*. Retrieved February 2, 2016 from http://nces.ed.gov/programs/digest/d14/tables/dt14_204.30.asp.

National Center for Education Statistics (2015a). *Racial/ethnic enrollment in public schools*. Retrieved January 10, 2016 from http://nces.ed.gov/programs/coe/indicator_cge.asp.

National Center for Education Statistics (2015b). *The condition of education*. Retrieved January 11, 2016 from http://nces.ed.gov/programs/coe/.

National Center for Education Statistics (2015c). *Number and percentage distribution of science, technology, engineering, and mathematics (STEM) degrees/certificates conferred by postsecondary institutions by race/ethnicity, level of degree/certificate, and sex of student: 2008-2009 through 2012-2013 (Table 318.45)*. Retrieved February 6, 2016 from http://nces.ed.gov.

National Center on Response to Intervention (2016). *Definition of RTI*. Retrieved February 10, 2016 from http://www.rti4success.org/index.php?option=com_content&task=view&id=4&Itemid=24.

National Center on Universal Design for Learning (2016). *What is UDL?* Retrieved February 10, 2016 from http://www.udlcenter.org/aboutudl/whatisudl.

Organisation for Economic Co-operation and Development (2007). *Understanding the brain: The birth of a learning science* (v.2). Washington, DC: Author.

Pashler, H., Bain, P., Bottge, B., Graesser, A., Koedinger, K., McDaniel, M., & Metcalfe, J. (2007) *Organizing instruction and study to improve student learning* (NCER 2007-2004). Washington, DC: National Center for Education Research, Institute of Education Sciences, US Department of Education. Retrieved from http://ncer.ed.gov.

Sadker, M., & Sadker, D. M. (1994). *Failing at fairness: How our schools cheat girls*. New York: Scribner.

Solis, M., Vaughn, S., Swanson, E., & McCulley, L. (2012). Collaborative models of instruction: The empirical foundations of inclusion and co-teaching. *Psychology in the Schools* 49(5): 498-510.

Steensma, T. D., Kreukels, B. P., de Vries, A. L., & Cohen-Kettenis, P. T. (2013). Gender identity development in adolescence. *Hormones and Behavior* 64(2): 288-297.

Thomas, C. L. (2012). Assessing high school student learning on science outreach lab activities.

Journal of Chemical Education 89: 1259–1263.

Tomlinson, C. A., McTighe, J., & ASCD (2014). *Integrating differentiated instruction and understanding by design: Connecting content and kids.* Boston: Pearson.

Turnbull, H. R., Stowe, M. J., & Huerta, N. E. (2007). *Free appropriate public education: The law and children with disabilities.* Denver, CO: Love.

US Department of Education (2004). *Study shows educational achievement gender gap shrinking.* Retrieved September 9, 2010, from http://www.ed.gov/news/pressreleases/2004/11/11192004b.html.

Walker, Z., Rosenblatt, K., & McMahon, D. (2016). *Teaching the last backpack generation: A mobile technology handbook for secondary educators.* Thousand Oaks, CA: Corwin.

Waterhouse, L. (2006). Multiple intelligences, the Mozart effect, and emotional intelligence: A critical review. *Educational Psychologist* 41: 207–225.

Winkelman, K., Scott, M., & Wong, D. A. (2014). A study of high school students' performance of a chemistry experiment within the virtual world of second life. *Journal of Chemical Education* 91: 1432–1438.

Yoshikawa, H., Aber, J. L., & Beardslee, W. R. (2012). The effects of poverty on the mental, emotional, and behavioral health of children and youth: implications for prevention. *American Psychologist* 67(4): 272.

第四章

American Association for the Advancement of Science. (2007). *Atlas of Science Literacy: Project 2061.* Washington, DC: AASA and NSTA.

Amrein, A. L., & D. C. Berliner. (2002). "High-Stakes Testing, Uncertainty and Student Learning." *Educational Policy Analysis Archives* 10(18), 1–56.

Anderson, A. (2001). "In the Process." *Clearing House* 74(5), 285–286.

Anderson, L. W., et al. (2001). *A Taxonomy for Learning, Teaching, and Assessing: A Revision of Bloom's Taxonomy of Educational Objectives* (complete ed.). New York: Addison Wesley Longman.

Ashlock, R. B. (2009). *Error Patterns in Computation: Using Error Patterns to Help Each Student Learn.* Boston: Allyn and Bacon.

Aviles, C. B. (2001). *Curriculum Alignment: Matching What We Teach and Test Versus Teaching to the Test.* Buffalo: Buffalo State College. ED 448 402.

Barton, P. E. (2009). *National Educational Standards: Getting Beneath the Surface.* Princeton, NJ: Educational Testing Service.

Berliner, D. C., & B. J. Biddle. (1995). *The Manufactured Crisis: Myths, Fraud, and the Attack on America's Public Schools.* Reading, MA: Addison-Wesley.

Bloom, B. S., M. D. Engelhart, E. J. Furst, W. H. Hill, & D. R. Krathwohl. (1956). *Taxonomy of Educational Objectives: The Classification of Educational Goals. Handbook I: Cognitive Domain.* New York: McKay.

Bracey, G. W. (2004). *Setting the Record Straight: Responses to Misconceptions About Public Education in the U.S.* (2nd ed.). Portsmouth, NH: Heinemann.

Campbell, J. R., K. E. Voelkl, & P. L. Donahue. (1998). *Report in Brief, NAEP Trends in Academic Progress, Revised Edition*. (NCES 98-530). Washington, DC: National Center for Education Statistics.

Carmichael, S. B., G. Martino, K. Porter-Magee, & W. S. Wilson. (2010). *The State of State Standards-and the Common Core-in 2010*. Washington, DC: Thomas Fordham Institute.

Cochran, D., J. Conklin, & S. Modin. (2007, Feb.). "A New Bloom: Transforming Learning." *Learning & Leading with Technology* 34(5), 22-25.

Cohen, J. (1988). *Statistical Power Analysis for the Behavioral Sciences* (2nd ed.). Hillsdale, NJ: Erlbaum.

Danielson, C. (2007). *Enhancing Professional Practice: A Framework for Teaching* (2nd ed.). Alexandria, VA: Association for Supervision and Curriculum Development.

Danielson, C. (2015). "Framing Discussions About Teaching." *Educational Leadership* 72(7), 38-41

Distad, L., & D. Heacox. (2000). "Differentiating Instruction Using a Matrix Plan." *Southern Social Studies Journal* 25(2), 70-76.

Dyment, J. E., & T. S. O'Connell. (2003). "Getting the Most Out of Journaling: Strategies for Outdoor Educators." *Pathways: The Ontario Journal of Outdoor Education* 15(2), 31-34.

Ennis, R. H. (1985). "A Logical Basis for Measuring Critical Thinking Skills." *Educational Leadership* 43(2), 44-48.

Ensminger, D. C., & M. L. Fry. (2012). "Conceptual Framework for Primary Source Practices." *Educational Forum* 76(1), 118-128.

Finn, C. E., Jr., L. Julian, & M. J. Petrilli. (2006). *The State of State Standards 2006*. Washington, DC: Thomas B. Fordham Foundation. Retrieved at http://www.edexcellence.net/foundation.

Fisher, C. W., & E. W. Hiebert. (1990). "Characteristics of Tasks in Two Approaches to Literacy Instruction." *Elementary School Journal* 91(1), 3-18.

Fisk, C., & B. Hurst. (2003). "Paraphrasing for Comprehension." *Reading Teacher* 57(2), 182-185.

Furst, E. J. (1994). "Bloom's Taxonomy: Philosophical and Educational Issues." In L. W. Anderson & L. A. Sosniak, Eds., *Bloom's Taxonomy: A Forty-Year Retrospective*, pp. 28-40. Chicago: University of Chicago Press.

Glass, G. V., & C. A. Edholm. (2002, Oct.). "The AIMS test and the Mathematics Actually Used by Arizona Employers." Education Policy Studies Laboratory, Arizona State University, Tempe, Education Policy Unit. EPSL-0209-119 EPRU. Retrieved at http://edpolicylab.org.

Granello, D. H. (2000). "Encouraging the Cognitive Development of Supervisees: Using Bloom's Taxonomy in Supervision." *Counselor Education and Supervision* 40(1), 31-46.

Hattie, J. C. (2009). *Visible Learning: A Synthesis of Over 800 Mega-Analyses Relating to Achievement*. London & New York: Routledge, Taylor & Francis.

Hohn, R. L. (1995). *Classroom Learning and Teaching*. White Plains, NY: Longman.

Holme, K. (2009). "Planning to Teach with Digital Tools: Introducing the Interactive Whiteboard to Pre-service Secondary Mathematics Teachers." *Australasian Journal of Educational Technology* 25(3), 351-365.

Kelly, T. F. (1991). *Practical Strategies for School Improvement*. Wheeling, IL: National School Services.

Khan, S. H., & M. Saeed. (2010). "Evaluating the Quality of BEd Programme: Student Views of Their College Experiences." *An International Journal of Research and Studies* 26(4), 760–766.

Kozol, J. (2007). *Letters to a Young Teacher*. New York: Crown.

Krathwohl, D. R. (2002). "A Revision of Bloom's Taxonomy: An Overview." *Theory Into Practice* 41(4) 2002, 212–218.

Krathwohl, D. R., B. S. Bloom, & B. B. Masia. (1964). *Taxonomy of Educational Objectives. The Classification of Educational Goals. Handbook II: Affective Domain*. New York: McKay.

Mager, R. F. (1962). *Preparing Instructional Objectives*. Belmont, CA: Fearon.

Mager, R. F. (1997). *Preparing Instructional Objectives: A Critical Tool in the Development of Effective Instruction* (3rd ed.). Atlanta: Center for Effective Performance.

Magner, L. (2000). "Reaching All Children Through Differentiated Assessment: The 2-5-8 Plan." *Gifted Child Today Magazine* 23(3), 48–50.

Manzano, R. J., & J. S. Kendall. (2007). *The New Taxonomy of Educational Objectives* (2nd ed.). Thousand Oaks, CA: Corwin.

Manzano, R. J., & J. S. Kendall. (2008). *Designing and Assessing Educational Objectives: Applying the New Taxonomy*. Thousand Oaks, CA: Corwin.

Marks, S. K., J. D. Vitek, & K. P. Allen. (1996). "Remote Sensing: Analyzing Satellite Images to Create Higher Order Thinking Skills." *The Science Teacher* 63(3), 28–31.

Martin, R. A. (2006). "Wake-Up Call Brings a Jolt of Alignment to the Curriculum." *Journal of Staff Development* 27(1), 53–55.

Marzano, R. J. (2004). *Building Background Knowledge for Academic Achievement*. Alexandria, VA: Association for Supervision and Curriculum Development.

Marzano, R. J. (2007). *The Art and Science of Teaching: A Comprehensive Framework for Effective Instruction*. Alexandria, VA: Association for Supervision and Curriculum Development.

Masters, J. C., et al. (2001). "Assessment of Multiple-Choice Questions in Selected Test Banks Accompanying Textbooks Used in Nursing Education." *Journal of Nursing Education* 40(1), 25–31.

McAlpine, J., S. Jeweler, B. Weincek, & M. Findbiner. (1987). "Creative Problem Solving and Bloom: The Thinking Connection." *Gifted Child Today* 10, 11–14.

McCormick, D. F., & S. M. Whittington. (2000). "Assessing Academic Challenges for Their Contribution to Cognitive Development." *Journal of Agricultural Education* 41(3), 114–122.

McEwan, A. E. (2012). "Time and Teaching." *Educational Forum* 76(1), 81–89.

McLaughlin, M. W., & D. C. Phillips, Eds. (1991). *Evaluation and Education at Quarter Century. Nineteenth Yearbook of the National Society for the Study of Education, Part II*. Chicago: University of Chicago Press.

Mertler, C. A. (2008). *Action Research: Teachers as Researchers in the Classroom* (2nd. ed.). Thousand Oaks, CA: Sage.

Moore, K. D., & C. Quinn. (1994). *Secondary Instructional Methods*. Madison, WI: WCB Brown & Benchmark.

Moore, K. D. (2015). *Effective Instructional Strategies: From Theory to Practice*. (3rd. Ed.) Thousand Oaks, CA, Sage.

Morgan, T. (1996). "Using Technology to Enhance Learning: Changing the Chunks." *Learning and Leading with Technology* 23(5), 49–51.

National Commission on Excellence in Education. (1983). *A Nation at Risk: The Imperative for Educational Reform*. Washington, DC: Author.

Nickerson, R. (1985). "Understanding Understanding." *American Journal of Education* 93, 201–239.

Noddings, N. (2007). *When School Reform Goes Wrong*. New York: Teachers College Press.

Orlich, D. C. (1991). "A New Analogue for the Cognitive Taxonomy." *The Clearing House* 64(3), 159–161.

Paul, R. (1985). "Bloom's Taxonomy and Critical Thinking Instruction." *Educational Leadership* 42(8), 36–39.

Penue, W. R., & L. P. Gallagher. (2009). "Preparing Teachers to Design Instruction for Deep Understanding in Middle School Earth Sciences." *Journal of Learning Sciences* 18(4), 461–508.

P. L. 107–110. (2002). "No Child Left Behind Act of 2001." Washington, DC: 107th Congress, 1st Session, January 8, 2002.

Pratt, D. (1994). *Curriculum Planning: A Handbook for Professionals*. New York: Harcourt Brace.

Raths, L. E. (1967). *Teaching for Thinking: Theory and Application*. Columbus, OH: Merrill.

Riel, M. (2010). *Understanding Action Research*. Malibu, CA: Pepperdine University, Center for Collaborative Research.

Risner, G. P., J. I. Nicholson, & B. Webb. (2000, Nov. 15–17). "Cognitive Levels of Questioning Demonstrated by New Social Studies Textbooks: What the Future Holds for Elementary Students." Paper presented at the Annual Meeting of the Mid-South Educational Research Association, Bowling Green, KY. ED 448 108.

Rohwer, W. D. Jr., & K. Sloane. (1994). "Psychological Perspectives." In L. W. Anderson & L. A. Sosniak, Eds., *Bloom's Taxonomy: A Forty-Year Perspective*. Ninety-Third Yearbook of the National Society for the Study of Education, Part III, pp. 41–63. Chicago: University of Chicago Press.

Roseman, J. E., & M. Koppal. (2015). "Aligned-or Not?" *Educational Leadership* 72(4), 24–27.

Schurr, S. (2001). *How to Improve Discussion and Questioning Practices: Tools and Techniques. Staff Development Kit # 2*. Westerville, OH: National Middle Schools Association. ED 453 196.

Shaunessy, E. (2000). "Questioning Technique in the Gifted Classroom." *Gifted Child Today Magazine* 25(5), 14–21.

Squires, D. A. (2009). *Curriculum Alignment: Research-Based Strategies for Increasing Student Achievement*. Thousand Oaks, CA: Corwin.

Tharp, J. M. (2008). *Breaking the Cycle of Failed School Reform: What Five Failed Reforms Tell Us*. Lanham, MD: Rowman & Littlefield Education.

van der Wal, R. J., & R. van der Wal. (2003). "Assessing Life Skills in Young Working Adults- Part 1: The Development of an Alternative Instrument." *Education + Training* 45(3), 139–151.

Wenglinsky, H. (2000). *How Teaching Matters: Bringing the Classroom Back Into Discussions of Teacher Quality*. Princeton, NJ: The Milken Family Foundation and Educational Testing Service.

White, S., C. Smith, & A. Vanneman. (2000). "How Does NAEP Select Schools and Students?" *Education Statistics Quarterly* 2(3), 1–3.

Wiggins, G., & J. McTighe. (2005). *Understanding by Design* (2nd ed.). Alexandria, VA: Association for Supervision and Curriculum Development.

Wiggins, G., & J. McTighe. (2008). "Put Understanding First." *Educational Leadership* 65(8), 36–41.

第五章

Bateman, B. D., & M. A. Linden. (1998–2000). *Better IEPs* (3rd ed.). Longmont, CO: Sopris West.

Baylor, A., A. Kitsantas, & H. Chung. (2001). "The Instructional Planning Self-Reflective Tool: A Method for Promoting Effective Lesson Planning." *Educational Technology* 41(2): 56–59.

Bloom, B. S. (1976). *Human Characteristics and School Learning*. New York: McGraw-Hill.

Brown, S. D. (2009). "History Circles: The Doing of Teaching History." *History Teacher* 42(2): 191–203.

Bryant, C., & R. Bryant. (2000). "Social Studies in the Block Schedule: A Model for Effective Lesson Design." *Social Studies* 91(1): 9–16.

Clark, C. M. & P. L. Peterson. (1986). "Teachers' Thought Processes." In M. C. Wittrock, Ed., Handbook of Research on Teaching (3rd ed.). New York: Macmillan.

Clement, M. C. (2000). "Just How Do You Teach Someone to Be a Teacher?" *Phi Delta Kappan* 82(4): 308–309.

Craft, H., & P. D. Bland. (2004). "Ensuring Lessons Teach the Curriculum with a Lesson Plan Resource." *Clearing House* 78(2): 88–93.

deGroot, E. et al. (2014). "Critically Reflective Dialogues in Learning Communities of Professionals." *Studies in Continuing Education* 36(1): 15–37.

Drost, B. R., A. C. Levine. (2015). "An Analysis of Strategies for Teaching Standards-Based Lesson Plan Alignment to Preservice Teachers." *Journal of Education* 195(2): 37–47.

Duncan, C. A., & J. M. Clemons. (2012). "Closure: It's More than Just Lining Up." *Strategies: A Journal for Physical and Sport Educators* 25(5):30–32.

English, F. W. (2010). *Deciding What to Teach and Test: Developing, Aligning, and Leading the Curriculum* (3rd ed.). Thousand Oaks, CA: Corwin.

Fisher, D. (2000). "Curriculum and Instruction for all Abilities and Intelligences." *High School Magazine* 7(7): 21–25, 52.

Furtado, L., D. Anderson. (2012). "The Reflective Teacher Leader: An Action Research Model." *Journal of School Leadership* 22(3) 531–568.

Gettinger, M., & K. C. Stoiber. (1999). "Excellence in Teaching. Review of Instructional and Environmental Variables." In Cecil R. Reynolds & Terry B. Gutkin, Eds., *The Handbook of School Psychology* (3rd ed.), pp. 933–958. New York: Wiley.

Green, T. D., A. H. Brown, & L. K. Robinson. (2008). *Making the Most of the Web in Your Classroom: A Teacher's Guide to Blogs, Podcasts, Wikis, Pages, and Sites*. Thousand Oaks: Corwin.

Guskey, T. R. (2005). "Mapping the Road to Proficiency." *Educational Leadership* 63(3): 32–38.

Hagie, C., R. Halualani, R. Henze, J. O. Osland, C. Peterson, M. Saleem, & S. Wilkenson. (2006). *What Do Expert Teachers of Diverse Learners Know and Do?* San Jose, CA: Center for Faculty Development, San Jose State University.

Hanifi, H., D. Kelly, & Y. Zeegers. (2003). "Planning a Unit of Work: Incorporating Students' Questions." *Investigating 19*(1): 24–29.

Hardman, M. L., C. J. Drew, & M. W. Egan. (2008). *Human Exceptionality: School, Community and Family* (9th ed.). Boston: Houghton Mifflin.

Horton, T. A., & J. A. Barnett. (2008). "Thematic Unit Planning in Social Studies: Make it Focused and Meaningful." *Canadian Social Studies 41*(1): 1–8.

House, J. D., R. S. Hurst, & E. J. Keely. (1996). "Relationship Between Learner Attitudes, Prior Achievement, and Performance in a General Education Course: A Multi-Institutional Study." *International Journal of Instructional Media 23*(3): 257–271.

Jacobs, H. H., Ed. (2004). *Getting Results with Curriculum Mapping*. Alexandria, VA: Association for Supervision and Curriculum Development.

Johnson, A. P. (2000). "It's Time for Madeline Hunter to Go: A New Look at Lesson Plan Design." *Action in Teacher Education 22*(1): 72–78.

Johnston, J., M. Knight, & L. Miller. (2007). "Finding Time for Teams." *Journal of Staff Development 28*(2): 14–19.

Kaplan, S. M. (1979). *Inservice Training Manual: Activities for Development Curriculum for the Gifted/Talented*. Ventura, CA: Ventura County Schools.

Kunkel, C. (2008). "The Power of Key: Celebrating 20 Years of Innovation as a Key Learning Community." *Phi Delta Kappan 89*(3): 204–209.

Lynch, S. A., & L. Warner. (2008). "Creating Lesson Plans for All Learners." *Kappa Delta Pi Record 45*(1): 10–15.

McBer, H. (2000, June). *Research Into Teacher Effectiveness*. London: Report by Hay McBer to the Department for Education and Employment.

McGrath, M. Z., & B. H. Johns. (2006). *The Teacher's Reflective Calendar and Planning Journal*. Thousand Oaks, CA: Corwin.

McNary, S., N. A. Glasgow, & C. D. Hicks. (2005). *What Successful Teachers Do in Inclusive Classrooms: 60 Research-Based Teaching Strategies that Help Special Learners Succeed*. Thousand Oaks, CA: Corwin.

Meyen, E., & D. Greer. (2009). "The Role of Instructional Planning for Students with Learning Disabilities." *Focus on Exceptional Children 41*(5): 1–12.

Mitchell, D. E., F. I. Ortiz, & T. K. Mitchell. (1987). *Work Orientations and Job Performance: The Cultural Basis of Teaching Rewards and Incentives*. Albany: State University of New York Press.

Moore, L. (2009). *The High Trust Classroom*. Larchmont, NY: Eye on Education.

Murphy, J., & D. Torre. (2015). "Vision: Essential Scaffolding." *Educational Management Administration & Leadership 43*(2): 177–197.

Ornstein, A. C., & T. J. Lasley II. (2004). *Strategies for Effective Teaching* (3rd ed.). Boston: McGraw-Hill.

Roberts, P. L., & R. D. Kellough. (2006). *A Guide for Developing Interdisciplinary Thematic Units* (4th ed.). New York: Prentice Hall.

Rose, D. H., & A. Meyer. (2002). *Teaching Every Student in the Digital Age: Universal Design for Learning*. Alexandria, VA: Association for Supervision and Curriculum Development.

Rose, D. H., & A. Meyer. (2006). *A Practical Reader in Universal Design for Learning*. Cambridge, MA: Harvard Education Press.

Sardo-Brown, D. S. (1988). "Twelve Middle-School Teachers' Planning." *The Elementary School Journal* 89(1): 69–87.

Shaffer, D. W., P. Nash, & A. R. Ruis. (2015). "Technology and the New Professionalization of Teaching." *Teachers College Record* 117(12).

Scheer, A., C. Noweski, & C. Meinel. (2012). "Transforming Constructivist Learning Into Action: Design Thinking in Education." *Design and Technology Education* 17(3): 8–19.

Schön, D. A. (1995). *The Reflective Practitioner: How Professionals Think in Action*. Aldershot, U.K: Arena.

Sizer, T. R. (1996). *Horace's Hope: What Works for the American High School*. Boston: Houghton Mifflin.

Tomlinson, C. A., & J. McTighe. (2006). *Integrating Differentiated Instruction and Understanding By Design: Connecting Content and Kids*. Alexandria, VA: Association for Supervision and Curriculum Development.

Tyler, R. W. (1949). *Basic Principles of Curriculum and Instruction*. Chicago, IL: University of Chicago Press.

Vasquez, J. A. (2015) "STEM—Beyond the Acronym." *Educational Leadership* 72(4): 10–15.

Walsh, F. M. (1992). *Planning Behaviors of Distinguished and Award-Winning High School Teachers*. Unpublished doctoral dissertation, Washington State University, Pullman. Various ideas and materials reprinted by permission of the author.

Washington State Commission on Student Learning. (2007). *Revised Essential Learnings: Reading, Writing, Communication, Mathematics*. Olympia, WA: Commission on Student Learning.

Wepking, M. (2009). "From Communication to Cooperation to Collaboration: School and Public Librarians as Partners for Student Success." *Library Media Connection* 28(3): 24–26.

Wiggins, G., & J. McTighe. (2005). *Understanding by Design* (expanded 2nd ed.). Alexandria, VA: Association for Supervision and Curriculum Development.

Wilburne, J. M., & W. Peterson. (2007). "Using a (BDA) Before-During-After Model to Plan Effective Mathematics Lessons." *Mathematics Teacher* 101(3): 209–213.

Wolcott, H. F. (1994). Transforming Qualitative Data. Thousand Oaks, Sage.

Yelon, S. L. (1996). *Powerful Principles of Instruction*. White Plains, NY: Longman.

Ysseldyke, J. E., B. Algozzine, & M. L. Thurlow. (2000). *Critical Issues in Special Education* (3rd ed.). Boston: Houghton Mifflin.

Ysseldyke, J. E., & M. Burns. (2009). "Functional Assessment of Instructional Environments for the Purpose of Making Data-Driven Instructional Decisions." In Terry B. Gutkin & Cecil R. Reynolds, Eds., *The Handbook of School Psychology* (4th ed.), pp. 410–433. Hoboken, NJ: Wiley.

Zemelman, S., H. Daniels, & A. Hyde. (1998). *Best Practice: New Standards for Teaching and Learning in America's Schools* (2nd ed.). Portsmouth, NH: Heinemann.

Zimmerman, L. W. (2015). "Critiquing Questions." *English Teaching Forum* 53(3): 32–34.

第六章

Aborn, M. (2006). "An Intelligent Use for Belief." *Education* 127(1): 83–85.

Alibali, M. W., & Sidney, P. G. (2015). The role of intraindividual variability in learning in childhood and adolescence. In M. Diehl, K. Hooker, & M. Sliwinski (Eds.) H*andbook of intraindividual variability across the lifespan* (pp. 84–102). New York, NY: Taylor and Francis.

Ambard, P.D., & L.K. Ambard. (2012). "Effects of Narrative Script Advance Organizer Strategies Used to Introduce Video in the Foreign Language Classroom." *Foreign Language Annals* 45(2): 203–228.

Armstrong, T. (2009). *Multiple Intelligences in the Classroom* (3rd ed.). Alexandria, VA: Association for Supervision and Curriculum Development.

Ausubel, D. P. (1968). *Educational Psychology: A Cognitive View*. New York: Holt, Rinehart & Winston.

Bailey, V. (2001). "The Writing Trek." *TechTrends* 45(2): 14–15.

Baker, J. C., & F. G. Martin. (1998). *A Neural Network Guide to Teaching* (Fastback 431). Bloomington, IN: Phi Delta Kappa Education Foundation.

Banks, J. A. (2003). *Teaching Strategies for Ethnic Studies* (7th ed.). Boston: Allyn and Bacon.

Banks, J. A., & C. A. McGee Banks (Eds.). (2004). *Handbook of Research on Multicultural Education* (2nd ed.). San Francisco: Jossey-Bass.

Barbosa, H. R., M. V. Marques, & B. B. Torres. (2005). "Advance Organizer for Teaching Bacterial Metabolism." *Biochemistry and Molecular Biology Education* 33(4): 265–268.

Baxendell, B. W. (2003). "Consistent, Coherent, Creative: The 3 C's of Graphic Organizers." *Teaching Exceptional Children* 35(3): 46–53.

Baylor, A., A. Kitsantas, & H. Chung. (2001). "The Instructional Planning Self-Reflective Tool: A Method for Promoting Effective Lesson Planning." *Educational Technology* 41(2): 56–59.

Beliavsky, N. (2006). "Revisiting Vygotsky and Gardner, Realizing Human Potential." *Journal of Aesthetic Education* 40(2): 1–11.

Birkili, M. (2007). "Making the Case for a Conceptually Based Curriculum in Early Childhood Education." *Early Childhood Education Journal* 35(2): 141–147.

Bishop, A.E., M. Sawyer, S.R. Alber-Morgan, & M. Boggs. (2015). "Effects of a Graphic Organizer Training Package on the Persuasive Writing of Middle School Students with Autism." *Education and Training in Autism and Developmental Disabilities* 50(3): 290–302.

Black, S. (2001). "Stretching Students' Minds." *American School Board Journal* 188(6): 31–33.

Brown, B., & W. DeLuca. (2015). "Comparing Traditional versus Alternative Sequencing of Instruction When Using Simulation Modeling." *Journal of STEM Education: Innovations and Research* 16(1): 5–10.

Branden, K.V. (Ed.). (2006). *Task-Based Language Education: From Theory to Practice*. Cambridge, UK: Cambridge University Press.

Broeder, P., & J. Murre (Eds.). (2000). *Models of Language Acquisition: Inductive and Deductive Approaches*. New York: Oxford.

Bruer, J. T. (1999). "In Search of . . . Brain-Based Education." *Phi Delta Kappan* 80(9): 648–654.

Bulgren, J.A., J. O. Ellis, & J. G. Marquis. (2014). "The Use and Effectiveness of Argumentation and Evaluation Intervention in Science Classes." *Journal of Science Education and Technology*. 23(1): 82–97.

Caine, R. M., & G. Caine. (1997). *Education on the Edge of Possibility*. Alexandria, VA: Association for Supervision and Curriculum Development.

Calhoun, S., & J. Haley. (2003). *Improving Student Writing Through Different Writing Styles*. Chicago: Saint Xavier University and Skylight Professional Development Field-Based Master's Program. ED 473 052.

Capretz, K., B. Ricker, & A. Sasak. (2003). *Improving Organizational Skills Through the Use of Graphic Organizers*. Chicago: Saint Xavier University and Skylight Professional Development, M.A. Research Project. ED 473 056.

Cheon, J., S, Chung, J. Song, & Y. Kim. (2015). "An Investigation of the Effects of a Graphic Organizer in an Online Serious Game on Learning Outcomes and Attitudinal Perceptions." *Interactive Learning Environments* 23(4): 437–452.

Chuang, H-H., & H-C. Liu. (2014). "Investigating the Effect of Different Verbal Formats of Advance Organizers on Third Graders' Understanding of Heat Transfer Concept." *International Journal of Education in Mathematics, Science and Technology* 2(1): 78–84.

Cole, M., J. Wilhelm, & H. Yang. (2015). "Student Moon Observations and Spatial-Scientific Reasoning." *International Journal of Science Education* 37(11): 1815–1833.

Crawford, G. B. (2007). *Brain-Based Teaching with Adolescent Learning in Mind* (2nd ed.). Thousand Oaks, CA: Corwin.

Cuban, L. (2004). "Assessing the 20-Year Impact of Multiple Intelligences on Schooling." *Teachers College Record* 106(1): 140–146.

Cushner, K., A. McClelland, & P. Safford. (2003). *Human Diversity in Education: An Integrative Approach* (4th ed.). New York: McGraw-Hill.

Del Moral-Perez, E. M., L. C. Fernandez-Garcia, & A.P. Guznman-Duque. (2015). "Videogames: Multisensory Incentives Boosting Multiple Intelligences in Primary Education." *Electronic Journal of Research in Educational Psychology* 13(2): 243–270

Delaney, C. J., & F. K. Shafer. (2007). "Teaching to Multiple Intelligences by Following a 'Slime Trail.'" *Middle School Journal* 39(1): 38–43.

Dembo, M. H., & K. Howard. (2007). "Advice About the Use of Learning Styles: A Major Myth in Education." *Journal of College Reading and Learning* 37(2): 101–109.

Diaz-Lefebure, R. (2006). "Learning for Understanding: A Faculty Driven Paradigm Shift in Learning, Imaginative Teaching and Creative Assessment." *Community College Journal of Research and Practice* 30(2): 135–137.

Dids, N. (2015). "The Analysis of Analog Use in the Teaching of Introduction Quantum Theory." *Chemistry Education Research and Practice* 16(2): 355–376.

Dochy, F. J. R., & P. A. Alexander. (1995). "Mapping Prior Knowledge: A Framework for Discussion Among Researchers." *European Journal of Psychology of Education* 10(3): 225–242.

Eden, G. F., F. B. Wood, & J. F. Stein. (2003). "Clock Drawing in Development Dyslexia." *Journal of Learning Disabilities* 36(3): 216–218.

Engerman, J., M. Rusek, & R. Clariana. (2014). "Excel Spreadsheets for Algebra: Improving Mental Modeling for Problem Solving." *Journal of Computers in Mathematics and Science Teaching* 33(4): 409–427.

Erlauer, L. (2003). *The Brain-Compatible Classroom: Using What We Know About Learning to Improve Teaching*. Alexandria, VA: Association for Supervision and Curriculum Development.

Eaves, M. (2009). "Learning Styles Technology and Supporting Overseas Learners." *Multicultural Education and Technology* 3(1): 61–73.

Farmer, L. S. J. (2004). "Left Brain, Right Brain, Whole Brain." *School Library Media Activities Monthly* 21(2): 27–28.

Fernandez, S. F. (2011). "Brain Hemisphericity and Mathematics Achievement of high School Students." Online Submission, M.A. Thesis, West Visayas State University.

Fitzhugh, W. P. (1995). "Magazine Geography: Using Magazine Pictures to Enhance Social Studies Instruction." ERIC Document Reproduction Service No. ED 390 784.

Gagné, R. M., W. W. Wager, K. Golas, & J. M. Keller. (2005). *Principles of Instructional Design* (5th ed.). Belmont, CA: Wadsworth.

Gardner, H. (1985). *Frames of Mind: The Theory of Multiple Intelligences*. New York: Basic Books.

Gardner, H. (1991). *The Unschooled Mind: How Children Think and How Schools Should Teach*. New York: Basic Books.

Gardner, H. (1993). *Multiple Intelligences: The Theory in Practice*. New York: Basic Books.

Gardner, H. (1999a). *Intelligence Reframed: Multiple Intelligences for the 21st Century*. New York: Basic Books.

Gardner, H. (1999b). "Who Owns Intelligence?" *The Atlantic Monthly* 283(2): 67–76.

Gardner, H. (2006). *Multiple Intelligences*. New York: Basic Books.

Gil-Garcia, A., & J. Villegas. (2003). *Engaging Minds, Enhancing Comprehension and Constructing Knowledge through Visual Representations*. Paper presented at a Conference on Word Association for Case Method Research and Application. Bordeaux, France, June 29–July 2, 2003. ED 480 131.

Given, B. K. (2002). *Teaching to the Brain's Natural Learning Systems*. Alexandria, VA: Association for Supervision and Curriculum Development.

Gruenhagen, L. M., & R. Whitcom. (2014). "Improvisational Practices in Elementary General Music Classrooms." *Journal of Research in Music Education* 61(4): 379–395.

Gurbuz, R., O. Birgin., & H. Catlioglu. (2014). "The Effects of Activities Based on the Multiple Intelligence Theory of Students' Conceptual Learning and Their Retention: A Case of Circle and Cylinder." Online Submission, *Technics Technologies Education Management* 9(1): 197–205.

Gurlitt, J., S. Dummel, S. Schuster, & M. Nuckles. (2012). "Differently Structured Advance Organizers Lead to Different Initial Schemata and Learning Outcomes." *Instructional Science: An International Journal of the Learning Sciences* 40(2): 351–369.

Hale, J. A. (2010). *An Educational Leader's Guide to Curriculum Mapping*. Thousand Oaks, CA: Corwin.

Harvey, S., & K. Jarrett. (2014). "A Review of the Game-Centered Approaches to Teaching and Coaching Literature since 2008." *Physical Education and Sport Pedagogy* 19(3): 278–300.

Hattie, J. C. (2009). *Visible Learning: A Synthesis of Over 800 Meta-Analyses Relating to Achievement*.

London and New York: Routledge, Taylor & Francis Group.

Hellige, J. P. (1988). "Split-Brain Controversy." In R. A. Gorton, G. T. Schneider, & J. J. Fisher, Eds., *Encyclopedia of School Administration and Supervision*. Phoenix: Oryx.

Hill, B. (2005, Spring). "Learning Styles and Standardized Test Scores: Is There a Connection?" *The Delta Kappan Bulletin 20*: 27–30.

Hines, T. (1991). "The Myth of Right Hemisphere Creativity." *Journal of Creative Behavior 25*: 223–227.

Holyoak, K. J., & R. G. Morrison (Eds.). (2005). *The Cambridge Handbook of Thinking and Reasoning*. New York: Cambridge University Press.

Hsu, Y-S., T-L. Lai, & W-H. Hsu. (2015). "A Design Model of Distributed Scaffolding for Inquiry-Based Learning." *Research in Science Education 45*(2): 241–273.

Ives, B. (2007). "Graphic Organizers Applied to Secondary Algebra Instruction for Students with Learning Disabilities." *Learning Disabilities Research and Practice 22*(2): 110–118.

Jackson, J., & R. Narvaez. (2013). "Interactive Word Walls." *Science & Children 51*(1): 42–49.

Jensen, E. (2000). "Brain-Based Learning: A Reality Check." *Educational Leadership 57*(7): 76–80.

Jensen, E. (2005). *Teaching with the Brain in Mind* (2nd ed.). Alexandria, VA: Association for Supervision and Curriculum Development.

Jiang, X., & W. Grabe. (2007). "Graphic Organizers in Reading Instruction Research Findings and Issues." *Reading in a Foreign Language 19*(1): 34–35.

Kling, G., & J.M. Bay-Williams. (2015) "Three Steps to Mastering Multiplication Facts." *Teaching Children Mathematics 21*(9): 548–559.

Knapp, M. S., & S. Woolverton. (2004). "Social Class and Schooling." In J. A. Banks & C. A. M. Banks, Eds., *Handbook of Research on Multicultural Education* (2nd ed.), pp. 656–681. San Francisco: Jossey-Bass.

Koscianski, A., R.J. Ribeiro, & S.C.R. Da Silva. (2012). "Short Animation Movies as Advance Organizers in Physics Teaching: A Preliminary Study." *Research in Science and Technological Education 30*(3): 255–269.

Kovalik, C. L., & M. A. Williams. (2011). "Cartoons as Advance Organizers." *Journal of Visual Literacy 30*(2): 40–64.

Kuo, Y., H. Chu, & C. Huang. (2015). "A Learning Style-Based Grouping Collaborative Learning Approach to Improve EFL Students' Performance in English Courses." *Educational Technology & Society 18*(2): 284–298.

Layne, T., & P. Hastie. (2015). "A Task Analysis of Sport Education Physical Education Season for Fourth Grade Students." *Physical Education and Sport Pedagogy 20*(3): 314–328.

Lazear, D. (2003). *Eight Ways of Teaching: The Artistry of Teaching with Multiple Intelligences* (4th ed.). Glenview, IL: Skylight.

Lazonder, A. W., & S. Wiskerke-Drost. (2015). "Advancing Scientific Reasoning in Upper Elementary Classrooms: Direct Instruction versus Task Restructuring." *Journal of Science Education and Technology 24*(1): 69–77.

Lin, Chih-Lung, & F. M. Dwyer. (2004). "Effect of Varied Animated Enhancement Strategies in Facilitating Achievement of Different Educational Objectives." *International Journal of Instructional Media 31*(2): 185.

Mak, A. K. Y., & J. G. Hutton. (2014). "Using Feature Films to Teach Public Relations: An Assessment Model from Nonmajor Students' Perspective." *Journalism and Mass Communication Educator* 69(4): 386–403.

Marzano, R. J. (2004). *Building Background Knowledge for Academic Achievement: Research on What Works in Schools*. Alexandria, VA: Association for Supervision and Curriculum Development.

Marzano, R. J., J. S. Norford, D. E. Paynter, D. J. Pickering, & B. B. Gaddy. (2001). *A Handbook for Classroom Instruction That Works*. Alexandria, VA: Association for Supervision and Curriculum Development.

Marzano, R. J., D. J. Pickering, & J. E. Pollock. (2001). *Classroom Instruction That Works: Research-Based Strategies for Increasing Student Achievement*. Alexandria, VA: Association for Supervision and Curriculum Development.

Meyer, J. H. F., & R. Land (Eds.). (2006). *Overcoming Barriers to Student Understanding: Threshold Concepts and Troublesome Knowledge*. New York: Routledge.

Mitchell, B., S. Xu, Q. Jin, D. Patten, & I. Goldsborough. (2009). "A Cross-cultural Comparison of Anatomy Learning Styles and Strategies." *Anatomical Sciences Education* 2(2): 49–60.

Moore, Kenneth D. (2008). *Effective Instructional Strategies: From Theory to Practice*. Los Angeles: Sage.

Morrison, Gary R., S. R. Ross, J. E. Kemp, & H. Kalmon. (2010). *Designing Effective Instruction* (6th ed.). Hoboken, NJ: Wiley.

Myrah, G. E., & L. Erlauer. (1999). "The Benefits of Brain Research: One District's Story." *High School Magazine* 7(1): 34–40.

Palmer, J., R.T. Boon, & V.G. Spencer. (2014). "Effects of Concept Mapping Instruction on Vocabulary Acquisition Skills of Seventh Graders with Mild Disabilities: A Replication Study." *Reading & Writing Quarterly* 30(2): 165–182.

Polly, D., A. Margerison, & J. A. Piel. (2014). "Kindergarten Teachers' Orientation to Teacher-Centered and Student-Centered Pedagogies and Their Influence on Their Students' Understanding of Addition." *Journal of Research in Childhood Education* 28(1): 1–17.

Plummer, J. D., & L. Maynard. (2014). "Building a Learning Progression for Celestial Motion: An Exploration of Students' Reasoning about the Seasons." *Journal of Research in Science Teaching* 51(7): 902–929.

Popova, A., P. A. Kirschner, & R. Joiner. (2014). "Effects of Primer Podcasts on Stimulating Learning from Lectures: How do Students Engage." *British Journal of Educational Technology* 45(2): 330–339.

Reigeluth, C. M., & B. J. Beatty. (2003). "Why Children Are Left Behind and What We Can Do About It." *Educational Technology* 43(5): 24–32.

Ritchhart, R., & D. Perkins. (2008). "Making Thinking Visible." *Educational Leadership* 65(5): 57–61.

Ross, J. A., C. D. Bruce, & T. M. Sibbald. (2011). "Sequencing Computer-Assisted Learning of Transformations of Trigonometric Functions." *Journal of the IMA* 30(3): 120–137.

Sample, E., & M. Michel. (2014). "An Exploratory Study Into Trade-Off Effects of Complexity, Accuracy, and Fluency on Young Learners' Oral Task Repetition." *TESL Canada Journal* 31(8): 23–46.

Schleppegrell, M. J., & A. L. Go. (2007). "Analyzing the Writing of English Learners: A Functional Approach." *Language Arts* 84(6): 529–538.

Schnotz, W., U. Ludewig, M. Ullrich, H. Holger, N. McElvany, & J. Baumert. (2014). "Strategy Shifts during Learning from Texts and Pictures." *Journal of Educational Psychology 106*(4): 974–989.

Sciullo, N. J. (2014). "Using Hip-Hop Music and Music Videos to Teach Aristotle's Three Proofs." *Communication Teacher 28*(3): 165–169.

Slack, N., & B. Norwich. (2007). "Evaluating the Reliability and Validity of a Learning Styles Inventory: A Classroom-Based Study." *Educational Research 49*(1): 51–63.

Slavin, R. E. (2003). *Educational Psychology: Theory and Practice* (7th ed.). Boston: Allyn and Bacon.

Smith, M. (2008). "Howard Gardner and Multiple Intelligences." *Encyclopedia of Informal Education*. http://www.infed.org/thinkers.gardner.htm.

Sokolowski, A. (2014). "Modeling Rate for Change of Speed in Calculus Proposal of Inductive Inquiry." *International Journal of Mathematics Education in Science and Technology 45*(2): 174–189.

Stanford, P. (2003). "Multiple Intelligence for Every Classroom." *Interaction in School and Clinic 39*(2): 80–85.

Sternberg, R. J. (1997). *Thinking Styles*. New York: Cambridge University Press.

Sylwester, R. (2007). *The Adolescent Brain: Reaching for Autonomy*. Thousand Oaks, CA: Corwin.

Tate, M. L. (2003). *Worksheets Don't Grow Dendrites*. Thousand Oaks, CA: Corwin.

Threeton, M., & R. A. Walter. (2009). "Automotive Technology Students' Learning Styles and Their Implications for Faculty." *Journal of Industrial Teacher Education 46*(3): 7–33.

Tippett, C. (2003). "Demonstrating Understanding in Science: Connection to Learning Styles." *Canadian Children 28*(1): 21–28.

Vasilyev, Y. (2003). "The Network of Concepts and Facts: Forming a System of Conclusions Through Reflection." *Thinking Classroom 4*(2): 29–33.

Visintainer, T., & M. Linn. (2015). "Sixth-Grade Students' Progress in Understanding the Mechanisms of Global Climate Change." *Journal of Science Education and Technology 24*(2–3): 287–310.

Viachos, F., E. Andreou, & A. Delliou. (2013). "Brain Hemisphericity and Development Dyslexia." *Research in Developmental Disabilities: A Multidisciplinary Journal 34*(5): 1536–1440.

Visser, B. A., M. C. Ashton, & P. A. Vernon. (2006a). "Beyond g: Putting Multiple Intelligences Theory to the Test." *Intelligence 34*(5): 487–502.

Visser, B. A., M. C. Ashton, & P. A. Vernon. (2006b). "g and the Measurement of Multiple Intelligences: A Response to Gardner." *Intelligence 34*(5): 507–510.

Wang, M., & K. Koda. (2007). "Commonalities and Differences in Word Identification Skills Among Learners of English as a Second Language." *Language Learning 57*(1): 201–222.

Waterhouse, L. (2006). "Inadequate Evidence for Multiple Intelligence, Mozart Effect and Emotional Intelligence Theories." *Educational Psychologist 41*(4): 247–255.

Weiss, R. P. (2000). "Brain-Based Learning." *Training and Development 54*(7): 20–24.

Wilberschied, L., & P. M. Berman. (2004). "Effect of Using Photos from Authentic Comprehension in a FLES Chinese Class." *Foreign Language Annals 37*(4): 534–543.

Wilson, W. J. (1996). *When Work Disappears: The World of the New Urban Poor*. New York: Knopf.

Winters, C. A. (2001, April 13). *Brain-Based Teaching: Fad or Promising Teaching Method*. University Park, IL: Governors State University.

Yeh, E. (2014). "Teaching Culture and Language through the Multiple Intelligences Film Teaching Model in the ESL/EFL Classroom." *Journal of Effective Teaching* 14(1): 63–79.

第七章

Adesope, O. O., & Trevisan, D. A. (2013). "The Neglected Benefits of Testing: Implications for Classroom and Self-Directed Learning." *The WERA Educational Journal* 5(2): 22–26.

Airasian, P. W., & Russell, M. K. (2008). *Classroom Assessment* (6th ed.). Boston: McGraw-Hill.

Black, P. (1998). *Testing: Friend or Foe? Theory and Practice of Assessment and Testing.* London: Falmer.

Black, P., Harrison, C., Lee, C., Marshall, B., & Wiliam, D. (2004). "Working Inside the Black Box: Assessment for Learning in the Classroom." *Phi Delta Kappan* 86(1): 8.

Black, P., & Wiliam, D. (1998). "Assessment and Classroom Learning." *Assessment in Education: Principles, Policy and Practice* 5(1): 7.

Bloom, B. S., et al. (Eds.) (1971). *Handbook on formative and Summative Evaluation of Student Learning.* New York: McGraw-Hill.

Brookhart, S. M. (2001). "Successful Students' Formative and Summative Uses of Assessment Information." *Assessment in Education* 8(2): 153–169.

Brookhart, S. M. (2004). "Classroom Assessment: Tensions and Intersections in Theory and Practice." *Teachers' College Record* 106(3): 429–458.

Cooke, L. (2004). Co-teaching: Principles, Practices, and Pragmatics. Workshop presented to the New Mexico Public Education Department, Quarterly Special Education Meeting.

Daniel, L. G., & King, D. A. (1998). "Knowledge and Use of Testing and Measurement Literacy of Elementary and Secondary Teachers." *Journal of Educational Research* 91(6): 331.

Datnow, A., & Hubbard, L. (2015). Teachers' use of assessment data to inform instruction: Lessons from the past and prospects for the future. *Teachers College Record* 117(4): 1–26.

Della-Piana, G. M. (2008). "Enduring Issues in Educational Assessment." *Phi Delta Kappan* 89(8): 590–592.

Dempster, F. N., & Perkins, P. G. (1993). "Revitalizing Classroom Assessment: Using Tests to Promote Learning." *Journal of Instructional Psychology* 20(3): 197.

Dunlosky, J., Rawson, K. A., Marsh, E. J., Nathan, M. J., & Willingham, D. T. (2013). Improving students' learning with effective learning techniques: Promising directions from cognitive and educational psychology. *Psychological Science in the Public Interest* 14(1): 4–58.

Far West Laboratory. (1992). "Using Portfolios to Assess Student Performance." *Knowledge Brief.* San Francisco: Number Nine.

Franklin, C. A., & Snow-Gerono, J. L. (2007). "Perceptions of Teaching in an Environment of Standardized Testing: Voices From the Field." *The Researcher* 21(1): 2–21.

Gronlund, N. E. (2006). *Assessment of Student Achievement* (8th ed.). Boston: Allyn and Bacon.

Haertel, E. H. (1999). "Performance Assessment and Education Reform." *Phi Delta Kappan* 80(9): 662.

Hattie, J. A. C. (2009). *Visible Learning: A Synthesis of Over 800 Meta-Analyses Relating to Achievement.*

London and New York: Routledge, Taylor & Francis.

Hattie, J., & Timperley, H. (2007). "The Power of Feedback." *Review of Education Research 77*(1): 81–112.

Laud, L., Hirsch, S., Patel, P., & Wagner, M. (2010). "Maximize Student Achievement with Formative Assessment." *ASCD Express,* 6(1). Retrieved October 14, 2010, at http://www.ascd.org/ascdexpress/vol6/601–laud.aspx.

Linn, R. L. (1998, November). *Assessments and Accountability. CSE Technical Report 490.* University of California, Los Angeles: National Center for Research on Evaluation, Standards, and Student Testing.

Marzano, R. J., Pickering, D. J., & Pollack, J. E. (2001). *Classroom Instruction That Works: Research-Based Strategies for Increasing Student Achievement.* Alexandria, VA: Association for Supervision and Curriculum Development.

Miller, D. M., Linn, R. L., & Gronlund, N. E. (2009). *Measurement and Assessment in Teaching* (10th ed.). Englewood Cliffs, NJ: Merrill.

Nichols, S., & Berliner, D. C. (2005, March). *The Inevitable Corruption of Indicators and Educators Through High-Stakes Testing.* Tempe: College of Education, Arizona State University, Education Policy Studies Laboratory.

Nitko, A. J. (2004). *Educational Assessment of Students* (4th ed.). Englewood Cliffs, NJ: Merrill.

Oosterhof, A. (2003). *Developing and Using Classroom Assessments* (3rd ed.). Englewood Cliffs, NJ: Prentice Hall.

Popham, W. J. (2006a). "Assessment for Learning. An Endangered Species?" *Educational Leadership 63*(5): 82–83.

Popham, W. J. (2006b). *Transformative Assessment.* Alexandria, VA: Association for Supervision and Curriculum Development.

Roe, B. D., Smith, S. H., Burns, P. C. (2009). *Teaching Reading in Today's Elementary Schools* (10th ed.). Boston: Houghton Mifflin.

Roediger III, H. L., Putnam, A. L., & Smith, M. A. (2011). "Ten Benefits of Testing and Their Applications to Educational Practice." *Psychology of Learning and Motivation 55*: 1–36.

Sadler, D. R. (1998). "Formative Assessment: Revisiting the Territory." *Assessment in Education: Principles, Policy and Practice 5*(1): 77.

Salvia, J., Ysseldyke, J. E., & Bolt, S. (2010). *Assessment* (11th ed.). Boston: Cengage.

Stiggins, R. J. (2008). *An Introduction to Student-Involved Assessment For Learning* (5th ed.). New York: Macmillan.

U.S. Department of Education. (2002). *No Child Left Behind.* Retrieved January 22, 2002, at http://www.ed.gov.

Verma, M., & Chhatwal, J. (1997). "Reliability of Essay Type Questions-Effect of Structuring." *Assessment in Education: Principles, Policy and Practice 4*(2): 265.

Wiggins, G., & McTighe, J. (2005). *Understanding by Design, Expanded* (2nd ed.). Alexandria, VA: Association for Supervision and Curriculum Development.

第八章

Adams, K. (2015). "Group Gramer." *English Teaching Forum* 53(3): 38–39.

Arnone, M. P. (2003). *Using Instructional Design Strategies to Foster Curiosity. ERIC Digest*. Syracuse, NY: ERIC Clearinghouse on Information and Technology. ED 479 842.

Beck, I. L., & M. G. McKeown. (2002). "Questioning the Author: Making Sense of Social Studies." *Educational Leadership* 60(3): 44–47.

Bianchini, J. A. (2008). "Mary Budd Rowe: A Storyteller of Science." *Cultural Studies of Science Education* 3(4): 799–810.

Bloom, B. S., Ed. (1956). *Taxonomy of Educational Objectives. Handbook I: Cognitive Domain*. New York: McKay.

Bond, N. (2007). "12 Questioning Strategies that Minimize Classroom Management Problems." *Kappa Delta Pi Record* 44(1): 18–21.

BouJaoude, S., & R. Tamim. (2008). "Middle School Students' Perceptions of the Instructional Value of Analogies, Summaries and Answering Questions in Life Science." *Science Educator* 17(1): 72–78.

Boyd, M., & D. Rubin. (2006). "How Contingent Questioning Promotes Extended Student Talk: A Function of Display Questions." *Journal of Literacy Research* 38(2): 141–169.

Callison, D. (1997). "Key Term: Questioning." *School Library Media Activities Monthly* 13(6): 30–32.

Chick, K. A. (2006). "Fostering Student Collaboration Through the Use of Historical Picture Books." *The Social Studies* 97(4): 152–157.

Chin, C. (2007). "Teacher Questioning in Science Classrooms: Approaches That Stimulate Productive Thinking." *Journal of Research in Science Teaching* 44(6): 815–843.

Christenbury, L., & P. P. Kelly. (1983). *Questioning: A Critical Path to Critical Thinking*. Urbana, IL: ERIC Clearinghouse on Reading and Communications Skills and the National Council of Teachers of English.

Commeyras, M. (1995). "What Can We Learn from Students' Questions?" *Theory into Practice* 34(2): 101–106.

Commeyras, M., & G. Sumner. (1996). *Questions Children Want to Discuss About Literature: What Teachers and Students Learned in a Second-Grade Classroom*. Athens, GA: National Reading Research Center. ED 390 031.

Crespo, S. (2002). "Praising and Correcting: Prospective Teachers Investigate Their Teacherly Talk." *Teaching and Teacher Education* 18(6): 739–758.

Dillon, J. T. (1982a). "Cognitive Correspondence Between Question/Statement and Response." *American Educational Research Journal* 19: 540–551.

Dillon, J. T. (1982b). "Do Your Questions Promote or Prevent Thinking?" *Learning* 11: 56–57, 59.

Dillon, J. T. (1990). *The Practice of Questioning*. London: Routledge.

Dylan, W. (2015), "Designing Great Hinge Questions." *Educational Leadership* 73(1): 40–44.

Egan, T. M., B. Cobb, & M. Anastasia. (2009). "Think Time: Formative Assessment Empowers

Teachers to Try New Practices." *Journal of Staff Development* 30(4): 40–42, 44–45.

Eppink, J. A. (2002). "Student-Created Rubrics: An Idea that Works." *Teaching Music* 9(4): 28–32.

Epstein, A. S. (2003). "How Planning and Reflection Develop Young Children's Thinking Skills." *Young Children* 58(5): 28–36.

Erickson, H. L. (2007). *Concept-Based Curriculum and Instruction for the Thinking Classroom*. Thousand Oaks, CA: Corwin.

Gall, M. D., & M. T. Artero-Boname. (1995). "Questioning." In L. W. Anderson, Ed., *International Encyclopedia of Teaching and Teacher Education* (2nd ed.), pp. 242–248. Tarrytown, NY: Elsevier Science.

Gettinger, M., & K. C. Stoiber. (1999). "Excellence in Teaching: Review of Instructional and Environmental Variables." In C. R. Reynolds & T. B. Gutkin, Eds., *The Handbook of School Psychology* (3rd ed.), pp. 933–958. New York: Wiley.

Gipperlich, W. R. (2006). "Effects of Increased Wait-Time on Student Participation." M.Ed. thesis. Cedar Rapids, IA: Graceland University, 51 pp.

Glickman, C. D. (2002). *Leadership for Learning: How to Help Teachers Succeed*. Alexandria, VA: Association for Supervision and Curriculum Development.

Good, T. L., & J. E. Brophy. (2008). *Looking in Classrooms, My Lab School Edition* (10th ed.). Boston: Allyn and Bacon.

Green, D., A. Brown, & L. Robinson. (2008). *Making the Most of the Web in Your Classroom: A Teacher's Guide to Blogs, Podcasts, Wikis, Pages, and Sites*. Thousand Oaks, CA: Corwin.

Greene, L. (2005). "Questioning Questions." *The National Teaching & Learning FORUM* 14(2): 1–4.

Harvey, S., & A. Goudvis. (2007). *Strategies that Work: Teaching Comprehension for Understanding and Engagement*. Markham, ON: Pembroke.

Heward, W. L. (1996). "Everyone Participates in This Class: Using Response Cards to Increase Active Student Response." *Teaching Exceptional Children* 28(2): 4–10.

Hill, J. D., & K. Flynn. (2008). "Asking the Right Questions: Teachers' Questions Can Build Students' English Language Skills." *Journal of Staff Development* 29(1): 46–52.

Jackson, C. W., & M. J. Larkin. (2002). "Rubric: Teaching Students to Use Grading Rubrics." *Teaching Exceptional Children* 35(1): 40–45.

Kelley, M. J., & N. Clausen-Grace. (2007). *Comprehension Shouldn't Be Silent: From Strategy Instruction to Student Independence*. Newark, DE: International Reading Association.

Kindem, C. J. (2006). "Promoting Higher-Order Thinking Through Questioning Techniques." St. Paul, MN: M. A. Thesis, Hamline University, 66 pp.

Klentschy, M. P., & L. Thompson. (2008). *Scaffolding Science Inquiry Through Lesson Design*. Portsmouth, NH: Heinemann.

Koechlin, C., & S. Zwaan. (2006). *Q Tasks: How To Empower Students to Ask Questions and Care About Answers*. Markham, ON: Pembroke Publishers.

Koegel, L. K., S. M. Carmarata, M. Valdez-Menchaca, & R. L. Koegel. (1998). "Setting Generalization of Question-Asking by Children with Autism." *American Journal on Mental Retardation* 102(4):

346–357.

Kounin, J. S. (1970). *Discipline and Group Management in Classrooms*. New York: Holt, Rinehart & Winston.

Kucan, L., & I. L. Beck. (1997). "Thinking Aloud and Reading Comprehension Research: Inquiry, Instruction and Social Interaction." *Review of Educational Research* 67(3): 271–299.

Kuhn, D. (2009). "Do Students Need to be Taught How to Reason?" *Educational Research Journal* 4(1): 1–6.

Lampert, N. (2006). "Enhancing Critical Thinking with Aesthetic, Critical, and Creative Inquiry." *Art Education* 59(5): 46–50.

L'Anson, J., S. Rodrigues, & G. Wilson. (2003). "Mirrors, Reflections and Refractions: The Contribution of Microteaching to Reflective Practice." *European Journal of Teacher Education* 26(2): 189–199.

Lyman, F. T. (1981). "The Responsive Classroom Discussion: The Inclusion of all Students." In A. Anderson, Ed., *Mainstreaming Digest*, pp. 109–113.

MacKenzie, A. H. (2001). "Brain Busters, Mind Games, and Science Chats." *Science Scope* 24(6): 54–58.

Martinello, M. L. (1998). "Learning to Question for Inquiry." *Educational Forum* 62(2): 164–171.

Marzano, R. J. (2007). *The Art and Science of Teaching: A Comprehensive Framework for Effective Instruction*. Alexandria, VA: Association for Supervision and Curriculum Development.

McKenzie, J. A. (2005). *Learning to Question to Wonder to Learn*. Bellingham, WA: FNO.

McKenzie, J. (2007). *Leading Questions: Managing Complexity in the Public and Private Sectors*. Seattle: FNO.

McTighe, J., & F. T. Lyman, Jr. (1988). "Cueing Thinking in the Classroom: The Promise of Theory-Embedded Tools." *Educational Leadership* 45(7): 18–24.

Moore, B., & T. Stanley. (2010). *Critical Thinking and Formative Assessments: Increasing the Rigor in Your Classroom*. Larchmont, NY: Eye on Education.

Moutray, C. L., J. A. Pollard, & J. McGinley. (2001). "Students Explore Text, Themselves, and Life Through Reader Response." *Middle School Journal* 35(5): 30–34.

Paul, R., & L. Elder. (2008). *The Miniature Guide to Critical Thinking Concepts and Tools*. Dillon Beach, CA: Foundation for Critical Thinking.

Rallis, S. F., G. B. Rossman, J. M. Phlegar, & A. Abeille. (1995). *Dynamic Teachers: Leaders of Change*. Thousand Oaks, CA: Corwin.

Richetti, C., & J. Sheerin. (1999). "Helping Students Ask the Right Questions." *Educational Leadership* 57(3): 58-62.

Richetti, C. T., & B. B. Tregoe. (2001). *Analytical Processes for School Leaders*. Alexandria, VA: Association for Supervision and Curriculum Development.

Rickard, A. (2014). "Unpacking Middle School Students' Ideas About Perimeter: A Case Study of Mathematical Discourse in the Classroom." *Mathematics Educator 23(2)*: 60–87.

Riley, J. P., II. (1986). "The Effects of Teachers' Wait-Time and Knowledge Comprehension Questioning on Science Achievement." *Journal of Research in Science Teaching* 23: 335–342.

Rowe, M. B. (1974). "Wait-Time and Rewards as Instructional Variables, Their Influence on Language, Logic and Fate Control. Part I: Fate Control." *Journal of Research in Science Teaching* 11: 81–94.

Rowe, M. B. (1978). "Wait, Wait, Wait." *Science and Mathematics 78*: 207–216.

Rowe, M. B. (1996). "Science, Silence, and Sanctions." *Science and Children 34*(1): 35–37.

Sangster, M. (2007, Sept.). "Reflecting on Pace." *Mathematics Teaching 204*: 34–36.

Savage, L. B. (1998). "Eliciting Critical Thinking Skills Through Questioning." *Clearing House 71*(5): 291-293.

Scherer, M. (2015). "Perspectives/The Species that Asks." *Educational Leadership 73*(1): 7–27.

Schiller, E., & J. Joseph. (2010). "A Framework for Facilitating Equitable Discourse in Science Classrooms." *Science Scope 33*(6): 56-60.

Schmid, E. C. (2009). *Interactive Whiteboard Technology in the Language Classroom: Exploring New Pedagogical Opportunities*. Saarbrkuecken, Germany: VDM.

Suchmann, J. R. (1966). *Inquiry Development Program in Physical Science*. Chicago: Science Research Associates.

Swift, J. N., C. T. Gooding, & P. R. Swift. (1995). "Using Research to Improve the Quality of Classroom Discussions." *Research Matters ... to the Science Teacher*, No. 9601. Cincinnati, OH: The National Association for Research in Science Teaching.

Tienken, C. H., S. Goldberg, & D. DiRocco. (2009). "Questioning the Questions." *Kappa Delta Pi Record 46*(1): 39–43.

Tobin, K. (1987). "The Role of Wait-Time in Higher Cognitive Level Learning." *Review of Educational Research 57*: 69–95.

Van Es, J. M. (2006). "Encouraging Reflective Thinking in the High School Classroom: Effective Use of Questioning and Wait-Time Strategies." Sioux Center, IA. M.Ed. thesis, Dordt College, 52 pp.

van Zee, E., & J. Minstrell. (1997). "Using Questions to Guide Student Thinking." *Journal of the Learning Sciences 6*(2): 227–269.

von Renesse, C., & Ecke, V. (2015). "Inquiry-Based Learning and the Art of Mathematical Discourse." *PRIMUS 25*(3): 21–237.

Walsh, J. S., & B. D. Sattes. (2015). "A New Rhythm for Responding." *Educational Leadership 73*(1): 46–52.

Wells, G., & R. M. Arauz. (2006). "Dialogue in the Classroom." *Journal of the Learning Sciences 15*(3): 379–428.

Wiggins, G. P., & J. McTighe. (2005). *Understanding by Design* (2nd ed.) Alexandria, VA: Association for Supervision and Curriculum Development.

Wiggins, G., & Wilber, D. (2015). "How to Make Your Questions Essential." *Educational Leadership 73*(1): 10–15.

Wilhelm, J. D. (2012). "Essential Questions." *Instructor 122*(3): 24–27.

Wormeli, R. (2004). *Summarization in Any Subject: 50 Techniques to Improve Student Learning*. Alexandria, VA: Association for Supervision and Curriculum Development.

Yerushalmi, N., & C. Polingher. (2006). "Guiding Students to Learn From Mistakes." *Physics Education 41*(6): 532–538.

York-Barr, J., W. A. Sommers, G. S. Ghere, & J. Montie. (2001). *Reflective Practice to Improve Schools: An Action Guide for Educators*. Thousand Oaks, CA: Corwin.

第九章

Aarabi, P. (2007). *The Art of Lecturing*. New York: Cambridge University Press.

Abruscato, J. (1994). "Boost Your Students' Social Skills with this 9-Step Plan." *Learning 22*(5): 60–61, 66.

Adler, M., & E. Rougle. (2005). *Building Literacy Through Classroom Discussion*. New York: Scholastic.

Allison, B. N., & M. L. Rehm. (2007). "Effective Teaching Strategies for Middle School Learners in Multicultural, Multilingual Classrooms." *Middle School Journal 39*(2): 12–18.

Alsup J. K., & D. J. Altmyer. (2002). "Bullish on Mathematics: Using Stock Market Simulations to Enhance Learning." *Mathematics Teaching in the Middle School 8*(2): 112–117.

Anderson, R. P. (2001). "Team Disease Presentations: A Cooperative Learning Activity for Large Classrooms." *American Biology Teacher 63*(1): 40–43.

Baloche, L. A. (1998). *The Cooperative Classroom: Empowering Learning*. Upper Saddle River, NJ: Prentice Hall.

Beach, R. W., D. Appleman, S. Hynds, & J. Wilhelm. (2006). *Teaching Literature to Adolescents*. Mahwah, NJ: Erlbaum.

Berne, J., & K. F. Clark. (2006). "Comprehension Strategy Use During Peer-Led Discussions of Text: Ninth Graders Tackle "The Lottery." *Journal of Adolescent & Adult Literacy 49*(8): 674–686.

Bennett, S. & Maton, K. (2010). "Beyond the 'digiltal natives' debate: Towards More Nuanced understanding of Students' Technology Experiences." *Journal of Computer Assisted Learning 26* (5), 321–331.

Berry, J. D. (2002). *Success … One Child at a Time*. Tampa, FL: Plan for Social Excellence. ED 466 308.

Bloom, B. S. (1984). "The 2 Sigma Problem: The Search for Methods of Group Instruction as Effective as One-to-One Tutoring." *Educational Researcher 13*(6): 4–16.

Boston, J. (1998). "Using Simulations." *Social Studies Review 37*(2): 31–32.

Bramlett, R. K. (1994). "Implementing Cooperative Learning: A Field Study Evaluating Issues for School-Based Consultants." *Journal of School Psychology 32*(1): 67–84.

Brookfield, S. D, & Preskill, S. (2005). Discussion as a Way of Teaching: Tools and Techniques for Democratic Classrooms, 2nd. ed., New York, Wiley.

Brown, A. (1999). "Simulated Classrooms and Artificial Students: The Potential Effects of New Technologies on Teacher Education." *Journal of Research on Computing in Education 3*(2): 307–318.

Bush, W. S., L. Dworkin, & D. B. Spencer, Eds. (2001). *Mathematics Assessment Cases and Discussion Questions for Grades K-5 Set*. Reston, VA: National Council of Teachers of Mathematics.

Chapin, S. H., C. O'Connor, & N. C. Anderson. (2003). *Classroom Discussions: Using Math Talk to Help Students Learn, Grades* 1-6. Sausalito, CA: Math Solutions.

Chick, K. A. (2006). "Fostering Student Collaboration Through the Use of Historical Picture Books." *Social Studies 97*(4): 152–157.

Christenbury, L., Bomer, R. & Smgorinsky, P. (eds). (2009). Handbook of Adolescent Literacy

Research. New York: Guildord.

Coelho, E. (1998). *All Sides of the Issue: Activities for Cooperative Jigsaw Groups*. San Francisco: Alta Book Center.

Cohen, E. G., C. M. Brody, & M. Sapon-Shevin, Eds. (2004). *Teaching Cooperative Learning: The Challenge for Teacher Education*. Albany: State University of New York Press.

Cohen, E. G., R. A. Lotan, & N. C. Holthuis. (1997). "Organizing the Classroom for Learning." In E. G. Cohen & R. A. Lotan, Eds., *Working for Equity in Heterogeneous Classrooms: Sociological Theory in Practice*, pp. 31–43. New York: Teachers College.

Cone, J. K. (1992). "Untracking Advanced Placement English: Creating Opportunity Is Not Enough." *Phi Delta Kappan 73*: 712–717.

Cook-Sather, A. (2009). "I'm not Afraid to Listen": Prospective Teachers Learning from Students to Work in City Schools" Theory into Practice, (48) no. 3, 176–181

Cracolice, M. S., & J. C. Deming. (2001). "Peer-Led Team Learning." *Science Teacher 68*(1): 20–24.

Crotty, E. (1994). "The Role of Cooperative Learning in an Authentic Performance Assessment Approach." *Social Science Record 31*(1): 38–41.

Davidson, I. B. (2008, May 2). Personal communication.

Davies, P. (1999). *70 Activities for Tutor Groups*. Brookfield, VT: Gower.

"Declare the Causes: The Declaration of Independence- Understanding Its Structure and Origin." (2001). Washington, DC: National Endowment for the Humanities. (*Note:* Collective author of annotated lesson plan.) ED 455 517.

Dyson, B., & S. Grineski. (2001). "Using Cooperative Learning Structures in Physical Education." *Journal of Physical Education, Recreation & Dance 72*(2): 28–31.

Elliott, S. M., R. T. Busse, & E. S. Shapiro. (1999). "Intervention Techniques for Academic Performance Problems." In C. R. Reynolds & T. B. Gutkin, Eds., *The Handbook of School Psychology* (2nd ed.), pp. 664–685. New York: Wiley.

Ellis, A. K. (2005). *Research on Educational Innovations* (4th ed.). Larchmont, NY: Eye on Education.

Evertson, C. M., E. T. Emmer, & M. E. Worsham. (2006). *Classroom Management for Elementary Teachers*. Boston: Pearson/A&B.

Fillmore, L. W., & L. M. Meyer. (1992). "The Curriculum and Linguistic Minorities." In Philip W. Jackson, Ed., *Handbook of Research on Curriculum*. New York: Macmillan.

Furinghetti, F. O. Federica, & P. Domingo. (2001). "Students Approaching Proof Through Conjectures: Snapshots in a Classroom." *International Journal of Mathematical Education in Science and Technology 32*(3): 319–335.

Gabriele, A. J., & C. Montecinos. (2001). "Collaborating with a Skilled Peer: The Influence of Achievement Goals and Perceptions of Partners. Competence on the Participation and Learning of Low-Achieving Students." *Journal of Experimental Education 69*(2): 152–178.

Gallego, M. A., & M. Cole. (2001). "Classroom Culture and Culture in the Classroom." In V. Richardson, Ed., *Handbook on Research on Teaching* (4th ed.), pp. 951–997. Washington, DC: American Education Research Association.

George, L. A., & W. G. Becker. (2003). "Investigating the Urban Heat Island Effect with a

Collaborative Inquiry Project." *Journal of Geoscience Education* 51(2): 237-243.

Gillies, R. M., & A. F. Ashman, Eds. (2003). *Cooperative Learning: The Social and Intellectual Outcomes of Learning in Groups*. New York: Routledge Falmer.

Glasgow, N. A., Cheyne, M., Yerrick, & Yerrick, R. K. (2010) What Successful Science Teachers Do: 75 Research-Based Strategies. New York: Corwin.

Grabe, M., & C. Grabe. (2007). *Integrating Technology for Meaningful Learning* (5th ed.). Boston: Houghton Mifflin.

Green, T., & A. Brown. (2002). *Multimedia Projects in the Classroom: A Guide to Development and Evaluation*. Thousand Oaks, CA: Corwin.

Hart, L. D. (1993). "Some Factors That Impede or Enhance Performance in Mathematical Problem Solving." *Journal for Research in Mathematics Education* 24(2): 167-171.

Hubbard, B. (2015). "Using Action Research to Engage Youth in Improving OST Programming." *Afterschool Matters 22*: 32-36.

Ishler, A. L., R. T. Johnson, & D. W. Johnson. (1998). "Long-Term Effectiveness of a Statewide Staff Development Program or Cooperative Learning." *Teaching and Teacher Education* 14(3): 273-281.

Jacobs, G. M., M. A. Power, & W. I. Loh. (2002). *The Teacher's Sourcebook for Cooperative Learning: Practical Techniques, Basic Principles, and Frequently Asked Questions*. Thousand Oaks, CA: Corwin.

Jalongo, M. R. (2008). *August, Child Care and Early Childhood Education Research Journal* 36 (1) 39-45.

Johnson, D. W., & R. T. Johnson. (1992). "What to Say to Advocates for the Gifted." *Educational Leadership* 50(2): 44-47.

Johnson, D. W., & R. T. Johnson. (1996). "Cooperative Learning and Traditional American Values: An Appreciation." *NASSP Bulletin* 80(579): 63-65.

Johnson, D. W., & R. T. Johnson. (2004). *Assessing Students in Groups: Promoting Group Responsibility and Individual Accountability*. Thousand Oaks, CA: Corwin.

Johnson, D. W., R. T. Johnson, & E. J. Holubec. (1994). *The New Circles of Learning: Cooperation in the Classroom and School*. Alexandria, VA: Association for Supervision and Curriculum Development.

Johnson, D. W., R. T. Johnson, & E. J. Holubec. (1998). *Cooperation in the Classroom* (7th ed.). Edina, MN: Interaction.

Kagan, S. (1994). *Cooperative Learning*. San Clemente, CA: Kagan.

Kagan, S. (1996). "Avoiding the Group-Grades Trap." *Learning* 24(4): 56-58.

Kagan, S. (1999). *Building Character Through Cooperative Learning*. Port Chester, NY: National Professional Resources. Videocassette.

Kramarski, B., & Z. R. Mevarech. (2003). "Enhancing Mathematical Reasoning in the Classroom: The Effects of Cooperative Learning and Metacognitive Training." *American Educational Research Journal* 40(1): 281-310.

Lauer, T. E. (2003). "Conceptualizing Ecology: A Learning Cycle Approach." *American Biology Teacher* 65(7): 518-522.

Levstik, L. S. & Tyson, C. (eds) (2008). *Handbook of Research in Social Studies Education*.

New York: Routledge.

Lopus, J., & D. Placone. (2002). "Online Stock Market Games for High Schools." *Journal of Economic Education* 33(2): 192.

Lord, T. R. (2001). "101 Reasons for Using Cooperative Learning in Biology Teaching." *American Biology Teacher* 63(1): 30–38.

Losey, K. M. (1995). "Mexican-American Students and Classroom Interaction: An Overview and Critique." *Review of Educational Research* 65(3): 283–318.

Marshman, M., & Brown, R. (2014). "Coming to know and Do Mathematics with Disengaged Students." *Mathematics Teacher Education and Development* 16(2): 71–88.

Marzano, R. J., D. J. Pickering, & J. E. Pollock. (2005). *Classroom Instruction That Works: Research-Based Strategies for Increasing Student Achievement*. Upper Saddle River, NJ: Pearson, Merrill Prentice Hall.

McCann, T. M., et al., Eds. (2005). *Reflective Teaching, Reflective Learning: How to Develop Critically Engaged Readers, Writers, and Speakers*. Portsmouth, NH: Heinemann.

McCann, T. M., et al., Eds. (2006). *Talking in Class: Using Discussion to Enhance Teaching and Learning*. Urbana, IL: National Council of Teachers of English.

McCafferty, S. G., G. M. Jacobs, & A. C. DaSiva Iddings, Eds. (2006). *Cooperative Learning and Second Language Teaching*. New York: Cambridge University Press.

McCormick, K. (1998). *Plays to Ponder for Grades 6–8: Prompting Classroom Discussion Through Dramatic Play*. Torrance, CA: Good Apple.

McGee, S., D. Corriss, & R. Shia. (2001). "Using Simulations to Improve Cognitive Reasoning." Paper presented at the annual meeting of the American Educational Research Association, Seattle, April 10–14, 2001. ED 470 975.

McGrath, B. (1998). "Partners in Learning: Twelve Ways Technology Changes the Teacher-Student Relationship." *T.H.E. Journal* 25(9): 58–61.

Megnin, J. K. (1995). "Combining Memory and Creativity in Teaching Math." *Teaching PreK-8* 25(6): 48–49.

Mesmer, K. (2003). "Hire a Scientist." *Science Scope* 25(6): 42–44.

Miles, M. B. (1998). *Learning to Work in Groups* (2nd ed.). Troy, NY: Educators International.

Miller, D. P. (1986). *Introduction to Small Group Discussion*. Urbana, IL: ERIC/RCS and SCA. DRS ED 278 037.

Morton, T. (1998). *Cooperative Learning and Social Studies: Towards Excellence and Equity*. San Clemente, CA: Kagan.

Mueller, A., & T. Fleming. (2001). "Cooperative Learning: Listening to How Children Work at School." *Journal of Educational Research* 94(5): 259–265.

Mulryan, C. M. (1995). "Fifth and Sixth Graders' Involvement and Participation in Cooperative Small Groups in Mathematics." *Elementary School Journal* 95(4): 297–310.

Nattiv, A. (1994). "Helping Behaviors and Math Achievement Gain of Students Using Cooperative Learning." *Elementary School Journal* 94(3): 285–297.

Ngeow, K., & Y. Kong. (2003). *Learning through Discussion: Designing Tasks for Critical Inquiry and Reflective Learning. ERIC Digest*. Bloomington, IN: ERIC Clearinghouse on Reading, English, and Communication. ED 477 611.

Olmstead, J. A. (1970). *Theory and State of the Art of Small Group Methods of Instruction.* Alexandria, VA: Human Resources Research Organization.

Opitz, M. F., & M. P. Ford. (2008). *Do-able Differentiation: Varying Groups, Texts and Supports to Reach Readers.* Portsmouth, NH: Heinemann.

Owca, S., E. Pawlak, & M. Pronobis. (2003). *Improving Student Academic Success through the Promotion of Listening Skills.* Chicago: Saint Xavier University and Pearson Skylight Field-Based Masters Program. ED 478 233.

Patrick, J. (1994). "Direct Teaching of Collaborative Skills in a Cooperative Learning Environment." *Teaching and Change 1*(2): 170–181.

Patterson, V. E. (1994). "Introducing Co-Operative Learning at Princess Elizabeth Elementary School." *Education Canada 34*(2): 36–41.

Peck, R. (2016). Lights, Camera…Engagement! Three Great Tools for Classroom Video. *Edutopia.* Retrieved from: http://www.edutopia.org/blog/using-video-in-classroom-ron-peck

Pendergrass, R. A. (1973). *An Analysis of the Verbal Interaction of Small Group Discussion Members in Secondary Social Studies Classes.* Pullman, WA: Unpublished Doctoral Dissertation.

Peterson, S., & M. Belizaire. (2006). "Another Look at Roles in Literature Circles." *Middle School Journal 37*(4): 37–43.

Resnick, M., & U. Wilensky. (1998). "Diving into Complexity: Developing Probabilistic Decentralized Thinking Through Role-Playing Activities." *Journal of the Learning Sciences 7*(2): 153–172.

Rex, L. A. (2001). "The Remaking of a High School Reader." *Reading Research Quarterly 36*(3): 288–314.

Richardson, å. E. (2010). Exploring ex Through Student Discussions: Accountable Talk in the Middle School Classroom. English Journal (100) 83–88.

Richburg, R. W., & B. J. Nelson. (1991). "Where in Western Europe Would You Like to Live?" *The Social Studies 82*(3): 97-106.

Roman, H. T. (2007). "Putting Student Enthusiasm to Work." *The Technology Teacher 66*(5): 14–16.

Sapon-Shevin, M. (2001). "Schools Fit for All." *Educational Leadership 58*(4): 34-39.

Schmuck, R. A., & P. A. Schmuck. (2001). *Group Processes in the Classroom* (8th ed.). New York: McGraw-Hill.

Simplicio, J. S. C. (2007). "Achieving Higher Levels of Success for A.D.H.D. Students Working in Collaborative Groups." *Journal of Instructional Psychology 34*(3): 140–141.

Slavin, R. E. (1990). *Cooperative Learning: Theory, Research and Practice.* Englewood Cliffs, NJ: Prentice Hall.

Slavin, R. E. (1995). *Cooperative Learning: Theory, Research and Practice* (2nd ed.). Boston: Allyn and Bacon.

Smith, C. B. (2003). *Skills Students Use When Speaking and Listening: ERIC Topical Bibliography and Commentary.* Bloomington, IN: ERIC Clearinghouse on Reading, English, and Communication. ED 480 895.

Soja, C. M., & D. Huerta. (2001). "Debating Whether Dinosaurs Should Be 'Cloned' from Ancient DNA to Promote Cooperative Learning in an Introductory Evolution Course." *Journal of Geoscience Education 49*(2): 150–157.

Sparapani, E. F. (1998). "Encouraging Thinking in High School and Middle School: Constraints and Possibilities." *Clearing House* 71(5): 274–276.

Spiegel, D. L. (2005). *Classroom Discussion: Strategies for Engaging All Students, Building Higher-Level Thinking Skills, and Strengthening Reading and Writing Across the Curriculum*. New York: Scholastic.

Stevens, R. J., & R. E. Slavin. (1995a). "The Cooperative Elementary School: Effects on Students' Achievement, Attitudes and Social Relations." *American Educational Research Journal* 32(2): 321–351.

Stevens, R. J., & R. E. Slavin. (1995b). "Effects of a Cooperative Learning Approach in Reading and Writing on Academically Handicapped and Non-Handicapped Students." *Elementary School Journal* 95(3): 241–262.

Tate, M. L. (2003). *Worksheets Don't Grow Dendrites: 20 Instructional Strategies That Engage the Brain*. Thousand Oaks, CA: Corwin.

van Ments, M. (1999). *The Effective Use of Role-Play: Practical Techniques for Improving Learning* (2nd ed.). London: Kogan Page.

Verker, K. W. (2003). "Simulations: Interdisciplinary Instruction at its Best." *Hispania* 86(2): 322–325.

Vermette, P. J. (1998). *Making Cooperative Learning Work: Student Teams in K-12 Classrooms*. Upper Saddle River, NJ: Merrill.

Vessels, G. (1996). "The First Amendment and Character Education." *Update on Law-Related Education* 20(1): 26–28.

Walberg, H. J. (1999). "Productive Teaching." In H. C. Waxman & H. J. Walberg, Eds., *New Directions for Teaching Practice and Research*. Berkeley, CA: McCutchan.

Webb, N. M., J. Trooper, & R. Fall. (1995). "Constructive Activity and Learning in Collaborative Small Groups." *Journal of Educational Psychology* 87(3): 406–423.

Weissglass, J. (1996). "Transforming Schools into Caring Learning Communities." *Journal for a Just and Caring Education* 2(2): 175–189.

Wells, G., Ed. (2001). *Action, Talk and Text: Learning and Teaching Through Inquiry*. New York: Teachers College Press.

Wilen, W. W. (2004). "Encouraging Reticent Students' Participation in Classroom Discussions." *Social Education* 68(1): 51–60.

Wolford, P. L., W. L. Heward, & S. R. Alber. (2001). "Teaching Middle School Students with Learning Disabilities to Recruit Peer Assistance During Cooperative Learning Group Activities." *Learning Disabilities: Research and Practice* 16(3): 161–173.

Yamarik, S. (2007). "Does Cooperative Learning Improve Student Learning Outcomes?" *Journal of Economic Education* 38(3): 259–277.

Yell, M. M. (1998). "The Time Before History: Thinking Like an Archaeologist." *Social Education* 62(1): 27–31.

Zhang, Q. (1994). "An Intervention Model of Constructive Conflict Resolution and Cooperative Learning." *Journal of Social Issues* 50(1): 99–116.

Zuckerman, G. A. (1994). "A Pilot Study of a Ten-Day Course in Cooperative Learning for Beginning Russian First Graders." *Elementary School Journal* 94(4): 405–420.

Zuckerman, G. A., E. V. Chudinova, & E. E. Khavkin. (1998). "Inquiry as a Pivotal Element of Knowledge Acquisition Within the Vogotskian Paradigm: Building a Science Curriculum for the Elementary School." *Cognition and Instruction 16*(2): 201–233.

第十章

Airasian, P. W., & M. E. Walsh. (1997). "Constructivist Cautions." *Phi Delta Kappan 78*(6): 444–449.

Beatty, A. S., C. M. Reese, H. R. Persky, & P. Carr. (1996). *NAEP 1994 U.S. History Report Card: Findings from the National Assessment of Educational Progress* (NCES 96-085). National Center for Education Statistics. Washington, DC: U.S. Government Printing Office.

Bentley, M. L., E. S. Ebert, & C. Ebert. (2007). *Teaching Constructivist Science, K-8: Nurturing Natural Investigators in the Standards-Based Classroom*. Thousand Oaks, CA: Corwin.

Bigge, M. L., & S. S. Shermis. (2004). *Learning Theories for Teachers* (6th ed.). New York: Longman.

Block, C. C. (2004). *Teaching Comprehension: The Comprehension Process Approach*. Boston: Allyn and Bacon.

BouJaoude, S., & R. Tamim. (2008). "Middle School Students' Perceptions of the Instructional Value of Analogies, Summaries and Answering Questions in Life Science." *Science Educator 17*(1): 72-78.

Brendzel, S. (2002). "Science on a Roll. Part One: Absorbing Inquiry." *Science Scope 25*(5): 18–20.

Canter, A. (2004). "A Problem-Solving Model for Improving Student Achievement." *Principal Leadership Magazine 5*(4): 1–5.

Carbone, P. M. (2010). "Using Commonplace Books to Help Students Develop Multiple Perspectives." *English Journal 99*(6) 63–69.

College Board News 2000–2001. (2001, June). "AP Students with a '3 or Higher' Outperform Advanced Math and Physics Students both in U.S. and Abroad." Full report: Gonzales, E. J., K. M. O'Connor, & J. A. Miles. (2001) *How Well Do Advanced Placement Students Perform on the TIMSS Advanced Mathematics and Physics Tests?* Chestnut Hill, MA: The International Study Center, Lynch School of Education, Boston College.

Costa, A. L. (2008). "The Thought-Filled Curriculum." *Educational Leadership 65*(5): 20–25.

Dewey, J. (1916). *Democracy and Education*. New York: Macmillan.

Dewey, J. (1938). *Experience and Education*. New York: Macmillan.

DiCamillo, L. (2010). "Linking Teaching for Understanding to Practice in a U. S. History Class." *Social Studies 101*(1): 10–16.

Echevarria, M. (2003). "Anomalies as a Catalyst for Middle School Students' Knowledge Construction and Scientific Reasoning During Science Inquiry." *Journal of Educational Psychology 95*(2): 357–374.

Ellis, A. K. (2005). *Research on Educational Innovations* (4th ed.). Larchmont, NY: Eye on Education.

Eylon, B., and M. C. Linn. (1988). "Learning and Instruction: An Examination of Four Research Perspectives in Science Education." *Review of Educational Research 58*: 251–301.

Gettinger, M., & K. C. Stoiber. (2009). "Effective Teaching and Effective Schools." In T. B. Gutkin,

& C. R. Reynolds, Eds., *The Handbook of School Psychology* (4th ed.), pp. 769–790. Hoboken, NJ: Wiley.

Gore, M. C. (2004). *Successful Inclusion Strategies for Secondary and Middle School Teachers: Keys to Help Struggling Learners Access the Curriculum.* Thousand Oaks, CA: Corwin.

Harrell, J., E. Christmann, & J. Lehman. (2002). "Technology-Based Planetary Exploration." *Science Scope* 25(4): 8–11.

Hattie, J. A. C. (2009). *Visible Learning: A Synthesis of Over 800 Meta-Analyses Relating to Achievement.* London & New York: Routledge, Taylor & Francis Group.

Haury, D. L. (2002). *Fundamental Skills in Science: Observation. ERIC Digest.* Columbus, OH: ERIC Clearinghouse for Science, Mathematics and Environmental Education. ED 478 714.

Hoge, J. D. (2003). *Teaching History for Citizenship in the Elementary School. ERIC Digest.* Bloomington, IN: ERIC Clearinghouse for Social Studies/Social Science Education. ED 479 891.

Holcomb, E. L. (2004). *Getting Excited About Data: How to Combine People, Passion and Proof* (2nd ed.). Thousand Oaks, CA: Corwin.

Hood, K., & J. A. Gerlovich. (2007). "Inquiring Minds Do Want To Know." *Science and Children* 44(6): 42–44.

The Idaho Statesman. (2007, December 31). "Most Committed of 2007: Astronaut Barbara Morgan."

Jeong, H., N. B. Songer, & S-Y. Lee. (2007). "Evidentiary Competence: Sixth Graders' Understanding for Gathering and Interpreting Evidence in Scientific Investigations." *Research in Science Education* 37(1): 75-97.

Jones, S. J. (2003). *Blueprint for Student Success: A Guide to Research-Based Teaching Practices K-12.* Thousand Oaks, CA: Corwin.

Joyce, B. R., & E. F. Calhoun. (1998). *Learning to Teach Inductively.* Boston: Allyn and Bacon.

Kalayci, N., & M. R. Cohen. (2003). "Integrating Problem Solving with Theme-Based Learning in the *Key Learning Community.*" Paper presented at annual meeting of Education of Teachers, St. Louis, January 26 to February 2, 2003. ED 472 968.

King, A. (2002). "Structuring Peer Interaction to Promote High-Level Cognitive Processing." *Theory into Practice* 41(1): 33–39.

Li, L. & Guo, R. (2015). "A Student-Centered Guest Lecturing: A Constructivism Approach to Promote Student Engagement." *Journal of Instructional Pedagogies* 15(1): 1–7.

Lyons, N., & V. K. LaBoskey, Eds. (2002). *Narrative Inquiry in Practice: Advancing the Knowledge of Teaching.* New York: Teachers College.

MacKnight, C. B. (2000). "Teaching Critical Thinking Through Online Discussions." *Educause Quarterly* 23(4): 38–41.

Maniotes, L. K., & C. C. Kalthau. (2014). "Making the dsShift: From Traditional Research Assignments to Guiding Inquiry Learning." 43(2): 8–17.

Marek, E. A. (2008). "Why the Learning Cycle?" *Journal of Elementary Science Education* 20(3): 63–69.

Martin-Hansen, L. (2002). "Defining Inquiry: Exploring the Many Types of Inquiry in the Science Classroom." *Science Teacher* 69(2): 34–37.

Marzano, R. J., & S. Marzano. (2010). "The Inner Game of Teaching." In R. J. Marzano, Ed., *On Excellence in Teaching,* pp. 345–367. Bloomington, IN: Solution Tree.

Marzano, R. J., Pickering, D. J., & Pollock, J. E. (2001). *Classroom Instruction That Works: Researech-Based Strategies for Increasing Student Achievement.* ASCD, VA: Alexandria.

Miri, B., D. Ben-Chaim, & U. Zoller. (2007). "Purposely Teaching for the Promotion of Higher-Order Thinking Skills: A Case of Critical Thinking." *Research in Science Education 37*(4): 353–369.

Murphy, C. E. (1998). "Using the Five Themes of Geography to Explore a School Site." *Social Studies Review 37*(2): 49–52.

The Nation's Report Card. (2009). U. S. Department of Education, NCES, Washington, D.C.

Nelson, J. (1998). "Get to Know Your School: Involving Students in the Historical Process." *Southern Social Studies Journal 23*(2): 37–42.

Nickelsen, L., & S. Glasscock. (2004). *Main Idea and Summarizing.* New York: Scholastic Teaching Resources.

Noddings, N. (2008). "All Our Students Thinking." *Educational Leadership 65*(5): 8–13.

Orlich, D. C. (1989). "Science Inquiry and the Commonplace." *Science and Children 26:* 22–24.

Orlich, D. C. (2000). "Education Reform and Limits to Student Achievement." *Phi Delta Kappan 81*(6): 468–472.

Orlich, D. C. (2002). "Something Funny Happened on the Way to Reform." *Northwest Professional Educator 1*(1): 1–3.

Orlich, D. C. (2003, June 12). "An Examination of the Longitudinal Effect of the Washington Assessment of Student Learning (WASL) on Student Achievement." *Education Policy Analysis Archives, 11*(18). Retrieved at http://epaa.asu.edu/epaa/v11n18/.

Orlich, D. C., J. C. Horne, C. Carpenter, & J. Brantner. (1999, March 27). "Water Plus Science Equals Active Student Learners (W + S = ASL)." Presentation at the National Science Teachers Association National Convention, Boston.

Orlich, D. C., & J. M. Migaki. (1981). "What Is Your IQQ-Individual Questioning Quotient?" *Science and Children 18:* 20–21.

Patrick, J. J. (2003). *Teaching About the Louisiana Purchase. ERIC Digest.* Bloomington, IN: ERIC Clearinghouse for Social Studies/Social Science Education. ED 479 236.

Paul, R., & L. Elder. (2009). *The Miniature Guide to Critical Thinking: Concepts and Tools.* Dillon Beach, CA: Foundation for Critical Thinking.

Phillips, K. A., & P. J. Germann. (2002). "The Inquiry 'I': A Tool for Learning Scientific Inquiry." *American Biology Teacher 64*(7): 512–520.

Popper, K. R., Sir. (1975). *The Logic of Scientific Discovery* (8th impression). London: Hutchinson.

Powell, K. C., & C. J. Kalina. (2009). "Cognitive and Social Constructivism: Developing Tools for an Effective Classroom." *Education 130*(2): 241–250.

Quinlan, A. M. (2006). *A Complete Guide to Rubrics: Assessment Made Easy for Teachers, K-College.* Lanham, MD: Rowman & Littlefield Education.

Richburg, R. W., & B. J. Nelson. (1991). "Where in Western Europe Would You Like to Live?" *The Social Studies 82*(3): 97–106.

Richardson, V. (2003). "Constructivist Pedagogy." *Teachers College Record 105*(9): 1623–1640.

Robertson, H. M., B. Priest, & H. L. Fullwood. (2001). "20 Ways to Assist Learners Who Are Strategy-Inefficient." *Intervention in School and Clinic 36*(3): 182–184.

Ronis, D. L. (2008). *Problem-Based Learning for Math& Science: Integrating Inquiry and the Internet.* Thousand Oaks, CA: Corwin.

Selwyn, D., & J. Maher. (2003). *History in the Present Tense: Engaging Students Through Inquiry and Action.* Portsmouth, NH: Heinemann.

Shayer, M., & P. Adey, Eds. (2002). *Learning Intelligence: Cognitive Acceleration Across the Curriculum from 5 to 15 Years.* Buckingham, UK: Open University Press.

Silver, H. F., & M. J. Perini. (2010). "The Eight Cs of Engagement: How Learning Styles and Instructional Design Increase Student Commitment to Learning". In R. J. Marzano, Ed., *On Excellence in Teaching*, pp. 319–342. Bloomington, IN: Solution Tree.

Snowman, J., R. McCown, & R. Biehler. (2009). *Psychology Applied to Teaching.* Boston: Houghton Mifflin.

Songer, N. B., B. Kelcey, & A. W. Gotwals. (2009). "How and When Does Complex Reasoning Occur? Empirically Driven Development of a Learning Progression Focused on Complex Reasoning about Biodiversity." *Journal of Research in Science Teaching* 46(6): 610–631.

Soter, A. O., I. A. Wilkinson, P. K. Murphy, L. Rudge, K. Reninger, & M. Edwards. (2008). "What the Discourse Tells KUs: Talk and Indicators of High-Level Comprehension." *International Journal of Educational Research* 47(6): 372–391.

Spangler, S. (2009). "Speaking My Mind: Stop Reading Shakespeare!" *English Journal* 99(1): 130–132.

Sternberg, R. J., & L. Spear-Swerling. (1996). *Teaching for Thinking.* Washington, DC: American Psychological Association.

Strike, K. A. (1975). "The Logic of Learning by Discovery." *Review of Educational Research* 45: 461–483.

Van Tassel-Baska, J., B. Bracken, A. Feng, & E. Brown. (2009). "A Longitudinal Study of Enhancing Critical Thinking and Reading Comprehension in Title I Classrooms." *Journal for the Education of the Gifted* 33(1): 7–37.

van Zee, E. H., M. Iwasyk, A. Kurose, D. Simpson, & J. Wild. (2001). "Student and Teacher Questioning During Conversations About Science." *Journal of Research in Science Teaching* 38(2): 159–190.

Wakefield, J. F. (1996). *Educational Psychology: Learning to Be a Problem Solver.* Boston: Houghton Mifflin.

Wakefield, A. P. (2001). "Teaching Young Children to Think About Math." *Principal* 80(5): 26–29.

Wallace, B., & R. Bentley, Eds. (2002). *Teaching Thinking Skills Across the Middle Years: A Practical Approach for Children Aged 9–14.* London: David Fulton, in association with the National Association for Able Children in Education.

Waters, S. A., & W. Schneider, Eds. (2010). *Metacognition, Strategy Use, and Instruction.* New York: Guilford.

Webb, N. M., M. L. Franke, T. De, A. G. Chan, D. Freund, P. Shein, & D. K. Melkonian. (2009). " 'Explain to Your Partner': Teachers' Instructional Practices and Students' Dialogue in Small Groups." *Cambridge Journal of Education* 39(1): 49–70.

Weinbaum, A., et al. (2004). *Teaching as Inquiry: Asking Hard Questions to Improve Practice and Student Achievement.* New York: Teachers College; Oxford, OH: National Staff Development Council.

Wiggins, G., & J. McTighe. (2008). "Put Understanding First." *Educational Leadership* 65(8): 36–41.

Williams, R. B. (2007). *Higher Order Thinking Skills: Challenging All Students to Achieve*. Thousand Oaks, CA: Corwin.

Wilson, H. C. (2002). "Discovery Education: A Definition." *Horizons* 19: 25–29.

Wormeli, R. (2004). *Summarization in Any Subject: 50 Techniques to Improve Student Learning*. Alexandria, VA: Association for Supervision and Curriculum Development.

Wray, K. B. (2003). "Is Science Really a Young Man's Game?" *Social Studies of Science* 33(1): 137–149.

Yager, R. E. (2007). "STS Requires Changes in Teaching." *Bulletin of Science, Technology and Society* 27(5): 386–390.

第十一章

Addison, R., & D. T. Tosti. (1979). "Taxonomy of Educational Reinforcement." *Educational Technology* 19: 24–25.

Amato, P. R., & R. A. Maynard. (2007, Fall). "Decreasing Nonmarital Births and Strengthening Marriage to Reduce Poverty." *The Future of Children* 17(2): 117–141.

American Federation of Teachers (AFT). (2010). "Classroom Management: Effective Classroom Arrangement." Retrieved at http://www.aft.org/teachers/jft/management.htm.

Anderson, S. C. (2002). *Learning for All: Giving Effective Directions and the Peg System of Memorization. ERIC Digest*. Eugene, OR: ERIC Clearinghouse on Educational Management. ED 478 384.

Baker, P. H. (2005). "Managing Student Behavior: How Ready Are Teachers to Meet the Challenge?" *American Secondary Education* 33(3): 51–64.

Bennett, S. (2007). "A Parent's Perspective: How (and Why) to Turn the Parent-Teacher 'Partnership' into a Two-Way Relationship." *Teachers College Record*. March 5.

Bickel, W. E. (1999). "The Implications of the Effective Schools Literature for School Restructuring." In C. R. Reynolds & T. B. Gutkin, Eds., *The Handbook of School Psychology* (3rd ed.), pp. 959–983. New York: Wiley.

Boston University Center for the Advancement of Ethics and Character. (2010). Retrieved at http://www.bu.edu/education/cace/.

Canter, L., & M. Canter. (2009). *Lee Canter's Assertive Discipline: Positive Behavior Management for Today's Classroom*. Santa Monica, CA: Lee Canter & Associates.

Chang, J. C. (2003). "Women and Minorities in the Science, Mathematics and Engineering Pipeline." Retrieved at http://www.ericdigests.org/2003-2/women.html.

Cotton, K. (2001). "Schoolwide and Classroom Discipline." School Improvement Research Series (SIRS). Northwest Regional Educational Laboratory. Retrieved at http://www.nwrel.org/sepd/sirs/5/cu9.html.

DeLisio, E. R. (2007). "Crafting a Workable Cell Phone Policy in Front of the Class." *Education World 2007*. Retrieved at www.EducationWorld.com.

Ellett, L. (1993). "Instructional Practices in Mainstreamed Secondary Classrooms." *Journal of Learning Disabilities* 26(1): 57–64.

Evertson, C. M. (1995). "Classroom Rules and Routines." In L. W. Anderson, Ed., *International Encyclopedia of Teaching and Teacher Education* (2nd ed.), pp. 215–219. Tarrytown, NY: Elsevier Science.

Evertson, C. M., E. T. Emmer, & M. E. Worsham. (2008). *Classroom Management for Elementary Teachers* (8th ed.). Boston: Allyn and Bacon.

Faucher, C., Cassidy, W., & Jackson M. (2015). "From the Sandbox to the Inbox: Comparing the Acts, Impacts, and Solutions of Bullying in K-12, Higher Education, and the Workplace." *Journal of Education and Training Studies* 3(6): 111–125.

Garbarino, J., & E. deLara. (2003). "Words Can Hurt Forever." *Educational Leadership* 60(6): 18–21.

Glasser, W. (1972). "Reality Therapy: An Anti-Failure Approach." *Impact* 2: 6–9.

Glasser, W. (1998). *Choice Theory in the Classroom* (Rev. ed.). New York: Harper Perennial.

Good, T. L., & J. E. Brophy. (2008). *Looking in Classrooms, My Lab School Edition* (10th ed.). Boston: Allyn and Bacon.

Graham, M. (2001). *Increasing Participation of Female Students in Physical Science Class*. Chicago: St. Xavier University, MA Action Research Project. ED 455 121.

Greenberger, R. S. (1999, May 25). "Justice Rules on School Bias and Land Use." *Wall Street Journal*, p. A3.

Greene, J. P., & M. A. Winters. (2006). "Leaving Boys Behind: Public High School Graduation Rates." Retrieved at http://www.manhattan-institute.org/html/cr_48.htm.

Gump, P. V. (1982). "School Settings and Their Keeping." In D. Duke, Ed., *Helping Teachers Manage Classrooms*. Alexandria, VA: Association for Supervision and Curriculum Development.

Hooker, C. (2016). Sexting and Cyberbullying in Schools. *Tech & Learning*. Retrieved from http://www.techlearning.com/blogentry/10204

Horace Mann Educator Corporation. (2001). *Educator Survey, 2000-01*. Springfield, IL: Horace Mann Educator Corporation.

Horner, R. H., G. Sugain, & T. Lewis. (2015). "Is School-Wide Positive Behavior Support an Evidence-Based Practice?" Retrieved February 10, 2016 from https://www.pbis.org/research.

Jacobson, R. B. (2007). "School Bullying and Current Educational Practice: Re-Imagining Theories of Educational Transformation." *Teachers College Record* 109(8): 1931–1956.

Johnson, D. W., & R. T. Johnson. (1989). *Cooperation and Competition: Theory and Research*. Edina, MN: Interaction.

Kentucky Department of Education. (2010). "Establishing Classroom Rules." Retrieved at http://www.education.ky.gov/kde/instructional+resources/career+and+technical+education/career+and+technical+ed+resources/tips+and+topics+for+cte+teachers/establishing+classroom+rules.htm.

Kerman, S. (1979). "Teacher Expectations and Student Achievement." *Phi Delta Kappan* 60(10): 716–718.

Kids Count Data Book Online. (2010). Baltimore: Annie Casey Foundation, Table 1, p. 29. Retrieved at http://www.aecf.org/kidscount/sld/auxiliary/race_child.jsp.

Kohlberg, L. (1975). "The Cognitive-Developmental Approach to Moral Education." *Phi Delta Kappan* 56: 670–677.

Kounin, J. S. (1970). *Discipline and Group Management in Classrooms*. New York: Holt, Rinehart and Winston.

Kounin, J. S., & P. V. Gump. (1959). "The Ripple Effect in Discipline." *Educational Digest 24*: 43–45.

Lasley, T. J., et al. (1989). "Activities and Desists Used by More and Less Effective Classroom Managers." Retrieved at http://www.eric.ed.gov/ERICWebPortal/recordDetail?accno=Ed315162.

Horace Mann Educator Corporation. (2001). *Educator Survey, 2000-01*. Springfield, IL: Horace Mann Educator Corporation.

Leriche, L. (1992). "The Sociology of Classroom Discipline." *The High School Journal* 75(2): 77–89.

Liu, X. (2014). "The Problem of Character Education and Kohlberg's Moral Education: Critique from Dewey's Moral Deliberation" *Philosophical Studies in Education* 45: 136–145.

Lombardi, T. P. (1992). *Learning Strategies for Problem Learners* (Fastback No. 345). Bloomington, IN: Phi Delta Kappa Educational Foundation.

Martella, R. C., & R. J. Nelson. (2003). "Managing Classroom Behavior." *Journal of Direct Instruction* 3(2): 139–165.

Marzano, R. J., J. S. Marzano, & D. J. Pickering. (2003). *Classroom Management That Works: Research-Based Strategies for Every Teacher*. Alexandria: VA: Association for Supervision and Curriculum Development.

Maslow, A. H. (1968). *Motivation and Personality*. New York: Van Nostrand.

McElroy, C. (2000). "Middle School Programs That Work." *Phi Delta Kappan* 82(4): 277–292.

National Center for Education Statistics. (2010). "Dropout Rates of High School Students." Retrieved at http://nces.ed.gov/fastfacts/display.asp?id=16.

National Center for Education Statistics. (2010). "Indicators of School Crime and Safety 2009." NCES 2009-012. Retrieved at http://nces.ed.gov/programscrimeindicators.

National Institute on Drug Abuse. (2010). "High School and Youth Trends." Retrieved at http://www.nida.nih.gov/infofacts/hsyouthtrends.html.

Noddings, N. (2002). *Educating Moral People: A Caring Alternative to Character Education*. New York: Teachers College Press.

Oakes, J. (1992). "Can Tracking Research Inform Practice? Technical, Normative and Political Considerations." *Educational Researcher* 12–21.

Phi Delta Kappa. (1993). *TE&SA: Teaching Expectations and Student Achievement*. Bloomington, IN: Phi Delta Kappa.

Power, B. M. (1992). "Rules Made to Be Broken: Literacy and Play in a Fourth-Grade Setting." *Journal of Education* 174(1): 70–86.

Power, F. C., A. Higgins, & L. Kohlberg. (1989). *Lawrence Kohlberg's Approach to Moral Education*. New York: Columbia University Press.

The Report of Governor Bill Owens: Columbine Review Commission. (2001). Retrieved at http://www.state.co.us/columbine/columbine20Report.

Robers, S., A. Zhang, R. Morgan, & L. Musu-Gillette. (2014). *Indicators of School Crime and Safety: 2014*. National Center for Education Statistics and Bureau of Justice Statistics. Retrieved at https://nces.ed.gov/programs/crimeindicators/crimeindicators2014/ind_11.asp

Ryan, K., & K. E. Bohlin. (1999). *Building Character in Schools: Practical Ways to Bring Moral Instruction to Life*. San Francisco: Jossey-Bass.

Salvia, J., J. E. Ysseldyke, & S. Bolt. (2010). *Assessment in Special and Inclusive Education* (11th ed.).

Boston: Cengage Learning

Scofield, R. T., Ed. (2000-2001). *School-Age Notes, 2000-2001*. ED 455 000.

Sheffield, K., & R. J. Waller. (2010). "A Review of Single-Case Studies Utilizing Self-Monitoring Interventions to Reduce Problem Classroom Behaviors." *Beyond Behavior 19*(2): 7–13.

Simmons, R. (2002). *Odd Girl Out: The Hidden Culture of Aggression in Girls*. New York: Harcourt Brace.

Simon, K. G. (2002). *Moral Questions in the Classroom: How to Get Kids to Think Deeply About Real Life and Their Schoolwork*. New Haven, CT: Yale University Press.

Sizer, T. R., & N. F. Sizer. (1999). "Grappling." *Phi Delta Kappan 81*(3): 184–190.

Skinner, B. F. (1953). *Science and Human Behavior*. Downloadable from the B F Skinner Foundation. Retrieved at www.bfskinner.org/BFSkinner/PDFbooks.html.

Skinner, B. F. (1974). *About Behaviorism*. New York: Knopf.

Slavin, R. E. (1991). "Are Cooperative Learning and 'Untracking' Harmful to the Gifted?" *Educational Leadership 48*(6): 68–71.

Smith, H. A. (1985). "The Marking of Transitions by More and Less Effective Teachers." *Theory Into Practice 24*(1), 57–62.

Soder, R., J. I. Goodlad, & T. J. McMannon, Eds. (2002). *Developing Democratic Character in the Young*. San Francisco: Jossey-Bass.

Starr, L. (2005). "Planning for Your First Day at School." Retrieved at www.EducationWorld.com.

Styles, D. (2002). "Class Meetings: A Democratic Approach to Classroom Management." Retrieved at www.EducationWorld.com.

Sugai, G. (1996). "UO and Public Schools Design Just-In-Time Learning Approaches to Find Solutions to Rising Student Discipline Problems." *Education Matters 3*(1): 10–11.

Sugai, G., & Horner, R. H. (2010). School-wide positive behavior support: Establishing a continuum of evidence based practices. *Journal of Evidence-based Practices for Schools, 11*(1), 62–83.

Tauber, R. T. (2007). *Classroom Management: Sound Theory and Effective Practice* (4th ed.). Portsmouth, NH: Praeger/Greenwood.

Teddlie, C., & S. Stringfield. (1993). *Schools Make a Difference*. New York: Teachers College Press.

Wallen, C. J. (1968). "Establishing Teaching Principles in the Area of Classroom Management." In *Low Cost Instruction Simulation Materials for Teacher Education*. Monmouth, OR: Teaching Research. (U.S. Department of Health, Education and Welfare, Office of Education, Bureau of Research.)

Walsh, F. M. (1992). *Planning Behaviors of Distinguished and Award-Winning High School Teachers*. Unpublished doctoral dissertation, Washington State University, Pullman.

White, E. (2002). *Fast Girls: Teenage Tribes and the Myth of the Slut*. New York: Scribner's.

Wicker, C. (1999, April 4). "Educators Work to Rid Schools of Bullying Behavior." *The Salt Lake Tribune*, p. A14.

Wood, J. (2000). "The Girls Have It!" *Instructor 109*(6): 31–35.

Ysseldyke, J., & J. Elliott. (1999). "Effective Instructional Practices: Implications for Assessing Educational Environments." In C. R. Reynolds & T. B. Gutkin, Eds., *The Handbook of School*

Psychology (3rd ed.), pp. 497–518. New York: Wiley.

Zabel, R. H., & M. K. Zabel. (1996). *Classroom Management in Context: Orchestrating Positive Learning Environments.* Boston: Houghton Mifflin.

译后记

本书第八版翻译历时 4 年，于 2011 年由中国人民大学出版社出版。此次第十一版的翻译始于 2018 年 3 月。新版改动面广点多，工作量比预想的大得多，用时 3 年多才完成。

在翻译的过程中本人受益匪浅。虽说本书的书名是"有效教学策略"，但它涵盖了教育学、心理学、特殊教育、教育社会学等多个领域。作者不但告诉我们该如何教学，更重要的是告诉了我们教学策略背后的原理和理论。对于正在和将要从事教育教学工作的人来说，本书可谓是一本难得的好书。第十一版吸收了教育相关领域最新的研究成果，增加了很多学习资源。非常钦佩作者们不断学习、精益求精的精神。

新版出版之际，感谢为原版翻译出版做出巨大贡献的各位同学和编辑，也感谢为新版的翻译付出辛苦努力的晏超、郑宇、王茈研、李豪俊、汪国伦等几位同学，以及译校的郭敬维老师。同时，也非常感谢我的爱人高玲和我的妹妹牛艳玲，她们在本书的翻译和校对的过程中给了我莫大的帮助和支持。特别感谢中国人民大学出版社的王雪颖编辑和李国庆编辑，没有他们的鼓励、支持和编校，这本新版译著真的难以和大家见面！

最后也特别感谢本书的读者，由于译者的水平有限，还有很多地方需要进一步修改完善，感谢各位在使用过程中给我们提出宝贵的意见和建议。

牛志奎

2022 年 4 月 13 日

Teaching Strategies: A Guide to Effective Instruction, 11e
Donald C. Orlich, Robert J. Harder, Michael S. Trevisan, Abbie H. Brown, Darcy E. Miller
Copyright © 2018, 2013 Cengage Learning

Original edition published by Cengage Learning. All Rights reserved. 本书原版由圣智学习出版公司出版。版权所有，盗印必究。

China Renmin University Press is authorized by Cengage Learning to publish and distribute exclusively this simplified Chinese edition. This edition is authorized for sale in the People's Republic of China only (excluding Hong Kong, Macao SAR and Taiwan). Unauthorized export of this edition is a violation of the Copyright Act. No part of this publication may be reproduced or distributed by any means, or stored in a database or retrieval system, without the prior written permission of the publisher.
本书中文简体字翻译版由圣智学习出版公司授权中国人民大学出版社独家出版发行。此版本仅限在中华人民共和国境内（不包括中国香港、澳门特别行政区及中国台湾）销售。未经授权的本书出口将被视为违反版权法的行为。未经出版者预先书面许可，不得以任何方式复制或发行本书的任何部分。

Cengage Learning Asia Pte. Ltd.
151 Lorong Chuan, #02-08 New Tech Park, Singapore 556741

本书封面贴有 **Cengage Learning** 防伪标签，无标签者不得销售。

北京市版权局著作权合同登记号　图字：**01-2018-3100** 号

Supplements Request Form (教辅材料申请表)

Lecturer's Details（教师信息）			
Name: (姓名)		**Title:** (职务)	
Department: (系科)		**chool/University:** (学院/大学)	
Official E-mail: (学校邮箱)		**Lecturer's Address /** **Post Code:** (教师通讯地址/邮编)	
Tel: (电话)			
Mobile: (手机)			

Adoption Details（教材信息） 原版□ 翻译版□ 影印版 □ _____	
Title: (英文书名) **Edition:** (版次) **Author:** (作者)	
Local Publisher: (中国出版社)	
Enrolment: (学生人数)	**Semester:** (学期起止日期时间)
Contact Person & Phone/E-Mail/Subject: (系科/学院教学负责人电话/邮件/研究方向) (我公司要求在此处标明系科/学院教学负责人电话/传真及电话和传真号码并在此加盖公章.) 教材购买由 我□ 我作为委员会的一部份□ 其他人□[姓名：] 决定．	

Please fax or post the complete form to（请将此表格传真至）：

CENGAGE LEARNING BEIJING
ATTN : Higher Education Division
TEL: (86) 10-82862096/ 95 / 97
FAX : (86) 10 82862089
EMAIL: asia.infochina@cengage.com
www. cengageasia.com
ADD: 北京市海淀区科学院南路 2 号
融科资讯中心 C 座南楼 12 层 1201 室   100190

Note: Thomson Learning has changed its name to CENGAGE Learning

VERIFICATION FORM / CENGAGE LEARNING